服装高等教育"十一五"部委级规划教材

服装商品企划学

(第2版)

李 俊　王云仪　主编

中国纺织出版社

内 容 提 要

本书系统论述了服装商品企划学的基础知识。以服装商品的市场流动为主线,以服装品牌的整体策划为核心,对服装商品企划的内涵实质、品牌战略、操作流程、案例剖析、组织运营等进行了全面阐述。主要内容包括:服装品牌的命名、目标市场的设定、环境分析与流行预测、品牌理念风格设定、服装总体设计、服装品类组合构成、服装销售策略、财务预算规划,并列举了一些服装品牌商品企划的案例。全书结构严谨清晰,内容丰富新颖,实用性强;理论联系实际,富有可操作性。

该书专门针对服装品牌的商品企划,不但可作为大专院校服装专业的教材,也是服装品牌策划、设计、运作和管理等从业人员的业务指南。

图书在版编目(CIP)数据

服装商品企划学/李俊,王云仪主编. —2 版.—北京:中国纺织出版社,2010.5(2024.8重印)

服装高等教育"十一五"部委级规划教材

ISBN 978-7-5064-6266-2

Ⅰ.①服… Ⅱ.①李… ②王… Ⅲ.①服装工业—工业企业—管理—经营决策—高等学校—教材 Ⅳ.① F407.866.11

中国版本图书馆 CIP 数据核字(2010)第 030288 号

策划编辑:向映宏　责任编辑:张冬霞　责任校对:寇晨晨
责任设计:何 建　责任印制:陈 涛

中国纺织出版社出版发行
地址:北京市朝阳区百子湾东里 A407 号楼　邮政编码:100124
销售电话:010—67004422　传真:010—87155801
http://www.c-textilep.com
E-mail:faxing@c-textilep.com
中国纺织出版社天猫旗舰店
官方微博 http://weibo.com/2119887771
三河市宏盛印务有限公司印刷　各地新华书店经销
2005 年 1 月第 1 版　2010 年 5 月第 2 版
2024 年 8 月第 15 次印刷
开本:787×1092 1/16 印张:18
字数:270 千字 定价:38.00 元

凡购本书,如有缺页、倒页、脱页,由本社图书营销中心调换

出版者的话

全面推进素质教育,着力培养基础扎实、知识面宽、能力强、素质高的人才,已成为当今本科教育的主题。教材建设作为教学的重要组成部分,如何适应新形势下我国教学改革要求,与时俱进,编写出高质量的教材,在人才培养中发挥作用,成为院校和出版人共同努力的目标。2005年1月,教育部颁发了教高[2005]1号文件"教育部关于印发《关于进一步加强高等学校本科教学工作的若干意见》"(以下简称《意见》),明确指出我国本科教学工作要着眼于国家现代化建设和人的全面发展需要,着力提高大学生的学习能力、实践能力和创新能力。《意见》提出要推进课程改革,不断优化学科专业结构,加强新设置专业建设和管理,把拓宽专业口径与灵活设置专业方向有机结合。要继续推进课程体系、教学内容、教学方法和手段的改革,构建新的课程结构,加大选修课程开设比例,积极推进弹性学习制度建设。要切实改变课堂讲授所占学时过多的状况,为学生提供更多的自主学习的时间和空间。大力加强实践教学,切实提高大学生的实践能力。区别不同学科对实践教学的要求,合理制定实践教学方案,完善实践教学体系。《意见》强调要加强教材建设,大力锤炼精品教材,并把精品教材作为教材选用的主要目标。对发展迅速和应用性强的课程,要不断更新教材内容,积极开发新教材,并使高质量的新版教材成为教材选用的主体。

随着《意见》出台,教育部组织制订了普通高等教育"十一五"国家级教材规划,并于2006年8月10日正式下发了教材规划,确定了9716种"十一五"国家级教材规划选题,我社共有103种教材被纳入国家级教材规划。在此基础上,中国纺织服装教育学会与我社共同组织各院校制订出"十一五"部委级教材规划。为在"十一五"期间切实做好国家级及部委级本科教材的出版工作,我社主动进行了教材创新型模式的深入策划,力求使教材出版与教学改革和课程建设发展相适应,充分体现教材的适用性、科学性、系统性和新颖性,使教材内容具有以下三个特点:

(1)围绕一个核心——育人目标。根据教育规律和课程设置特点,从提高学生分析问题、解决问题的能力入手,教材附有课程设置指导,并于章首介绍本章知识点、重点、难点及专业技能,增加相关学科的最新研究理论、研究热点或历史背景,章后附形式多样的思考题等,提高教材的可读性,增加学生学习兴趣和自学能力,提升学生科技素养和人文素养。

(2)突出一个环节——实践环节。教材出版突出应用性学科的特点,注重理论与生产实践的结合,有针对性地设置教材内容,增加实践、实验内容。

(3)实现一个立体——多媒体教材资源包。充分利用现代教育技术手段,将授课知识点制作成教学课件,以直观的形式、丰富的表达充分展现教学内容。

教材出版是教育发展中的重要组成部分,为出版高质量的教材,出版社严格甄选作者,组织专家评审,并对出版全过程进行过程跟踪,及时了解教材编写进度、编写质量,力求做到作者权威,编辑专业,审读严格,精品出版。我们愿与院校一起,共同探讨、完善教材出版,不断推出精品教材,以适应我国高等教育的发展要求。

中国纺织出版社

教材出版中心

序言
Foreword

"服装商品企划学"课程教材建设的意义日益凸显。

一方面,从1995年开始至今,中国服装业在全球服装贸易中的出口市场占有率就超过其他国家和地区,跃居全球服装大国,以粗放型规模扩张发展为主的模式夯实了产业基础。进入21世纪,新技术、自主创新能力以及具有国际影响力的自主品牌仍然不足;同时劳动力和原料成本低廉的优势逐渐削弱,2008年服装产业规模扩张止步,全国服装总产量下降。未来服装产业发展的重点将指向服装商品企划、设计创意、品牌管理等具有高附加值的环节。当前产业资源转移流动、重新配置以及产业的调整升级已经反映了这一趋势。因此,高校服装专业需要培养能够胜任服装商品企划、品牌管理以及营销推广等工作的专业人才。

另一方面,金融危机、低碳革命、绿色经济、可持续发展等激发了服装产业的新变化,促使行业快速提升转型。以市场为导向,以"科技贡献率"和"品牌贡献率"为衡量标准,倡导创新、快速反应和社会责任,服装产品向以品牌价值、文化价值、服务价值为最终竞争要素的服装商品转变。为了促进创意产业的发展,世界各国将时尚产业的建设提升到了"软实力"战略的高度。欧洲、美国、日本等发达国家和地区正逐步退出或减少服装产品的制造生产,强化品牌创意设计、商品企划及流行信息服务。因此,加强服装商品企划相关的学科建设和人才培养也是发展创意产业的基础工作,将为增强企业自主创新能力和产业升级转化提供有力支撑。

"服装商品企划学"课程教材建设日趋完善。

自2001年2月国内第一本服装商品企划教材《服装商品企划学——服装品牌策划》正式出版以来,2005年出版发行了服装高等教育"十五"部委级规划教材《服装商品企划学》,经过近十年的不断完善和发展,服装商品企划学被越来越多的学校列入了服装专业的人才培养方案和课程设置中。同时服装品牌策划、产品设计和管理等相近教材与专著也相继涌现;服装商品企划学的教研成果为国内服装企业的品牌创建和运作管理提供了方法和指导,服装商品企划课程建设也融入了产业实践的经验与案例,步入了良性互动的双赢轨道。因此,服装商品企划学的理论意义和实践价值得到了认可,适应新时期时尚创意产业发展的服装商品企划和设计管理教育已具备了较好的基础。

本书作为"十一五"规划教材,充分吸收了近十年来服装商品企划学教学实践和教材建设的经验,系统全面地阐述了服装品牌创建和商品企划的科学规律。同时基于近来对美国、英国、法国、意大利、德国、加拿大、澳大利亚以及日本、韩国等国十余所主要服装技术院校服装商品企划课程的实地考察和学术交流,本书广泛反映了国外一流服装学科在该领域的新进展和新成果。

在本书中,强化了教与学互动内容的设置,注重培养初学者的创新能力、协作精神,并使其开阔国际视野。例如,第五章第四节取材于东华大学服装学院李俊教授和日本宝塚造型艺术大学研究生院菅原正博教授合作开设的中日联合研究生课程"服装商品企划学——Fashion Branding"的学生作业。这一为期4周的课程面向东华大学服装设计与工程专业2007级60名硕士研究生,学生被分成不同的品牌开发团队,基于上海服饰市场进行国际服饰品牌的比较研究,完成了从市场现状及流行趋势、消费需求的调研到新品牌开发和商品企划的全过程角色演习,体验了服装品牌创意企划及商品开发的全过程。相信这些环节有利于教学内容的学以致用。

本书由东华大学服装学院李俊、王云仪主编。第一章~第四章由李俊编写;王云仪编写了第五章第一节~第三节。第五章第四节取材于东华大学李俊教授和日本宝塚造型艺术大学菅原正博教授共同指导的研究生于淼、宗艺晶、陈浏、孙骎骎、曹娉的课程作业。冯若愚参与了第三章第八节、第五章第四节的编写。另外,向静、胡佩倩、李敏、郭春英等协助了部分工作。第五章服装效果图由东华大学服装学院李勇智绘制。在此,感谢菅原正博教授、韩国服装产业学会会长成秀光教授、日本设计师栗本幸之提供的研究成果、文献素材及大力帮助。

"服装商品企划学"教材建设任重道远,课程改革需要与时俱进。本书若有错误疏漏之处,欢迎读者批评指正。

东华大学服装学院

李俊　王云仪

2009年12月7日

目录
Contents

第一章　服装商品企划的基础知识　/　1
第一节　服装商品企划的概述　/　1
　　一、服装商品企划的概念　/　1
　　二、服装商品企划的范畴　/　3
第二节　服装商品企划的地位与原点　/　5
　　一、服装商品的属性　/　5
　　二、服装商品企划在服装产业中的地位　/　6
　　三、服装商品企划的原点　/　7

第二章　服装商品企划的战略　/　9
第一节　服装市场营销的基础知识　/　9
　　一、市场营销与商品企划的关联　/　9
　　二、市场营销活动的基本步骤　/　9
第二节　高感度、个性化服装市场及商品企划战略　/　15
　　一、服装产业的信息媒体化趋向　/　15
　　二、高感度、个性化服装市场与快速时尚的形成和发展　/　16
　　三、服装商品企划战略的多极化　/　19
第三节　服装商品企划的品牌战略　/　23
　　一、国内服装商品企划的实施形式　/　23
　　二、服装商品企划的品牌战略选择　/　24
第四节　服装品牌的分类及构成模式　/　27
　　一、品牌的内涵与架构　/　27
　　二、服装品牌的分类　/　30
　　三、服装品牌的构成模式　/　32
第五节　服装品牌商品企划开发流程　/　34
　　一、现代服装产品快速开发模式　/　34
　　二、服装品牌商品企划流程的学习模块　/　41

第三章　服装商品企划的实施要素　/　45
第一节　服装品牌的命名　/　45
　　一、BI计划　/　45
　　二、品牌的命名　/　47
　　三、品牌命名的策略　/　49
第二节　目标市场的设定　/　50
　　一、目标市场设定及过程　/　50
　　二、市场细分　/　51
　　三、选择目标市场　/　67
　　四、市场定位与目标市场的营销策略　/　72
第三节　环境分析和流行预测　/　75
　　一、环境分析的意义及流程　/　75
　　二、环境分析的范畴　/　76
　　三、环境分析的内容　/　77
　　四、收集情报信息　/　79
　　五、流行预测　/　81
第四节　品牌理念风格的设定　/　89
　　一、品牌理念认识的现状　/　90
　　二、品牌理念设定的背景　/　90
　　三、品牌理念设定的意义　/　91
　　四、品牌理念的细分评价体系　/　92
　　五、理念定位表达的步骤　/　98
　　六、品牌商品季节理念主题的设定　/　100
　　七、品牌理念的核检　/　101
第五节　服装总体设计　/　102
　　一、服装总体设计概述　/　102
　　二、廓型与细部结构设计　/　107
　　三、色彩企划　/　111
　　四、材料企划　/　117
第六节　服装品类组合构成　/　134
　　一、组合搭配原则　/　135
　　二、服装商品构成　/　136
　　三、服装规格尺寸设计　/　141
　　四、服装价格设定　/　144

五、服装设计与生产实施 / 148
  第七节　服装的销售策略 / 154
        一、服装销售渠道及场所的选择 / 154
        二、促销策略 / 160
        三、零售促销战略 / 165
        四、视觉促销（VMD）企划 / 168
        五、商品企划与导购待客 / 180
  第八节　品牌财务预算规划 / 183
        一、成本预算 / 183
        二、全面预算 / 186
        三、资金筹措 / 188
        四、服装品牌财务预算案例 / 189

第四章　服装商品企划的组织运作 / 197
  第一节　服装商品企划组织运作的概述 / 197
        一、服装商品企划的组织构造 / 197
        二、服装商品企划组织活动的基本过程 / 201
  第二节　服装商品企划师责任制与职能 / 204
        一、服装商品企划师责任制 / 204
        二、服装商品企划师的职能 / 205

第五章　服装商品企划的案例分析 / 212
  第一节　服装商品企划立案的基础 / 212
        一、D&C品牌的启示 / 212
        二、对应消费者群体细分化的商品企划体系 / 213
  第二节　品牌"蓝贝壳"目标市场的设定 / 214
        一、目标市场设定的意义 / 214
        二、目标市场企划表 / 214
        三、目标市场分析表 / 218
        四、目标市场战略表 / 220
  第三节　品牌"蓝贝壳"春夏季商品企划 / 221
        一、春夏季理念风格设定 / 221
        二、春夏季商品构成 / 232
        三、春夏季材料构成 / 241

四、春夏季促销策划 / 252
第四节　品牌"Z+"企划案 / 256
一、竞争品牌的市场调研 / 256
二、新创品牌的商品企划 / 258

参考文献 / 276

第一章 服装商品企划的基础知识

第一节 服装商品企划的概述

一、服装商品企划的概念

(一)服装商品企划的定义

美国市场协会AMA(the America Marketing Association)对商品企划(Merchandising)的定义为:"The planning involved in marketing the particular merchandise or service at places, times, and prices and in the quantities that will best serve to realize the marketing objects of the business."即指"企业为实现营销目标,采用最为有利的场所、时间、价格、数量,将特定商品推向市场所进行的计划和管理"。美国市场协会AMA对服装商品企划有进一步说明:制造商的企划包括选定要生产的所有制品,决定制品的尺寸、生产的数量、时期及价格等相关工作,并有制品企划和制造管理等不同侧重形式。

服装企业可分为生产型企业与销售型企业两大类。商品企划相应有两种解释:服装生产企业的商品企划解释为"商品化的产品计划";服装零售商的商品企划解释为"商品采购或配货计划"。简单讲,服装生产企业侧重于"生产出什么产品送到销售店去销售",服装零售商侧重于"将什么商品陈列在店面中销售"。两者的共同点是以市场的动向为依据,以满足顾客的欲求为基本策划理念。

(二)商品企划的"五适"

不论从生产商或是零售商的立场考虑,商品企划都具有从上述美国市场协会的相关定义中概括出的"五适"原则:

(1)适品(Right merchandise):适当的产品;

(2)适所(Right place):适当的场所;

(3)适量(Right quantity):适当的数量;

(4)适价(Right price):适当的价格;

(5)适时(Right time):适当的时机。

以上"五适"在服装商品企划中对应为：企业根据自己品牌战略指向的目标消费者的需求来设计商品，然后生产适当数量的产品，投入到目标消费者接触得到的商场中，以目标消费者能够并愿意支付的价格，在他们需求的时候提供给他们。

商品企划在服装生产企业方面的要求是：首先，企业不能盲目生产与自己经营方向相悖的产品。其次，必须明确目标消费者，生产与其生活场景相协调的商品——"适品"；然后，确定目标消费者可能光顾的场所——"适所"，如百货店第二层的边厅；此外，"适量"是根据不同的销售地域生产提供合适数量的商品，以利于形成良好的流通体系；"适价"是确定以什么样的价格出售，既能收回成本获得更多利润，又不超出目标消费者可接受的程度；"适时"是对气候变化和时尚流行做出快速的反应，在某一季节来临前就提供给消费者该季所需置备的服装，满足消费者的需求。反之，无论多么时髦的服装，如果上市不合时令，也难有理想的销售业绩。

零售商在零售店方面具体展开的过程是：根据经营的商品对象，对目标顾客的时尚需求等进行预测，然后将顾客所需的商品在适当的时期，配以适当的数量和价格，在适当的位置陈列，并对适宜的穿着方式与保管方式进行指导。它以商品为中心，对包括从进货、销售、到售后服务的各种活动的策划。

由此可见，服装商品企划的目标就是企业为了能够设计生产出消费者所需要的服装，在其需要的时候，以其可以接受的价格，向其提供所需要的数量而事先进行的一系列策划活动。

(三)服装商品企划学的特征

服装商品，从服装企业经营的角度看是实现企业经济效益的载体。对普通消费者而言，服装商品是承载时尚流行信息、生活方式与价值观念的媒体，是消费者自我实现、自我满足的手段。服装商品企划要解决的就是"如何为消费者提供些什么样的服装商品"的问题。

服装商品企划学是以服装商品的流动为线索，将以往相对独立、自成体系的服装设计学、服装材料学、成衣工艺学、服装生产管理学、服装市场营销学等贯穿起来，基于服装的商品属性来系统研究服装(品牌)商品的企划、设计、开发、运作管理规律的一门学科。服装商品企划学既涉及"服装产品的设计与加工一体化"的内容，又包括"产品管理与商品销售"的知识，并基于服装的商品和市场属性而强调这两方面的内在关联。

服装业在众多产业中独具特点：要求创造性的、感性的业务与严格的管理高度融为一体。但这两者通常难以共存。服装企业在品牌运营中需要频繁利用设计师的感觉或感性来决策判断；而事实证明，单纯依靠设计师的才能与经验，又难以确立产业的基石。服装商品企划学是解决这一矛盾的方法论。由于对时尚这种变动性很大的社会现象加以商品化是一种风险性很高的企业活动,服装商品企划将有助于科学有序地创设服装品牌,使服装商品企划过程可预测和调控,利用组织体系来保证商品企划的顺畅运转,为消费者创造新的时尚和生活方式。

服装业的发展在各国都有共通性。初级阶段商品供不应求,从业者关心的是"如何制造产品"。发展到商品供大于求的时期,"如何推销产品"成为重点。针对市场逐步成熟化、高感度消费者层形成之后的情势,服装商品企划学将视点前移到"如何引导与满足消费者的生活需求"上,是一门论述企划这种载体的管理科学。因此,商品企划又是以市场为指向,为目标顾客提供所需要的商品的管理技术。

二、服装商品企划的范畴

企划是为实现企业目标而实施的创造性的思维活动以及将其具体化的操作。它要求以长远的眼光审视市场,进行商品开发。因此,仅靠已有的经验或直觉很难进行成功的服装商品企划。商品企划人员应当具有敏锐的市场观察力和准确的预测能力,并能从整体上把握人(消费者)与物(服饰商品)之间的联系,理解商品企划的概念(图1-1)。

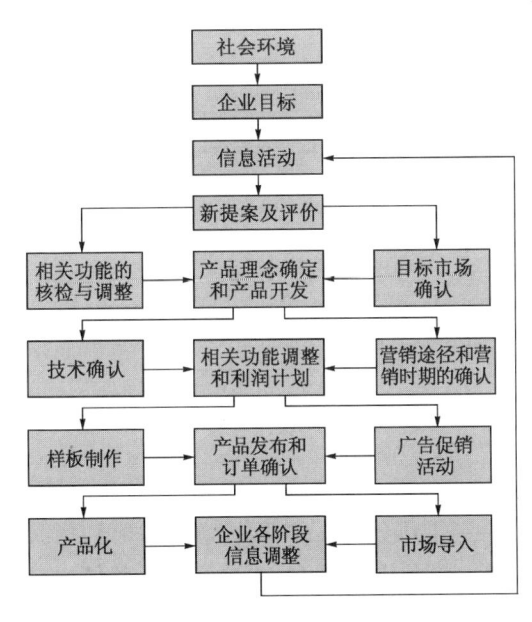

图1-1 消费者与服饰商品之间的联系

商品企划通常分为生产商商品企划和零售商商品企划。图1-2表明了服装生产商和服装零售商商品企划涉及的范畴。生产商和零售商的企划范围和侧重点各不相同,但两者又相互联系。

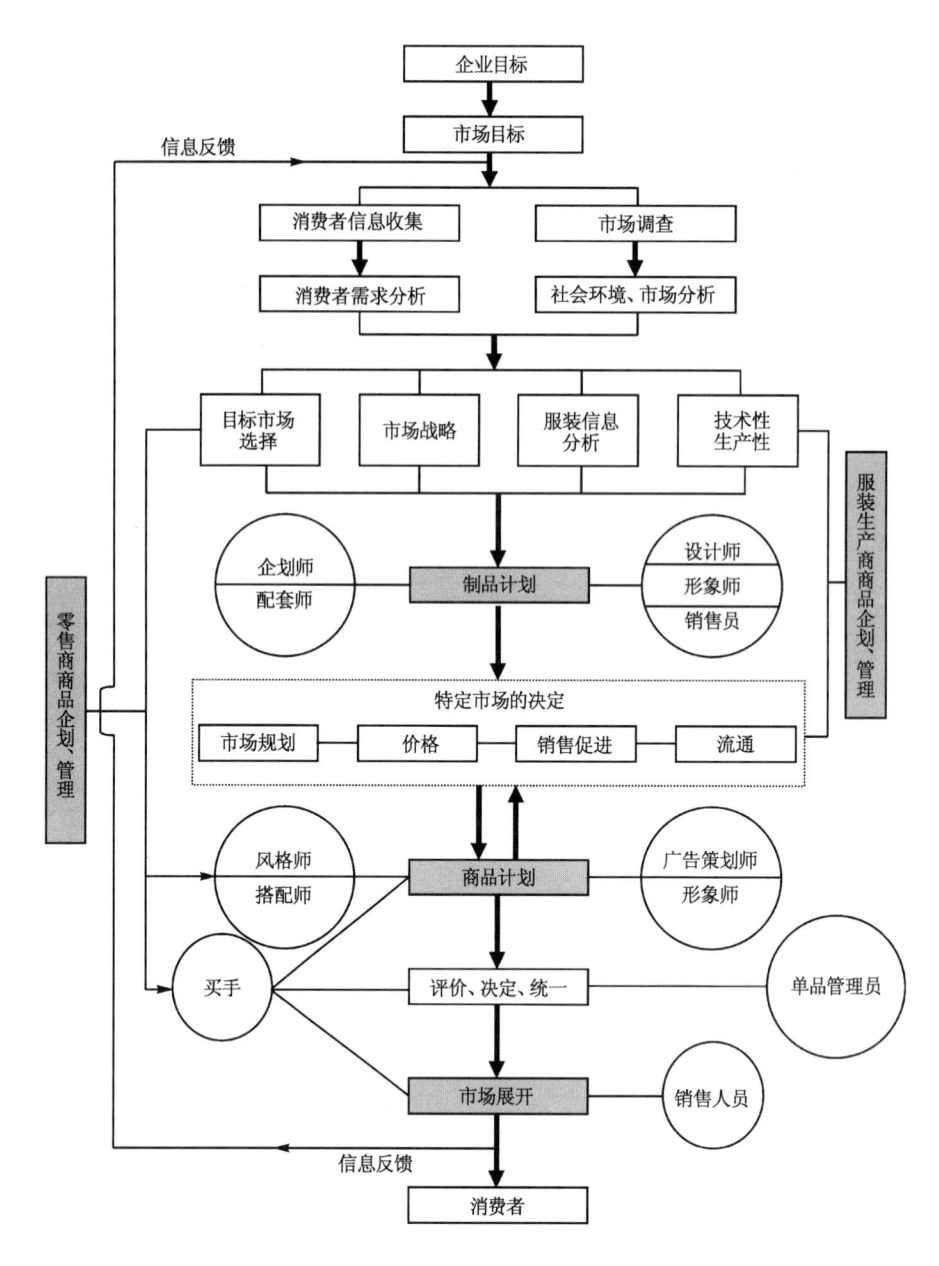

图 1-2　服装生产商和零售商商品企划涉及的范畴

　　从宏观上讲,商品企划可分为质的部分和量的部分。商品企划是以市场研究获得的信息为依据,设定基本的商品企划方针(质的部分),再决定商品的品类、品种、地点、时间、数量(量的部分)。在服装企业的商品企划中,质的部分通常由高层管理部门决定,量的部分由业务部门协助制订。

　　时装商品与一些市场相对稳定的商品不一样,来年的市场需求量通常难以准确预测,同时淡季和旺季的需求量差异很大。另外,当年的产品在来年的销售情况也是不确定的。因此,每一季都有必要制订不同的商品企划方案。商品企划的系统性越弱,开发商品的成功率越低,风险越大。

第二节 服装商品企划的地位与原点

一、服装商品的属性

人是一个复杂体,具有多方面的属性,既有自然层面的属性,也有社会层面的属性,因此,每个人既是自然人,又是社会人。人类穿着服装有两个目的:一是在自然环境中保护身体,维持生命,服装具有满足自然人适应自然环境的物性使用价值;二是能够满足自我表现的愿望,服装具有满足社会人适应社会环境的精神审美价值(见下表)。

服装商品的属性

概　念	服装＝人＋衣服	
使用主体	人体着用	人类着装
针对环境	适应自然环境	适应社会环境
服装的属性	自然人的一部分(自然性)	社会人的一部分(社会性)
服装的价值	物性价值(隔热、透气、耐用、舒适等)	精神价值(审美、装饰、标识、象征等)
服装商品的特征	大众化商品	个性化商品(高感度商品)

服装是自然性和社会性两方面属性的统一体。强调遮风挡雨、隔热保暖、舒适耐用等物性价值的往往是价格低廉、大批量生产的大众化商品,如风衣、保暖服装等。成本低廉、性价比合理、规模化经营是这类产品商品企划诉求的重点。然而服装又是一类特殊产品,在人类活动中,可能没有比选择穿着更方便、更能鲜明地反映人们的价值观念和生活方式的了。服装对于消费者来说,是心理和社会特征的外在反映,具有向他人传达社会地位、职业、角色、自信心以及个性特征等形象的功能。因此,如果能在服装的物性价值基础上,充分发掘服装的精神价值,使服装成为反映着装者社会性的一种无声语言,服装商品就有了超越其使用价值的高附加价值。设计师品牌服装等个性化商品就是集中体现了这一特征。服装的精神价值(审美、装饰、标识、象征等)是服装商品高附加价值的源泉。从这个角度讲,服装商品是价值观念的物化,具有很强的社会渗透作用,服装商品企划的关键是充分考虑服装商品的社会属性。因而服装商品企划就是以所处的时代为背景,将某种先进文化加以商品化的一个过程。

二、服装商品企划在服装产业中的地位

服装商品开发、生产加工、销售的流程有一定的共性。从图1-3中可以看出,服装商品主要历经三大环节：①商品企划设计与开发(创)；②在工厂缝制加工(工)；③基于卖场的销售(商)。服装企业从事其中部分环节或全部环节的经营活动,表现为不同的经营模式。如男衬衫、男西装的生产企业多涉及各个环节,个性化的中小型女装品牌多集中在第①、③环节,一些单纯承担订单加工的服装企业则只涉及第②环节的工作。由于服装产业具有低技术含量和劳动密集型的特征,到目前为止,我国服装产业的高速发展主要是基于国内劳动力成本低廉的优势,在全球服装商品链中主要承担第②环节,即缝制加工的任务。但是单件服装附加价值低,所以我国的服装产量及出口量虽然世界领先,盈利却不及法国、意大利等服装强国。随着国内劳动力成本的上升,来自经济全球化中劳动力价值更低廉的发展中国家的竞争压力加大,单纯的服装缝制加工业将转移至劳动力成本相对更低的地区和国家,未来服装产业发展的重点将指向服装商品企划、设计这一创造高附加价值的环节。服装商品企划能力将逐渐成为服装商品高附加价值的源泉,成为服装产业的核心竞争力。这一点已反映在上海等大城市服装产业结构的调整转移过程中。

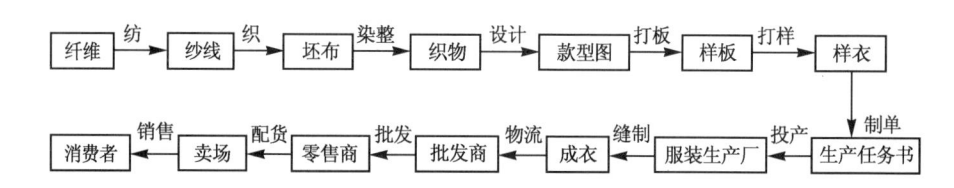

纤维 →纺→ 纱线 →织→ 坯布 →染整→ 织物 →设计→ 款型图 →打板→ 样板 →打样→ 样衣

消费者 ←销售← 卖场 ←配货← 零售商 ←批发← 批发商 ←物流← 成衣 ←缝制← 服装生产厂 ←投产← 生产任务书 ←制单←

图1-3 从纤维材料到服装商品的流程

服装企业必须适应当前国内服装产业发展变化的要求。国内服装企业以前多把经营的重点放在技术和生产方面,考虑的主要问题是"如何把商品制造出来"。然而,近年来随着市场日益复杂化和多样化,仅考虑这一点已远远不够,应更多关心"如何提供什么样的商品"。服装不仅是一种有使用价值的商品,更是一种体现着装者个性与价值观的载体。创建既能切合消费者生活方式并张扬其个性与审美品位,又有高附加价值的品牌是服装业发展的关键。也就是说,服装企业要更加灵活、深入地把握市场和消费者的状况,进行新产品的企划开发和营销运作,从而把先进理念和信息融入服装产品中,以实现更多的市场价值。

进一步讲,创、工、商三者的关系如图1-4所示,处于中央位置的是"价值的创造",从消费者的角度调整市场需求。以顾客满足为起点,进行信息收集、商品企划、打板试制(企划的产品化实施)、生产管理、物流调控、销售管理,也就是基于卖场,经过企划流程、生产流程再回到卖场。在图的外侧,标注了①销售管理的具体场所,如卖场；②商品企划的具体化形式,如款式、面料企划；③生产管理的具体化场所,如工厂。

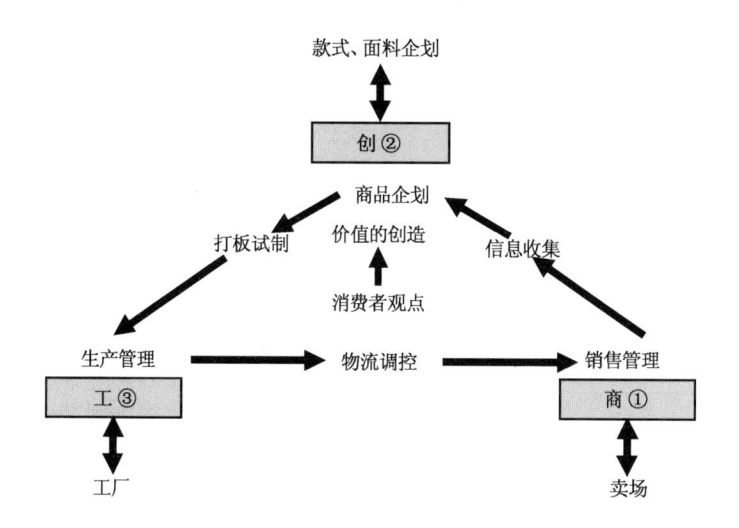

图 1-4 创、工、商三者的关系

服装经营活动真正的价值源于使消费者的精神需求得以满足。以生活方式提案、设计开发、时尚倡导等为特性的服装经营活动,应该是工(生产)、商(销售)、创(设计)三种基本功能的有机组合。依靠这种体系,通过服装产品将先进时尚文化提供给消费者。

三、服装商品企划的原点

作为时尚产业排头兵的服饰企业,是一个倡导先进生活文化的产业。追求时尚的消费者与提供服饰商品的服饰企业是服饰商业活动的基石。图 1-5 示意了消费者的时尚生活与服饰企业提供商品及服务功能间的关联。在日常生活中,消费者通常将服饰制品作为体现自己个性的道具,这要求在服装商品企划中能将

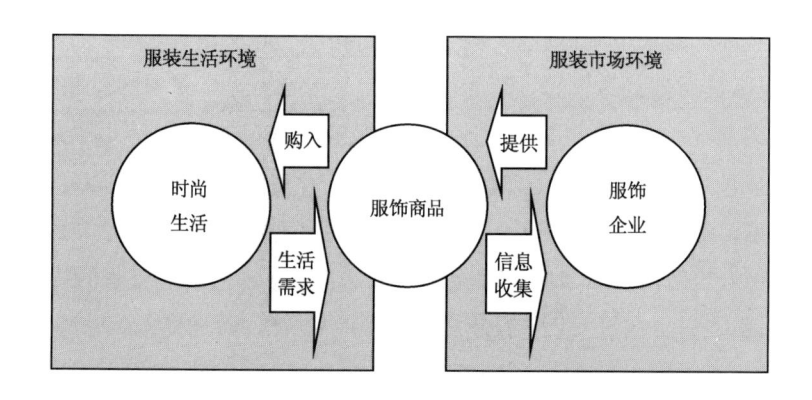

图 1-5 时尚生活与服饰企业提供商品及服务功能间的关联

顾客的需求以商品的方式实现。因此,服装商品企划的原点是基于目标消费者的生活方式,以消费者为导向,以服饰产品为载体,满足消费者自我实现的诉求。

"消费者导向"是指站在目标顾客的立场上,构思以某种生活方式为背景的服装商品,以推进新品牌的开发,策划能使消费者满意的商品以及商品的销售方式和展示方式,实现真正的顾客满足。为此,需要站在消费者的立场上进行商品的企划和生产,从以生产为导向、以推销为手段的观念向以市场为导向、以营销为手段的观念转变,建立相应的机制和战略,详细了解消费者消费行为的动机,引导消费者的行为向着企业倡导的方向发展。在市场营销中,不同的环境因素(市场、社会、经济等)导致了消费者消费行为动机的差异性,因此还应把握环境对服装消费的影响。

另一方面,消费者的购物消费行动也在发生变化。由重视品质、功能转向设计与感性;追求比过去更高水平的品质与功能;从重视实用价值转向重视表现价值;由趋同从众意识转向个性意识。这些多样化的趋势影响了商品选择的基本价值观。随着经济的发展,商品充足导致消费者弱化商品本身物性(使用性能)、强化差别化意识,重视满足自我实现的诉求。在人的各种本质诉求中,自我实现是最高层次,即追求与自己独具的个性有共鸣的事物。这种诉求的外在化成为近年来左右时尚消费的主要动因。例如,有自我搭配趋向(并不将某种时尚全部套用,而是有选择地组合使用);对整体流行时尚不感兴趣,重视自身的时尚观;强调设计中使用性能艺术化倾向等表现形式。

从商业角度衡量商品企划成败优劣的标准,就是有多少目标消费者购买服装企业所企划的服装商品。商品企划应该以目标消费者的生活方式、生活价值观、心理诉求的分析为基础,通过服装商品承载时尚信息、价值取向、文化观念等,满足消费者。当前不少国内服装品牌都在向国际化品牌方向发展。只有对国外目标消费者的生活状态进行实地调研,挖掘他们的时尚需求与诉求点,在服装商品中蕴涵着对目标顾客有吸引力的新型生活的文化提案,服装品牌才能得以建立和巩固。国内服装企划设计在坚持民族化特色的同时,也应结合时代和时尚特征,基于当前国际上诉求的未来流行价值,倡导能与之相应的新生活、新文化(不但从国人视角,更是从国际时尚最前沿,而且为国外大众认同),将具有中国民族特点的元素融入服装商品中,这样的服装才能实现民族化与国际化的共存,国内服装名牌才会更快成长为国际名牌。例如,在巴黎的时装发布会上,不论是 John Galliano,还是森英惠,都曾数次以具有中国文化元素风情的时装影响了世界时尚潮流,他们为倡导切合当时时代要求的生活文化而摄取了具有中国民族特色的特定元素。

总之,服装商品企划不是从服装自身来发挥和展开,而是将人——消费者作为出发点。将消费者潜在的需要、欲求、不满等抽象的要素,用产品的形式具体实现,并在产品中融入对消费者时尚生活的提案,满足消费者的时尚和自我实现诉求。

第二章 服装商品企划的战略

第一节 服装市场营销的基础知识

一、市场营销与商品企划的关联

美国市场协会(AMA)认为：市场营销(Marketing)是指"计划和执行关于商品、服务和创意的观念、定价、促销和分销，以创造能符合个人和组织目标交换的一种过程"。作为围绕创造与维持目标顾客的、有体系的活动，市场营销有两个重点：一是分析市场机会并决定目标消费者；二是针对目标消费者"4P"(Product、Place、Promotion、Price)要素——商品、销售场所(或分销渠道)、促销手段、价格进行合理组合、实施。

市场营销包括渗透市场、创造并维持顾客的一系列活动，但市场营销不是单纯的销售、推销或促销活动。在销售活动中，应具备两个前提：顾客已经存在；商品已经存在。市场营销在销售活动之前，已经完成了的工作有：①开拓了顾客的需求；②发现并吸引了顾客；③对提供给顾客的商品或服务进行了企划；④开设了顾客能够光顾的卖场；⑤对顾客进行了价格档次的提示。因此，市场营销是一个涵盖范畴更大的概念，销售、促销只是其中一个较小范围的活动。

商品企划具有围绕对商品的构想进行企划、生产、销售活动的功能。市场营销围绕目标消费者或市场的构想，发挥与商品流通移动相关的全面作用。商品企划是市场营销的核心内容之一。

二、市场营销活动的基本步骤

服装商品企划是以服装品牌为单位进行的市场营销活动。这种市场营销活动的过程可分为分析、计划、管理三个阶段(图2-1)。分析阶段包括市场机会分析；计划阶段包括企业目标的设定、制订市场营销战略和制订市场营销计划；管理阶段包括市场营销的实施和市场营销的管理。

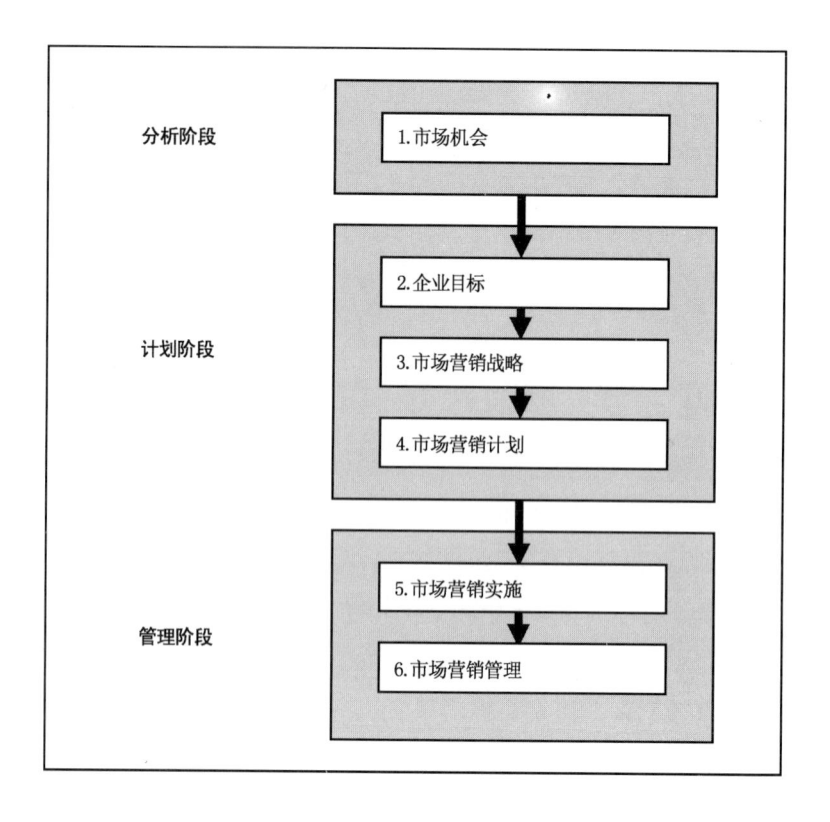

```
                ┌─────────────┐
  分析阶段      │ 1.市场机会   │
                └──────┬──────┘
                       ↓
                ┌─────────────┐
                │ 2.企业目标   │
                └──────┬──────┘
                       ↓
  计划阶段      ┌─────────────┐
                │ 3.市场营销战略│
                └──────┬──────┘
                       ↓
                ┌─────────────┐
                │ 4.市场营销计划│
                └──────┬──────┘
                       ↓
                ┌─────────────┐
                │ 5.市场营销实施│
  管理阶段      └──────┬──────┘
                ┌─────────────┐
                │ 6.市场营销管理│
                └─────────────┘
```

图 2-1　市场营销活动的过程

(一)市场机会

市场营销活动的第一步是市场机会的分析，分析即将进行的经营活动能带来的效益以及是否还有增长的机会。为了进行有效的市场机会预测，有必要首先分析消费者的行为。马斯洛在人的需求五阶段学说中认为，人的需求是按照"生理需求→安全需求→社交需求→尊重需求→自我实现的需求"这样的顺序由低到高发展的(图 2-2)。

在以上这些需求中，消费者还没有被满足的需求就是重要的市场机会。

在市场营销中，"市场细分化"是一种进行市场机会预测的重要方法。通过市场细分化，可以将消费者分成许多不同类型。在不同的消费者类型中，确定出最具有市场可开发性的类型。

在市场分析预测市场机会之后，将评价市场机会。基本内容包括：①对于某一类消费者，销售额和利润的市场期望；②企业渗入某一消费者市场的难易程度；③针对某一消费者市场，企业可否建立起竞争优势；④企业对渗入消费者市场过程中的风险能否承受；⑤从投资回报的角度来看，即将实施的市场渗透有无意义。

经过评价，最优的消费者类型就成为当然的目标市场。

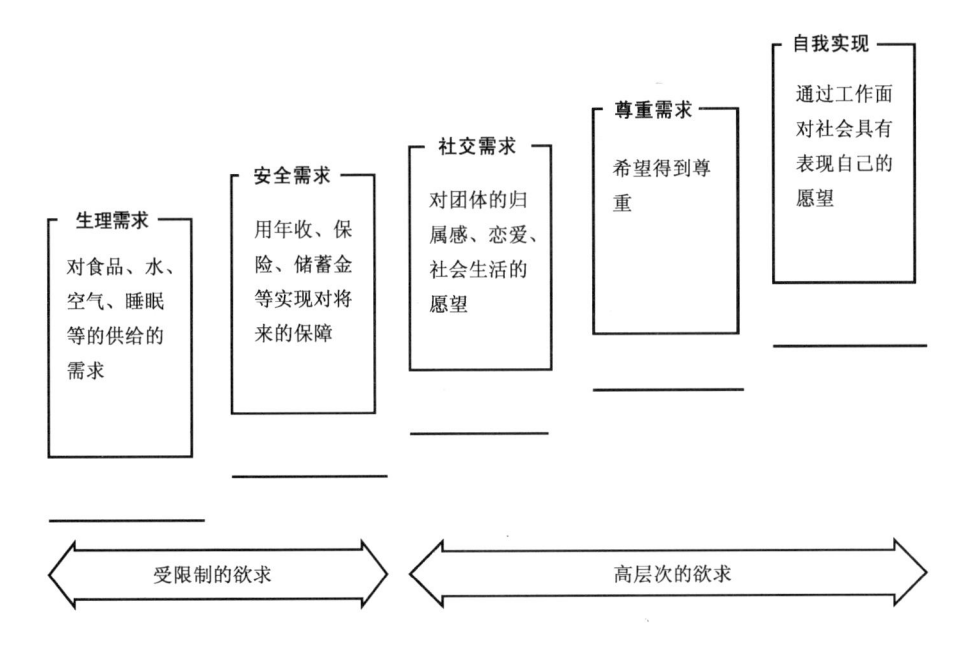

```
生理需求          安全需求          社交需求          尊重需求          自我实现
对食品、水、      用年收、保        对团体的归        希望得到尊        通过工作面
空气、睡眠        险、储蓄金        属感、恋爱、      重                对社会具有
等的供给的        等实现对将        社会生活的                          表现自己的
需求              来的保障          愿望                                愿望

        ←  受限制的欲求  →       ←        高层次的欲求        →
```

图 2-2 人的五种需求层次

(二)企业目标

计划阶段的第一步是设立"企业目标"。包括两个过程：

(1)整合企业整体的理念与目标；

(2)为市场营销计划制订目标。

明确企业的理念与使命、文化和价值，并设定出能够量化的具体目标。例如，利润额、销售增长率、市场占有率、风险降低率等。

对于市场细分化后得到的消费者类型，分析并评价与之相应的各种市场机会，同时确定企业最适合进入的消费者市场类型，即目标市场。这一消费者市场对实现企业的经营理念最为合适，最容易实现企业的销售目标以及销售利润目标、市场占有率目标，同时风险也最低。

(三)市场营销战略

为实现既定的市场目标，可制订相应的市场营销战略。通常，对不同类型的企业可以总结出三类基本战略。

1. 强者战略

强者战略指在特定的业界、特定的商品种类市场中，占据龙头地位的企业为确保市场地位而制订的有效战略。其具体形式有：

(1)革新战略：利用现有的领导地位和影响力，推出一些在自身商品流通的特定市场范围内适用的新规范或规则，据此阻止其他竞争者的渗入。

(2)强化战略:根据现有的价格状况,扩充商品种类,强化自身领导地位。

(3)对抗战略:面临强有力的竞争对手的挑战,采用降低商品价格等方法进行冲击。

(4)搅局战略:对批发商、流通经销商施加压力,使其不再采购或经销竞争对手的商品;或者指出竞争对手的弱点,使其经营者们不再为对手企业工作。

2. *挑战战略*

挑战战略指在特定的业界、特定的商品种类市场中,处于第二、第三、第四位的企业为向龙头企业挑战、提升自身市场地位而制订的战略。其具体形式有:

(1)廉价销售战略:营销与龙头企业品质相同的商品时,制订更低的价位。

(2)提供廉价商品战略:将品质不及龙头企业的商品,以非常便宜的价格提供给消费者。

(3)高级品战略:销售比龙头企业品质更高、价格也更高的商品。

(4)制品多样化战略:提供比龙头企业更多的商品种类,使本企业的商品线更具吸引力。

(5)商品革新战略:革新或改进本企业的商品,动摇龙头企业的地位。

(6)改善服务战略:与龙头企业相比,提供更多、更好的服务。

(7)流通革新战略:开发新的流通渠道,威胁龙头企业的流通体系。

(8)降低成本战略:以比龙头企业更低的成本来制造商品。

(9)广告集中化战略:投入比龙头企业更多的广告。

3. *弱者战略*

弱者战略指业界中的中小型企业,所探索的更有效的战略形式。实质上是合理限定经营活动的特定领域,在其中发挥独具的专门性和特长,以此作为与大企业竞争的依托和优势。其具体形式有:

(1)最终用途特定化战略:针对某一特定最终用途的商品进行专门销售。

(2)特定阶段特定化战略:在材料阶段、中间制品阶段、最终制品阶段中选择某一个阶段作为特定切入点。

(3)顾客规模特定化战略:只以某一规模的顾客群体作为特定对象来进行营销。

(4)特定顾客专卖化战略:只针对极少数的特定顾客进行专门营销。

(5)地域特定化战略:只在特定的地域开展市场活动。

(6)商品线特定化战略:只在特定的商品线范围内开展生产销售活动。

(7)商品特征特定化战略:只生产和销售具有特定特征的商品线。

(8)定制特定化战略:只生产和销售针对顾客的定制商品。

(9)最高级品、最低级品特定化战略:只生产和销售某类商品中的最高级品或最低级品。

(10)服务特定化战略:以提供独一无二的服务为特征。

(四)市场营销计划

市场营销计划通常是以年为单位制订,然后再按月或季节进行细分。在制订市场营销计划时,通常是将市场营销手段从大的方面分为商品(Product)、卖场(Place)、促销(Promotion)、价格(Price)四种,并对四种手段进行有效的营销组合(MARKETING-MIX)。

为满足消费者欲求,"商品"的品质或机能应与消费者的需求相吻合;同时还要保证商品能够进入消费者能接触的"卖场";并举办"促销"活动,使消费者熟悉商品的品牌名称与特性。在实际操作中,为了使消费者完成最后的购买行为,"价格"也是一个非常重要的因素。

基于营销组合,各种常用的市场营销手段如表 2-1 所示。在制订市场营销计划方案时,对这些手段,在实际中还必须研究如何具体操作。

表 2-1　常用的市场营销手段

商品(Product)	品质 特征 形状、尺寸 品牌名称 包装 退货条件 品质保证 服务水准
卖场(Place)	流通渠道 流通区域 零售店分布 库存量、保管场所 运输手段
促销(Promotion)	广告 人员推销 销售推广 公共宣传
价格(Price)	价格水平 折扣率 支付条件

(五)市场营销实施

确定市场营销方案后,进入计划的实施阶段。可以形成一个市场营销计划实施的具体手册。在实施阶段明确计划的目标及意义,能激发相关人员的主观能动性和参与意识。

(六)市场营销管理

市场营销计划实施后,预期的目标与实际业绩之间往往存在一定的差距。为及早发现问题,掌握实际操作中偏离预定目标的程度,并进行适当的调整,有必要进行市场营销的管理工作。在市场营销的管理中,要建立能及时发现问题的反馈体系,并将重点放到调整、修正工作上。

为了能从总体上迅速把握市场营销活动,可开发基于计算机技术的市场信息决策管理系统(图 2-3),评定市场营销活动的业绩(表 2-2、表 2-3)。

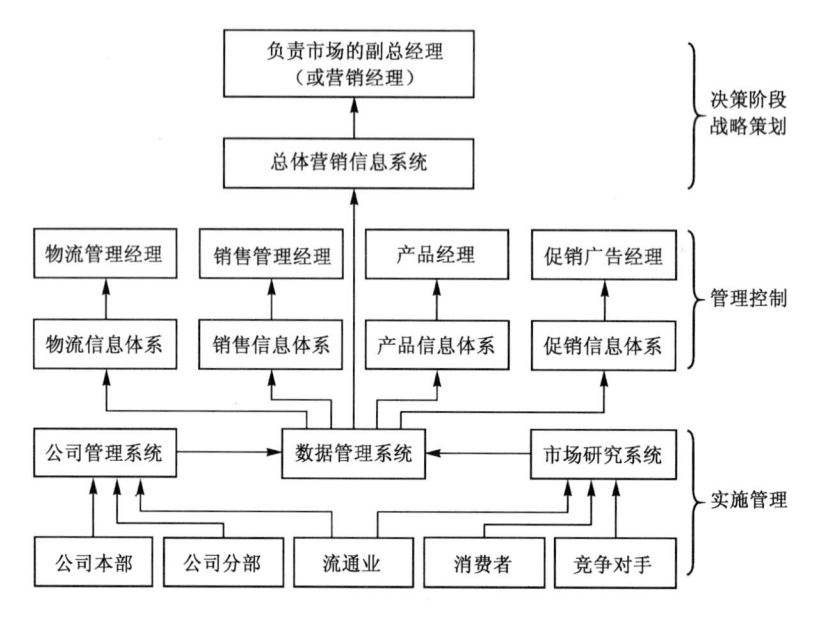

图 2-3　市场信息决策管理系统

表 2-2　营销业绩的定量测定因素	表 2-3　销售状况的评价因素
1. 销售额 (1)不同商品品类 (2)不同零售店 (3)不同区域 (4)与上年同月相比的增长率 (5)与预算计划相比的增长率 2. 毛利率(同 1 中的各项目) 3. 营业经费(同 1 中的各项目) 4. 销售利润(同 1 中的各项目) 5. 卖场商品库存(同 1 中的各项目) 6. 本公司商品库存(同 1 中的各项目) 7. 市场占有率 (1)不同商品品类 (2)不同零售店业态类型 (3)不同区域 (4)与上年相比的变化率 8. 商品动销率(同 7 中的各项目)	1. 目标顾客的购物情况 2. 顾客对商品的满意程度 色彩,图案,款式设计,尺寸,材料,尺寸修正,包装 3. 顾客对卖场的满意程度 (1)卖场的数量 (2)卖场中商品保管状况 (3)卖场中店员服务态度 (4)对缺货商品的追加采购 4. 顾客对商品价格的满意程度 (1)正常销售时的商品价格 (2)减价销售时的商品价格 5. 顾客对促销活动的满意程度 (1)品牌的知名度、品牌的形象 (2)针对消费者的促销活动 6. 同零售店之间的代理关系 (1)和零售店间的代理条件 (2)零售店的销售能力 (3)零售店的销售愿望 7. 竞争状况与竞争力的变化

第二节 高感度、个性化服装市场及商品企划战略

一、服装产业的信息媒体化趋向

(一)消费的高感度、个性化动向

近年来,国内经济持续稳定增长,人们的物质生活丰富多样。在上海等经济发达的大都市,消费者的消费观念日益成熟,已不再单纯讲究商品的功能和质量,开始追求商品的感性(感知刺激性),个性化潮流随之形成,越来越多的商品开始向高感度化(高感知刺激度)方向发展。

"感性"一词相对于理性而言,指应对外界刺激通过感觉、知觉器官产生的心理感受。在一些场合,可以将商品的感性理解为感知刺激性。服装的感性由廓型、细部结构、色彩、材质等元素综合形成。感度是对外界刺激感受的强弱程度。在一定层面上感度可被理解为品位,指欣赏能力的高低程度;在服装方面则指人们对时尚流行的关心、接受程度。

对于服饰制品,过去人们重视的是功能是否合理、是否耐穿耐洗、面料是否货真价实、缝制加工是否精良等品质性能,这些性能也在很大程度上决定了服装的销售状况。然而,现在人们对服装的品牌形象、设计特征、卖场的氛围情调越来越关注,这表明人们在服饰方面开始接受和追求高感度、个性化消费。

这种感性化的动向,在服饰产业界也有反映。例如,多数企业都曾经投入巨资进行 CI(Corporation Identity)设计,以期改善企业与商品形象,在一定程度上迎合和满足消费者的感知刺激性。企业利用标志、图案、象征等来形成视觉冲击,体现鲜明的特征与个性。这种倾向的产生源于人们价值观的巨大变化。过去消费者多将购买重点放在商品的性能和品质上,重视物的价值,亦即物的有用性支配着消费行为。随着生活水平的提高和消费品种类的逐渐丰富,这种对物的有用性的重视程度明显下降,人们日益推崇感觉上的享受性。类似消费行为与物品本体(物理使用性能)远离或脱节的倾向,反映在许多方面。在商品种类丰富、多样的市场竞争中,为引起消费者的关注与兴趣,单纯诉求商品的物质价值已经不够,更重要的是如何使商品具有反映时代特性的感知刺激性。

(二)消费感性信息

时尚是最具感性的世界,目前服饰业也有了信息产业的一些特征,存在信息媒体化的倾向。报刊业并不是生产报纸纸张这种物品本身,而是以纸张为物质媒介来

传递信息，本质上是生产传播登载于纸张上的信息。与此类似，传统的服饰产业被当做纺织工业的一个分支来考虑，强调其作为生产物质产品工业的性质；强调纤维、纱线、织物的生产，很少考虑感性的设计。这样的视角，易使服饰产业停留在以"如何将产品生产出来"为核心的经营观念上。同时在大量生产、大量消费的时代，时尚和风格也得不到人们的重视，被多数人认为只是一小部分富裕阶层的奢侈爱好。但如今单一的服饰产品或面料已很难销售出去，只有附加了一定的设计信息（如色彩、图案、手感、款式等）才能吸引消费者。于是，面料成了传播和负载这些信息的媒体，这与报纸的纸张是登载信息材料的属性完全一样。作为载体的织物和作为信息的设计之间的关系，随着服装产业的发展，地位发生了逆转。纺织产品只是传达设计信息的媒体，设计才最终决定产品的价值，即先有了设计，才能进行生产加工。因此纺织服饰业成为一种传播色彩、风格、品位、风度等感觉信息的产业。从这一角度讲，时尚产业也是广义上的一种信息媒体产业。当前服装消费的多样化，正是由于服装中传达出的色彩、图案、款式及穿着舒适性信息的多样化所造成的。

二、高感度、个性化服装市场与快速时尚的形成和发展

（一）高感度、个性化消费市场的形成

我国服装产业的发展大致可以划分为三个阶段（图 2-4）。在 20 世纪 60~70 年代以家庭制作为一大特征的阶段，人们的服饰"十人一色"，"要什么没什么"，服装的主要用途是防寒蔽体。在 20 世纪 80 年代大量生产、大量消费的阶段，衣着消费需求增长，"有什么穿什么"，服饰有了一定的选择性，"一人一色"。经过"工农兵学商，大家搞服装"的浪潮进入 20 世纪 90 年代后半期后，国内的服装市场上大众化产品的消费者增长率在逐渐减小，市场出现了成熟化的特征，"一人十色"，"要什么有什么"，服饰消费有了很大的选择余地。

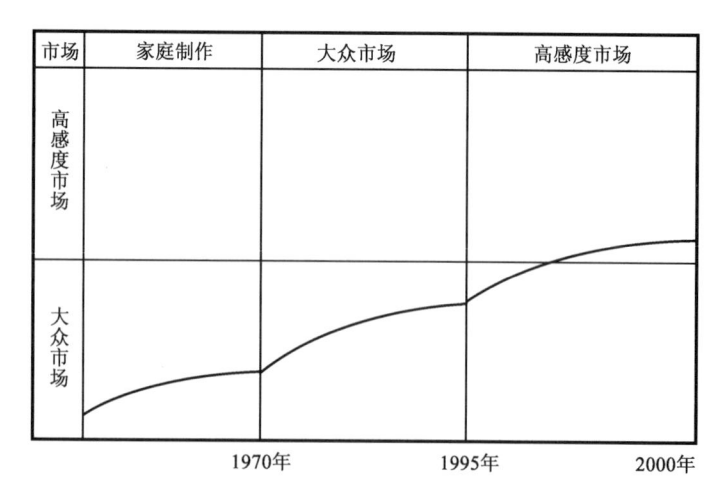

图 2-4 我国服装市场的成长历程

目前，中国的大部分消费者已经超越了追求生活必需品的初级阶段，服饰消费观念发展到希望得到社会承认的自我意识阶段。此时的消费者，对服饰的需求不再是单纯的以外界流行为唯一根据，而是在生活中融入自己的思想。既要让自己看起来跟得上时代，甚至走在时代的前列，又要让自己不至于在芸芸众生中被淹没。这样的心理，使得那些将流行的大众化和个体的个性化协调统一起来的服装受到了欢迎。这表明中国的服装市场存在向高感度、个性化方向发展的倾向。在沿海地区和一些大型城市，服饰高感度市场开始孕育成形。

另一方面，消费者的审美情趣逐步走向成熟，他们不再满足于现有的、大批量的、标准化的大众商品；不只讲究单件服饰的美观，更注重服饰间的搭配产生的整体效果。因此，消费者在选择服装时会考虑是否能与自己的生活环境、室内装饰、休闲活动等相协调；是否能与自己的个性、生活方式、交际圈相吻合。消费观念的变化，使以消费者为对象的商品企划师和设计师在服饰商品的企划、设计、生产过程中也实施相应的对策。

当前国内市场上的许多成功企业，依靠的是大批量生产和低成本，并未充分重视消费者的这种观念变化，将市场营销狭隘地理解为促销（特别是卖场促销），为此投入大量的人力与财力，以期提高销售额。这种观念与操作方法能在短期获得一定的销售利润，但难以赢得未来高感度、个性化消费者的长期支持。

越来越多的高感度、个性化消费者从大众化商品消费者中分离出来，不再满足于普通的消费品，而是着眼于自己独特的要求。个性化服装品牌正是伴随市场上消费趋势的这种变化应运而生，并日渐兴盛的。以高感度、个性化消费者为目标顾客的服装品牌的服装策划、生产，更为顺应当前这种对个性化要求很高的时代，呼应了消费者的服饰要求。

大众化商品较少考虑消费者之间的差异，无论谁来购买，都会提供相同或相似的商品。个性化品牌则将重点放在追求差异性上，针对小部分目标顾客的喜好来设计产品。个性化品牌的商品企划设计人员通常将生活中的某一类女性形象化，以她们为模特来进行设计；同时以那些与自身感觉相同的消费者为目标顾客。虽然这会失去大量与设计师服饰感性与品位不同的消费者，但正因为如此，设计师品牌的特色才会非常鲜明，品牌的个性化形象也因此得以维持。

大众化商品依靠大规模的生产来获取利润，通常不会考虑赋予商品个性化特色，只是尽可能地利用原有的设计、款式、材料等，以降低成本。在这类商品中，"（高）附加价值"基本上不存在。个性化品牌的设计师们为了表现自己所追求的理想形象，或为了提升服装的附加价值，对每一款服装都倾注了热情，不只在设计造型上，而且对从纤维到面料的每个细节都倍加雕琢。当然，设计师、个性化品牌不能进行大批量的生产，因为对消费者来说，"个性"在某种意义上还有着"物以稀为贵"的含义。实际上,消费者购买这种品牌商品,一方面是因为自己喜欢,另一方面还可能是因为能购买这样商品的人很少,因此即使设计师品牌、个性化品牌服饰商品价格很高,也能受到个性化消费者的欢迎。

目前,中国服装企业的品牌大多数以大众化消费者为对象进行生产和销售,其中较为成功的品牌有"雅戈尔"、"杉杉"等。这些基于大众消费者的大型服饰生产企业已开始探索针对高感度、个性化市场的应对之策,尽管还未体系化,尚处于摸索阶段,但已有了明显的个性化特征。

相对于传统大众化服装领域来讲,消费者对设计师品牌这样的高感度服装商品的需求量将逐渐增加。特别是在上海等大城市,个性化设计师品牌正在蚕食大众化品牌。未来支撑服装产业增长的也将是如设计师、个性化品牌这种强调差别化和个性化的高感度、个性化服饰产品。

(二)高感度、个性化服装市场的两极化倾向

在我国,与大众化服装商品相比,设计师、个性化服装品牌的市场占有率仍然很低。人们对高感度、个性化服装市场的特征及营销策略还未深入了解,相应的市场战略体系还未形成。因此,如何建立高感度、个性化品牌,是一个值得探索的重要问题。

我国高感度、个性化服装市场的孕育形成,最初是由于大量涌入国内市场的欧洲、美国、日本服饰品牌的催化作用。在这些外来品牌的风格影响下,形成了一个以休闲类服装为主的高感度细分市场。加上时装杂志及其他传媒的渲染,渐渐成长起来,成为高感度、个性化市场中较大的一个组成部分。

在高感度、个性化市场中,另一个相对集中的细分市场是职业女装。这类服装将现代职业女性洗练、时尚的形象融入经典、优雅的风格中,同时吸取了一些休闲服装的要素,形成了独特的一极。这类服装的特点是通过简洁流畅的轮廓造型以及精细的裁剪,表现都市女性对生活新的理解:自由自在、独立高雅、闲适温情。

服装市场出现的这两类高感度细分市场,使得原本就战火如荼的大众市场竞争更加激烈。随着国内的市场竞争走向多极化,少女装、淑女装、运动休闲装、商务休闲装等更多的个性化细分市场也相继出现。服装企业的生产营销策略和市场竞争战略也呈多样化发展。

(三)快速时尚的形成与发展

快速时尚由欧美"Fast Fashion"翻译而来,即快速推出的时尚之意。英文"Fast"还有轻易得到之意,因此核心意思就是时尚平民化。"Fast Fashion"这个概念源自20世纪的欧洲,代表性的服装零售企业有瑞典的H&M,英国的Topshop

以及西班牙的 Zara。它们提供快餐般的快速流行而价廉的时装商品,具有深远和广泛的影响力和渗透力。

第一家 H&M 店于 1947 年在瑞典建立,至今 H&M 在全世界 28 个国家已有 1400 家零售店,拥有超过 6 万多名雇员。Topshop 在 1964 年起源于英国谢菲尔德(Sheffield)某百货商场里的 Peter Robinson 小店。1974 年,Topshop 取代了 Peter Robinson 成为独立的品牌零售商。

Zara 则源于 1975 年在西班牙西北部的一个小服装店。Zara 于 2004 年 5 月在香港 IFC 中心开设了第一家销售店,2006 年 2 月在上海南京西路开设了中国内地第一家店。这种服装经营模式的快速扩张,受到了国际业界的强烈关注。

"做时尚的跟随者,而不是创造者",就意味着对前导时间(Lead Time,即产品从设计到销售上架的时间)要进行有效控制。资料显示,Zara 的前导时间为 15 天,H&M 的前导时间最快为 20 天,而国内服装企业的通常前导时间为 90~120 天。

三、服装商品企划战略的多极化

20 世纪 90 年代后,随着消费者观念的逐渐成熟,服装企业商品企划的战略随之出现了多样化的趋势。如图 2-5 所示,可以从三个角度对市场战略进行划分:一是基于"消费者市场",可分为大众化消费者市场和高感度消费者市场。二是从"零售业业态"来看,服装企业已从原来的以展销会为主的营销方式向零售领域纵深发展。以展销会为主要手段将商品卖给批发商的销售方式,称为传统业

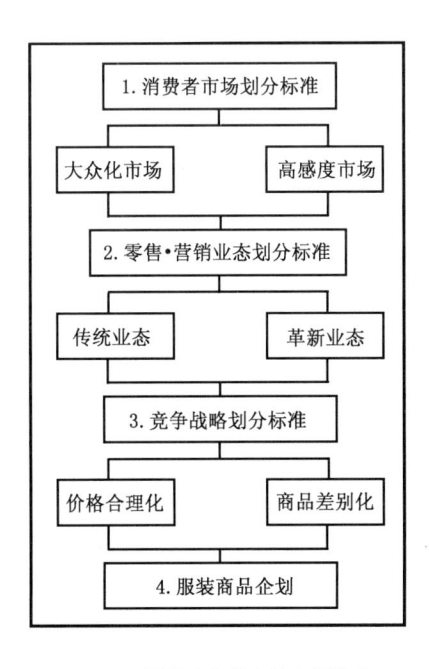

图 2-5 服装企业的商品企划战略

态。与零售业直接挂钩,甚至渗入到零售领域的营销方式,称为革新业态。三是基于"竞争战略",分为将重点放在降低成本,通过大批量的生产方式,追求成本合理化的类型;把重点放在树立品牌形象,追求商品差别化的类型。

以此三个角度,分别作为坐标轴,建立一个三维的立体结构,作为在服装商品企划中描述不同战略的方法。如图2-6所示,这种三维的服装商品企划的战略空间可分为8个子区间。每个子区间的规律、特征列于表2-4中。在图2-6中,垂直方向分为大众化市场和高感度市场两大类,相应于表2-4中的战略模式1~4是基于大众化市场的战略方式;战略模式5~8是基于高感度市场的战略方式。

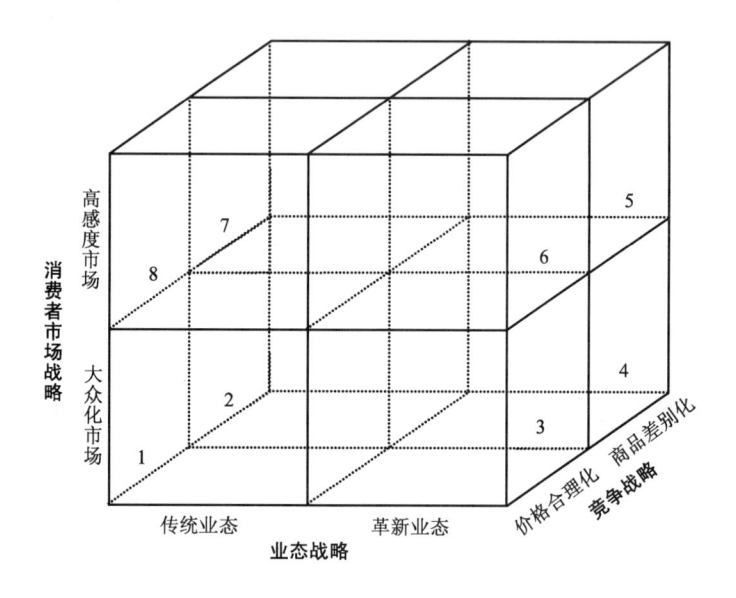

图2-6 服装商品企划的战略区间

表2-4 服装商品企划战略组合

战略模式	消费者市场		零售·营销形态		竞争战略
1	大众化市场	∧	传统业态	∧	价格合理化
2	大众化市场	∧	传统业态	∧	商品差别化
3	大众化市场	∧	革新业态	∧	价格合理化
4	大众化市场	∧	革新业态	∧	商品差别化
5	高感度市场	∧	革新业态	∧	商品差别化
6	高感度市场	∧	革新业态	∧	价格合理化
7	高感度市场	∧	传统业态	∧	商品差别化
8	高感度市场	∧	传统业态	∧	价格合理化

注 ∧表示相互结合。

对于图2-6下半部分的大众化市场,在业态战略方面可进一步决定是沿用以展销会为主的营销方式,还是渗透到零售业领域中。即在选择好"传统业态"或"革新业态"后,在"竞争战略"方面,需要在"价格合理化"还是"商品差别化"之间进行抉择。

每个服装企业都可以从企业自身的情况出发,选择能增加竞争优势、避免弱势的战略模式。找准目标市场、建立营销渠道、改善竞争策略。结合我国服装市场的发展,分析八种商品企划战略模式的特征。

1. 品类中心战略

品类中心战略方式是以大众化市场为指向,以展销会为中心,以成本合理化为竞争优势。主要应用在以服装品类进行划分的大众化市场时期。由于成衣生产厂家少,消费需求批量大,为提高效率,减少成本,降低价格,服装企业采用按照上衣、裤子、裙子等品类的不同,大批量生产单一款式的产品。这种战略模式在那些大众化市场仍未充分成熟的地区十分有效。

目前,这种模式的企业通常是以批发商或大型超市为营销渠道,商品企划只限于常规品类,如睡衣、拖鞋等。企业重视的是生产成本的合理化和缝制加工的高效化,对企业自身的营销、设计等能力不予重点考虑。因此,这类企业以低价格为竞争优势求得生存。

2. 品牌中心战略

当消费者开始关心时尚,逐渐对那些类似的、单一的服装失去兴趣时,一些具有设计开发能力的服装生产商出现了,它们的产品拥有自己的商标,以与其他品牌产品的差异作为取得市场占有率的关键。这种以品牌为中心的商品差别化战略,推动了中国服装业的发展。然而由于这类企业在营销上还缺乏自己的零售店和销售体系,特别是商品企划体系的不完善,会出现与市场需求相脱节的现象,因而缺乏零售网络的服装生产商的品牌中心战略,是一种有待完备的战略模式。

3. 规模卖场战略

随着竞争对手纷纷实施品牌战略,市场上的各种品牌数不胜数,为了在这样的环境中脱颖而出,或者继续确保原有的市场份额,就必须找到新的竞争策略和方法。因此,一些服装企业在坚持成本合理化优势的同时,积极扩展销售渠道,建立以百货店为中心的零售体系。特别是一些大型的服装生产企业,它们在各地百货店零售额中占有较大的销售份额,利用所拥有的品牌效应,积极在全国范围内开设众多卖场,连锁经营,获取利润。

大型服装生产企业要依靠规模卖场战略取得成功,通常都必须与零售商之间建立良好的、密切的联系,并重视销售活动。在这一战略中,生产和营销是两个同等重要的部分。

4. 自营店战略

自营店战略同样是以大众消费者为目标对象，在规模卖场战略的基础上进一步革新销售业态。以自营专卖店为销售形式，专营本企业的品牌。这种自营店战略有助于企业和市场的结合，使服装企业不只局限于生产商的角色，而且拥有自营专卖店，直接面对消费者，具有零售商的功能。依靠这种战略建立的一套从上(生产)而下(零售)的生产营销体系，增强了服装企业的竞争力。

5. D&C 品牌高价格商品战略

随着人们越来越追求个性和差别化，针对高感度消费者的 D&C 品牌(设计师品牌、个性化品牌)应运而生。拥有这类品牌的企业不仅在产品设计上独树一帜，而且同样注重发展营销零售功能，建立起自己的自营店、店中店，与自营店战略相似的是同样重视营销业态的革新。

设计师品牌与大众化品牌的差异性不仅体现在商品本身，而且还体现在卖场的背景形象、陈列布置、橱窗展示等方面。因此，D&C 品牌商品的价格档次比普通商品高，但同样受到个性化的、时尚化的消费者群体的青睐。D&C 品牌的另一个策略是利用时装发布会等形式，通过媒体向消费者传达品牌的理念和形象。

6. D&C 品牌中价格商品战略

采取与 D&C 品牌相似的高感度商品企划战略，但定价采用中档价格带。这是既追求成本合理化、又追求产品差异化的服装品牌主要采用的战略方式。为了实现成本合理化，通常这种品牌会在全国大规模地开设零售分店，渗透到各个地域市场。这种以高感度、个性化市场为导向、具有中档价格带的服装品牌，正在威胁着大众化品牌服装市场。

7. 新品类聚战略

采用这一战略的服装企业在感性方面(服装设计、品牌形象)具备与 D&C 品牌相同水平的企划能力，但企业本身没有实力形成一定规模的专卖店、自营店。对于高感度的商品来说，在一定区域内(特别是在一些非大都市的地方性二、三级市场)某一个品牌的消费群终究是有限的，一些企业本身的实力又决定了零售网络不可能拓展得很广。对应这种状况出现了多个品牌的产品陈列于同一卖场的零售形式：将一些受到消费者喜爱的同类品牌，置于拥有较完善零售体系的某品牌的自营店、专卖店中进行销售。如在上海市场上，"古今"品牌内衣专卖店的货柜中陈列着"奥黛丽"等内衣品牌的商品。这种策略类似面向大众化市场的百货店采用的备齐货色的营销模式，只不过新品类聚战略是面向高感度市场。

8. POS 网络战略

POS(Point of Sale System，销售实时信息管理系统)网络战略是指与品牌生产经营活动相关的各个部门,如零售店、生产工厂、营销部门等,相互之间通过计算机网络进行信息沟通、数据传递的营销模式。这种营销管理系统有利于高感度品牌进一步增强竞争优势,尽可能地减少在采购、库存管理、物流配送方面的损失,它正逐渐成为一种重要的竞争策略并受到重视。

通过建立POS网络系统,能使信息得到及时反馈,易于管理,可以在更大地域范围内建立大量的零售店。这使得针对高感度市场的品牌在建立生产与零售垂直型营销体系的同时,也能进行针对市场变化的快速反应,降低成本,提高利润。

第三节 服装商品企划的品牌战略

一、国内服装商品企划的实施形式

企划原意是指创作或规划,但服装商品企划不是一项单纯的技术工作,而是一种与设计相结合,通过塑造形象、倡导某种生活方式来表现人们感性价值的创造活动。这种具有特殊意义的工作在国内服装企业活动中的实施形式有以下几种类型。

1. 通过设计师的原创构思实现服装商品企划

这种类型的商品企划通常是为一些知名的设计师品牌所采用,如迪奥(Dior)等高级女装品牌。依靠原创设计,独立发布最新的时尚信息,引导流行。类似这种依靠设计师的才能或感悟进行前瞻性企划的国内服装企业并不鲜见。设计师的风格引领着品牌的风格。但国内这样的企业,也产生了一些问题:如由于设计师的更替而使原来苦心营造的商品形象难以稳定。这样既难以使品牌孕育高附加值,又难以培养目标顾客对品牌的忠诚度。服装商品企划若绝对维系于设计师的灵感,则企业的运营稳定性较差。

2. 通过代理或与国外(或国内)品牌的合作经营取得新季节的商品款型

这种类型的商品企划是依靠与国外名牌联姻、合作,取得新季节的商品款型,避免商品企划原创实施的高风险,同时借助国外品牌的影响力,迅速渗透市场;但往往要付出高昂的品牌租赁或特许费用,并且难以形成自己独立的、鲜明的品牌或商品形象,难以塑造高附加值、实现可持续经营。

3. 通过对国外(或国内)的新潮品、畅销品进行剖样组织生产,实施"拿来主义"

这种类型的商品企划依靠"拿来主义"来进行。时尚也如一条河,其中流动的是潮流。从世界范围来看,巴黎、伦敦、米兰、纽约、东京处于上海、北京的上游;从国内范围来看,香港、上海、北京又处于其他城市的上游。具有商业价值的流行时尚往往是从上游地区流至下游地区。因此一些服装企业在企划下一季商品时,直接奔向时尚的上游地区,根据企业所处环境和企业理念购取样衣,再进行剥样生产。这种形式避免了商品企划原创设计的高成本,又降低了风险;同时客观上也使流行信息、新型的生活价值观得到了传播与采用。购取样衣的过程替代了商品企划的实施过程,直接决定了企业商品形象倾向与投资回报率。另一方面,姑且不论"拿来主义"商品企划在商业道德方面的合理性,仅就"拿来主义"的时效性而言,随着我国经济迅速发展,消费者日益成熟,当购衣择装更多地从感性和独特的自身审美角度进行时,"拿来主义"便会走到尽头。此时,国内的上海等地区已从原来的时尚传播的中游位置提升为世界时尚之河的上游,本身亦是时尚发源之地。可见,"拿来主义"的商品企划并非长久之策。

4. 只生产多年不变的常规类(如正装等)产品

这种类型的商品企划实施形式是一些生产常规品类的服装企业,认为没有必要对应每一新季节实施全面的商品企划,因而商品企划是多年的继承和总结,生产经营具有稳定性、低风险性。国内一些西服、衬衫、西裤等男装生产企业多属此类。企业运营的重点在于扩大再生产,实施规模经营、降低成本、提高质量,以提高市场占有率,但此种商品企划体系不适于附加值更大、时尚流行成分含量更高的女装等高感度、个性化服装品类的经营,并且也面临着竞争激烈、市场渐趋饱和、商品附加值提升空间有限的问题。

除此之外,国内服装商品企划的实施还有其他一些表现形式,特别是预测提案型商品企划策略,它对推进个性化服装品牌的建立、满足个性化消费者的时尚需求正发挥着越来越重要的作用。

二、服装商品企划的品牌战略选择

(一)服装商品企划的实施策略

服装商品企划是服装企业的核心活动,要求具有能对这种涉及多种感性因素的工作进行合理管理的功能和体制。实施商品企划有多种战略选择,为实现企业经营目标可采取多种具体的实施策略,结合本章第一节阐述的服装市场营销的基本原理,归纳于图2-7中。图中纵轴为营销渠道战略,横轴是商品企划的运营方式。

纵轴上是三类营销渠道战略,其特征分别为:自营指向——自营店、特许店以及百货店中的店中店;专柜销售——在百货店中设置该品牌的专柜;单品配货——在百货店或其他卖场,以单品形式组织销售。

横轴上是三类商品企划运营方式,分别具有以下特征:设计师型企划——以设计师的感性为基点进行商品企划;预测提案型企划——商品企划人员在设计师的协同下,针对下一季的时尚流行和商品销售进行预测提案型的商品企划;营

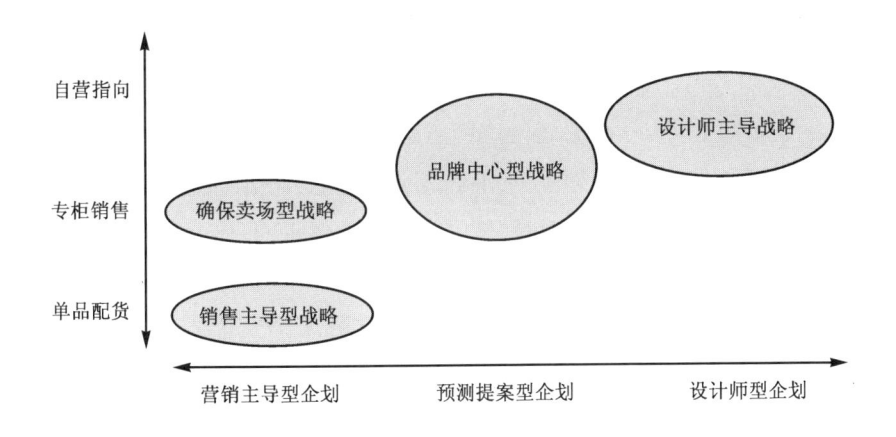

图2-7 商品企划的实施战略

销主导型企划——基于竞争企业、品牌、商店以及本企业的营销特征进行商品企划。

上述三种市场营销组合方式中，营销主导型企划与单品配货营销相结合的销售主导型战略以及营销主导型企划与专柜销售结合的确保卖场型战略，是国内多数服装企业沿用的方式。这两种方式具有紧跟市场变化、企业活动围绕销售工作展开的特点，较适合大众化商品的推广。但采用这两种方式的企业缺乏培育高感度品牌的组织体制"土壤"。

在服装业界有一种设计师主导型企业，在这样的企业中，设计师自身参与企业的经营决策，因而其设计特征在多数情况下引领着企业的整体形象。由于企业的规模与设计师个性的不同，可能存在从单人体制到大规模经营体系（如首席设计师制）等多种形式，但共同点都在于高层经营决策层和企划设计活动之间建立了直接的、密切的联系，使设计师构思的设计形象能直接变成一种令人印象深刻的品牌形象。因而企业在商品企划过程中，理念明确、运营高效。这种企业具备了经常进行前瞻性企划的能力。但是，兼具设计与管理才能的设计师人才难求导致的高成本以及维系企业命运的设计师更替等可能带来的高风险，使这种采取设计师主导战略的设计师型企业难以被大多数中小型服装企业采用。

另一方面，也有一些实施以品牌战略为中心的预测提案型企划管理的服装企业，企业中并没有具有前瞻性创造才能的设计师，但在经营活动中仍取得了成功。这类企业把商品企划活动提升到企业体制的高度来组织实施。依靠以品牌为中心的、较完备的预测提案型商品企划体制，使企划人员和设计人员的企划、设计活动都很好地融入组织活动中。由此可见，以品牌战略为中心的预测提案型商品企划是一种基本的策略。

以品牌战略为中心的预测提案型商品企划方式，较适合国内大多数中小型服装企业。在服装企业中采用以品牌为单位进行组织活动的方式，有以下两方面的原因：

（1）服装是多品种、小批量、短周期的商品，与其他产业的新产品开发不同的是：只单纯进行单品类商品（如裤子、毛衣等）或把几类服装商品分开来进行企划开发，往往不如以品牌为单位进行整体开发的收益效果明显。

（2）服装原本就有暗示一个时代的流行文化、生活方式的功用。如果更具体地从范围较小的穿着打扮角度来考虑，服装则包括了个人着装的全部商品以及相互之间的搭配关系。如果没有包括多类商品，服装的功用也就只能停留在最原始的保暖蔽体等物性价值方面，难以形成品牌的整体概念与形象，不能体现服装的感性价值。这显然不符合高感度消费趋势对服装产业的要求。

（二）预测提案型商品企划的市场营销组合策略

以品牌战略为中心的预测提案型商品企划，要求服装企业根据品牌所设定的目标市场及品牌理念，采取相应的市场营销组合策略。

目标市场的理念战略设定如图2-8所示，以"3C"为前提，具体体现为"4P"。三个前提是了解消费者（Consumer）、本企业（Corporation）的方针和定位、竞争对手（Competitor）企业或品牌。以此为基础，设定品牌所针对的目标消费者，把握他们的生活方式和主要的生活场所，确定品牌理念和风格形象。通过营销组合"4P"来具体体现，主要考虑以下内容：

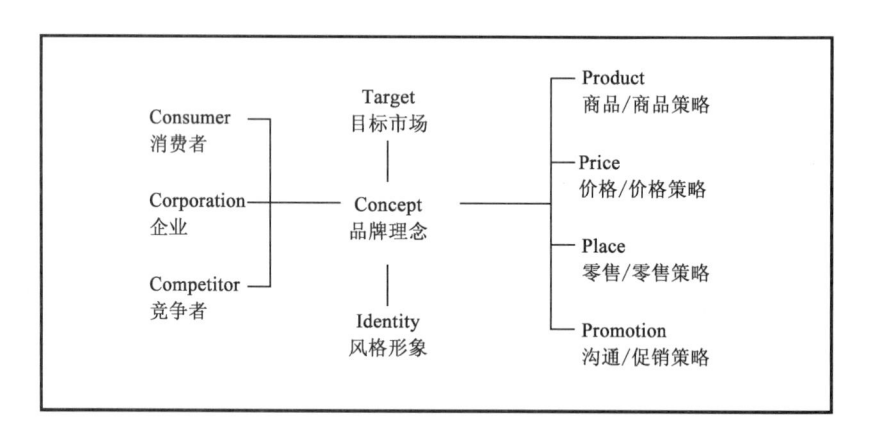

图2-8 目标市场的理念战略

1. 商品（Product）

基于消费者穿着该品牌的季节、场合及场景，进行品牌主题设计、商品构成选定、商品开发等。

2. 价格(Price)

基于顾客的收入、服装消费的支出以及着装搭配组合等,对各类服装进行最适当的价格设定。

3. 地点(Place)

基于该品牌在顾客心目中的地位,进行最适合的营销区域及店铺设定,并开发相应的营销渠道。

4. 促销(Promotion)

基于该品牌目标顾客在生活中接收信息的方式以及对该品牌的感觉,确定最适当的促销方法和内容。

品牌的营销组合在很大程度上还受到品牌理念决定的商品特性的影响,可以根据以下的内容设定最合适的市场营销组合:品牌所设定的目标消费群年龄;品牌对应的使用场合;品牌的风格(如保守、时尚、前卫等);品牌的品质(如属于高价位,还是低价位);品牌的规模。

第四节 服装品牌的分类及构成模式

一、品牌的内涵与架构

(一)品牌的定义

BRAND(品牌)一词来源于挪威语"烧"。据说是从在家畜身上烧烙印做记号发展而来。在物品上做记号最早出现于古希腊,陶器上的记号有标明物品的产地及主人的作用。后来品牌就逐渐发展成为不同类型产品表征的一种手段。

美国市场协会AMA对品牌的定义是:"品牌是指与其他企业的商品、服务明显相区别的名称、语言、设计或象征。品牌的法律用语为商标(Trade Mark)。品牌是关于卖主的一个商品、商品族以至全部商品的独特性的表示。"

品牌也可解释为"表示商品的质量、档次、种类以及制造地、所有者等的图形、名称和商标"。也就是说,品牌应具有特定的称呼(Naming)、字体形式(Logotype)和标志徽记(Symbol Mark)。可见,品牌是企业与其他企业相区别的明确的标志,具有强化商品的特定性和独特性的作用。

从服装企业的角度看,"品牌是为识别某一企业或企业集团的商品或服务、体现与同行竞争者的商品的区别,而采用的名称、图案及其组合"。品牌不应单纯被看做是一个名称,服装企业应把它视为服装营销的核心,并努力将其培育成一个企业的象征。不论企业规模的大小,品牌都是企业与最终消费者进行沟通和信息传递的有效工具。

从消费者的角度来看,品牌是具有某种共性(如风格、理念、商品特征、背景等)的一类服装产品集合体的代称,包含了对某种价值和特征的认可以及对产品的态度。

(二)品牌的架构

1. 品牌的内涵构造

品牌的架构如图2-9所示,品牌的内涵构造可划分为三个层次。

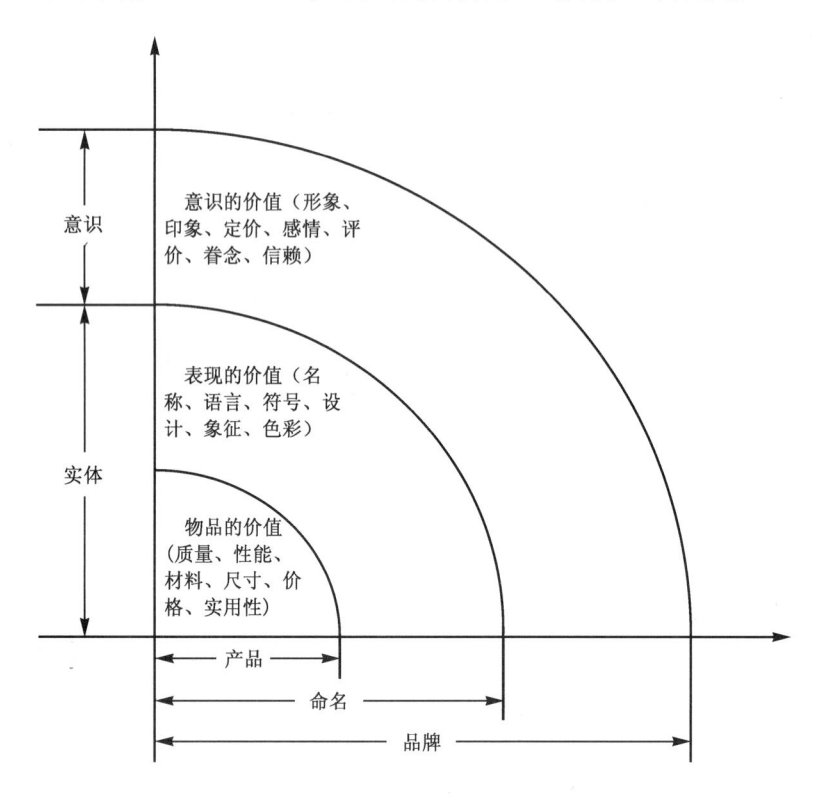

图中：
- 意识的价值（形象、印象、定价、感情、评价、眷念、信赖）
- 表现的价值（名称、语言、符号、设计、象征、色彩）
- 物品的价值（质量、性能、材料、尺寸、价格、实用性）

纵轴分为意识、实体；横轴标注产品、命名、品牌三个范围。

图 2-9　品牌的架构

(1)核心层:作为物的存在的产品本身,即物品的价值。包括质量、性能、尺寸、价格等商品属性。

(2)中间层:赋予产品的名称、语言、符号、象征、设计等表现要素。

(3)外壳层:品牌形象,即意识的价值。包括消费者对品牌的印象、形象、感情、评价等整体意识,即通常所称的品牌形象部分,可称为意识的价值。创设、策划服装品牌,核心层是基础,中间层是桥梁,外壳层是目标,三者逐层递进。核心层与中间层易实现,但是形成外壳层——品牌形象则是创设品牌的关键。外壳层的形成与否,在一定程度上反映了品牌的附加价值。

2. 品牌的意识价值——提升品牌价值

市场营销的目标之一就是培育意识上具有价值的品牌。没有意识上价值的品牌商品,仅是一件独立的物品。

品牌意识上的价值,是指消费者与商品间的某种精神联系,这种联系导致了消费者相应的消费行为。不同的意识价值暗示着消费者所持有的不同态度以及采取的不同行动。品牌意识上的价值可以超越物质而在意识层面存在。

当与同属商品群共同要素相区别的意识与价值得到认可,"从物品独立出来"的意识存在就开始形成,即商品开始意识化。这种商品意识化具有各种心理表现特征,对消费者行为具有重大影响。

首先,从商品拥有的"意识价值"开始,将逐渐过渡到最终的概念化、象征化,并与商品相分离而形成独立的价值。如路易·威登等知名品牌,即便没有物的存在,品牌也具有价值,这样的品牌就已成为意识的存在,或称品牌的无形化资产,即品牌从其商品所具有的特征、质量、设计等抽象而出,形成综合的形象价值。

意识化的另一特征是超时间性。深刻意识化的品牌可以超越时代和流行而存在。因此,使服装品牌成为意识化品牌有长远的意义。虽然产品款式甚至产品内容在不断变化,但品牌可长期赢得人们的信赖与忠诚。品牌独立的意识价值得到消费者的认可后,自然令消费者感到亲近与眷念。这种"伴随情绪的意识"的形成,可能要经过一个漫长的阶段,但一旦形成,就会非常牢固。这种情结是品牌竞争的基石,也是品牌忠诚度的根本。

(三)品牌的功能

从生产企业来看,树立品牌便于目标消费者体现自我价值;容易处理与追踪产品,便于表现商品企划理念,树立良好的产品形象;根据商标及专利,可以防止产品被模仿侵权;可以从出租品牌使用权或转移品牌所有权中盈利;便于管理和整合销售渠道;利于稳定质量水平,树立良好企业形象,吸引该层次的消费者再次购买;便于实行产品价格差别化策略,利于制订市场计划,新品的开发也容易实施,有助于推进促销计划,实施视觉商品企划 VMD(Visual Merchandise)等。

从流通领域来看,品牌商品的特征明显;消费者容易选择;责任所在为生产者;容易重新采购;具有高附加价值;容易管理。

从消费者角度来看,品牌是产品的形象和价值的反映,在质量、价格、保质期方面可以感到安全、可靠;便于辨识、购买,不用花费很多时间就可做出购买决定,同时使购买的商品符合自己的品位和社会地位;便于与其他(商品与价格)相比较;便于重复购买和使用;便于自由地表现自己的生活方式;能指导下一季的服装购买;树立自信,便于获得社会认同。品牌代表了企业的声誉和服务,维护着消费者的权益,有助于建立消费者对生产者的信任度。

(四)服装品牌战略的作用

不断加剧的市场竞争,使采取强有力的品牌策略的企业更易建立比较优势。实施服装品牌战略,建立强势品牌的作用列举如下:

1. 稳定销售量和营业额的保证

强势品牌的持续成长,带来了巨大的规模效益。

2. 实现更高的附加价值与利润

对于同等质量的商品,强势品牌能以更高的价格销售。

3. 对竞争具有抵抗力

强势品牌在价格竞争中非常有利,在遇到其他竞争企业的促销挑战时损失较少,在促销竞争之后也能较快恢复。

4. 投资效率高

强势品牌在市场不景气时,比弱势品牌更能承受冲击。

5. 强有力的市场支配力

强势品牌在流通领域中具有较大的影响力。

6. 增强竞争力

强势品牌更利于开拓不同的地域市场。

7. 提升企业资产价值

强势品牌可较大程度提高企业资产价值。

二、服装品牌的分类

服装品牌的分类,可从品牌不同属性出发,目前没有统一的标准。一些行业协会或组织机构往往根据知名度、市场占有率、价格档次进行品牌的分类界定,如基于知名度的"名牌"、"驰名品牌"等;基于品牌来源的"本地品牌"、"外地品牌"、"国外品牌"等;基于价格档次的"高档品牌"、"中档品牌"等。

在法国,综合服装的设计特征和生产特征,女装品牌分为三类:高级女装(Haute Couture)、高级成衣(Couture Ready-to-wear)、成衣(Ready-to-wear)。这三类品牌之间,尤其是高级女装有着严格的界定范围。

1. 高级女装

高级女装以高度创意、度身定制为特点。经法国工业部下属的高级女装协会审定资格,有严格的条件,如必须为设计师品牌;每款服装件数极少且基本是手工完成;参加高级女装协会每年两次的时装展示活动。目前只有十几家高级女装品牌,如克里斯汀·迪奥(Christian Dior)、夏奈尔(Chanel)等。

2. 高级成衣

高级成衣融合了高级女装的艺术创造性和成衣的批量生产性,这一层次品牌的确立带动了成衣业的发展。高田贤三(Kenzo)、唐娜·卡兰(Donna Karen)等都属该类品牌中的佼佼者。

3. 成衣

成衣是工业化大批量生产的品牌,如贝纳通(Benetton)、里兹·克莱本(Liz Clai-borne)、鳄鱼等。

意大利、英国等采用了与法国相类似的品牌分类法。

按照商品的流通状况及运作特征,可以将服装品牌分为七种:

(1)International Brands——国际品牌。国际品牌具有国际声誉、在多国销售。这样的品牌多在 VOGUE、BAZAAR、WWD、ELLE 等权威服饰报刊登载广告。

(2)Licensed Brands——特许品牌。特许品牌是通过与知名品牌签订契约,支付使用费,获得生产经营许可的品牌。

(3)Designer Brands——设计师品牌。设计师品牌多以创牌时的设计师姓名为品牌名,由知名设计师领衔经营设计,强调设计师的声望。但设计师品牌并非都冠以设计师姓名,如日本川久保玲的服装品牌名称为"像男孩一样"(Comme Des Garcons);同时设计师品牌服装也不一定全由冠名设计师本人设计。

(4)National Brands——服装生产企业生产经营的商品群的品牌。服装生产企业生产经营的商品群的品牌其销售范围及影响通常遍及全国。

(5)Private Brands——零售商(企业)品牌。零售商(企业)品牌是由大型零售商拥有并由特定的零售渠道经营的品牌,也称自有品牌。

(6)Store Brands——店家品牌。店家品牌通常是规模较小的零售商店经营的品牌。其雏形可以认为是在先于成衣工业时期的"前店后场"式服装加工销售。

(7)Character Brands——个性品牌。个性品牌的商品个性特征明显,是具有强烈差别化形象意识的品牌。如以"UNITED COLOURS OF BENETTON"(全色彩的贝纳通)为理念的贝纳通(BENETTON)品牌。个性品牌和设计师品牌共性颇多,常被结合起来称为 D&C 品牌(DESIGNER & CHARACTER BRAND)。

总体上,按照商品的流通状况及特征可以将品牌分为两类:制造商品牌和零售商品牌。

对制造商品牌,制造商将自己的品牌注明在商品上进行销售,消费者一看就知道该商品是由哪家制造商生产的,该制造商的生产能力和信誉也就会成为消费者选择商品的参考依据。在我国当前的服装市场上,服装品牌多为此类,如雅戈尔、三枪等。大众化品牌通常都是制造商品牌。制造商品牌得益于生产制造商自身具备生产加工能力的优势,批量大、成本控制有保证。但不易实现品牌的高感度化和小批量快速化生产。

零售商相对生产商具有比较优势:直接接触最终消费者;获取市场反馈信息

迅捷、准确。当前女装品牌的附加价值主要由时尚性、生活方式的倡导性等非物性因素体现，因而零售商品牌在这方面更易使品牌增值、获取利润。零售商品牌是制造商品牌强有力的竞争对手。以商誉为后盾的零售企业处在市场第一线，拥有自己的零售网络体系，易于了解消费者需求，对市场发展变化也最敏感。如法国家乐福在上海大卖场中的自有品牌是 HARMONIE。

零售商品牌兴起的原因有：①零售商熟知许多制造商的生产和经营情况，能从中选出适当的厂家，并以较低的成本投入生产，从而谋取高额利润；②零售商有着直接面对顾客的有利条件，顺畅的相互交流使商家能更恰当地掌握消费者的需求；③零售商以自己的品牌展开经营活动，易形成直观的联想，从而更容易招徕顾客；④能及时根据消费者需求的变化，调整店面的销售布局，从而获得比制造商更多的销售机会；⑤对于自身拥有的品牌，零售商可更直接地提供销售服务，而且比制造商能提供的服务更及时、更周到。

另外，从服装企业的角度，品牌有主次之分。主线品牌，又称主牌、一线品牌，是企业推出的主要品牌，产品往往特征明显，特色突出，品位及价格档次高。副线品牌，又称副牌、二线品牌，是与主牌有关联的次要品牌，在产品的时尚形象品位、价格档次等方面都逊色于主线品牌。一个主线品牌，可附属多个副牌。CALVIN KLEIN JEANS 是 CALVIN KLEIN 的二线品牌；KENZO ENFANT 是 KENZO 的二线品牌之一。

三、服装品牌的构成模式
(一)基本构成模式

日本チャネラ株式会社，在年度一次出版的《服饰品牌年鉴》中，对服装品牌从品牌与公司两部分进行描述，基本构成模式如下：

1. **品牌名称**

①年销售额；②品牌类型区分；③服装品类；④目标消费群；⑤商品特征；⑥材质；⑦尺寸；⑧中心价格；⑨销售渠道。

2. **公司名称**

①法人代表；②年销售额；③总部地址；④分部；⑤注册登记号；⑥E-mail。

〔案例1〕

(1)品牌名称：KENZO ENFANT(高田贤三·童装)

①年销售额(1998年)：8.8亿日元。

②品牌类型区分：海外合作(法国)。

③服装品类：夹克、外套、连衣裙、运动服、衬衫、女衫、羊毛衫、裙子、裤子、T恤、包、帽子、泳装、袜子。

④目标消费群:针对 3~12 岁的男女儿童(穿着时髦、讲究打扮的 25~35 岁母亲的孩子)。

⑤商品特征:与巴黎的高田贤三共同合作经营的品牌,涵盖从上学到外出的整体服装,使孩子们在一个童话般的世界中成长。

⑥材质:机织物 60%,针织物 40%。

⑦尺寸:95、100、110、120、130、140、150。

⑧中心价格(日元):夹克 10000~20000;外套 19000~30000;连衣裙 6000~14000;衬衫 5000~13000;羊毛衫 9800~20000;裤子 5800~15000;运动服 3800~16000。

⑨销售渠道:百货店 70%,专卖店 30%。

(2)公司名称:略

[案例 2]

(1)品牌名称:RIO SISTER

①年销售额(1998 年):21 亿日元。

②品牌类型区分:原创品牌。

③服装品类:羊毛衫、运动服、衬衫。

④目标消费群:16~18 岁的女学生。

⑤商品特征:以美国休闲风格为主题的校园时尚。

⑥材质:针织物 85%,机织物 15%。

⑦尺寸:M。

⑧中心价格(日元):针织衫 2900~9800;机织衫 3900~5900;编织衫 3900~7900。

⑨销售渠道:专卖店 70%,百货店 30%。

(2)公司名称:略

(二)要素描述模式

结合国内的服饰业市场情况,可以采用下述构成要素描述模式,分为国外品牌与国内品牌两类。

1. 国外品牌

①品牌名称;②品牌类型;③注册地;④创始人、设计师;⑤商品品类;⑥目标消费群;⑦品牌理念与商品特征;⑧营销特征;⑨联系地址。

[案例 3]

①品牌名称:Yohji Yamamoto(山本耀司)。

②品牌类型:高级时装、高级成衣。

③注册地:日本东京(1972年)。

④创始人、设计师:山本耀司。

⑤商品品类:女装,男装。

⑥目标消费群:讲究服饰个性的中等以上收入阶层。

⑦品牌理念与商品特征:山本耀司的设计植根于日本文化,自然流畅,高雅洒脱。结构设计别出心裁,重视材质肌理之美,色彩以黑色多见,外观造型以非对称居多。

⑧营销特征:以价格适中为策略;专卖店、展销会。

⑨联系地址:略。

2. 国内品牌

①品牌名称;②注册地;③创始人、设计师;④目标消费群;⑤品牌理念与商品特征;⑥商品品类;⑦材质;⑧主导产品价格带;⑨营销特征;⑩联系地址。

[案例4]

①品牌名称:E.P。

②注册地:浙江嘉兴。

③创始人及设计师:意大利和国内设计师。

④目标消费群:28~45岁的都市女性。

⑤品牌理念与商品特征:倡导时尚、自信、高雅的生活理念,以经典、雅致、舒适的时装设计,传递属于现代都市女性的优雅审美。不拘谨的雅致、自信、乐观、知性、智慧、温婉而有女人味,是E.P呈现给现代都市女性的优质生活内涵。

⑥商品品类:日常装,运动休闲装,运动休闲装系列,JEANS系列。

⑦材质:机织物。

⑧主导产品价格带:春夏商品500~1500元,秋冬商品1200~20000元。

⑨营销特征:形成了覆盖中国内地的以专卖店、Shopping Mall、百货店、时尚生活馆为一体的自营网络和加盟网络结合的营销体系。

⑩联系地址:略。

从服装品牌的构成描述中,可以认识到服装品牌商品企划应从品牌名称、目标消费群、商品理念与特征、品类、价格、营销特征等方面进行。

第五节 服装品牌商品企划开发流程

一、现代服装产品快速开发模式

近几年,服装行业逐步置身于一个需求活跃、以顾客为主导、在零售竞争激烈的商业环境中,服装企业需要加强针对市场进行快速反应及开发新产品的能力。加快产品开发进程的重点主要有两个方面:通过简化和缩短产品的开发周期提升生产过程中的成本效力;通过添加适应目标消费群的产品和开发销售季节所需的产品来提升新产品的市场受众度。

产品开发是针对于目标顾客群进行的适于销售、生产和有利可图的产品设计与工作。形成新产品有三种主要形式:创造新市场的全新产品;现存产品的改良;现有产品导入新市场。针对全新产品和改良产品的开发,可以归纳一些新产品开发过程的标准化模型。

1. 产品开发的连续模型

图 2-10 是新产品开发的连续模型。该模型表明了产品是按照一系列已经界定的阶段顺序进行的。产品开发过程的每一个阶段往往为某一部门完成。模型描述了产品的开发过程,但是没有全面反映如何应对不断变化的市场环境要求。

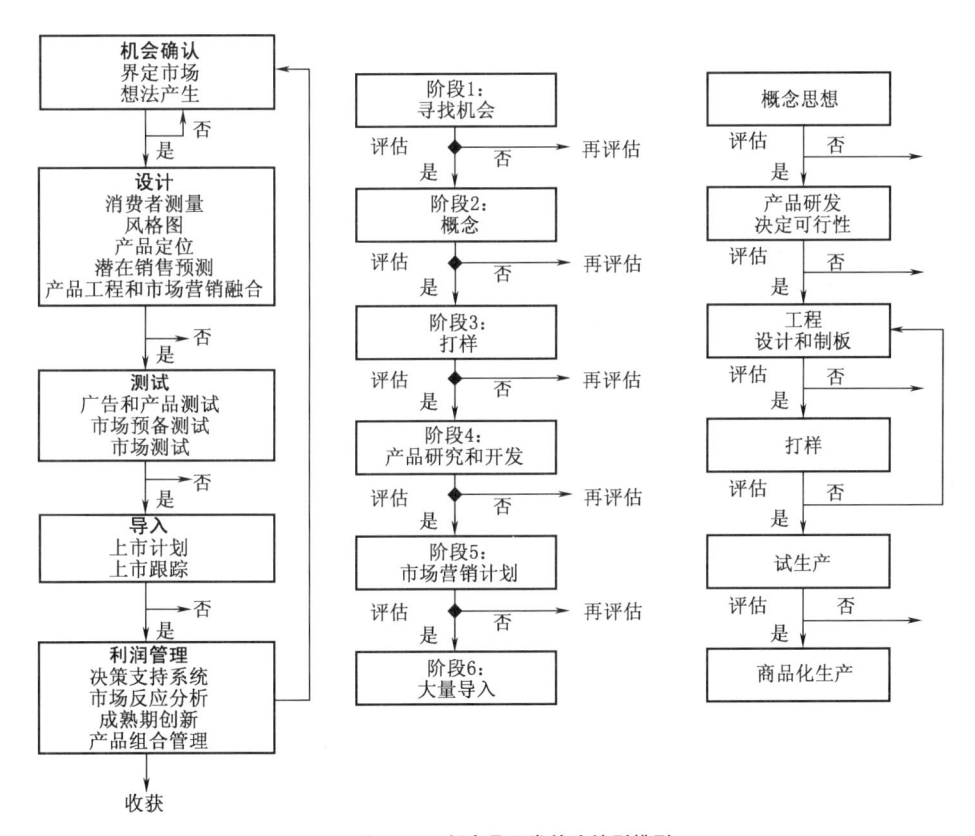

图 2-10 新产品开发的连续型模型

发现顾客、市场营销、研究开发是新产品灵感的最普遍的来源。然而,在连续模型中,市场信息仅列于开发过程的随后阶段,作为对新产品概念和市场营销计划进展的测试手段。其次,连续型模型没有为在设计和开发过程中形成有效的沟通协作提供途径。另外,该模型描述了一个细分的、缓慢的产品开发途径,削弱了部门之间的联系。一些重要部门直到开发的后续阶段才能获悉市场信息,使重要的决策因素可能被忽略,从而导致失去市场机会、失去开发延伸产品的机会。

另一个建立连续性产品开发模型的办法是将其分解成 10~13 个有序的活动,如图 2-11 所示。

```
新产品研发过程的活动

1. 初选
2. 市场初步评估
3. 技术初步评估
4. 详细的市场研究/市场调查
5. 商务/财政分析
6. 产品开发
7. 产品内部测试
8. 产品消费者测试
9. 市场测试/销售考验
10. 批量试生产
11. 产品生产之前的财务分析
```

图 2-11 新产品研发过程的活动

2. 平行或并发型产品开发模型

由于应用的局限,许多研究者认为产品开发的连续型的模型已经过时,并且认定工业化的产品开发应该转向平行或并发型产品开发模型。并发型模型的每一个步骤都会由多个部门完成。在并发型模型的运作中,促进了沟通,所有部门的专门技术都可被运用于整个过程中,实现了更短的产品开发周期、开发出了更好的产品。

学者 Erhorn 和 Stark 在 1994 年提出了一个完整的模型,如图 2-12 所示,在这个模型中,产品开发同时发生在不同的部门。运用该模型可促进产品创新,满足成本管理,并且缩短产品开发周期。

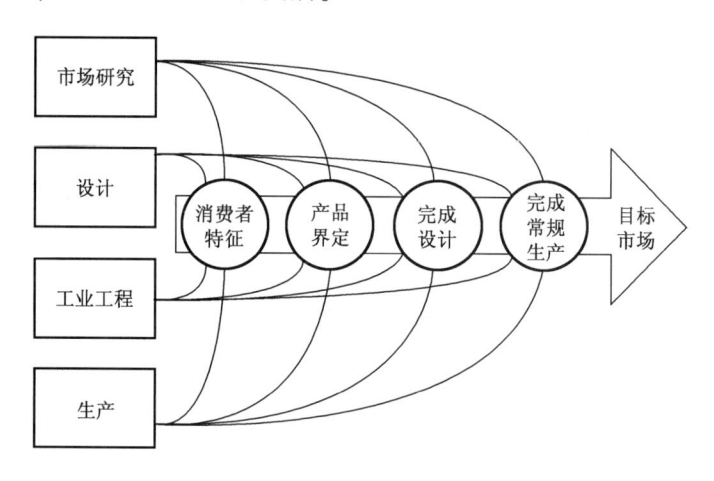

图 2-12 Erhorn 和 Stark 提出的模型

并发型模型比连续型模型更有优势。并发型模型可以支持一个更加快速有效的产品开发循环。图 2-13 清楚地说明了它们之间的区别。并发型模型允许和产品开发相关的部门之间持续不断地进行信息交换。其次,在并发型模型中,市场营销和制造在整个产品开发周期中扮演了一个更大的角色,有助于确保在实施过程中应对外部和内部设计需求的广泛变化。然而,这些模型都没有为像设计

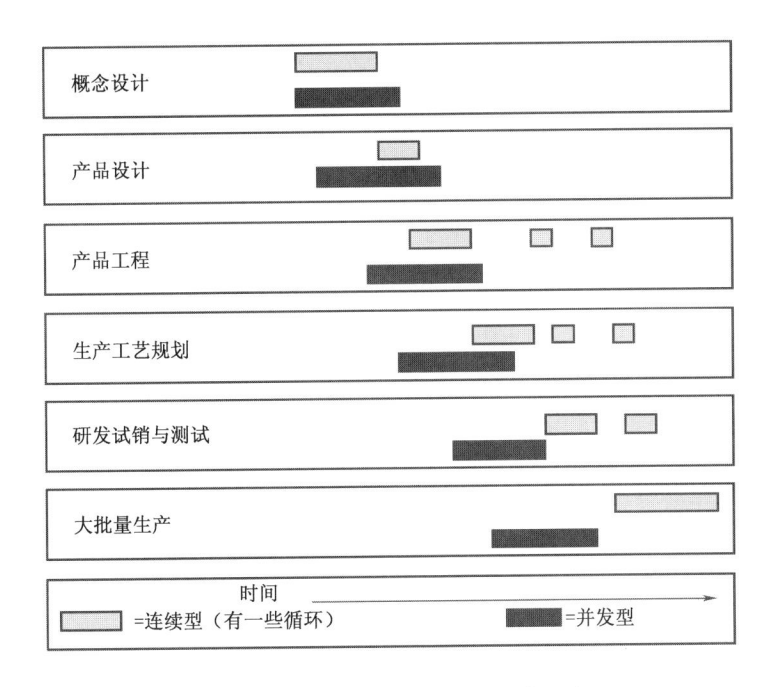

```
概念设计        ▭
                ▬▬

产品设计          ▭
                 ▬▬▬

产品工程              ▭  ▭  ▭
                     ▬▬▬

生产工艺规划            ▭  ▭  ▭
                      ▬▬▬

研发试销与测试            ▭    ▭
                        ▬▬▬

大批量生产                      ▭
                              ▬▬▬

         时间 →
    ▭ =连续型（有一些循环）    ▬ =并发型
```

图 2-13 并发型模型与连续型模型的区别

师品牌一类的以外购产品代替自身生产的公司提供产品开发方法。

3. 多重收敛型模型

1995 年，学者 Bruce 和 Biemans 提出多重收敛型模型来描述产品开发的各个阶段。如图 2-14 所示，在产品开发过程中，大量来自于不同渠道的信息输入所扮演的角色被标注出来。这个多重收敛型模型显示了服装行业中产品开发过程的极大的相似性。

4. 无间隙连续性服装产品开发模型

美国北卡州立大学学者 Traci May-Plumlee 和 Trevor J. Little 提出了"无间隙连续性阶段服装产品开发模型"，此模型提供了从承担开发活动开始到完成开发活动的细节。该模型可以适用于：开发系列产品和单个产品；开发季节性系列产品和每年不同季节的系列产品。

在该模型中，新产品的开发被视为设计和开发的任务。在服装公司中建议由四个职能部门来协调和承担新产品开发的责任：市场营销部、商品企划部、产品设计和开发部、批量生产部。

图 2-15 包含了该模型六个阶段服装产品开发的过程，同时说明了四个职能部门分别在在每个阶段的参与情况。这个模型兼顾了服装产品系列中的不同类别，可以有选择性地推进以及通过之前的开发阶段再循环。图中的虚线区分了不同的阶段。这个模型融合了前几种模型的优点，具体应用可能随产品的系列和公司的不同而不同。另外，它也会受到面辅料供货可靠性、目标零售价格、分销渠

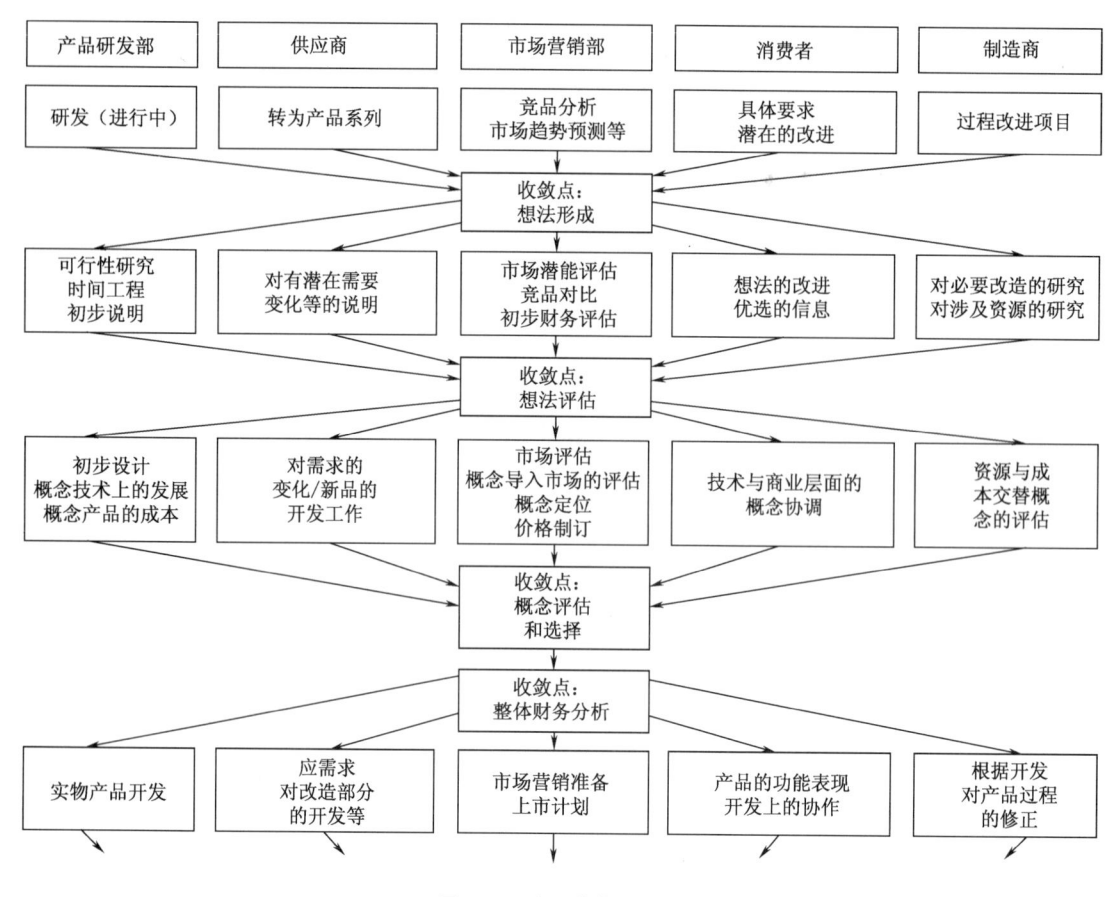

图 2-14 多重收敛型模型

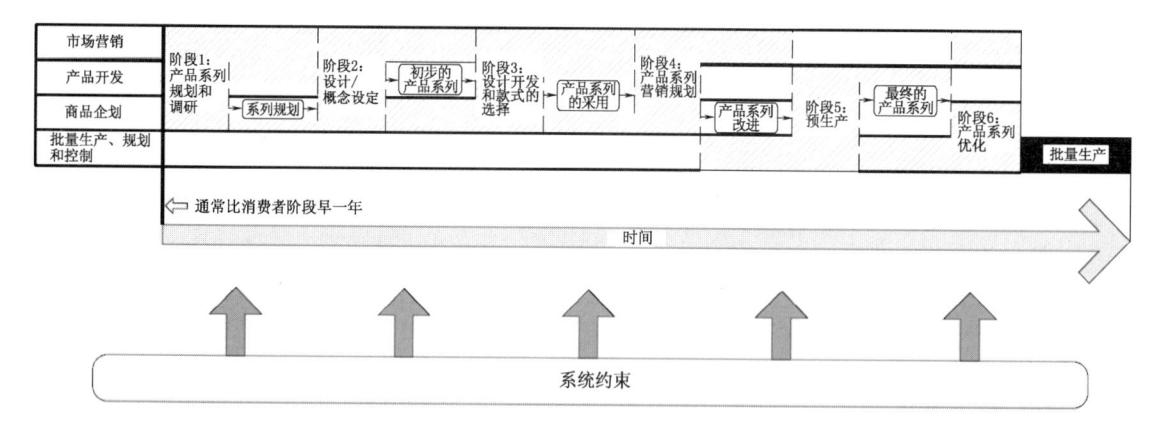

图 2-15 无间隙连续性服装产品开发

道等的影响。

　　图 2-16 为无间隙连续性服装产品开发模型的辅助说明。六个阶段中的每一个阶段都可以独立讨论，但放置在图 2-15 的完整模型中才能充分解释。

　　图 2-17 展示了产品系列的规划和调研环节阶段 1 的细节。阶段 1 结合了

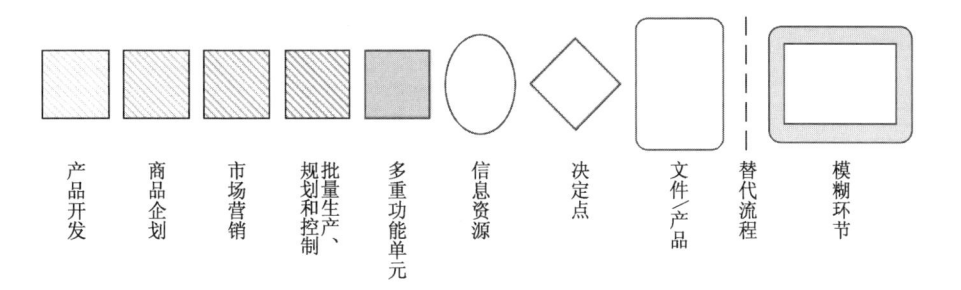

图 2-16 无间隙连续性服装产品开发模型的辅助说明

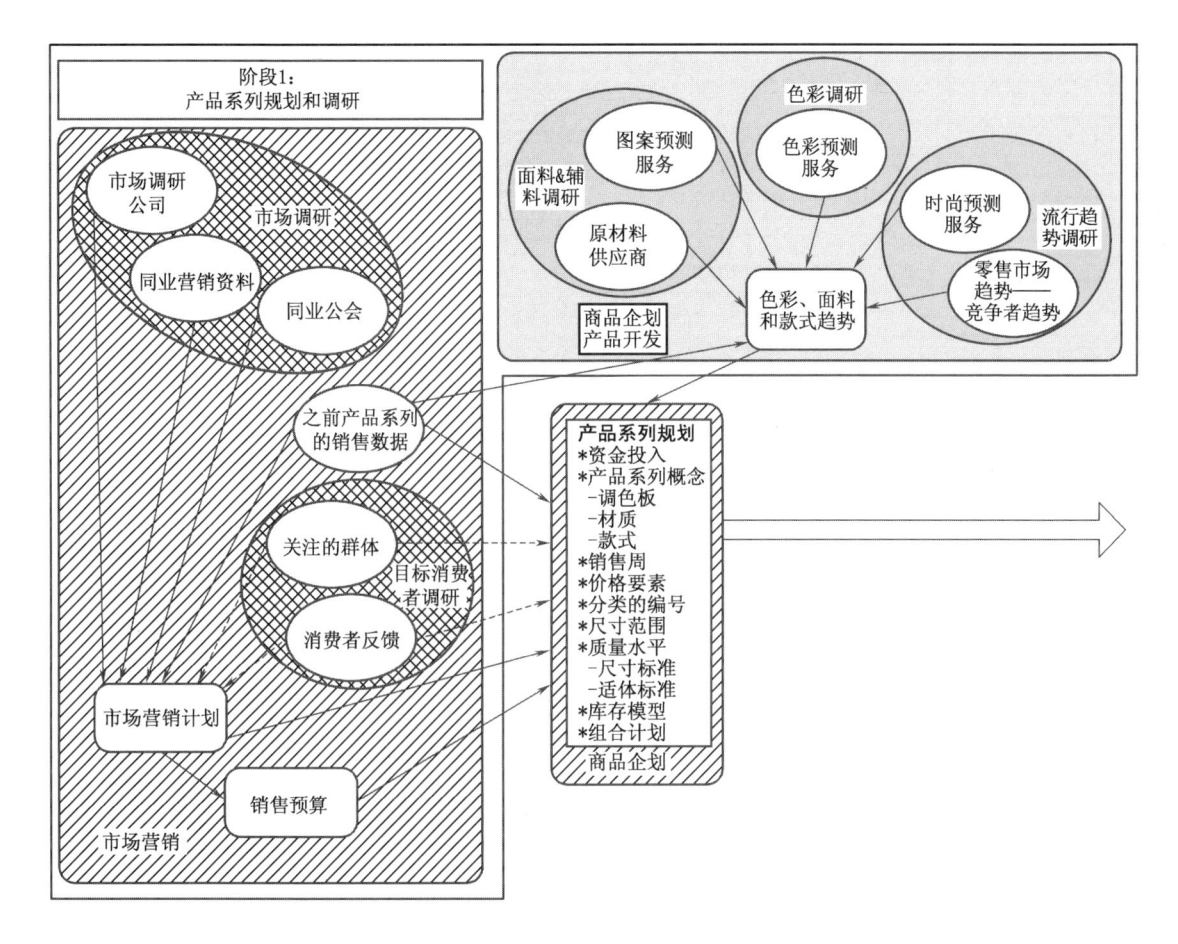

图 2-17 产品系列的规划和调研环节阶段 1

市场调研和参数建立，用以指导产品开发过程。市场营销、商品企划和设计都会对调研阶段有所贡献。在这个阶段开展的市场营销计划、销售预算提供财政和销售目标，以及产品系列规划所需的财政信息。

阶段 2 是具体产品开发过程的开端，如图 2-18 所示。这一阶段要确立产品规划所有系列的具体色彩主题和概念。通常，产品开发部最初启动的产品系列的开发比最终系列里包含的要多，一些公司会针对消费者来做概念选择，以此进行

39

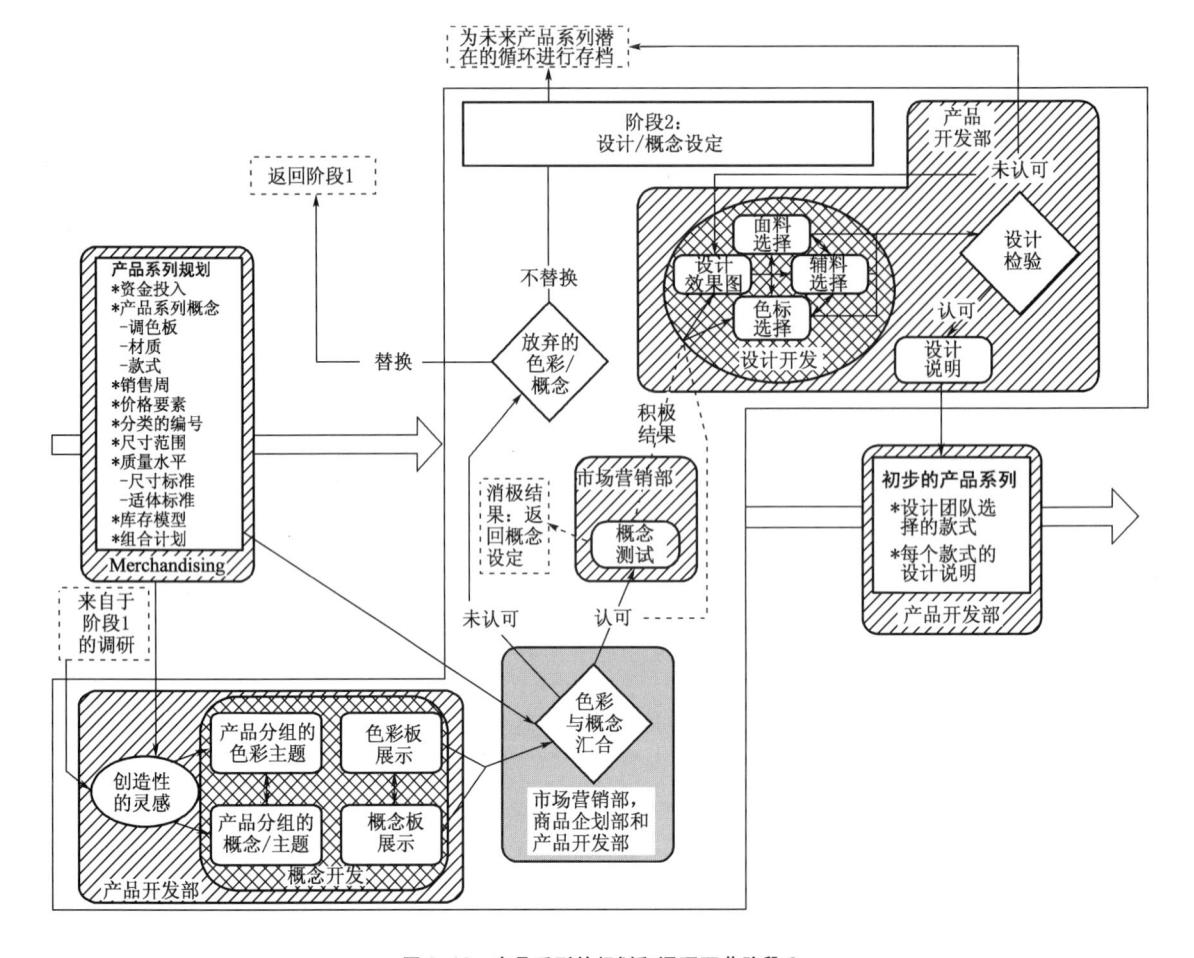

图 2-18　产品系列的规划和调研环节阶段 2

检验。大型商业街拦路访问是用于产品概念测试的普遍策略,然后把获得认可的概念转化成设计说明与效果图。在阶段 2 的结论中,设计效果图与说明所代表的初步产品系列完成。

从图 2-19 可以看出,阶段 3 进行产品设计开发和款式选择,将产品系列从效果图转换成实际样衣。通过工艺评估和预购材料、样板开发、号型设计,然后是模特试穿,提供给一小组消费者进行穿着测试,最后由商品企划部、市场营销部和产品开发部进行检验,以促成该产品系列的最终采用。

如图 2-20,在阶段 4,需要对产品系列进行成本估价、利润核算,同时要根据买手和零售商的反应对产品系列进行改进、制订市场策略。

如图 2-21,在阶段 5,将进行产品系列批量生产的前期准备,完成规格设计和工艺设计。同时,要根据销售预测制订批量生产计划。

如图 2-22,在阶段 6,对产品系列进行优化。在完成产品续订和销售预测数据更新后,对产品系列做出最终改进。即使在批量生产进行时,阶段 6

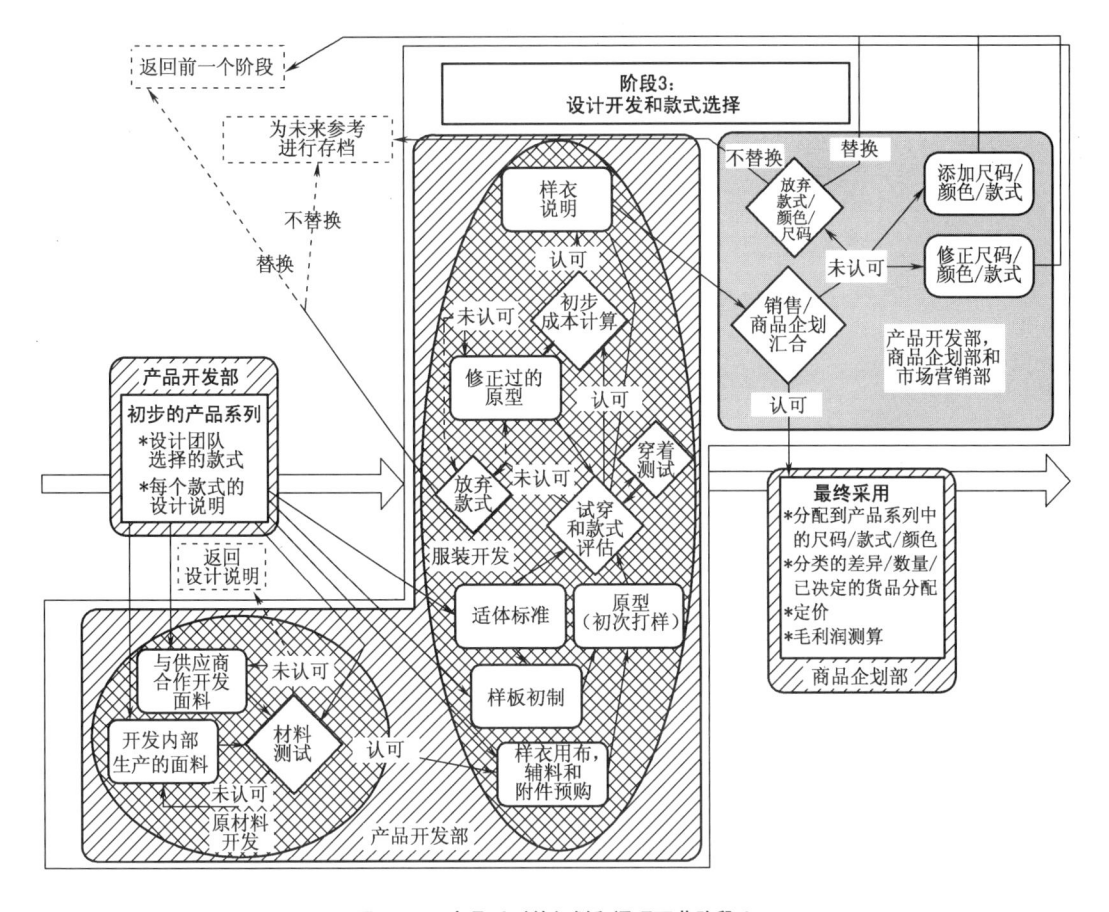

图 2-19 产品系列的规划和调研环节阶段 3

也可能会从头至尾再循环一次,尽管理想的状况是在批量生产时尽可能没有变化。

二、服装品牌商品企划流程的学习模块

从学习的角度,本书将以品牌创设为核心进行的商品企划总结于图 2-23,在总体上划分为八个模块。同时,新品牌产品策划过程还可分为两个阶段,一是确定新品牌的商品企划方针——战略构成;二是确定具体的商品构成价值构造。新品牌创设的商品企划体系所涉及的具体内容将在第三章中详细阐述。

(一)品牌命名/评估诊断

品牌的命名是创设新品牌的第一步。具有冲击力的命名对新品牌知名度的确立往往事半功倍,但名牌的形成是各方面工作长期积累的结果。而对大多数既存品牌,对上一阶段服装商品销售运作进行的评估诊断是一项前提工作。

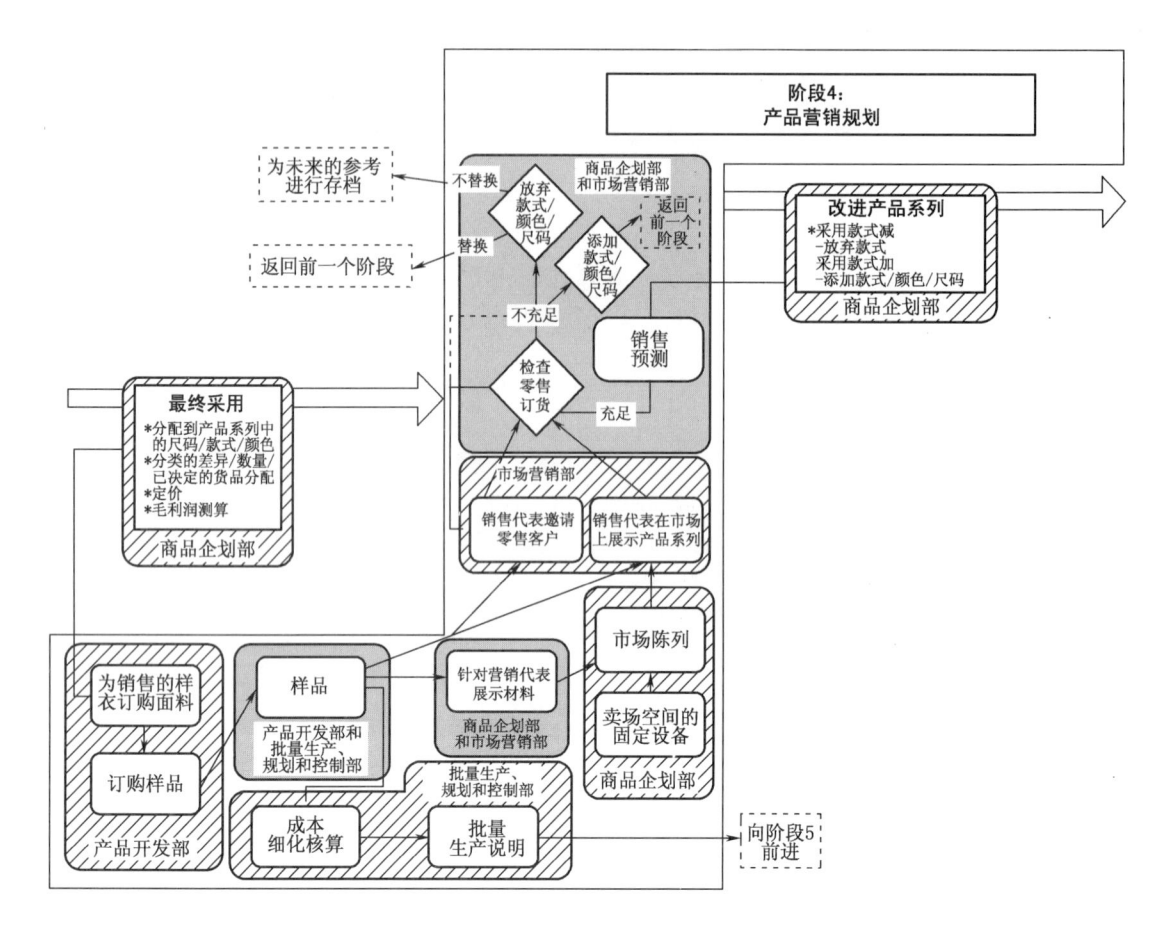

图 2-20　产品系列的规划和调研环节阶段 4

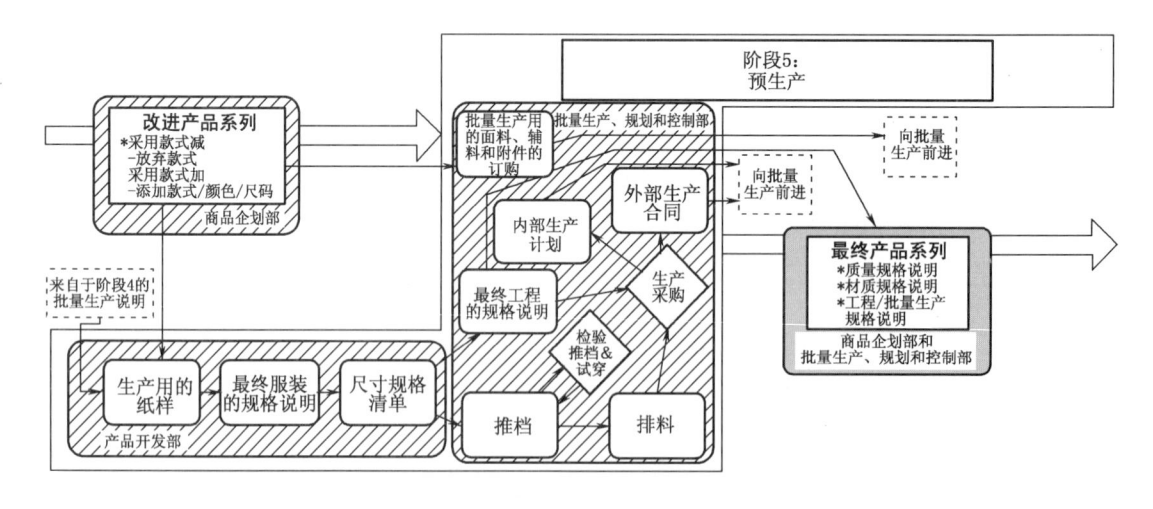

图 2-21　产品系列的规划和调研环节阶段 5

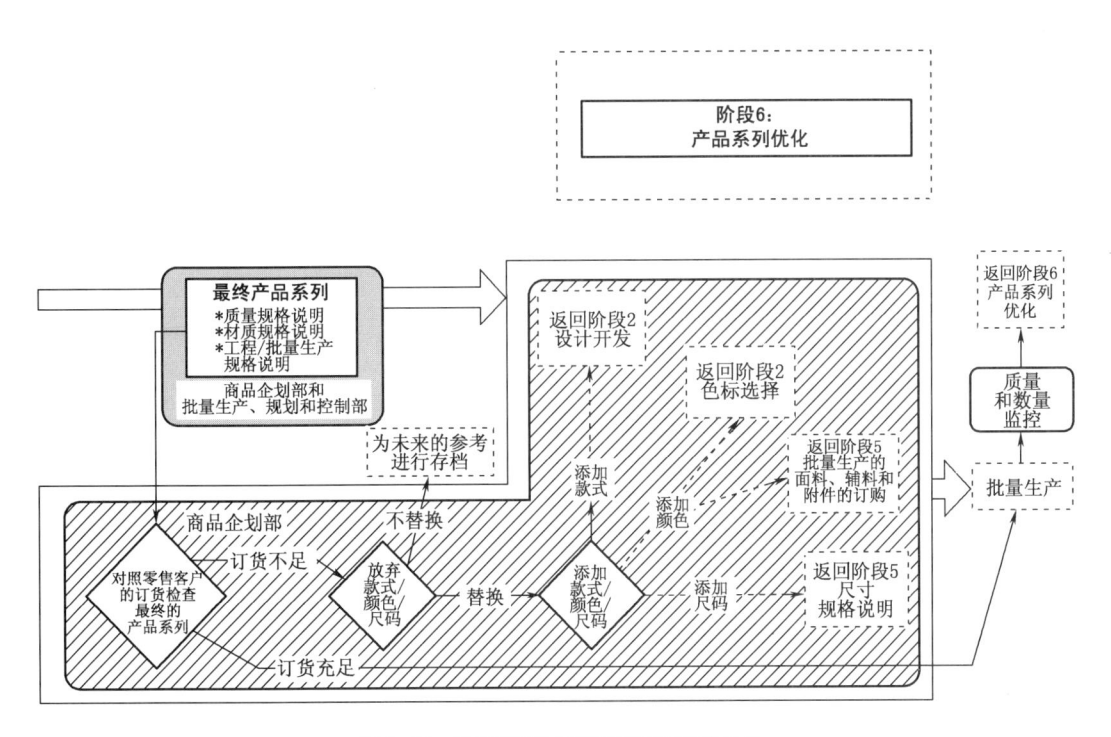

图 2-22　产品系列的规划和调研环节阶段 6

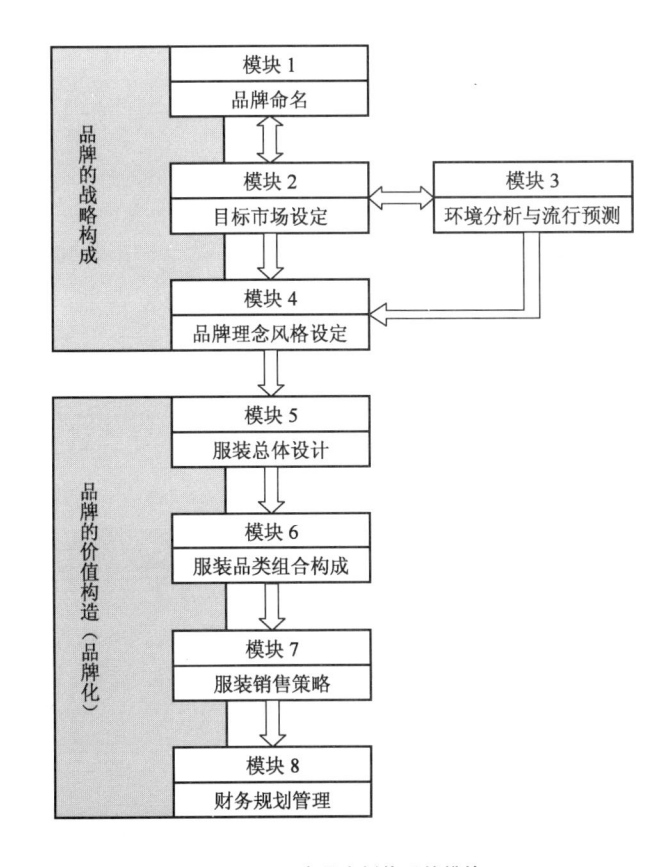

图 2-23　商品企划体系的模块

(二)目标市场设定

在新品牌立案的初期就必须设定目标市场。消费者的价值观和喜好时刻都在变化,市场环境也是瞬息万变,因此,必须制订与品牌目标消费顾客相匹配的企划方针。研究消费者的着装欲求和生活方式是中心工作之一。

(三)环境分析与流行预测

在此阶段中,以准确分析品牌面临的各种环境态势为基础,工作的重点是提前对将要流行的时尚潮流进行预测。为此,需要分析消费者群体的时尚喜好变化及销售的动态变化,收集必要的海内外流行趋势信息和时装发布会信息。

(四)品牌理念风格设定

在选定了品牌的目标市场和进行了环境分析与流行预测之后,品牌理念风格的设定成为关键工作。对应一个中长期阶段,设定品牌的理念风格;对应某一季节时期,则将品牌的理念风格衍生扩展为季节形象主题。

(五)服装总体设计

在这一模块中,对新品牌在廓型设计、色彩、材料等方面的总体取向和特征进行抉择。

(六)服装品类组合构成

该模块的工作是企划品牌商品品类组合,即将设计构想物化为商品。材料的优劣对商品的销售产生直接影响。因此,这一模块的重点就是企划和选择面料。

(七)服装销售策略

该模块是按照所企划品牌的理念和商品的形象,对销售渠道、促销策略、零售店中的视觉陈列和展示方面进行规划。

服装商品企划设计的模块化运作管理,既是国内中小型服装企业行之有效的一种管理技术,强调依靠组织化体系来实施;同时,也是服装设计及时尚信息实现计算机信息化管理的一个平台。以此为基础,不但可以快捷有效地传播、共享市场及流行信息资源,而且还能促进服装生产快速反应体系——QRS 的实施。

(八)财务规划管理

结合市场营销规划进行成本核算、财务规划也是必要的工作。产品策划的效益和效率、品牌的生命力等都将得到定量的体现。

第三章 服装商品企划的实施要素

本章将按图3-1所示的顺序对服装商品企划涉及的内容进行介绍。

第一节 服装品牌的命名

品牌名称具有将品牌(商品)相关的所有信息打包(压缩)的功能。在市场竞争中，成功的品牌名称就是一面不倒的旗帜。品牌命名的工作是BI(Brand Identity)计划的组成部分(图3-2)。

一、BI计划

(一)BI计划的概念

BI，即品牌形象设计，由CI(Corporation Identity)派生而来，为了将某种品牌的核心理念准确有效地传达给消费者，塑造一种消费者能够看到、感觉到或体会到的品牌特征。"Identity"一词强调了与众不同的特征，即个性。

BI计划是将品牌特征外在化的战略步骤。进行BI计划的根本目的是从形象上凝练和表征某一品牌存在的理由和理念，以便明确地贯彻到品牌设计、商品企划、促销等各方面。

品牌命名旨在让消费者产生购买的联想，塑造意识价值，促成消费购买的行为。品牌名称的文字内容、形状、色彩、组合等的设计都会让人产生各种视觉的或寓意上的联想。实际的联想过程复杂而多样，消费者能够产生的联想大致可以分为12类(图3-3)。BI计划以对消费者的调研为前提，只有在对这些可能产生联想的主体——消费者进行了详细的调研之后，才能开展有效的BI计划，将消费者的联想引向认同和购买的轨道。

一般认为BI计划可分为两个步骤：基础设计和应用设计。

(二)基础设计

基础设计是指用语言和视觉符号来表达品牌理念的过程，具体包括品牌命

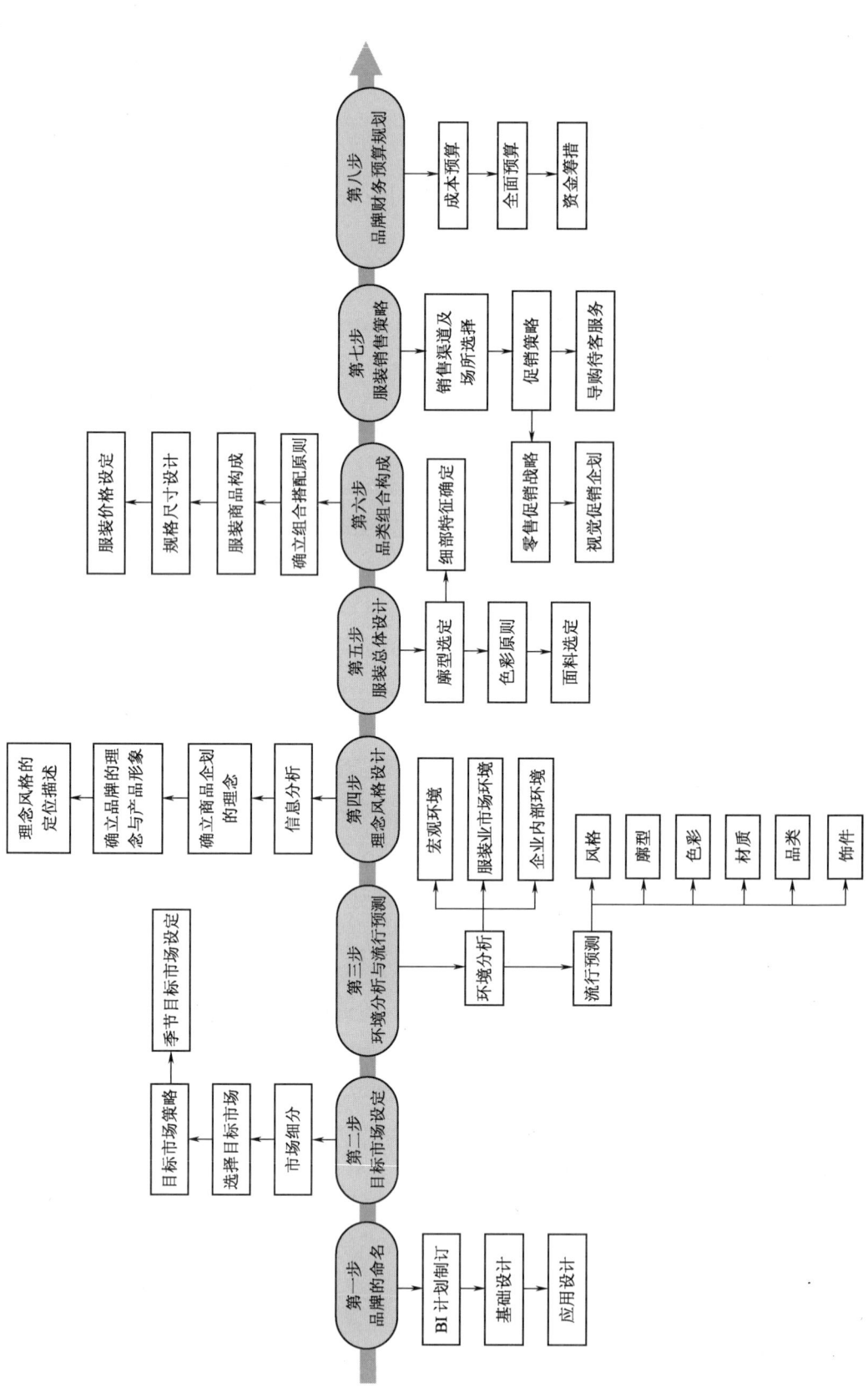

服装商品企划体系流程

第一步 品牌的命名
- BI 计划制订
- 基础设计
- 应用设计

第二步 目标市场设定
- 市场细分
- 选择目标市场
- 目标市场策略
- 季节目标市场设定

第三步 环境分析与流行预测
- 环境分析
  - 宏观环境
  - 服装业市场环境
  - 企业内部环境
- 流行预测
  - 风格
  - 廓型
  - 色彩
  - 材质
  - 品类
  - 饰件

第四步 理念风格设计
- 信息分析
- 确立商品企划的理念
- 确立品牌的理念与产品形象
- 理念风格的定位描述

第五步 服装总体设计
- 廓型选定
- 色彩原则
- 面料选定

第六步 品类组合构成
- 细部特征确定
- 确立组合搭配原则
- 服装商品构成
- 规格尺寸设计
- 服装价格设定

第七步 服装销售策略
- 销售渠道及场所选择
- 促销策略
  - 零售促销战略
  - 视觉促销企划
- 导购待客服务

第八步 品牌财务预算规划
- 成本预算
- 全面预算
- 资金筹措

图 3-1 服装商品企划体系

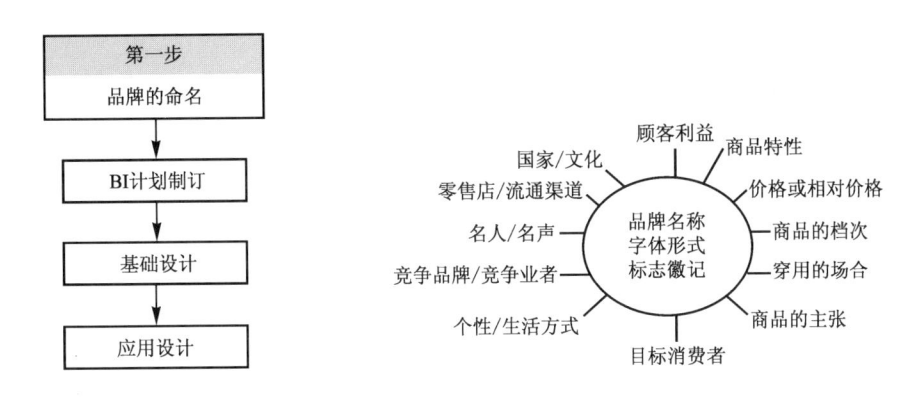

图 3-2　品牌命名的工作流程　　　　图 3-3　与品牌名称相关的联想

名和标识的图案、色彩设计。前者是本章重点介绍的内容,后者涉及的艺术表现问题可参考相关书籍。

(三)应用设计

完成了 BI 计划以及基础设计后,要将已经完成的品牌名称或标识具体地运用到商标、吊牌、广告、商品宣传单等所有体系中。并在其中保持标识风格的统一性和传达设计意图的准确性,这一过程称为应用设计。

在应用设计过程中,应当发挥商品的商标、吊牌及其他一些标识提示与产品相关信息的作用,如:品牌名称、商品等级、材料、颜色、尺寸、价格、生产商、生产地、使用方法、维护方法等。

二、品牌的命名

(一)品牌命名的核心内容

品牌总是以其名称为直接代表。名称在某种程度上凝练了品牌的内涵,在品牌评价和品牌价值中占据重要地位。

品牌命名的核心内容有两点:一是品牌名称个性化;二是品牌名称长久适用。

(二)品牌命名的基本原则

1. 短而具有象征性

太长的品牌名称较难在消费者的记忆里留下清晰而深刻的印象。一些品牌名称只是一个词,甚至一个字。如"Christain Dior"被简化成"CD"。

象征性是指消费者能在品牌名称与某种特定的事物之间建立牢固的联想,使品牌能够被消费者理解和接受。如国内前些年兴起的男装品牌"派(π)",其直观的含义是"派头、风度";而罗马字"π"又是"派"字半边一部分的抽象化表示,给人意犹未尽的感觉。

2. 容易读写

3. 容易回忆

4. 容易发音

品牌名称不仅应发音容易,而且发音方法只有一种。

5. 能表现商品的优点

6. 不能产生误解,无侮辱性或使人不快等副作用

在某一种文化背景里属于中性概念的词,到了另一种文化背景中也许就会产生负面联想。因此,必须认真考虑不同目标销售地区的民族习俗、社会道德标准等。

7. 适合所有的广告媒体

8. 在预设的生命周期中,一直具有可用性

创设品牌都会追求在一定时期的持续、稳定,即品牌的长期使用性。这就要求品牌名称"经久而不衰"。但是,在时尚产品的市场营销过程中,为了使品牌名称尽快传播,常常会借鉴一些流行话题来进行品牌命名,因此很可能导致品牌名称还未被广泛认知就已经落伍了。应该在品牌预设的生命周期里寻找一个平衡点,既避免"应时、应景"之作,又能使品牌名称顺利传播并持久延续。

9. 法律上许可

在确定品牌名称时,首先必须符合商标法的规定才能进入合法的注册程序。另外,还应注意不能与各地区的各项法律相违背。例如,商业品牌中不能出现与国家或国际组织的名称、国旗、国徽等相同或类似的文字及图案。

(三)品牌命名的相关因素

(1)与标识类型的一致性,内容与形式的统一。

(2)易于形成与竞争品牌的差异,具有消费者或流通商容易辨识的鲜明标志。

(3)能暗示消费者购买或使用本品牌产品。

(4)能令消费者产生联想,将其认同为自己所渴求的品牌。

(四)品牌命名的类型

国内服装市场上的服装品牌在命名方面可以总结出一些类型,如表3-1所示。

表 3-1 服装品牌命名的类型

品牌命名类型	举 例
类似型	"杉杉"与"彬彬";"培罗成"与"培罗蒙"
拟音型	MARINIA(玛瑞丽雅);BELLVILLES(贝拉维拉)
数字型	U2;COLOUR18;G2000;3E
寓意型	SUCCESSFUL(诗恺芙);BEAUTY&BABY(漂亮宝贝)
昵称型	CICCI(吉吉);LILY(丽丽)
洋名型	Mise au green;layefe;MAILYARD;HIROKO KOSHINO
汉字型	派;天;汉和;雄
简称型	a. V. V. ;ALD

三、品牌命名的策略

(一)新品牌开发

针对新品牌的开发,品牌命名的关键和核心仍然是个性化的问题,必须与竞争品牌形成差别,能够在众多同类商品品牌中脱颖而出。由于消费者接触到的同类商品品牌的信息纷繁复杂,差别化的品牌名称显然是向消费者传递商品信息最便捷、最有效的途径之一。

(二)品牌扩张

在企业对市场进行了成功渗透、已有的品牌成为强势品牌时,企业可进行品牌的扩张。对应品牌的扩张战略,品牌命名也有不同策略,如图3-4所示。

1. 强势品牌战略的品牌命名

在主牌名称的基础上加前缀或后缀词,如 Super-,New-,Hi-,Best-,Trans-等,发展二线品牌。例如 Layer 品牌在原有的基础上又开发了 Layer Collection。

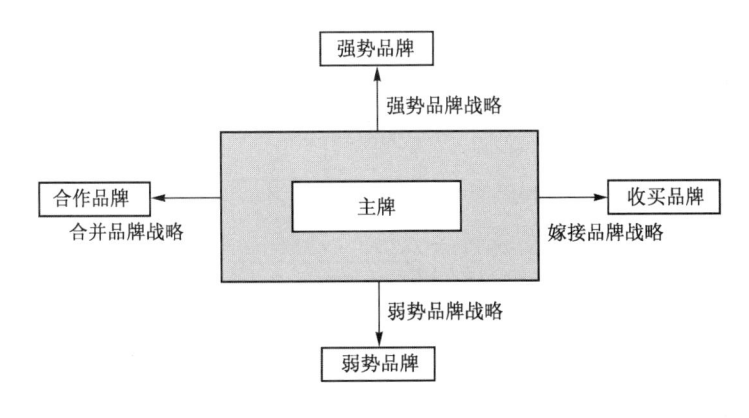

图 3-4 品牌扩张时的品牌命名

2. 弱势品牌战略的品牌命名

沿用品牌原有名称的弱势品牌有两种扩张方法：

(1)改变品牌标识的色彩，例如将原来主牌的红色标识改为黑色；

(2)在主牌的名称中加入一些词，如 Sport,Diffusion 等，该方法可以增强主牌的特征。

3. 合并品牌战略的品牌命名

合并多个关联性强的品牌，利用同类品牌之间的互补性，取长补短，增强品牌的竞争力。

4. 嫁接品牌战略的品牌命名

实施嫁接品牌战略，收购其他企业的品牌，再赋予新的名称重新包装运作。

第二节　目标市场的设定

一、目标市场设定及过程

目标市场设定得是否准确与合理将关系到商品企划整体工作的成败。它是"品牌理念风格设定"、"服装总体设计"、"服装品类组合构成"、"服装销售策略"等工作的前提。

在目标市场的设定中，通过市场细分来充分分析和把握市场状况，并根据企业自身及市场环境情况选择合适的特定市场，最后对品牌的市场定位做出决策（图3-5）。

目标市场的设定可概括为三个步骤，如图3-6所示。这是一个逐步细化的过程。类似于摄影中的聚焦，在范围一步步缩小的同时，所要猎取的目标变得越来越清晰、具体，相应的决策也变得更有针对性。目标市场的设定常常难以一步

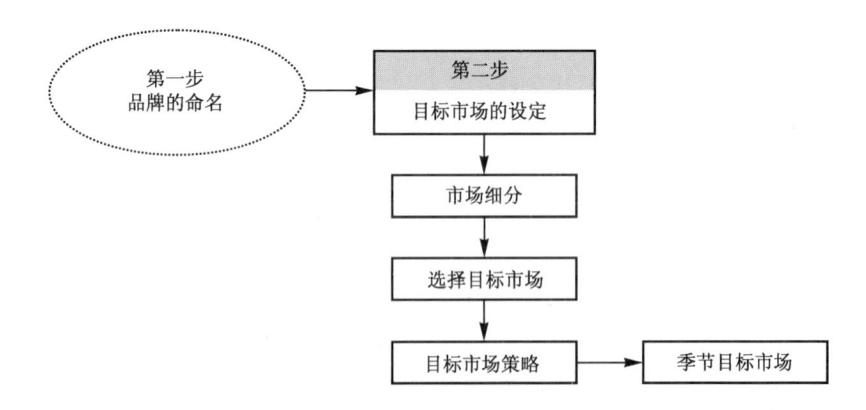

图3-5　目标市场设定的工作内容

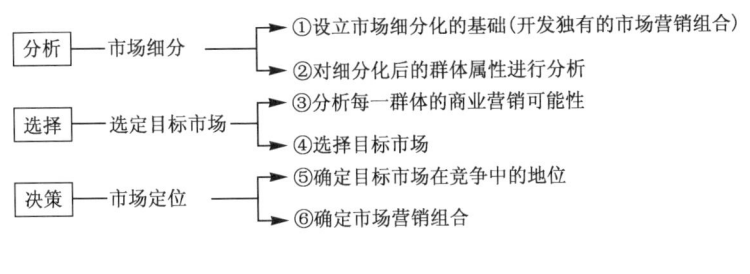

```
分析 —— 市场细分 ——→ ①设立市场细分化的基础(开发独有的市场营销组合)
                  →②对细分化后的群体属性进行分析
选择 —— 选定目标市场 →③分析每一群体的商业营销可能性
                  →④选择目标市场
决策 —— 市场定位 ——→⑤确定目标市场在竞争中的地位
                  →⑥确定市场营销组合
```

图 3-6 目标市场的设定

到位，应根据消费者需求及市场状况的变化不断修正、调整。

二、市场细分

(一)市场细分化的背景

1. 市场细分化的依据

进行市场细分有两方面原因：

首先，消费者的需求存在差异性。消费者由于经济条件、所处地理环境、社会环境、所受文化教育以及自身心理素质和价值观念的不同，购买服装的动机、需求的质与量也不同。具体体现在他们对服装的款式、色彩、面料、规格、价格有不同的要求，构成了市场细分的客观基础。

其次，消费者的需求存在相似性。在相同社会环境、文化传统的影响下，人们在生活习惯、社会风俗、节日礼仪和价值观念等方面会出现同化现象，在服装消费行为上则表现为大致相同的爱好和习惯。这种消费行为的趋同性形成了需求相似的购买行为和购买习惯，成为市场细分的客观依据。

因此，市场细分实际上就是分析确定消费者需求的差异性和相似性，按照求大同存小异的原则，将一个错综复杂的市场划分为若干个部分(每一个部分就是一个细分市场)，减少各个部分内部的差异性，使其表现出较多的同质性。

2. 市场细分的发展历程

(1)市场细分化理论在我国服装行业的发展：市场细分理论作为一个重要的市场营销理论，是 20 世纪 50 年代中期由美国市场营销学家温德尔·史密斯(Wendle R.Smith)提出来的。它在我国的发展表现为三个阶段：

第一个阶段是在 20 世纪 70 年代之前，称之为冬眠期。当时由于经济困难，且处于特殊的政治背景之下，人们的服装单调、沉闷，除了蓝、白、灰以外，几乎看不到其他颜色。企业实行大量市场营销(Mass Marketing)，对消费者不加区别，大批量生产销售品类单一的产品。

第二个阶段是在 20 世纪 80 年代，称之为萌芽期。随着改革开放和经济形势的好转,企业开始实行产品差异市场营销(Product Different Marketing)。向市场提供不同品类、款式的服装产品,以吸引更多的消费者,但产品差异的出发点是生产者而不是消费者。

第三个阶段是在20世纪90年代,称之为成长期。随着市场经济的形成,国外知名品牌的引入和服装消费阶层的分化,新的消费观念开始形成。服装成为不同生活方式、社会地位与角色、价值观的象征。人们对服装的消费需求是:以合适的价格、在合适的商店,买到合适的品牌、款式、色彩及面料的服装。企业开始实行目标市场营销(Targeting Marketing),运用市场细分,选择目标市场,实施有针对性的市场营销策略。

(2)市场细分化从以家庭为单位走向以个人为单位:从前,社会成员的家庭所属社会阶层对其生活方式的类型、购买的商品种类起着决定性作用。如今,家庭对个人消费行为的影响已逐渐减弱。除了大型家电、钢琴等耐用消费品是由家庭条件及收入水平决定外,其他的商品,如服装,购买者受同伴的影响远远超过受父母的影响;又如高性能的手机,购买者完全可以用打工的收入购买。市场细分已逐渐从以家庭为单位过渡到以个人为单位。个性成为市场细分中重要的因素。当然,消费者的个性特征虽与购买行为有着紧密的联系,但不是完全的因果关系。例如,女性的服饰用品就经常受到时尚流行的影响。一方面,女性希望得到同伴的认同,使自己成为群体中的一员;另一方面,又希望能与同伴相区别,强调自己的个性。对目标顾客不能只进行单纯的个性划分,还应理解个性的多面性。

(3)群体意识与特征:群体意识与特征是当前进行市场细分时的一个关注点。群体特征,最初表现为某些消费者相互之间自发产生某些意识和行动上的统一性和协调性(集体归属感),随着这些意识和行动逐渐被社会普遍认同,便成为这一群体的标志。例如:拥有某类商品——高级香水、高级轿车,拥有某名设计师的商品——服装、皮包等。群体归属感,就是具有某种群体特征的群体所形成的一种区别于其他群体(在社会心理学中称之为"参照群体")的强烈的群体意识。实践中各种采用视觉传达方式的商品广告、促销,大多利用了这种群体性意识。

(二)市场细分的原则

为了保证经过细分后的市场能成为品牌有效的目标市场,市场细分时应考虑三项原则。

1. 可衡量性

可衡量性就是评价的可能性。有关于消费者特性方面的信息吗?能收集到多少相关资料?细分的市场必须是可以识别和衡量的,细分出来的市场不仅范围比较清晰,而且也能大致判断该市场的大小。要保证细分市场的可衡量性,首先,要做到所确定的细分标准清楚明确、容易识别;其次,要保证确定的细分标准本身可以衡量,可以依照这些标准搜集消费者的确切信息,同时这些标准本身的重要程度也可以衡量,以便进行定量分析。此外,还必须注意各项细分标准之间的相关性及重叠性。当采用综合因素细分法时,如果各项细分标准间存在较大的相关性及重叠性,就可能细分出某些无效或意义不大的细分市场。

2. 可渗透性

可渗透性指进入市场的可能性,针对细分后得到的市场能否展开有效的营销活动。细分的市场是企业利用现有的人力、物力和财力,通过一定营销活动可以渗入的市场。为此,细分市场应具备两个条件:一是企业可以通过一定的广告媒体把产品信息传递给该市场众多的消费者;二是产品经过一定的销售渠道能够进入这一市场。考虑细分市场的可渗透性,实际上是分析企业在该市场实施营销活动的可行性。

3. 效益

市场营销活动集中于拟选择的细分市场有价值吗?这一市场规模能否带来足够的收益?应确保品牌在细分后的市场上能够取得良好的经济效益。首先,要求细分市场具备一定的规模,能适应品牌发展的要求。细分后的市场,不仅要确保可以盈利,而且要有一定的发展潜力,能使企业在选定的目标市场上有不断发展壮大的空间。其次,细分市场要有一定的稳定性。在占领市场后的较长时期内,不需要改变既定的目标市场。这有利于企业制订中长期的品牌企划策略,规避市场变化带来的风险。

(三)市场细分程序

1. 界定市场范围

市场细分是在市场营销目标确定后,基于对消费者需求的深入了解而开展的活动。为此,必须根据品牌商品适合的顾客范围,确定需要深入研究的消费对象,哪些人可能是潜在的购买者。实际上,市场细分化常常是在已经从一个整体市场划分出来的局部市场上进行。

2. 确定市场细分的标准

全面调查消费者的基本需求,选择最能集中体现消费者需求差异的因素作为市场细分的标准。

服装市场细分的变量很多,可归纳为地理因素、人口因素、心理因素、行为因素和其他因素等。针对新兴市场,利用一两项要素就可以进行市场细分;在成熟市场中,需要利用多项变量细分市场,才可能在激烈的竞争中发掘出潜在的消费者。进行市场细分时,应将各种因素筛选、组合后再使用,这样可使消费者的群体特征和购买特性变得明确。基于细分时选用的因素,市场细分的方法分为三类。

(1)单一因素法:选用一个因素对市场进行细分。

(2)综合因素法:用两个或两个以上的因素,同时从多个角度进行市场细分。

(3)系列因素法:是对单一因素法和综合因素法两种方法的综合运用,采用两个或两个以上的标准,分层次进行市场细分。具体操作时,先选用某项指标细分市场,从中选择某个分市场作为大致的目标市场,然后再利用另一项指标进行细分,层层深入。如此逐次细分,市场越来越细化,目标市场也越来越明确、具体。

3. 组织实施调查,初步细分市场

利用案例研究、走访、问卷调查等方式,收集有关消费者的背景材料和实际需求的动态数据。然后根据选定的细分标准进行初步的市场细分。

确定市场细分的基准之后,可进行市场调研和消费群体的分析。市场调研的方法有多种,如用多变量解析来分析市场,探求目标消费群的特性和需求,预测市场的规模,如图3-7所示。

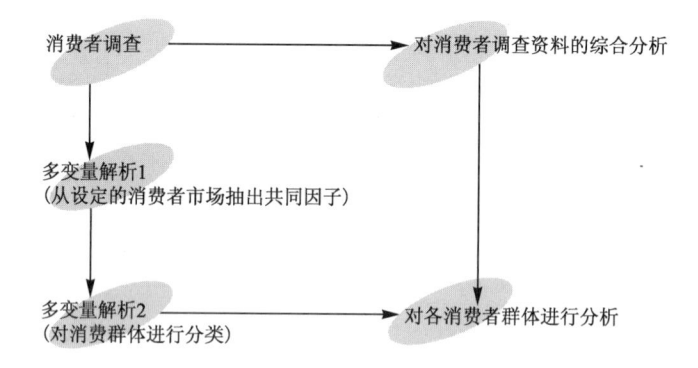

图3-7 多变量解析目标市场

4. 评价和检查初步细分结果

了解初步细分后的各市场间是否存在较明显的差别,分析判断原来的细分标准是否合适;各细分市场的特点哪些是已知的,哪些需进一步了解;各细分市场是否需要进一步细分或合并。

5. 评估各细分市场的规模和性质

经过前面四个步骤,各细分市场的类型已基本确定,随后需要考察各细分市场的潜在销售量、盈利能力、竞争状况和发展变化趋势等,为选择目标市场提供决策依据。

(四)市场细分的分类标准及策略

1. 总述

基于我国服装市场发展的现状,总体上服装市场细分的变量参见表3-2。

表3-2 服装市场细分的变量

细分标准		典型的市场细分
地理因素	地　区	东北,华北,华南,西南,东南
	城市规模	特大型城市,大型城市,中型城市,小型城市等
	人口密度	都市,城郊,农村
	气　候	温带,亚热带,热带
人口统计学因素	年　龄	6岁以下,6~11岁,12~19岁,20~34岁,35~49岁,50~64岁,65岁以上
	性　别	男,女
	家庭人口	1~2人,3~4人,5人以上
	人生阶段	单身青年,已婚未育青年,已婚生子青年(孩子未满6岁),已婚生子青年(孩子6岁以上),已婚中年人(孩子未满18岁),独身老人,其他
	经济收入	5000~10000元/月,1000~4000元/月,500~1000元/月,500元以下/月
	职　业	公务员,教师,工人,农民,专业技术人员,公司职员,业主,店员,退休人员,学生,家庭主妇,下岗待业人员
	教育程度	文盲,小学,初中,技校,中专,高中,大专,大学,硕士,博士,博士后
	宗　教	佛教,道教,天主教,基督教,伊斯兰教,无神论者
	人　种	黄种人,白种人,黑种人
	国　籍	中国,美国,英国,法国,德国,意大利,日本,韩国等
	社会阶层	蓝领,白领,金领,富商
行为因素	穿着场合	社交,居家,旅游,工作
	购买要点	质量,服务,价格,功能,外包装,促销
	购买情况	从未购买过,以前购买过,想要购买,初次购买,便宜购买
	忠诚度	无,中等,强烈,绝对
	待购阶段	不知道,知道,感兴趣,想买,即将购买
	时尚态度	投入,热心,肯定,不关心,无所谓
心理学因素	生活方式	积极进取的,消极颓废的,安定保守的,革新开放的
	个　性	开朗,忧郁,独立,无主见,内向,外向
	购买动机	求实,喜新,爱美,慕名
	时尚意识	积极向上型,时尚感觉型,安定保守型,时尚创新型,极端保守型
其他	价　格	高档,中档,低档
	品　类	裤装,裙装,套装
	零售类型	百货商店、专卖店、量贩店、店中店

(1)地理因素:按地理因素进行细分是指以国家、城镇、乡村等地域概念为基准对市场进行分类。地域不同,市场的特性不同。

地理因素主要包括消费者所处的地理位置、城市规模、人口密度和气候条件等。不同地区消费者的需求会具有明显的差异性。根据不同地理位置,宏观上可以把市场划分为国内市场和国际市场。我国国内市场可分为华北、华南、华东、西南、西北等地区市场。此外,不同地区有不同的气候特点,服装的需求与气候密切相关。

(2)人口统计学因素:按人口统计学方面的一些可以测评的因素,如年龄、性别、家族构成、收入、职业、教育程度、家庭成员的生活圈、国籍、宗教、社会阶层等为依据进行市场细分,这是一种基本的市场细分化方法(参见图3-11)。

①性别:消费者性别不同,在商品购买种类、购买行为和购买动机等方面也有差异,自然的生理差别引起了消费者需求的差异。男装趋向同中求异,女装在款式、色彩方面变化较大。

②经济收入:经济收入是市场细分至关重要的依据。可以根据消费者的收入水平、家庭收入总额及人均收入状况,分析收入高低对消费者需求的影响,在此基础上对服装市场进行总量预测,有助于制订合理的品牌企划方案和营销计划。

③职业:不同职业的消费者消费行为有所不同,同一职业阶层的人在价值观、审美观方面较为相似,因而可按消费者的职业来细分市场。不同职业的着装者的服装在很大程度上受职业环境和职业团体的影响,往往提示出职业与身份;另一方面,人们的着装也有与其职业、身份、地位相适应的社会习惯。

④受教育水平:消费者接受文化教育的程度会影响个人各方面的素质,对服装品位、偏好及审美标准的形成自然也会产生影响。

(3)心理学因素:以生活方式、个性、购买动机等心理因素为依据进行市场细分。即使是按地理和人口统计学因素细分后得到的同一群体的消费者,心理学方面的特征也可能有显著差异(参见图3-11)。主要的心理学因素有:

①生活方式:指个人或群体在消费、工作、娱乐等活动中表现出来的特定习惯和倾向性,包括兴趣和方式。年龄、职业、收入相同的消费者生活方式也可能显著不同。消费者生活方式一旦发生变化,就会产生新的需求,由此可细分出许多消费者群体。

②个性:指一个人特有的心理特征。一个个性成熟的人往往对所处的环境会做出相对一致和稳定的反应。按个性进行细分是指根据消费者的性格、形象进行市场细分。对于按人口统计学因素细分得到的同一个群体,通常也因此分成保守类型、创新类型等。消费者之间个性的差异可以从他们对品牌商品的偏好中表现出来。如"外向型"的消费者,往往好表现自己,倾向于购买流行性强、颜色鲜艳、

造型新颖的时髦时装;"内向型"的消费者则喜欢购买较质朴的服装。

现代社会人的价值观趋向多元化,人们更加向往自我实现和个性的表达。"个性"基本上已超越"家庭"对消费者购买行为的影响和作用,成为重要的市场细分变量。

(4)行为因素:消费行为是一种客观的外在表象,比人们内在心理活动更容易观察和判断,是一种实用的细分标准。用于市场细分的行为变量主要有:购买情况、品牌忠诚度、购买频率、购买时间、购买地点、生活场景等方面。

2. 基于诉求方式(社会心理学要素)的消费者群体分类

(1)背景:随着我国经济的发展和消费者生活水平的逐渐提高,市场现有的商品已渐渐不能满足现代化、高质量的生活需求。消费者不仅要求商品具有实用性、功能性,还要求商品具有独创性,以体现自己独特的个性。因此,必须从消费者的诉求、价值观、个性、生活场景、生活环境等方面进行群体分析,以便刺激和创造需求(参见图3-11)。群体消费市场相对大众消费市场而言,是以某一小群体的个性为特征的小消费市场,体现了这一小群体特有的生活模式。以群体消费观念进行的营销策划(创新性定位、革新性策划、形象策略三种机能的组合)因使商品的物性和消费者的个性得到统一,展示出丰富多彩的生活,渐渐被人们所接受。同时,以不确定消费者作为对象的大众消费市场已逐渐成熟和饱和。

根据社会心理学的要素,如价值观、兴趣爱好、诉求等来实施市场细分的切入点是生活方式分析。

(2)生活方式分析:生活方式可简单概括为在现实生活中拥有怎样的生活倾向、如何构筑自己的生活。生活方式原是社会学研究范畴的概念,是一种由行为主义理论发展而来的术语。在20世纪60年代,为了对消费者的购买行为进行理论化分析被引入市场营销领域,为理解、说明、预测消费者行为及企业行为而被采用。

较之市场营销领域中有关消费者行为的其他各种描述,生活方式的概念更通俗、更具概括性。生活方式由利益动机、社会阶层、生活圈、地位、与社会的融合、大众舆论、作为消费主体的家庭等因素构成。因此,通过对生活方式的研究,可以使与消费者行为相关的调查结果和理论得到统一。

(3)生活方式评价:以汽车为例来具体分析人们不同的生活方式。汽车原来的功能是运载人和周围的物品。然而,既有人将汽车作为社会地位的象征,也有人仅注重汽车的经济合理性;既有人密切关注汽车的机械构造和发动机性能,也有人对汽车的造型、色彩、内装饰着迷。单就汽车用途而言,也是因人而异,有的人用它上班和工作,有的人专门用于休闲和娱乐。其实不单是汽车,服装更是如此,人们对同一种商品会表现出不同的使用方式、拥有目的。产生这些差异的原因在于人们的生活方式不同。生活方式的差异尽管有可能从年龄、性别、职业、居住地、收入等方面因素得到部分的解释,但本质上是人们对生活所采取的思考方式和不同态度在起主要作用。

生活方式的具体评价方法主要有以下两种:

①对消费者日常购买和使用的商品进行全面考察,评定消费者的生活方式。

②对消费者日常生活活动的范围、价值观念和关注的事情进行考察,从而对生活方式进行考察和测评,称为 AIOV(Action、Interest、Opinion、View)分析法,又称为群体(Cluster)分析法。AIOV 包括的内容如图 3-8 所示。分析过程为:设计一份与人的行为、兴趣、观念、见解相关的问卷,如表 3-3 所示,对消费者进行抽样调查,然后对结果进行心理分析,根据心理分析的结果判断出此类消费者的潜在需求。采用这种对消费者的生活方式进行调查和分析的方法,更能发现那些在感性上敏锐、超前的消费群体,例如 "小资"、"中产"、"波波"(bourgeois 与 bohemia 的缩写 bobo)、"IF 国际自由人"(International Free Man)等新型生活人群,从而更加深入地接近消费者的精神世界。

(4)生活方式和市场细分化:根据生活方式的不同,可把消费者分成许多类型。由于这种分类是对一般消费者的实际情况进行研究的成果,因此具有一定的实用价值。在以生活方式分析细分化市场的基础上,应进一步归纳顾客群具有

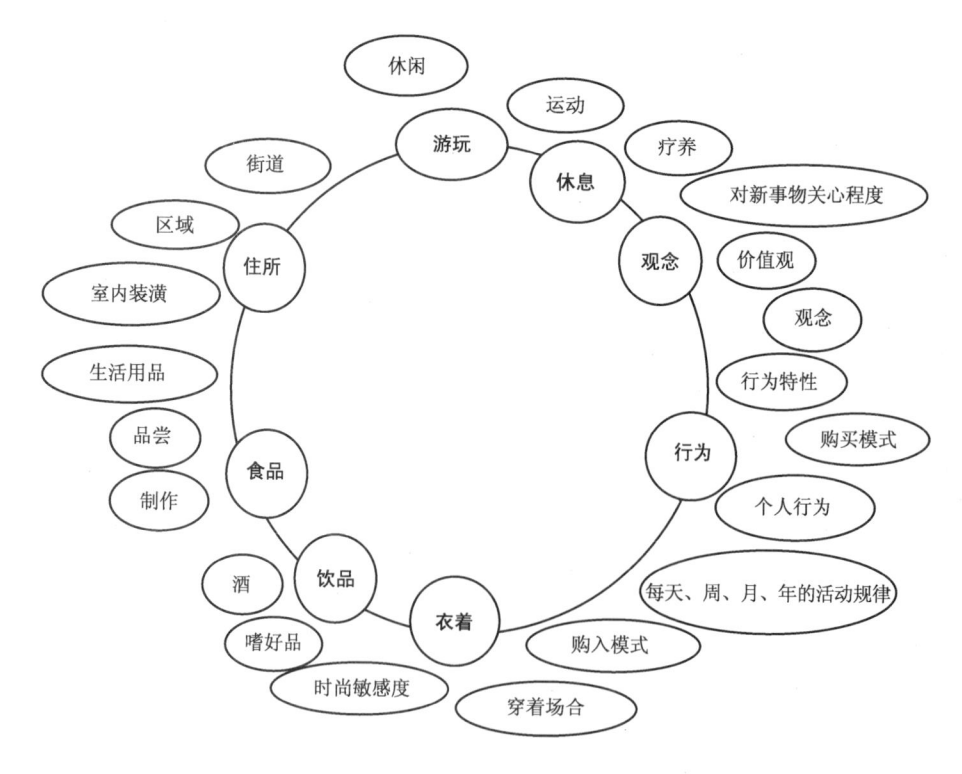

图 3-8 AIOV 分析要素

表 3-3　AIOV 分析调查表

要素	调查结果	AIOV 分析结果
衣 着		
饮 品		
食 品		
住 所		
游 玩		
休 息		
观 念		
行 为		

哪些特征;生产何种商品才能实现怎样的销售业绩等。特别是对于定量化困难或感性的顾客的购买行为,利用生活方式分析来进行定性分类是一种有效的方法。但要实现定量区分,还必须与人口统计方法结合使用。

(5)生活方式分析在服装商品企划中的应用:汽车、家电、食品行业,商品产量大、设备投资多,涉足的市场规模大,使得需求预测的准确性变得尤为重要。服装生产企业,生产规模较小、产品的生命周期较短,与考虑设备投资风险、进行正确的需求定量预测相比,新产品的设想和品牌新理念的设定更受重视。因此有必要在服装企划中对生活方式进行有效分析,以从整体上把握人们的生活。对生活方式的分析是一种从整体上观察市场的方法,旨在发现市场整体的、长期的变化倾向,预测可能出现的新生活方式。服装商品具有很强的社会渗透作用,因此在商品企划中要把握市场的发展趋势,创设新品牌,为对时尚敏感的人群开发和推出新产品,并将生活方式的新理念融入其中。服装品牌商品企划的关键在于创造新的时尚和生活方式。

3. 女装市场的细分化策略

常用的女装市场细分化标准如表 3-4 所示。

(1)年龄细分:女装市场可按消费者的年龄划分为不同的细分市场。不同年龄阶段的消费者有不同的生理条件、经济状况、兴趣爱好,对服装的需求差别很大。可根据女装市场的年龄结构、各年龄段占总人口的比例以及不同年龄消费者的需求特点制订相应的市场营销策略。

年龄包含两层含义:一是指实际生理年龄;二是指与此相对的心理(态)年龄。处于不同生理年龄层次的女性,体型上差别较大,是形成不同服装号型规格的依据。值得注意的是,人们的心理年龄与生理年龄常常不符的情况,如社会上出现的"新 30"现象:有些女性 30 多岁了仍感到自己很年轻,40 岁了可能仍然未

表3-4 女装市场的细分化标准

细分化标准		细分类型					
商品企划要因	年龄	少年	青年	中青年	中年	老年	
	生活方式	常规生活	商务生活	校园生活	都市生活	运动生活	家居生活
	价格	昂贵	较贵	适中	较廉价	廉价	
	季节	春	夏	秋	冬	假日商品	
		初春、春	初夏、夏	初秋、秋	初冬、冬	中秋	春节
	品类	大衣	套装	连衣裙 裙装	外套衬衣 裤装	毛衣针织衫	厚运动服	休闲健身运动服	内穿服装	家用纺织品
销售要因	零售业态	百货商店		专卖店		大卖场	
	销售区域	大都市	中型城市	城市	城镇	乡村	
时尚要因	时尚接受度	前卫	积极	时髦	现代	保守	
	风格形象	女性化	摩登	优雅	浪漫	成熟	
		男性化	传统	奢华	活泼	可爱	
	休闲类型	AC 美国型	EC 欧洲型	IC 意大利型	JC 日本型	FC 民俗型	

婚并拥有高级职位。原因在于她们的心理年龄比普通的同龄人小。

此外,不同年龄阶段的女性,经历的社会时期不同,形成的生活观和价值观不同。这将直接影响对服装审美、价值的判断与选择。

(2)人生阶段细分:女性的一生,包括出生、入幼儿园、入学、就业、结婚、生子、退休等人生阶段(图3-9)。处于不同人生阶段的女性,具有不同的生理特征;同时承担的社会责任不同,具有的社会身份也不同,价值观念也有差异(表3-5)。即使同一个女性,随着人生阶段的更替,她在生活上的需求,对服装款式、色彩、图案的偏好也会发生变化。

设定品牌的目标市场时充分考虑目标顾客所处的人生阶段,使所企划的服装商品既得体(吻合消费者的社会身份)又合体(适合消费者的身体体型)。

从人生阶段的角度考虑,市场细分必须注意市场的间断性和连续性。间断性是指专门生产针对女性某一人生阶段的商品,品牌固定针对某一个年龄层的顾客,不管目标顾客随后的年龄增长;连续性是指产品随着消费者人生阶段的变更而不断发展变化,随着顾客的年龄增长,推出的品牌商品也随之变化。实际上,既

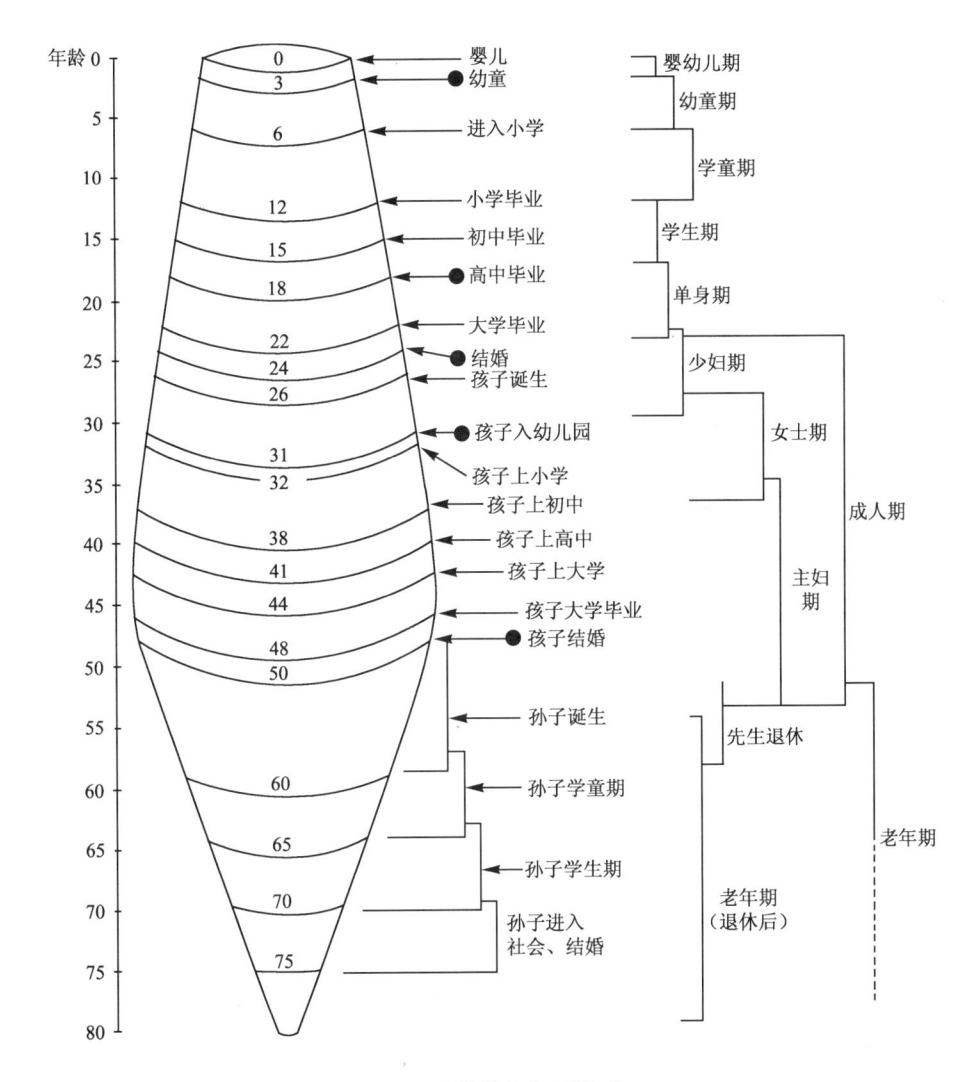

图 3-9　女性的人生阶段细分

可以开发出一些新产品来吸引新近成长起来的一代，也可以通过保持服装品牌的风格来维持商品对原有顾客的吸引力，通过推出针对不同年龄层的相互关联的系列品牌的形式实现。

(3)生活场景细分：生活场景指的是人们生活所处的环境。出于礼节、从众等方面的考虑，为了使自身与周围环境相和谐，人们通常会在不同的场景下穿着不同类型的服装。如今，人们对生活场景的细分越来越具体。图 3-10 中，对女性的生活场景，按年、月、周、日的时间周期，利用两组成对的坐标轴(公事场合轴与私人场合轴、户外轴与室内轴)进行了组合分析，描述了对应于女性不同生活行为的服装分类，以及与个人生活行为相对应的服装类别。

由生活场景来进行服装市场的细分可能刺激新产品的开发。例如：①为从家里到附近商店进行采购活动而设计的居家休闲服；②将职业服和休闲服相结合

表 3-5 各年龄阶段女性的特征

群体	婴儿	幼儿	儿童	少年	青年	中青年	中年	老年
年龄	0~1岁	2~6岁	7~12岁	13~17岁	18~35岁	36~45岁	46~59岁	60岁以上
形象	玩玩具	看电视、玩洋娃娃	看漫画、玩模型、收集玩具	长知识、兴趣广泛、爱好运动	爱创新、爱冲动、逆反性	个性形成、成长的形象	阶层意向、成熟形象、反对革新	保守、成熟
动机	不能表达自我意识，依赖母亲	自我意识萌芽，易受视觉刺激	崇拜、模仿	群体动机、感情	群体压力、感情动机	经济状况、母性	理性、社会	个人
本能	动物本能	兴趣、自我主张、反抗	收集、竞争、群体活动	受注目、追求刺激、兴奋	占有、群体、竞争、恋爱、炫耀、刺激	母性、使所爱的人幸福	优越、虚荣、抑制	保守、老后生活安定
欲求	所看见的一切都想要	希望拥有成年人有的东西	希望与朋友一样，且与流行同步	希望与异性交往，与流行同步，天天拥有新面貌	希望健康，经济有保障，环境良好	希望胜过别人，自尊心得以满足，用品为高级品	希望富足、安宁、健康、精神充实
志向	跟随母亲的意志	部分以自我为中心，部分跟随母亲	憧憬未来，以自我为中心	融入群体，以自我为中心	以自我为中心，恋爱、结婚	以家庭为中心——事业、丈夫、孩子	社会阶层、希望年轻	修养、情趣
嗜好	深受母亲影响，在无意识中按自己的欲求行事的年代	憧憬未来，希望得到认同，对什么都有兴趣，都想要和都想尝试的年代	开始具有群体意识和强烈的好奇心，对未来充满幻想的年代	希望早日长大成人，对流行非常敏感的年代	既希望长大，又对长大充满不安，开始恋爱，充满青春活力，对外穿服装特别在意的年代	一边惋惜青春将逝，一边将希望寄托在孩子身上，对自身关心程度下降，喜欢适合自己年龄的居家服	社会责任感增强，随着孩子的成长，对自我的关心程度重新上升，希望得年轻	完成孩子的养育，从家庭中解脱出来，从私利私欲中解放，开始快乐享受人生，并为公益事业出力
购物状况	由母亲代为购物	和母亲一起购物	和母亲一起购物	和朋友一起购物	喜欢自助的购物方式，易受商店橱窗的诱导	购物的时间和金钱已不成问题，喜欢自己挑选服装，且购物时目的性强	愿花很多时间购物，习惯在常去的商店里重复购买，希望获得尊重和良好服务	喜欢买有利于健康长寿的商品，希望得到良好的服务，追求商品的情趣
购买特性	由母亲的心理因素决定	模仿因素	行为因素	行为因素	心理因素＝冲动购买	经济因素＝计划购物	社会因素＝计划购物(理性的)；物理因素＝冲动购买	自我实现＝计划购物
感觉	个性形成(无规律时期)		跟随国际流行感觉		新鲜感	现代感	洗练感	舒适感

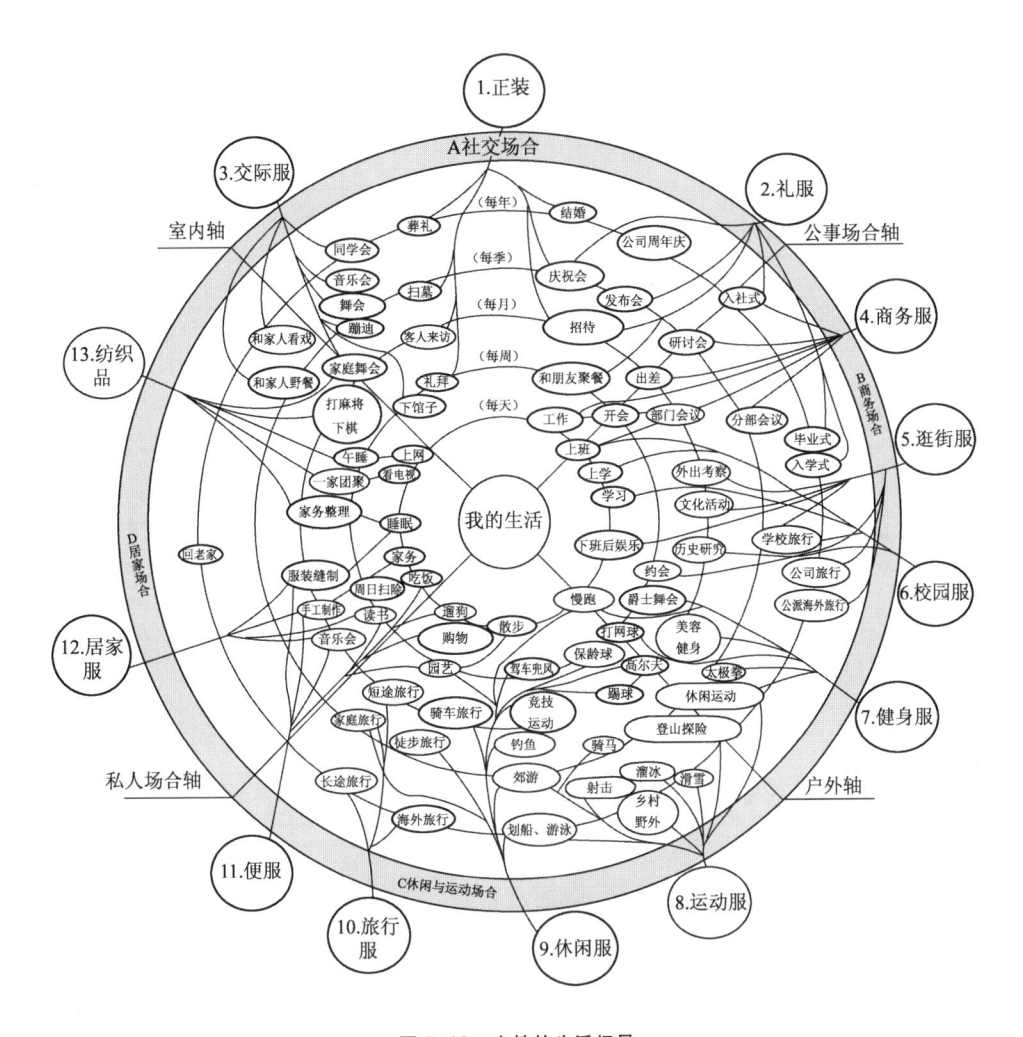

图 3-10 女性的生活场景

后产生的商务休闲服;③将运动和健身相结合的健身服。运用这种方法,除了考虑商品的用途,还可从人们对实现自我、尝试新生活方式的欲望出发来寻找新的市场空间。

对应于各生活场景的女装商品企划要点如表 3-6 所示。

(4)价格细分:价格是常用的细分标准,大致可分为高档、中档、低档三档。日本、美国分类更细:国际著名品牌、高档品、中档品、大众品、廉价打折品。

(5)季节细分:由于中国的版图辽阔,气候差异大,四季变化明显,因此应重视季节性。近年来,暖冬和凉夏的异常气候以及室内空调的广泛应用,使得服装与季节的关联性逐步减弱。

季节细分还和经济大环境相关。当经济不景气时,换季打折销售期就会提前到来。由此造成了旺季销售的衰减,使品牌商品企划难度增加。

(6)品类细分:按品类细分的方法一直被沿用。近来消费者自我意识增强,希望

表 3-6 基于生活场景的女装商品企划要点

项目		生活方式	穿着特性	服装品类举例	主要材料		主要色彩、色调	
					春夏	秋冬	春夏	秋冬
基于用途的生活方式分类	职业生活	正规社交活动	结婚仪式、庆祝会、欢送会、葬礼	作为礼服具有一定的庄重和正规感，格调高雅，符合礼仪氛围	婚礼服、晚礼服、女士常规礼服、毛皮大衣、丧服	山东绸、雪纺绸、蕾丝	丝绸织物、提花织物、天鹅绒、毛皮织物	优雅色调、黑、白、红、金银色	优雅色调、黑、白、红、金银色
		半正规社交活动	入学典礼、毕业典礼、音乐会、报告会、相亲、社交	用于出席正规仪式外的社会活动，比礼服稍显随便，但也华贵高雅	午装、女式常规礼服、长裙、丝绸女衬衫	丝绸织物、针织物、蕾丝	丝绸、针织物、提花织物、毛皮	优雅色调	经典色调
		商务活动	上班、工作、接待客人、出差、出席会议	与工作场所氛围相吻合的职业装，要便于活动，舒适且时髦	套装、大衣、衬衫、外套、裙装、裤装	合纤帆布、棉维耶勒法兰绒、麻帆布	羊毛织物、粗花呢、维耶勒法兰绒、精纺毛织物	中性色为主	中性色为主
		校园生活	上学、研讨会	与校园氛围相吻合的服装，有活动方便，服用性能好，活泼有朝气	牛仔服、T恤、羊毛衫、开襟毛衫、夹克、背带裙	牛仔布、方格色织布、凹凸织物	法兰绒、精纺毛织物、灯芯绒	自然色、强烈、鲜明	鲜明色调
	私人生活	都市生活	上学、上班、购物、约会、外出就餐、看戏	活泼有趣、亲切而轻松的都市休闲装	都市装，具有都市休闲情调的各种单品	合纤帆布、针织物、板司呢	精纺毛织物、粗花呢、针织物	柔和色调	优雅色调、流行色
		非正规社交活动	同学会、音乐会、生日聚会、圣诞晚会	与社交氛围相吻合的服装，要显得易于接近和沟通，且体现独特个性	一般在8小时工作以外穿着，体现都市优雅风貌的服装；在家待客或外出访客时穿着的服装	山东绸、羊毛绉织物、棉质蕾丝织物	仿丝绸、针织物、涂层织物、金银丝织物	流行色、优雅色调	流行色、优雅色调
		休闲活动	看体育比赛、兜风、海外旅行、短途旅行	闲暇时穿着的服装，要色彩斑斓、富有情趣，使人轻松愉快	旅游服、体育休闲服	针织物、泡泡纱	针织物、起毛织物、绗缝织物、毛皮织物	淡色，色调明快	色调鲜明、强烈
		运动	打网球、滑雪、游泳、探险、打高尔夫球	不同的运动项目有相应的运动服，其与休闲装密切相关	网球服、滑雪服、泳装、高尔夫球装	针织物、牛仔布、弹性织物	针织物、弹性织物、羽绒服、绗缝织物	明亮、鲜艳运动色	明亮、鲜艳运动色
		健身活动	做健身操、跳爵士舞、打太极拳、散步、骑自行车	适合健身运动的新式运动服	低领紧身连衣裤、训练服、短裤、T恤、汗衫、背心裙	弹性织物、针织物、双罗纹针织物	弹性织物、针织物、丝绒	淡色，色调明快	明亮、鲜艳色
		居家生活	睡觉、读报、看电视、做家务、养宠物、做手工、搞园艺	以家庭为中心的服装，要活泼、活动方便	家居服、睡袍、围裙	牛仔布、凹凸织物、泡泡纱、各种针织物	针织物、法兰绒、灯芯绒	柔和、自然色调	明快、自然色调

通过购买单品服装进行创造性的服饰搭配,体现出自身独特的个性。目前一些零售商开始将不同品类的服装集中在一起进行销售,销售单一品种的方式正在减少。

除此之外,服装品类还可以按面料是厚重、中厚还是轻薄进一步划分。

4. 依靠时尚意识的分类

如图 3-11 所示,处于人体右脑部位置的诉求要因属于"社会心理学要因",

心理诉求

①对别人看重的事毫无兴趣(价值的差距)
②没有什么真正喜欢的东西(与其他事物的差异性)
③无用的东西不会花钱买,自己看重的东西即使价高也会买(计划性、合理性)
④希望喜欢的东西得到认同(认同感)

①能成为话题,能成为与人沟通交流手段的商品(变化形象的愿望)
②尝试一些新的生活场面的商品(对新生活的关心)
③能充分表现自我魅力(自我展示)
④能够安心穿用,且很喜欢的商品(知性的满足)
⑤意想不到的令人兴奋的商品(游玩心)

诉求方式要因

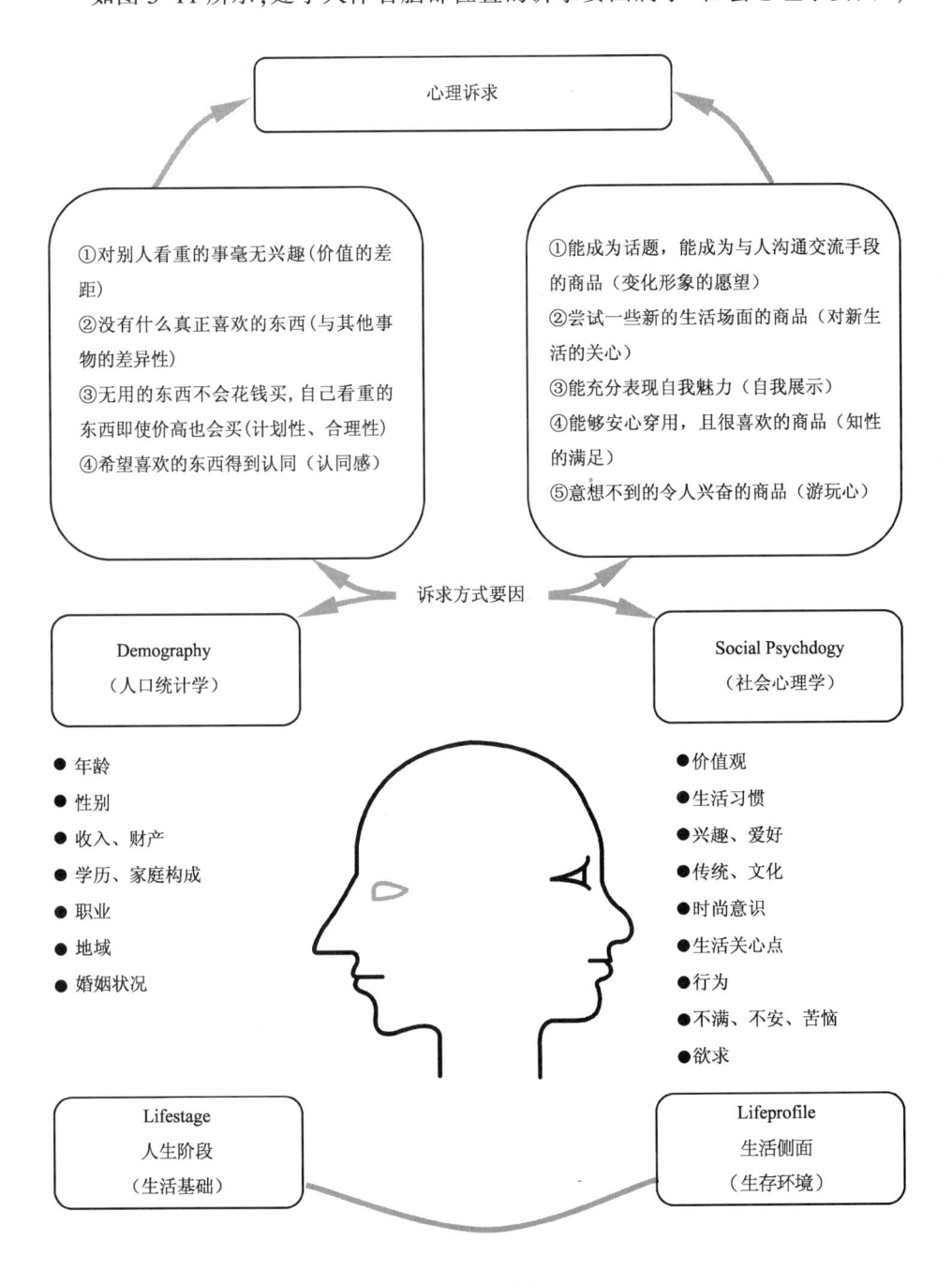

Demography
(人口统计学)

Social Psychdogy
(社会心理学)

- 年龄
- 性别
- 收入、财产
- 学历、家庭构成
- 职业
- 地域
- 婚姻状况

- 价值观
- 生活习惯
- 兴趣、爱好
- 传统、文化
- 时尚意识
- 生活关心点
- 行为
- 不满、不安、苦恼
- 欲求

Lifestage
人生阶段
(生活基础)

Lifeprofile
生活侧面
(生存环境)

图 3-11　诉求方式要因

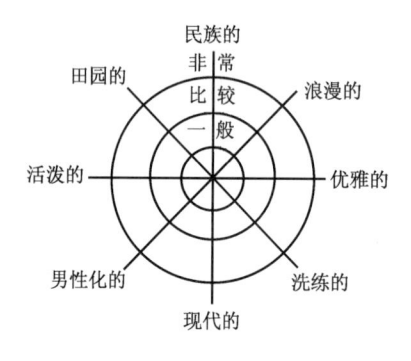

图3-12 时尚意识分类坐标

包括感觉、价值观、兴趣、爱好、时尚感等,这些要因互相组合便在消费者的心理综合构成了"八种时尚形象"。每种设定为一根轴,每根轴又可划分成"非常、比较、一般"三个刻度,或等分成若干阶度(参见本章第三、四节相关内容),构成图3-12所示的坐标体系。只要将市场调研的数据在坐标体系中绘成雷达图,就可从图中折线的指向看出消费者的时尚倾向。利用这种方法还可对不同品牌的时尚形象差别进行定量分析。

另外,也可按照着装者对时尚流行的积极性、敏感性的不同进行分类。不同的消费者对时尚流行的敏感程度是不同的,有的走在时尚前列领导时尚;有的紧跟时尚潮流;有的稍晚于时尚潮流;有的与时尚完全脱节。由此可划分出五种消费者市场:前卫的、时尚的、中庸的、落伍的、保守的。

按设计理念的主题也可进行市场细分,主要的设计理念有:美国休闲风格、欧洲休闲风格、意大利休闲风格、日本风格、民俗风格、异域风格等。

5. 消费者群体分析与时尚意识的分类

根据一些调研资料,举例说明。如图3-13所示,通过对时尚意识的分析,消费者可分为五种类型。

(1)踏实向上型:这类人生活有计划、有规律,非常充实,在金钱和时间方面也很充裕,热心于充实新知识,社交很广,追求高品质、高品位的服装。他们的社会地位高、家庭优裕。青年时喜欢优雅的服装;成年后喜欢别有情调的服装;到老

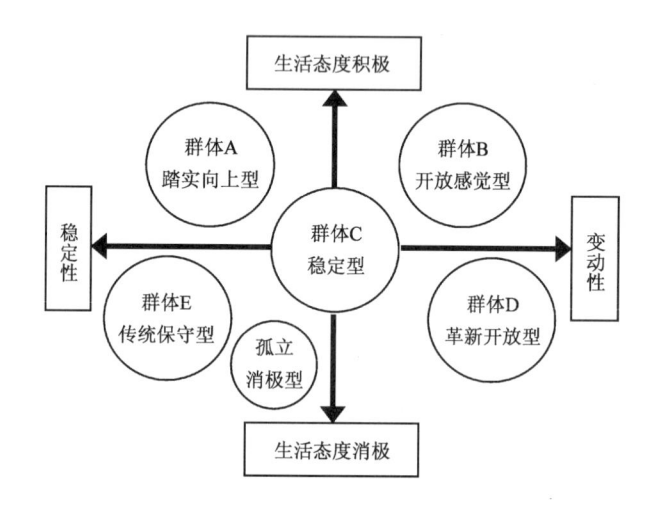

图3-13 按时尚意识细分的消费者群体类型

年则喜欢世界顶级品牌的服装。

(2)开放感觉型：对新产品、新流行采取积极接受、采纳的态度。这类人群通常文化程度高、经济收入高、兴趣广泛、追求商品的时尚性和功能性，并且接受的信息丰富。这一群体包括憧憬工作的少女，以及工作经历丰富、仍未婚的中年女性。她们的生活态度积极向上，志趣高雅，对旅游、健身、休闲活动很感兴趣，社交面广。

(3)稳定型：生活态度求静求稳，购买行为不太受大众传媒的影响。他们通常在大中型的百货商店中购买商品。青少年时温文尔雅，青年时较为随和，进入中年后中庸朴实，到了老年则安静沉稳。这群人非常看重家庭生活。

尽管国内的整体生活水平在提高，高感度、个性化的品牌商品在一些地域市场仍难以畅销，原因之一就是这一稳定型群体的存在，他们往往喜欢向别人看齐，少以个人的兴趣爱好来购买商品。若能促进该群体购买个性化商品，高感度、个性化品牌有望开发出更大的市场。

(4)革新开放型：这一群体喜欢新奇冒险的活动，希望通过时髦的服饰来寻求刺激。少年时，像个坏孩子；青年时成为最具时尚的人。这一群体人数较少，但由于超前的时尚意识，是商品企划重要的参照体。

这一群体中的30~40岁者，常被人们称为"新30"。此时他们开始从穿着时髦、爱好时尚产品向有独特品位和个性的生活方式转换。通常住在郊外，对自然倍加爱护，为了家庭成员的健康，常常调制食品，节假日常和朋友一起休闲娱乐，有着丰富有趣的生活。同时，他们一般都会工作较长时间，会在自己觉得较好的专卖店购买极有品位的休闲服装，并且精通服饰着装之道。到50岁时，会选择一种适合自己个性的、现代的生活方式。就心理感觉上，这群人永远都是年轻的。

(5)传统保守型：这群人少年时健康、听话，青年时喜欢休闲服饰等较为质朴的服装，进入成年后逐渐保守，到了老年则比较传统，一般居住在乡下。

这一群体中的女性多数从事服务业，她们在服装方面的花费很少，对时尚变化十分淡漠。一般在百货店、超市的打折期间购买服装。

五种类型消费者群体的时尚意识概括如表3-7所示。

时尚意识常可以和其他要素相结合作为品牌企划的参考。如从时尚意识的角度，可以将价格和年龄段联系起来，为针对不同消费者群体的品牌价格定位提供参考。基于表3-7，图3-14表示了四代人的20种时尚意识分类与四种价格档次的关联。

三、选择目标市场

(一)选择目标市场的意义

市场细分只是选择目标市场的前提和基础工作，通过确立目标市场才能有的放矢、实施有效的品牌战略。以品牌为单位的营销活动,在发掘出有市场机会的市场之后,就需要结合本品牌的实际情况,选择适合渗透的目标市场。

目标市场战略有三种方式:①全面营销,是以所有的消费者为目标对象,进行大量生产、大量流通、大量销售;②产品多样化营销,指生产不同特性、风格、款型、品质、尺寸的服装商品并进行销售,但并非是针对细分化市场的消费者需求,只是向大众消费者提供更多的选择机会;③目标市场营销,是从细分化的市场中选择适于本企业发展的目标对象市场,并进行市场营销组合开发。高感度、个性化服装品牌通常采用目标市场营销方式。

目标市场的设定是指企业为进入细分后的特定市场而做出的目标决策,包括决定品牌所针对的特定目标顾客群体等。它是明确目标对象的过程,保障了品牌对特定市场的占领。

确立目标市场,可以使服装是为谁而生产,可以在什么时候以及在什么场合穿着等要素得以明确,从而选择最适合的营销组合。这样就更容易掌握目标市场

表3-7 五种类型消费者群体的时尚意识

群体	人生阶段	时尚意识分类		接受时尚程度	差别意识强度	时尚形象	生活来源	服装支出(元/月)	购物焦点	购物场所
		目标形象	生活方式概况							
踏实向上型	少年	忠实型	讲究品质,不惜高价,富家子弟,私立学校学生	○	○	高档,欧式休闲	双亲资助	1000	品质,趣味性	专卖店
	青年	优雅型	简练,优雅,大企业的秘书,刚毕业的女大学生	○	◎	高档,欧式休闲	和双亲同住	1200	品质,第一感觉	专卖店
	中年	洗练型	高档次的简洁,丈夫高收入,兴趣广泛	○	◎	高档,洗练	住市中心公寓	1500	高档感,追求正品	专卖店
	老年	上品型	处世圆通,富有品位,常与丈夫一起出席礼仪场合,有修养	○	○	高档,正统	住在独立宅院	2500	高品质	高级女装店
开放感觉型	少年	进取型	家庭开放,文化程度高,准备升学	○	◎	欧式休闲	双亲资助	500	运动,刺激	百货店专卖店
	青年	自立型	自信,自立,不断寻求机会,职业女性	◎	◇	个性化休闲	事业型	1000	流行感	百货店专卖店
	中年	现代型	入世深,具有新的价值观,职业女性	○	○	洗练的休闲	事业型	1200	流行感	百货店专卖店
	老年	时髦型	处于相当的职位,高收入,兴趣广泛,有修养	○	◎	洗练的休闲	事业型持家	1500	流行感	百货店专卖店

续表

群体	人生阶段	时尚意识分类		接受时尚程度	差别意识强度	时尚形象	生活来源	服装支出(元/月)	购物焦点	购物场所
		目标形象	生活方式概况							
稳定型	少年	淳朴型	朴素,浪漫,天真,女学生	○	○	美式休闲	双亲资助	250	易穿脱,有情趣	百货店
	青年	温柔型	温柔,职业女性	○	○	适度休闲	职业型,独立居住	500	易穿脱,第一感觉	百货店
	中年	中庸型	结婚,生子,工作,节假日合家团聚	○	△	适度休闲	公寓,持家	750	穿着舒适,讲究设计	百货店
	老年	沉静型	子孙满堂,和丈夫志趣相投,喜欢旅游	○	△	略微休闲	持家	750	舒适,讲究设计	百货店
革新开放型	少年	朋克型	张扬,喜欢把自己打扮得像个坏孩子	◎	◇	感性,冲动	双亲资助、打工	300	幽默,冒险	专卖店
	青年	潮流型	爱憎分明,前卫,新潮,自由职业者	◇	◇	新潮,多元化	一个人住公寓	800	个性化,讲究设计	专卖店
	中年	个性型	青年时为新潮型,讲究个性,自然	◎	◎	个性,多元化	郊外公寓	1000	讲究组合搭配	专卖店
	老年	常青型	童心未泯,自信,有专门职业	◎	◎	休闲,多元化	郊外,持家	1100	讲究搭配组合	专卖店
传统保守型	少年	康乐型	健康,充满活力,可爱	△	△	运动休闲	双亲资助	100	趣味性	量贩店
	青年	乐天型	开朗,健康,善交际,服务人员	○	△	舒适,休闲	廉价公寓	200	心情愉快,实用	量贩店百货店
	中年	保守型	依赖性强,家庭主妇	×	×	舒适,基本	廉价公寓,2居室	150	适当的价格	量贩店百货店
	老年	乡土型	重视人情世故,具有淳朴性格	×	×	舒适,基本	公寓,3居室,持家	150	适当的价格	量贩店百货店

注 ◇—非常;◎—比较;○——般;△—较少;×—无。

中的需求;商品企划战略的重点更明确;更高效地进行计划、生产、销售活动;赢得更多消费者的支持。

(二)已有品牌目标市场的再定位

服装品牌的营销活动,通常以新品牌开发时设定的目标消费者为起点。随着时间的推移,品牌的既定目标市场与实际的目标市场之间会发生偏离,因此需要每经过一定的时间段就对目标市场进行再确定和再定位。

例如,A品牌的原定目标消费者是18~22岁之间的时尚群体,数年之后,这一群体成为上班族,生活方式也相应发生很大的变化。此时,公司应该考虑是继

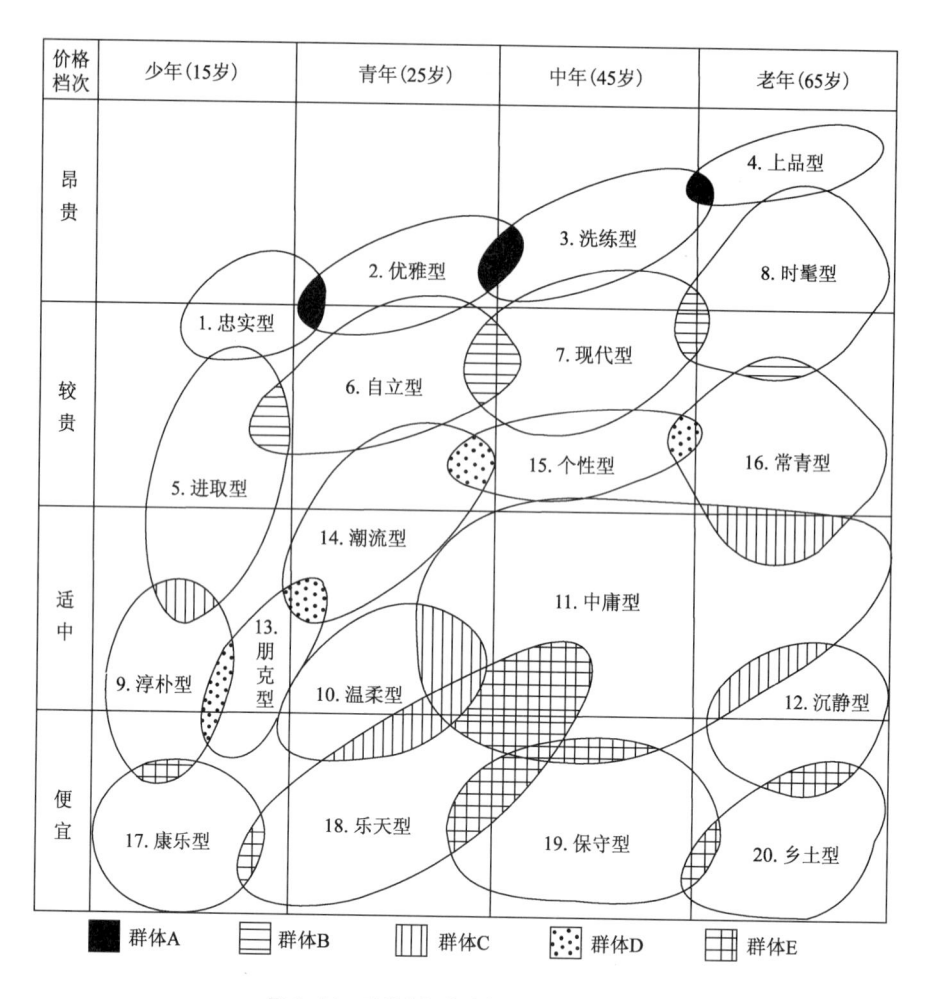

价格档次	少年(15岁)	青年(25岁)	中年(45岁)	老年(65岁)
昂贵		2. 优雅型	3. 洗练型	4. 上品型 / 8. 时髦型
较贵	1. 忠实型 / 5. 进取型	6. 自立型	7. 现代型 / 15. 个性型	16. 常青型
适中	9. 淳朴型	13. 朋克型 / 10. 温柔型	14. 潮流型 / 11. 中庸型	12. 沉静型
便宜	17. 康乐型	18. 乐天型	19. 保守型	20. 乡土型

群体A ■　群体B ▤　群体C ▥　群体D ⁙　群体E ▦

图 3-14　时尚意识分类与价格档次的关联

续随着目标消费者的年龄增长将品牌转变为带有职业风格，还是将这一已成长为职业群体的目标消费者转移至其他品牌来经营。假如 A 品牌原定的目标消费者现已转向购买 B 品牌的商品，暗示 A 品牌的目标对象应调整为下一个年龄层的顾客。

即使服装品牌企划中的市场细分是以消费者的生活方式为基准而进行的，也应随着时代的变迁，对目标消费者进行再确认，以适应市场新发展的营销组合来展开商品企划。

(三)目标市场设定实务

第一步，从营销战略的高度，选出特定的消费者群，并从该消费者群体中筛选出有相同时尚意识的类型。

消费者的生活方式、心理需求不同，所属的时尚类型也就不同。例如，喜欢休闲的人和万事求稳、拘谨、呆板的人,便分属于休闲型和传统保守型两种不同的时尚类型,所喜好的服装也是截然不同。因此,拟设定目标市场不可能囊括该人群中所有的时尚类型,只能筛选出其中某一类型。

第二步,确定目标市场的时尚敏感度。

时尚敏感度体现了消费者对时尚变化的敏感程度。根据时尚敏感度的不同,可以将消费者划分为五种类型的群体:

(1)创新者:时尚的先锋。只要是时尚,她们就全盘接受,不在乎他人的意见。对时尚的推动,她们的作用较小。

(2)初期采用者:时尚的倡导者。她们眼光独特,且有胆量,善于选择并采用那些适合自己的新时尚,常常成为旁人效仿的对象,是时尚流行的推动者。

(3)初期追随者:初期采用者的先期效仿者。属于稳定、理智但缺乏主见的一类。

(4)后期采用者:对时尚不关心,属于随大流的一类。

(5)后期追随者:顽固的、保守的一类,可能成为时尚流行的阻力。

这五种消费者群体相互间的大致比例关系如图3-15所示。设定了目标市场的时尚敏感度,就能对目标市场中不同敏感度的消费者采取有针对性的不同营销策略,使本品牌的商品逐步渗透到目标市场中去。

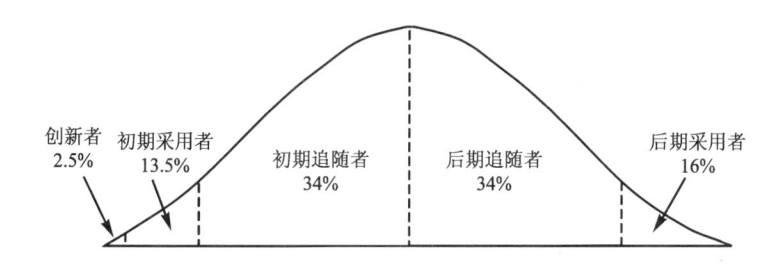

图3-15 不同时尚敏感度的消费者群体所占的比例

第三步,以年龄为依据分析所选消费者群体各人生阶段的不同需求。

第四步,通过实地调查,分析处于某一年龄段、具有某种时尚敏感度的消费者群体的生活方式。

在这一阶段,可以发现那些甚至被消费者自身忽视的生活态度,以及由这种态度派生出的潜在需求。

第五步,概括并具体描述出目标消费者的生活方式。

实质上是抽象出目标消费者的特点,确定顾客群类型。描述生活方式的方法多种多样,目前常用的方法是在简练、概括的文字后配以草图和照片作为例证来综合表达,其形象鲜明。描述的内容应以服装为中心,并从室内装饰、饮食等方面加以辅助说明。确定人们的生活方式,是为发掘他们在服装上不同的倾向性。

四、市场定位与目标市场的营销策略

(一)市场定位的含义

市场定位(Market Positioning)是 20 世纪 70 年代由美国学者阿尔·赖斯提出的一个重要的营销学概念。市场定位,是指企业根据目标市场产品竞争状况,针对消费者对该类产品某些特征或属性的重视程度,为本企业产品塑造与众不同的鲜明个性,并将该形象生动地传递给消费者,求得消费者的认同。市场定位的实质是使本品牌与其他品牌严格区分开来,使消费者明显感知这种差异,突出特色。

市场定位与产品差异化有密切关系。在商品企划过程中,通过市场定位创立产品鲜明的个性。服装由多种因素构成,包括造型、材质、色彩等,市场定位就是要强化或放大某些产品特质,形成与众不同的独特形象,争取消费者的认同,实现市场定位的目的。

(二)市场定位的依据

由于服装品牌涉及的服装品类不同、面向的消费者群不同、所处的竞争环境不同,市场定位可从以下四方面考虑。

1. *产品的特点*

产品的特点是构成产品特色的因素,包括面料、款式、做工、价格等。

2. *服装的穿着场合*

服装的穿着场合是服装适应的生活场景,包括工作、休闲、运动、旅游、居家、学习等。

3. *消费者得到的利益*

消费者得到的利益是消费者购买品牌服装能获取的价值,包括特殊的功能、特别的优惠、特定的身份等。

4. *消费者类型*

在实际应用中,通常综合多个因素来对品牌或目标顾客群进行定位(图 3-16)。

(三)目标市场方针

针对目标市场的市场营销策略可归纳为目标市场方针。例如,针对高感度、个性化消费者,目标市场方针也应采取高感度的战略。如今迅速成长的 D&C 品牌,大多采取了这样的战略。

基于各战略因素的平衡,服装品牌的目标市场方针有多种选择方案。构成

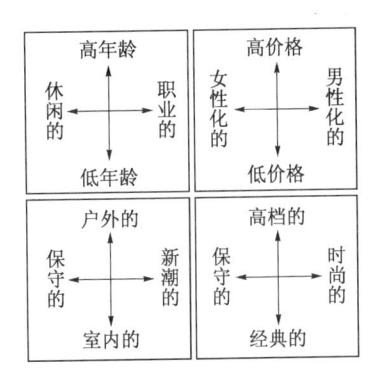

图 3-16 品牌定位的形式

目标市场方针的战略因素列举于图 3-17 中(FC 为 Franchise Chain,即特许经营连锁店)。图中包含 11 个战略因素,对这些因素进行组合,可以形成多种方案,其中代表性的方案如表 3-8(其中感度划分为 5 个等级,数值越大表示个性化程度越高)。

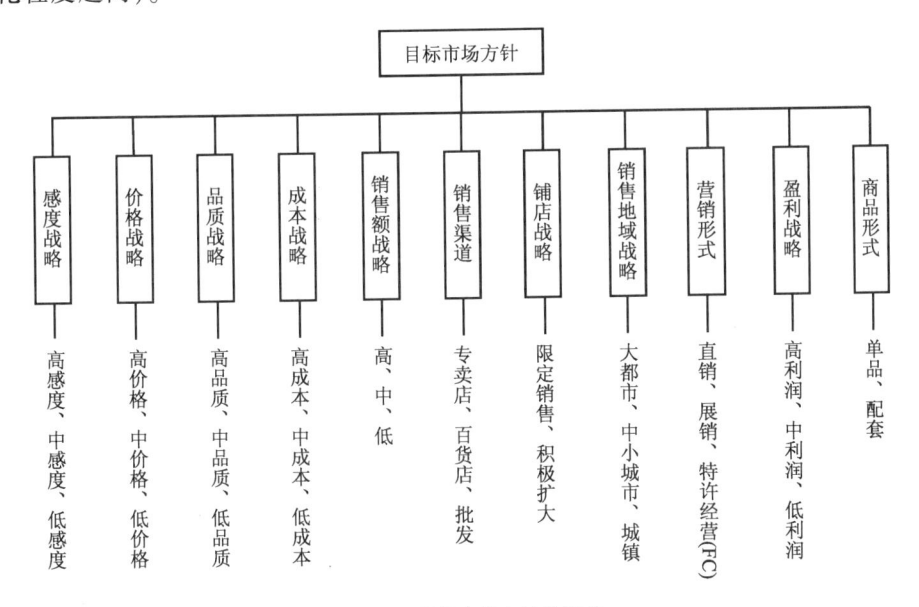

图 3-17 目标市场方针的组成

感度战略	高感度、中感度、低感度
价格战略	高价格、中价格、低价格
品质战略	高品质、中品质、低品质
成本战略	高成本、中成本、低成本
销售额战略	高、中、低
销售渠道	专卖店、百货店、批发
铺店战略	限定销售、积极扩大
销售地域战略	大都市、中小城市、城镇
营销形式	直销、展销、特许经营(FC)
盈利战略	高利润、中利润、低利润
商品形式	单品、配套

通常高价格、高品质的商品在区域市场上也有一定程度的稳定销售,而高感度、个性化商品在中、小城市及城镇市场的销售却往往不理想。因此,高感度、个性化品牌的目标市场战略多采用以大城市为中心的销售地域战略。同时,由于高感度、个性化消费者人数有限,需要限定销售业态并主要采取品牌专卖店销售,商品的构成也要以配套为主体进行策划。

另一方面,低感度、个性化特征不突出的品牌,在大城市即使打折降价也难以稳定销售。这类品牌应采取拓展中、小城市及城镇销售地域的战略,商品构成以单品形式为主。

表 3-8 目标市场方针的方案

方案	目标市场方针1	目标市场方针2	目标市场方针3	目标市场方针4	目标市场方针5	目标市场方针6	目标市场方针7	目标市场方针8	目标市场方针9	目标市场方针10	目标市场方针11	目标市场方针12	目标市场方针13	目标市场方针14	目标市场方针15
感度战略	高感度5	高感度5	高感度4	高感度4	高感度4	高感度4	中感度3	中感度3	中感度3	中感度3	中感度3	中感度3	中感度2	中感度2	中感度2
价格战略	高价格	高价格	高价格	高价格	中价格	中价格	中价格	中价格	中价格	中价格	低价格	低价格	低价格	低价格	低价格
品质战略	高品质	中品质	高品质	中品质	中品质	中品质	中品质	中品质	中品质	中品质	中品质	中品质	中品质	中品质	低品质
成本战略	高成本	中成本	高成本	中成本	中成本	中低成本	中成本	低成本	中成本	低成本	低成本	低成本	低成本	低成本	低成本
销售渠道战略	专卖店	专卖店百货店	专卖店百货店	专卖店百货店	专卖店百货店	专卖店百货店	专卖店	专卖店	专卖店百货店	专卖店百货店	专卖店百货店批发	专卖店百货店批发	专卖店大卖场	批发专卖店	大卖场批发
铺店战略	限定	限定	限定	限定	积极扩大	积极扩大	限定	限定	积极扩大	积极扩大	积极扩大	积极扩大	限定	积极扩大	积极扩大
销售地域战略	大都市	大都市中小城镇	大都市	大都市	大都市中小城镇	大都市中小城镇	大都市中小城镇	大都市	大都市	大都市中小城市	大都市中小城镇	大都市中小城镇	中小城市城镇	中小城市城镇	中小城市
营业形式战略	直销	直销特许经营	直销特许经营	直销特许经营	直销特许经营	直销特许经营展销会	特许经营展销会	特许经营展销会	特许经营展销会	特许经营展销会	特许经营展销会短周期	特许经营展销会短周期	特许经营短周期	特许经营短周期	展销会短周期
盈利战略	低利润	中利润	低利润	中利润	高利润	高利润	低利润	低利润	低利润	中利润	低利润	中利润	低利润	低利润	低利润
商品形式	配套	配套	配套	配套	配套	配套	配套	单品	配套	单品	配套	单品	单品	单品	单品

第三节　环境分析和流行预测

在环境分析中要求收集和整理与品牌运作环境相关的情报信息。根据环境分析得到的结论，可以确认和调整所设定的目标市场，并有助于制订正确的商品企划策略。在服装商品企划中，把握时尚消费市场是流行预测的起点。流行预测对某一时期商品款型风格的具体设定将产生直接的影响。同时流行趋势的预测，也有助于使服装总体设计和商品构成企划符合当前时期的时尚特征。"环境分析与流行预测"可与"目标市场的设定"、"理念风格的设定"等模块交错进行，相互参照（图3-18）。

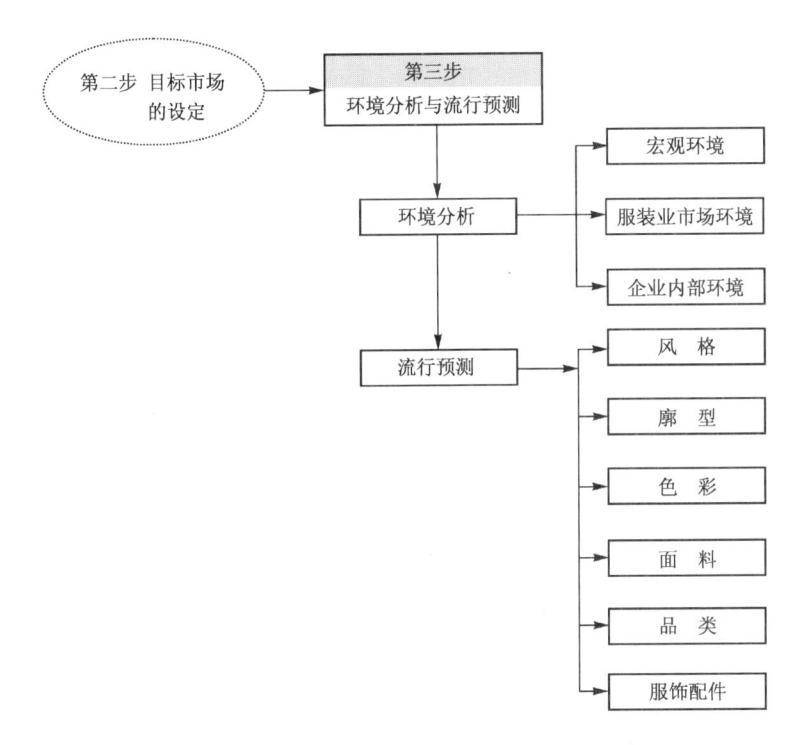

图3-18　环境分析与流行预测的工作流程

一、环境分析的意义及流程

环境分析与流行预测的核心是获取与分析整理信息。美国著名学者马里斯·哈伯曾说："要管理好一个企业，必须管理它的未来，而管理未来就是管理信息。"可见，信息在服装企业的商品企划中发挥着重要的作用，为市场营销决策提供了依据。建立完善而及时的信息管理系统，随着环境的各种变化调整企业内部的营运，这是企业建立高效的市场机制的基础，也是企业与对手进行竞争的关键因素之一。全球500强企业之一——日本住友商社总结的成功经验是"没有别的，我们只是快人一步地顺应环境变化"。

近年来,一些服装企业已经逐渐将信息收集单列为一项专门的工作来开展。基本任务是用科学系统的方法,对原始资料进行收集、整理、分类、分析,做成可供随时查阅的资料,针对品牌要求提供相应的信息服务。

服装企业的经营决策活动常常要面临两个问题:一是关于企业生存和持续发展的决策;二是关于具体的商品企划决策。这就要求除了收集与服装设计、生产等有关的专业信息外,还必须收集与长期经营相关的各类信息,如社会、经济、文化、经营状况等。在一定意义上,这种环境分析活动也是一种高精度的市场分析和预测活动。

环境分析活动的工作流程可简单表示为:分析信息资料→产生某种预测→提出新的设想或提案。由于服装信息包括定量的和定性的两大类,因此往往需要从定量和定性两个角度进行分析,但是基于商品企划的预测要求,最终要求落实到量化数据上。为了确保最后结论的可靠和准确,可以通过扩大信息的量来提高预测结果的精度。

二、环境分析的范畴

服装商品企划中的环境分析包括三个方面(图 3-19):

1. 宏观环境

宏观环境是影响服装市场和服装商务贸易的大环境(社会经济、文化动向、生活方式等)。

2. 行业环境

行业环境是影响本品牌企划和销售的企业外部市场环境(流行信息、竞争企

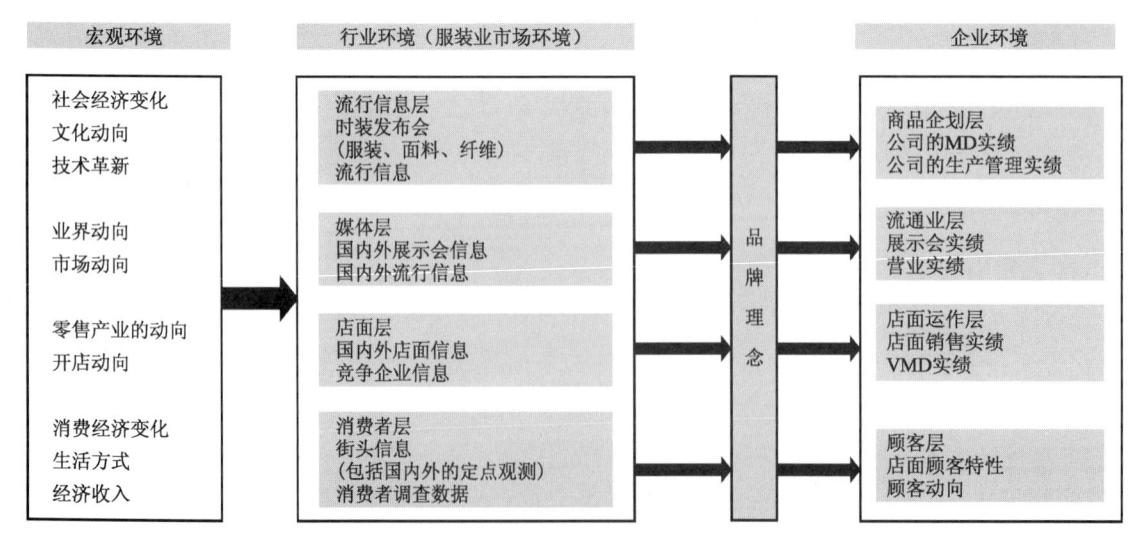

宏观环境	行业环境(服装业市场环境)		企业环境
社会经济变化 文化动向 技术革新	流行信息层 时装发布会 (服装、面料、纤维) 流行信息	品牌理念	商品企划层 公司的MD实绩 公司的生产管理实绩
业界动向 市场动向	媒体层 国内外展示会信息 国内外流行信息		流通业层 展示会实绩 营业实绩
零售产业的动向 开店动向	店面层 国内外店面信息 竞争企业信息		店面运作层 店面销售实绩 VMD实绩
消费经济变化 生活方式 经济收入	消费者层 街头信息 (包括国内外的定点观测) 消费者调查数据		顾客层 店面顾客特性 顾客动向

图 3-19 服装商品企划中的环境分析要素

业信息、消费者调查等)。

3. 企业环境

企业环境是影响本品牌企划和销售的企业内部各项实绩(MD 实绩、营业实绩、顾客动向等)。

针对每一类环境,可从四个角度切入:

(1)商品企划层面:包括商品企划、设计、打板、选材等。

(2)流通业层面:包括建立营销网络、生产安排等。

(3)店面运作层面:包括配货、卖场陈列、促销等。

(4)顾客层面:包括生活方式、装扮习惯、购买行为等。

图3-19 中横向流动的信息就是某一方面的环境状况。在整理相关信息的过程中,目标市场的特征将起导向作用,横向流动的信息将通过"品牌理念"的"过滤"作用,影响品牌商品企划的各个阶段,即表中纵向的四个层面。

环境分析对随后展开的品牌企划和生产有很大影响,作用途径如图 3-19 中的箭头指向,显示了环境分析的目的。

三、环境分析的内容

(一)宏观因素

1. 社会环境信息

服装企业只有置身于社会的大环境中才能找到市场营销和商品企划决策的立足点,因此,必须努力收集国内外的社会状况、经济态势及市场特性等方面的信息。如政府的法规政策、物价的涨跌、储蓄利率等,这类信息主要来自于书籍、报刊等。

2. 文化动向信息

从"服饰文化"这一常用词汇就可以看出,服装本身就是文化的一个组成部分。了解各种文化信息,有助于服装企业明确自身的定位。文化动向方面的信息来自音乐、电影、电视及文学作品等方面。

3. 技术革新信息

随着高度信息化时代的到来,技术革新层出不穷,技术革新方面的信息具有多样化和新颖的特征。

4. 零售行业的整体状况(略)

(二)业界内要素

涉及服装业界内部要素的信息往往信息量最大、最复杂,也最为重要。

1. 服装业的市场状况

(1) 服装生产商、零售商的状况分析：这类信息可以由企业自身开展调查获得，但更多的是来自国际、国内行业协会等机构的统计数据和调查报告，以及一些专业期刊的信息。

(2) 竞争企业的品牌经营状况分析：在分析了解竞争企业的经营状况的同时，衡量自身的经营风险，并寻找可承受风险前提下的最佳市场机会。在日趋成熟化的市场中，许多企业都以对竞争企业的品牌经营状况的分析作为开展商品企划的参照体系，竞争企业的品牌经营状况方面的信息就显得更为重要。

2. 目标消费者特征分析

这类信息多以文字形式表现，主要内容包括：

(1) 文化特征、社会特征：文化阶层、社会阶层、所属群体、家族地位等。

(2) 个人特征：年龄、性别、职业、收入、学历、居住地、个性、信仰等。

(3) 生活方式：生活场景、嗜好、穿着特性（品类、款式、色彩、材料等）。

(4) 购买意识：决定购买的要因（品牌的名称、生产商、商店的服务及环境、时尚性、款型、色彩、材料、尺寸、性能、缝制品质等）。

(5) 价格认可：与消费者的收入、购买意识等相关。

(6) 购买行为：购买的时期、场所、方法、动机。

(7) 穿用机会。

(8) 购买时的随行者。

上述消费者特征中，核心是消费者个性化的生活方式和审美情趣。只有准确把握，才能发掘消费者的需求。消费者的需求是商品企划的出发点。

3. 服装流行因素的信息

服装流行的信息主要来源于时装发布会、流行色发布会、新材料展示会、时尚杂志等，涉及国外和国内两方面。其中，国内信息是指国内生产商、品牌公司发布的专业预测信息以及行业协会所发布的预测资料（如流行色发布）等。此外，还包括在全国各大城市服饰文化节上发布的较为稳定的预测信息。国外信息可以从国外一些专门的信息机构以及国外时装中心城市的展示会和时装发布会中获取，尤其是每年春夏、秋冬在巴黎、米兰、伦敦及纽约举行的发布会。

获取时尚信息中有关色彩信息的渠道已经相对稳定。国际上有国际流行色协会，国内也有国内的流行色协会。

(三) 企业内部环境要素

(1) 分析企业以往的商品企划实绩，从中吸取经验和教训，为当前的商品企划工作提供参考资料。

(2)分析企业的生产实绩,以便赋予企划工作可操作性。

(3)分析店铺营销实绩,有助于准确把握款型、色彩、材料、价格等方面的消费动向。

(4)分析卖场顾客特征,以便进一步明确目标市场,或者调整所设定的目标市场范围。来自于卖场的信息都有一个共同的特点,即以数值形式表现,能够直观地显示企业的动态发展过程。

环境分析不是一个单向的流程。在一个系统、完善的信息体系中,包含了多次交叉、融合和反馈的过程。信息分析是商品企划的前提工作,但并不是孤立存在的,而是贯穿在整个服装商品企划过程中,对企划决策起参考作用,同时又不断循环反馈以修正已有的企划决策。

四、收集情报信息

(一)信息的种类属性

可以用一个三维的坐标体系来直观反映信息的属性(图 3-20)。坐标体系中每一根坐标轴代表信息的一种分类方式。

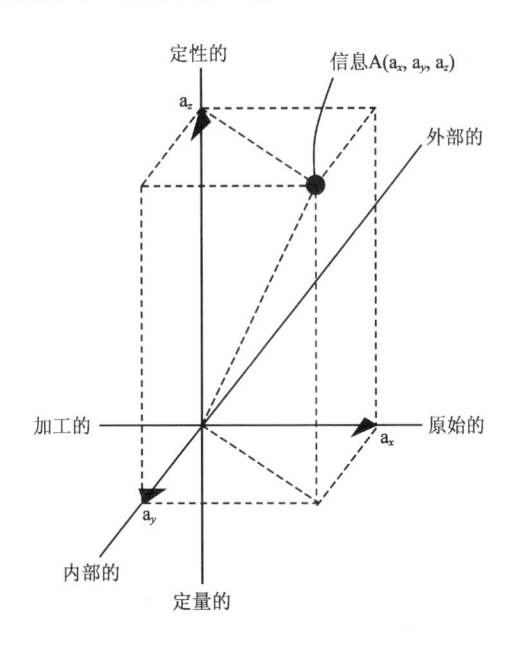

图 3-20 信息的属性

信息按获取方式的不同,有三种分类方式:

(1)按信息是否经过处理,可分成原始的信息和加工的信息,也称为一手数据资料和二手数据资料,具体内容如图 3-21 所示。

一手数据资料是指调查者通过现场观察记录取得的数据资料,又称为实际

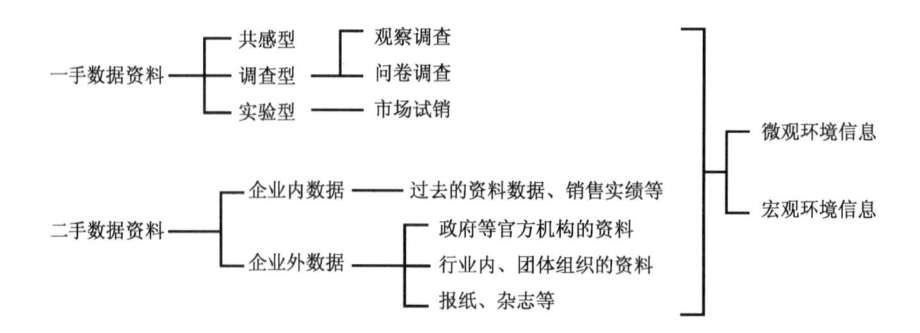

```
                    ┌ 共感型    ┌ 观察调查
    一手数据资料 ──┤ 调查型    ┤ 问卷调查
                    └ 实验型  ── 市场试销
                                                              ┌ 微观环境信息
                    ┌ 企业内数据 ── 过去的资料数据、销售实绩等  ┤
    二手数据资料 ──┤                                          └ 宏观环境信息
                    │                ┌ 政府等官方机构的资料
                    └ 企业外数据 ──┤ 行业内、团体组织的资料
                                     └ 报纸、杂志等
```

图3-21　一手数据资料和二手数据资料的范畴

调查数据资料,可分为以下三种类型:

①共感型:指调查者亲自到现场依靠自己的感觉获取各种信息,同时记录和整理对社会及消费者的感性认识。

②调查型:狭义上指实际调查,利用问卷、拍照等形式来收集与分析客观信息。

③实验型:通过将本公司的产品提供给消费者使用,以获得消费者对该产品的反馈信息。

二手数据资料分企业内数据和企业外数据两类:

①企业内数据:指本公司营销部门过去的数据资料以及实际销售业绩等。如公司实际销售额、成本浮动等数据以及关于公司产品性能、质量状况等内容的记录资料。

②企业外数据:指其他机构或调查者(如政府、团体、研究所等)编辑发布的数据资料,有时又称为经过加工处理的数据资料。其中包括与企业的经营环境相关的信息,如社会整体形势、其他公司的近况、该领域内的先进技术以及与专业领域相关的基础知识;与服装流行密切相关的信息可通过分析收集国内外的时尚杂志、国内外服饰时尚信息的专业期刊和报纸、国内外信息机构和材料生产商出版的流行情报杂志、发布会的音像资料等。

一般来说,信息收集时应首先收集二手数据资料,再进入实际调查等阶段。

(2)按信息的来源,相对企业而言可分成外部信息(外部的)和内部信息(内部的)两种。

(3)按信息的属性,可分成定性信息(定性的)和定量信息(定量的)两种。在一些场合,服装商品企划可以从感性判断上获得决策的依据和支持,但最终的决定应基于以数据为基础的理性判断。

(二)市场调查

在营销活动中,收集和分析有关市场活动的各种信息称为市场调查。狭义上市场调查多指收集一手数据资料，广义上二手数据资料的收集与分析也可以包含在市场调查之内。

市场调查是收集影响企业经营环境的信息，并进行分析、整理，服务于商品企划的一种有体系的活动。如同医生手术前实施的各种检查一样，市场调查也是在制订营销活动计划及具体实施之前，为了解经营环境的状况、创造新的市场机会而进行的各种调研活动。

对于服装企业，市场调查分消费者调查、与商品服务及零售店相关的调查、营销实态调查、相关企业的经营状况调查等类型。

围绕竞争对手品牌卖场的市场调查，是获取市场信息及竞争对手品牌信息的一个有效方式。基于卖场的市场调查的内容归纳于表3-9中。

表3-9 基于卖场的市场调查的内容

调查项目	调查内容
卖场位置	调查卖场在所处楼面的具体位置，此位置是属于该楼面的主力卖场区域还是附属卖场区域，推测该卖场可能发挥的影响和具体作用
卖场面积	利用地板砖、立柱等作为参照物，或者依据自己的步幅，推测卖场的面积，并推测采用该大小面积的目的
品牌商品形象倾向及设计特征	调查品牌名称以及主力商品的风格形象、造型、材料、色彩等，尽量具体化
商品量	计算商品的数量，以每个龙门架或货架的数量来推测整体的数量以及各种款型、色彩之间的比例，另外还要调查在整体商品数量中，主力商品所占的百分比
价格带	调查各品类的价格范围，将商品之间的平衡匹配关系用图表等形式表示
中心价格	调查价格带中以哪一种价格为中心，以及其和商品量之间的平衡匹配关系
(目标市场) 设想顾客 实际顾客	推测该卖场针对何种目标对象市场(推测其商品企划方案) 调查到卖场来的顾客是何种消费者，和商品企划方案之间有何种差异，和设想顾客之间有何种差异
(卖场构成) 销售方法 展示 营业员	调查卖场的布置、布局等卖场状况，销售方法以及是否重视销售方式等 调查器具、广告、POP、照明等的导入状况，商品陈列展示方式，装饰展示状况等 调查营业员的人数、服务态度、商品知识等

五、流行预测

(一)流行预测的过程

流行是特定时期特定群体的普遍风格。它是一种动态的集体历程，然而却以因人而异的方式，影响着个体的生活。在流行的历程中，新的风格被创造出来，然后被介绍给社会大众，并受到大众喜爱。

预测流行要解答两个主要问题：一是在不久的将来（如未来一年左右）会发生什么变化？二是在目前所发生的事件中，有哪些足以对未来造成深远影响？预测工作就是把握流行趋势。

时尚潮流从表面上看杂乱无序、纷繁复杂，对它的主流、支流难以把握，准确预测下一季的流行变化趋势非常困难。目前世界的时尚流行信息源，主要有以巴黎、纽约、米兰为代表的世界时尚中心和流行、面料信息发布机构两大类型。一方面，这些流行信息源提供的信息具有预测流行的价值；另一方面，由于消费者逐渐向高感度方向变化，追求个人时尚已渐成为一种消费方式，从这些流行信息中还可发现消费者心理、消费行为的新变化。

在世界范围内，由于经济、文化、传统等方面的各种原因，不同地域、区域会产生不同的流行时尚。商品企划除吸收国外信息外，还应基于销售地域对流行预测进行适当的调整。

随着消费者市场细分的进一步深入，服饰产业在逐渐高感度化的进程中，通过流行预测能反映出高感度消费者的时尚诉求。流行不只是信息分析的对象，更是发掘和深入把握高感度市场的一个切入口。因此，对国外流行信息不应作一成不变的翻版和复制，应将其作为解释时尚的发展趋势、寻求创意源泉的依据。综合运用时尚信息与商品企划知识，发挥每季国外信息的导向作用。为此，首先需要充分了解国内服装市场中的高感度消费层，从他们的生活文化中寻找时代特征，从他们的时尚意识中发掘审美意识的新动向，进行整理与分析，再运用到品牌的商品企划提案中。

流行时尚是反映消费者审美意识的载体，也是当前消费者所推崇的自我装扮意识的表现。由于女性审美意识的变化，流行时尚也会发生相应的变化。例如在1999年春夏，随着持续较长时间的优雅风格退潮，休闲风格卷土重来。在此之前的1996年左右，曾出现过带有一些街头青年气息的休闲风潮，市场上还出现了许多古朴怪异的装饰品，反映的是一种崇尚自由、随意、活泼的审美意识，这一潮流持续了两三个季节，使1997~1998年的市场多被这类服装所占领。在世纪之交的一段时期，上品、具有成熟女性品位、崇尚都市生活的审美意识开始抬头，强调体型美、成熟女性形象的服装受到欢迎。同时，明朗的、自由的、民族的审美意识又开始出现。这一股新休闲风显得更加贴近自然、更加民族化。类似这种变化，都是时尚潮流变化与女性审美意识共同作用的结果。审视女性审美意识的变迁，可以深入理解流行时尚的发展趋势。

在确定了时尚潮流变化趋势后，就应当抓住影响流行变化趋势的最主要因素——审美意识，再确定时尚流行元素的主题。影响流行的元素对确定品牌风格主题十分重要，应准确把握。在制订品牌下一季的风格形象战略时，这也是一项重要内容。审美意识中包含着对未来的期望,其中所隐含的新元素可能成为下一季品牌的风格形象和理念。在商品企划工作中,品牌的风格形象主题的灵感可以从流行预测所归纳的流行元素中筛选而来,通常来源于国外著名的纺织品或时装设计发布会上的信息。作为表征风格形象的关键词(分类词),有民族的(如美洲的、东方的)、历史的(如巴洛克的、20世纪50年代的)、社会现象的(如颓废的、新摇滚)等。利用这些描述语可以界定出具有特色的风格形象。

品牌风格主题是季节流行的具体表现。由于某季的时尚意识并不能被所有类型的目标消费者群体接受,因此应该针对特定的目标消费市场来运用流行元素。品牌的风格主题也应根据不同的目标市场、季节进行设定,并预测各子季节的流行要素,如颜色、材质、廓型、设计细节等,作为商品构成企划时的参考。

预测和分析时尚潮流的关键是抓住整体的主流趋势。由于近来市场的高感度化倾向,把握消费者的时尚意识和审美意识显得尤为重要。

流行预测是为了解消费者的需求而进行的。但事实上,流行时尚很多时候只能作为一种潮流来看待。在如今急速增长的高感度消费者中,单向地对时尚信息保持敏感并积极响应、再把所谓的"时装"披挂一身的现象已不多见,这并非是落后或偏离了流行潮流,而是在高感度消费者中已经滋生出新的时尚意识,这就是时尚的自我实现。对他们而言,时尚并非生活的全部,只是一种象征,高感度消费者对流行时尚的价值观以及生活方式本身也在发生变化。因此对流行不能只摄取一些表面的时尚现象,更要把握对应生活方式变化而衍生的新生活场景的潮流。过去数年间,时装被等同于生活的全部,即使省吃俭用也要穿戴喜欢的名牌的意识很强,追逐流行的女性省下基本生活费去买一套时装的情形并不少见。现在,时尚只是生活的一部分的观点得到了广泛认同;"时装如同旅游、运动等,只不过是一种兴趣爱好"的观点也开始出现。的确,如今即使将最时髦的时装穿戴于一身,也不一定能制造出与别人的不同。这也是新时代的特征。高感度消费者的自我实现方式,已经从以流行时装为手段,转向寻求生活方式的差异。消费者对于流行时尚价值认识上的变化,也促使时尚水平得以提高。因而对服装只进行特征、个性、新颖性方面的提案,已不能适应这样的形势。

为客观准确把握高感度消费者最基本的时尚要求,需要分析他们生活方式中新出现的一些生活场景。考察高感度消费者具有怎样的生活场景、憧憬怎样的生活方式,并针对典型的生活场景,在商品企划中设定与之相匹配的风格形象。这首先要求从总体上把握生活场景中的新特征,找出场合潮流的要因,再总结不同场合中的主要风格形象,并针对不同的目标市场加以分析、归纳不同风格形象主题的色彩、材质、廓型、品类。

总之,应当基于高感度市场流行时尚潮流的主流,从"流行时尚"和"生活新场合"两方面来进行流行趋势预测。

分析"流行时尚"可参考国外流行时尚信息、国内外纺织品流行趋势展以及发布会,把握流行的主流。随着 D&C 品牌的成长,国内的设计师品牌商品也陆续进入市场,国内的服装市场在整体上更加具有高感度、个性化的特征。可以通过对国内一些有影响的服装设计师的作品进行分析,为制订下一季商品企划战略提供参考。

在生活新场合预测方面,对新的生活场景按不同目标市场、不同场合、不同季节进行分析,以便做出反映消费者根本动机的流行预测。其中的关键工作是设定不同目标市场共用的分类体系,利用三种基本场合的分类标准(公事的、社交的、私人的),以场合时尚形象的形式来把握来源于当前最迫切的生活需求中的流行时尚。

(二)流行预测的评价体系

1. 流行时尚的风格分类预测

进行流行预测前,应以某种标准化的坐标体系为手段,捕捉每季可能出现的流行潮流,利用比较对照的方法分析潮流的感性。

介绍两种流行预测的风格轴,一种是时尚流行风格轴,另一种是生活场景特征轴。时尚流行感性轴用四对性能相反的八种基本形象来定义,将每一根形象轴等分为五个阶度,通过评分,可以得出某一时尚潮流或某一款式的风格形象评价图,从中可了解其风格倾向,从而推测流行的演变规律(可参考本章第四节的相关内容)。

时尚流行的变化不是一种单纯的表面变化或者外在现象,实际上与人们在日常生活中的内心诉求紧密相关。它与人其他感性方面的喜好变化有相似之处。例如从人的基本生理需求方面来看,在味觉上,人在久吃油腻食品之后,总会想吃一些清淡的蔬菜、水果等食品,在视觉上也同样需要不停地更换"口味"。同样,经常穿着职业套装的女士们也会对这种程式化的打扮久而生厌,也想穿些较富女性味的服装。类似的心理要求,反映了人们的愿望。从本质上讲,时尚就是人们很想满足的自我愿望。女性更是得天独厚地具有一种以时尚为武器来巧妙表达自己愿望的能力。"我想以这样的形式生活"——将这种愿望提升到一种理想形式的意识(审美意识),时尚潮流就是这一时期女性愿望最明确的反映。简言之,流行——女性的呼声。

归纳现代女性的形象倾向,可以得到图 3-22 所示的分类体系:①洗练型(Sophisticated)都市女性形象;②优雅型(Elegance)高品位女性形象;③浪漫型(Romantic)可爱女性形象;④民族型(Ethnic)质朴女性形象;⑤田园型(Country)

④民族型
质朴指向

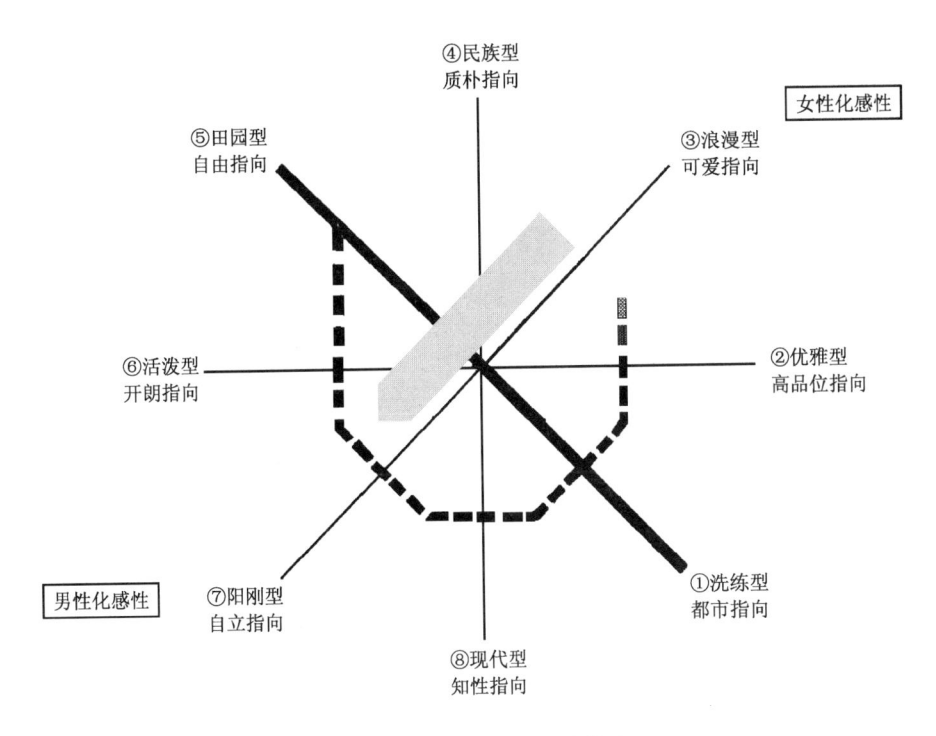

⑤田园型
自由指向

③浪漫型
可爱指向

女性化感性

⑥活泼型
开朗指向

②优雅型
高品位指向

男性化感性

⑦阳刚型
自立指向

①洗练型
都市指向

⑧现代型
知性指向

图 3-22 女性形象倾向分类体系

自由女性形象;⑥活泼型(Active)开朗女性形象;⑦阳刚型(Mannish)自立女性形象;⑧现代型(Modern)知性女性形象。图 3-23 是不同女性形象的着装风格体现的举例。

洗练型与田园型之间的较粗连线将八类感性分为左右两部分。右上部分是女性化风格形象区;左下部分是男性化风格形象区。

偏爱右上部分风格的女性,其愿望是承袭传统的上品、可爱、质朴的女性形象,具有传统的审美意识;位于左下部分的女性愿望是想成为开朗、自立、智慧的女性。

在世界范围内,总体上存在一种从图 3-22 右上方向左下方流动的大趋势。随着社会的进步,大多数女性从传统型逐渐走向现代型,以在社会上拥有自己的事业作为生活目标之一,不再单纯强调家庭女性角色,逐渐导致一种强调男性化阳刚特征的时尚发展趋向。开朗、自立、知性成为较长时期内时尚的主要潮流。根据反映女性审美意识的时尚形象演变的周期性规律,可以从整体上解读和预测流行趋势。

2. 生活新场合的分类预测

生活新场合特征的预测是一种基于服装 TPO 原则 (Time, Place, Occasion) 的分析方法,将场合分为三类:公事场合、社交场合、私人场合(图 3-24)。每一根轴等分为多个阶度值,通过评价打分,可对品牌或某一具体服装在三种场合的适

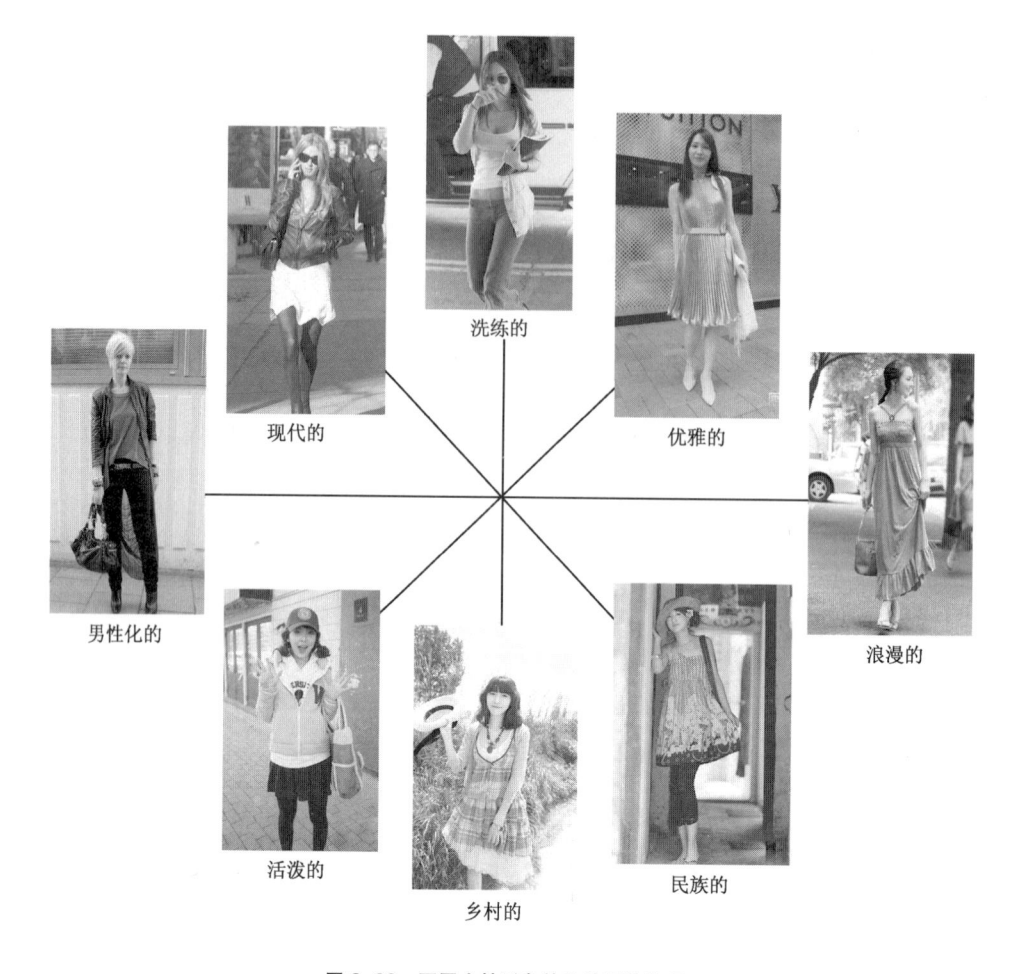

图中标注(按位置):
- 洗练的
- 现代的
- 优雅的
- 男性化的
- 浪漫的
- 活泼的
- 乡村的
- 民族的

图 3-23　不同女性形象的着装风格体现

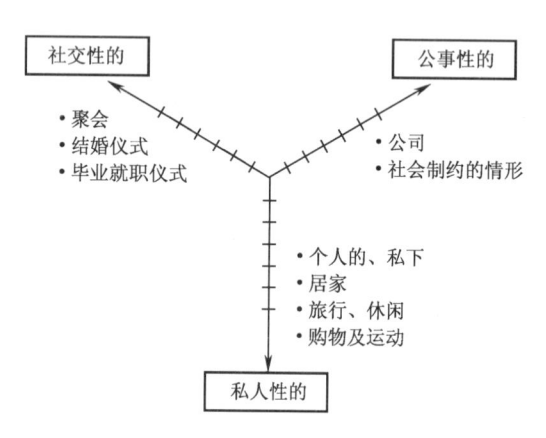

社交性的
- 聚会
- 结婚仪式
- 毕业就职仪式

公事性的
- 公司
- 社会制约的情形

私人性的
- 个人的、私下
- 居家
- 旅行、休闲
- 购物及运动

图 3-24　着装场合的分类

用度进行评价,做出定性、定量的分析。这些基本轴与时尚形象轴一样,与季节和目标顾客有着密切联系,对应每一季不同的气候和场景而具有不同的特征。例如,春夏季人们会较多出席诸如春季出游、扫墓、五一黄金周出游等私人场合;秋冬季人们参加像圣诞节、元旦、春节聚会这样的社交活动比较多。图 3-25 是不同穿着场合的着装举例。

在当今社会中,消费者也需求一些适应多种场合穿着的服装,一些服装的穿着场合界限已经不再泾渭分明(图 3-26)。因此,出现了既能在办公场合穿着(不失严肃)又能在休闲时光穿着(也不觉得太过拘谨)的服装——商务休闲装;既可在公事场合穿着又可用于社交场合的服装——商务社交装;休闲与社交场合都方便穿着的服装——休闲社交装,目前较为盛行的小礼服就属于这一类。

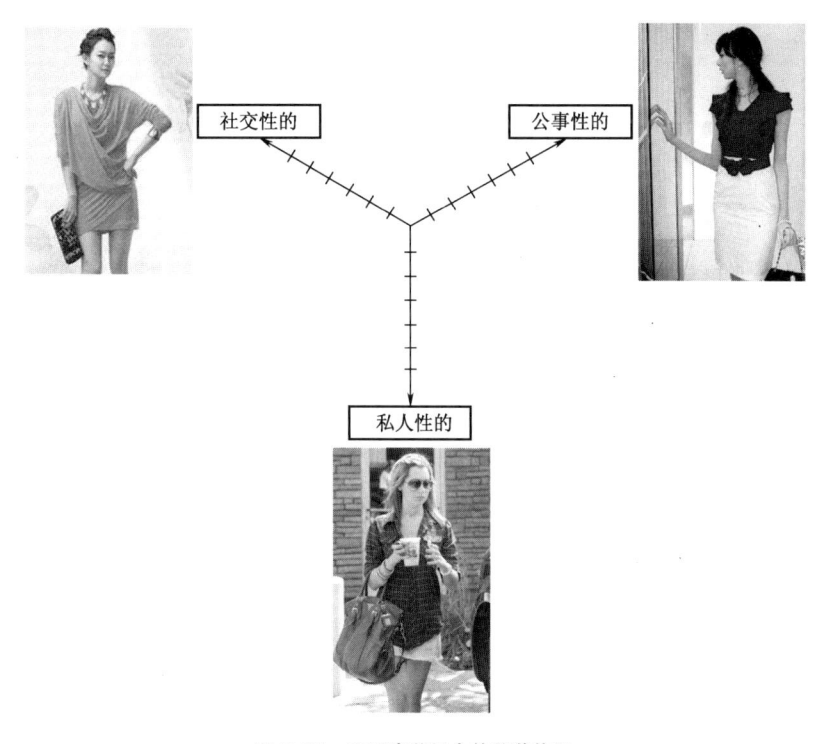

图 3-25 不同穿着场合的着装体现

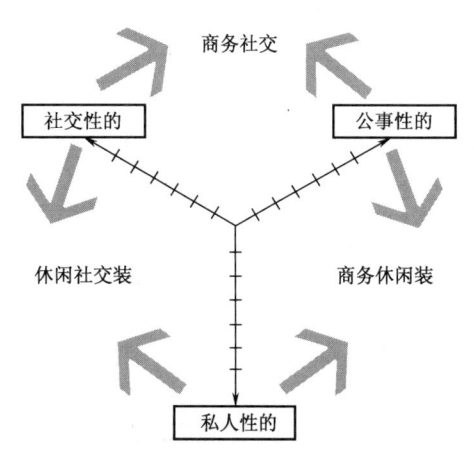

图 3-26 穿着场合的模糊

(三)流行预测的归纳整理与表达

流行趋势的预测立足整体市场，目的是要将各种结论汇总整合成可付诸执行的计划。可以七种元素对流行趋势分项进行归纳与表达。

1. 廓型

廓型即可以用几何形状或空间关系来描述服装整体外观的形状，例如三角形(A字形)、方形(盒状)、长方形(H型)。服饰品都可以用几何图形——一种最简单的形式来表征基本外观形态。

2. 面料

从面料采用的纤维、肌理及质地、轻薄厚重、图案纹样等方面来界定。

3. 色彩

色彩的表征需要既多彩多姿又准确。在描述色彩时，应该对照色卡来进行。某个色系，在每一季都可能会出现，不过色调总有变化。例如，每一季都会有红色，但既可能是大红，也可能是橘红；可能是带蓝光，也可能是带红光等。

4. 细节特征

细节特征即指需仔细检视的服装细节装饰与裁剪特征。每一季的流行服装都有富有特色的细节。如领口线、袖子、腰线、裙摆、口袋、腰带、缝迹、纽扣、垫肩、折边、蝴蝶结等，都会或多或少地有所改变。不断重复出现的特定细节如蝴蝶结若成为当季的流行焦点，便会被运用在套装、衬衫等各类服饰品中。因此，细节特征实际上就是该季流行的鲜明标志。

5. 风格形象

除了分析款型、面料、色彩及细节特征外，还应重视流行服装的整体风格形象。是"花花公子风格"、"民族风格"，还是"休闲风格"？

6. 品类

品类指流行服装中的主要种类，如衬衫、大衣、休闲服、套装等，是更流行裤装还是更流行裙装？

7. 服饰配件

服饰配件是用来修饰服装主体的饰件。主要指的是帽子、鞋子、围巾、皮带、包袋、珠宝首饰、花、皮件等。

为掌握流行趋势，应留意单一流行元素重复出现的情形——共同特征。如休闲服、套装，是否都采用亚麻？衬衫及大衣，是不是都采用某种领型？

流行趋势的预测还需从定量的角度进行，分析服装的风格形象、廓型、细节特征、面料、色彩、服饰配件等流行要素下属的各类的出现频率、所占比例等。为了能随时对数量做出最佳预测，最好能按从特定少数到一般大众的顺序，全面了解各层次的流行消费群体，评估他们对流行趋势的接受程度，并结合市场信息，掌握零售业者对流行要素认可和支持的程度。

根据流行分析的结果(图 3-27),结合自身品牌定位和目标消费者的特征,就可以对企划的商品进行预测,并导出风格主题及品类、面料、色彩、廓型等内容。

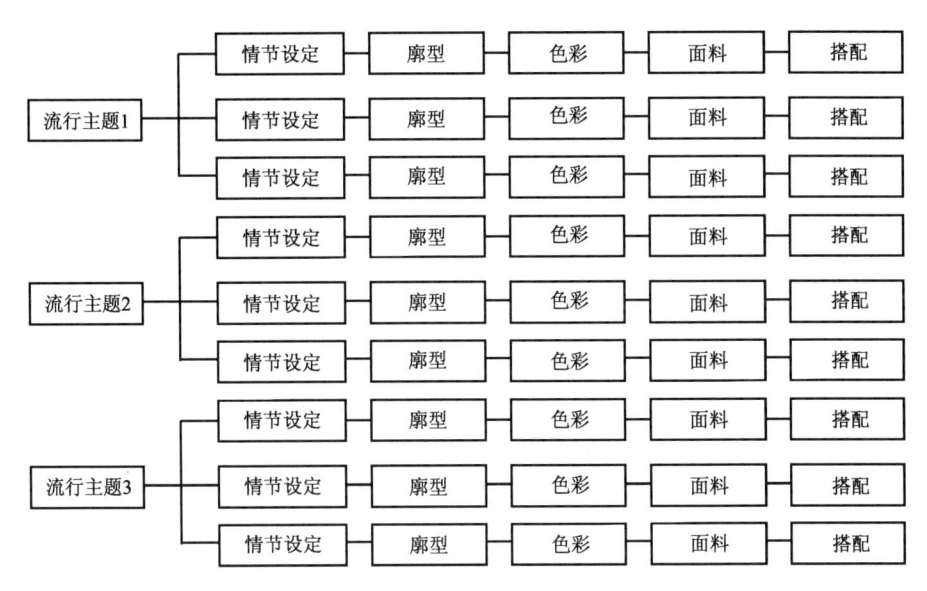

图 3-27 流行分析结果的表达

第四节　品牌理念风格的设定

理念是指概念或形象、风格,较为抽象,通常以设计师和商品企划人员的主观审美意识为基础。品牌理念风格的创立与稳定,是形成顾客对品牌忠诚度的前提,也是品牌高附加值形成的基础。品牌的理念与风格定位是服装品牌企划的核心工作,服装商品企划是对品牌理念与风格的具体表现(图 3-28)。

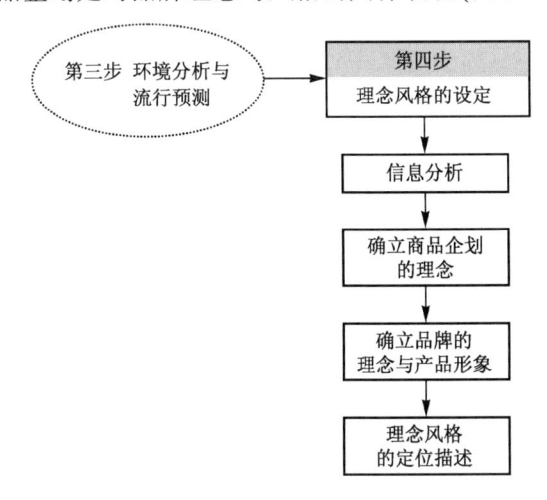

图 3-28 品牌理念风格设定的工作内容

一、品牌理念认识的现状

国内服装品牌从业者对品牌的理念缺乏应有的重视。消费者在逛完一个百货店或购物商场后，常常会发现不同名称的品牌在促销款型相同的服装；服装品牌数量虽多，但能给消费者留下鲜明印象的很少；一些服装品牌是"拼盘"，不讲求风格统一性而盲目将新潮款式拼凑堆积。这些现象说明，较之对某季的某款热销服装"剥样仿效"，服装企业对塑造品牌的理念、形象重视不够。另外，一些服装品牌的商品构成盲目跟随市场流行走，亦步亦趋，既免不了与同类品牌款型雷同，又可能是一年一风格，年年变花样。一些经营者，甚至对经营的品牌理念风格也缺乏清晰的认识。一些企业将经营理念等同于品牌理念，不能准确界定服装品牌的理念风格。

品牌理念风格作为企业理念在服装载体上的具体表现形式，可以通过品牌理念定位评价方式，进行客观合理、易于理解的定位。这既有利于塑造不同理念、风格的品牌，服务于特定的目标消费群，又有利于消费者从众多的服饰品牌中寻找合适的类型。

品牌理念风格的设定根据预期的时间长短而不同。预期未来的时段越长，品牌的理念风格就越简练，并根据具体季节的时尚潮流进行微调和延伸，使品牌理念稳定而不僵化。服装品牌的理念战略一旦确定后，就应当长期贯彻。

二、品牌理念设定的背景

一件能令高感度、个性化消费者满意的服饰商品，仅仅具备良好的品质还不够。作为服装商品，首先要使穿着者感到舒服，并具有作为服装商品的三个基本特性——功能性、实用性、经济性。高感度的服装商品不同于针对大众消费者的服装，除此之外，还需具有时尚性、时髦性等感性成分。这些感性因素在品牌运营中起着相当重要的作用。

随着社会的发展，人们对服装的要求也逐渐提高。消费者日益注重和讲究服装的整体穿着搭配效果。不仅仅需要在外穿服装上追求协调与搭配，而且发型、小饰件以及外穿服装下的内衣等，对营造整体形象的作用也不可低估。女衫、毛衣、夹克、裙装、外套等商品若只是相互孤立地企划和销售，势必会影响品牌的销售业绩，必须以创造整体形象为目的，发挥各单品相互衬托、相互增色的作用。

高感度、个性化消费者购买服装时，十分重视服装能否充分演绎自己的个性。他们往往会从服装与自己的整体形象是否相配的角度出发，感性地选购服饰用品。因此，商品企划工作中应重视了解消费者在下一季中试图趋向何种风格，或将自己打扮成何种形象，并在商品企划中具体地表现出来。

不管设计师的设计作品多么富有创意性，得到了媒体、时装界多么高的评价,若不能与该品牌针对的目标消费者的装扮形象相吻合,得不到他们的认同和选购,这种品牌在市场上将缺乏竞争力,结果往往是产品从市场上销声匿迹,所谓的"富有创意性的、天才的"设计师也很难避免昙花一现,成为匆匆过客。另一方面,也不能否定商品创意性的重要性。尤其在高感度、个性化的时代,商品具有创意性是营销成功的前提之一。在强调商品创意性的时代,如何使设计师的作品与消费者的感性在某种程度上发生碰撞并产生共鸣,同时又表现出企划人员、设计者的创意,这是服装品牌商品企划的一个关键问题。

在商品企划中必须以最终评价者——消费者的时尚形象为出发点,将他们的装扮形象加以总结和体现,设定合适的品牌理念。

三、品牌理念设定的意义

理念原本是一个抽象的术语,常指设计师在创作时的主观意识,包括设计的灵感来源、采用的花纹图案等,从色彩、面料、款式三方面予以表达。在高感度、个性化的服装商品企划中,这三个要素能否成功运用还决定于与品牌理念吻合的程度。

在服装消费市场日益成熟的背景下,如果设计服装产品之前并没有明确的设计理念来指导,就直接进入色彩、面料、款式的设计,以这种方式制成的服装很容易让穿着者弄不清"这件服装该搭配成怎样的风格形象,这件服装适于营造什么样的形象"。一件单纯意义上的服装并不能满足现代消费者的着装需求。这就表明孤立的色彩、面料、款式并无任何意义,就如流行的灰色、浅咖啡色。人们为什么会选择这些单调、温暖的色彩?并不能单纯解释为因为它们热销。这些色彩的流行是因为对于成熟女性,它们能体现出都市化的时尚形象,这才是根本原因。成熟女性穿上这种色彩的服装,能塑造一种洗练的、精干的职业女性形象,因此这类色彩的服装才被广大消费者选购。

理念的设定决定了面料、款式、色彩设定的原则。同时,也决定了商品最终以怎样的形式在零售店中面向消费者,并成为视觉企划、促销企划时的重要指南。从一定程度上讲,时尚的本质是满足人们的视觉需求,是一种传播审美意识的媒体。由于时尚的这种特性,服装商品企划中必须注重如何将这种审美意识与视觉形象以合适的方式及渠道传递给最重要的受信者——消费者;如何在形形色色的零售店中,从众多竞争对手的商品包围中脱颖而出,吸引本品牌目标顾客的注意,这一问题的解决有赖于在品牌卖场中传播明确的视觉形象。既在商品企划阶段予以贯彻和实施,同时也加强流通阶段和销售阶段的竞争优势,提高卖场的表现力和展示力。

现在,服装企业的设计开发能力都有了较大提高,以至出现了这样的状况:

即使最有经验的零售店采购员,若一件件地对服装进行单独比较,也难以辨别出不同服装商品缝制品质的优劣。这说明服装的生产加工水平已普遍上升到较高的水准,或者说是处于短时间内难以大幅度提高的阶段。因此,若要与同行业其他企业的品牌制造出差别化的特征,单纯强调或盲目追求缝纫加工品质的优良已不太可行(某些时候甚至会功能过剩),以品牌理念作为切入口是成功率较高的一个有效途径。

从消费者的角度来看,如果某品牌的商品与自己的喜好或审美意识很吻合,特征比其他品牌更加明显,并容易区分,显然消费者首先会考虑购买这种类型品牌的商品。在商品企划时应该注意提高品牌理念的说服力。品牌理念不仅对色彩、面料、款式的选择与设计有指导作用,而且在促销时也是一个很有说服力的沟通工具。

为了有效地进行商品企划,应预先明确产品的品牌理念与商品企划整体的关系,从而确立与品牌理念相吻合的商品企划理念。商品企划理念可以理解为"向哪种对象,对应何种生活场合,提供何种内容(包括功能和性能)的产品,以及企业如何运作"。理念作为一种指导思想,贯穿于商品企划的整个过程,应当用一种易于理解的方式来表达。这种考虑产品的根本观念,即形成品牌理念的方法最早出现在美国,发展至今只有短短几十年的历史。目前,已被我国的一些服装企业采用。

形成理念的作用有:①通过明确商品和企业的特点,改善企业形象;②使企业可以设定长远目标;③能提高企业的生产效率,合理安排和调配人员。

作为理念形成的基本条件,主要有三点:

1. *产品的定位*

在竞争的市场中,明确企业所要构思和企划的产品与消费者生活之间的关系。

2. *产品形式与内容的统一*

使产品的形式尽量适应消费者向往的生活方式。

3. *产品性能的分析*

对产品的性能加以分析和定位,以发挥对消费者生活的导向性作用。

四、品牌理念的细分评价体系

(一)理念、风格、形象的语言描述

品牌的理念、风格、形象等都是事物对人形成印象冲击而在精神层面上产生的共鸣和反应。传达和交流服装"理念、风格、形象"的最常用的方式是语言文字。

(二)品牌风格形象的分类

服装在发展的历史过程中,形成了很多约定俗成的或相对稳定的风格形象类型,如图3-29所示。

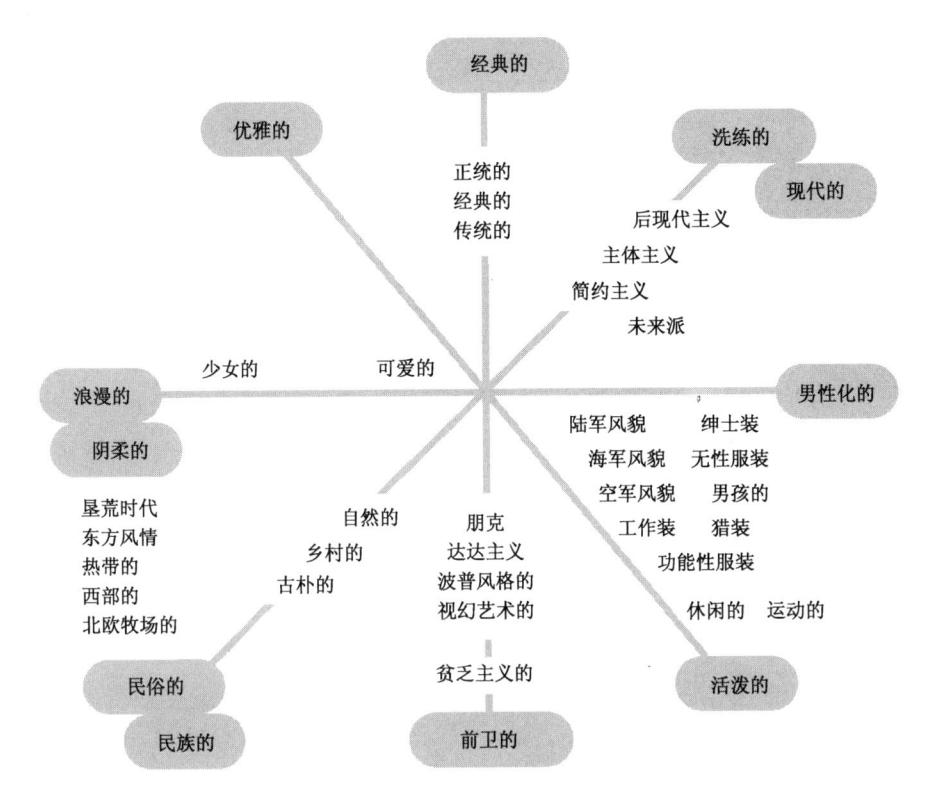

图 3-29 服装风格形象的类型

1. **前卫的**(Avant-grade)(图3-30)

前卫的风格是将波普艺术、幻觉艺术、未来派等前卫艺术以及街头艺术等作为灵感来源得到的一种奇异的服装风格。

(1)朋克(Punk)(图3-31):以20世纪70年代后半期在伦敦产生的一种以反叛旧体制的时尚运动为灵感来源的一种服装风格。通常以带有链条、穿着黑色皮革的裤子、留着怪异的发型为特征。

(2)贫乏主义(Povertism):这是一种粗野、颓废的乞丐式装扮的服装风格。通常以采用破损、碎裂的材料为特征。

(3)高科技的(Hi-Technology):主要采用有高科技技术含量的新面料,在质地、色彩、光泽等方面都具有前所未有的特色,易给人耳目一新之感。

2. **民族的、民俗的**(Folklore,Ethnic)(图3-32)

从民族服装中汲取灵感的一类服装设计风格。包含民族文化、习俗等内涵,文化气息较浓,常利用面料、图案、花纹的风格特点来表现服装的整体风格。在服

图 3-30　前卫的 　　　　　　　图 3-31　朋克 　　　　　　　图 3-32　民族的、民俗的

装的面料、色彩、图案中流露出民俗的气息、韵味，或者在款式上具有明显的民俗特征。Folklore 包括农妇风格、俄罗斯乡村风格、由 17 世纪美国开拓垦荒时代的服装演变而来的田园风格以及美国西部风格。Ethnic 是对亚洲、非洲、中东、南太平洋、南美等基督教文化圈以外的民族服装风格的总称，其中包括热带风情、东方风情等。

(1) 乡村的(Country)、自然的(Natural)：给人以随和、怡静、温馨的感觉。在快节奏和高压力下生活的都市人，渴望乡村气息、淳朴性情、自然风格。一切自然的表征——自然的色彩、天然材质面料、取材于大自然的图案纹样都给人以清新、舒适、自然的气息。这是一种不使用夸张或人工造作的设计要素，朴素而又大方的服装风格。以本白、木质、花草以及大地的色彩等自然色为特征。给人以淳朴、原始、自然、不加修饰的乡村田野感觉。

(2) 西部的(Western) (图 3-33)：以美国西部开拓时代的牛仔男孩为灵感来源的一种服装风格。以牛仔衬衫和牛仔裤及同时期的牛仔男孩帽、皮带、流苏、靴子等为代表。

(3) 热带的(Tropical) (图 3-34)：这是一种热带地域风格。在服装中常采用强烈的三原色，以从热带地域的鸟、花、椰子、树等抽象而来的图案及由贝壳等制成的饰件等为特征。

(4) 东方风情(Oriental)：以亚洲、南太平洋地区的民族风情为设计源泉。吸收印度、中国、日本、南亚的文化、习俗、传统，表现出华贵、委婉、含蓄的东方特色。

例如：在 Hanae Mori(森英惠)品牌的高级女装和成衣中，既有日本传统文化的折射，又将来自东方的影响与西方服饰理念巧妙融合和平衡。森英惠品牌以女性化、实用化为原则，成熟细腻。服装具有廓型简洁、面料华贵、手感丰满、印花鲜艳、色彩明亮的特征。

3. 浪漫的(Romantic)（图 3-35）

浪漫的风格指甜美、柔纯，如在梦中一般的女孩形象。在不同的季节推崇的女性化形象会有所变化，既有如少女般的甜美、可爱形象，也有大胆、性感的成熟女性形象。但这些形象主题的共同点都在于追求纤细、华丽、透明、摇曳生姿的效果。在服装细节设计上，通常采用碎褶、蕾丝；在配色上，采用淡雅的中间色调，柔和而精致。

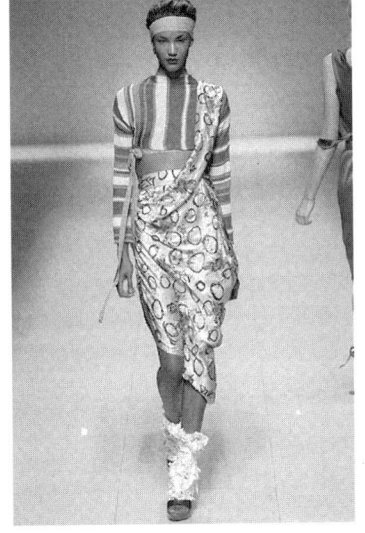

图 3-33　西部的　　　　图 3-34　热带的　　　　图 3-35　浪漫的

(1)阴柔的(Feminine)（图 3-36）：贴体的款式设计，女性特征的图案纹样，通常采用悬垂性好、柔软的面料；有时也用极薄的丝、绢类面料或蕾丝饰边式的衣裙，在隐约与朦胧间体现女性身姿，在千娇百媚中尽显女性的风情。

(2)少女的、可爱的(Lovely)：以缎带装饰、裙子抽细褶、衣饰上绲边等为惯用手法，面料多以碎花或烂花的面料为主，配以蕾丝、饰花。

例如：Dolce & Gabbana(多尔切与加巴纳)品牌是典型的意大利风格，具有热情、浪漫、风趣的内涵，同时又具有高度性感及十足的女人味。

4. 优雅的(Elegant)（图 3-37）

优雅的风格指优雅、纤细、柔滑、上品的服装风格，以体现成熟女性的洗练、端庄为宗旨。采用上等面料、披挂式款型来表现女性优美的线条；利用面料的柔

性、悬垂性自然地塑造出女性的高雅、优美、文雅。通常会在细节部分运用抽褶的形式使高雅时装更具有动感、更吸引人,以柔软的丝绸面料、雅致精巧的图案为特征。颜色多采用柔和的灰色调,配色常以同色系的色彩以及过渡色为主,较少采用对比配色。

例如:Emanuel Ungaro(伊曼纽尔·恩加罗)品牌。被国际时装界誉为"色彩魔术师"的恩加罗的服装具有万种风情:或淡雅素丽,或恬静秀丽,或娇美辉煌,或高贵绝伦。面料的美与舒适柔软性能颇受重视,精湛的打褶技艺别具风韵,艺术化地表现了女性之形体美与性感。

5. **经典的**(Classic)(图3-38)

经典的风格是被称为Orthodox、Authentic、Traditional等传统且保守的,受流行影响较少的经典服装风格。其中较具代表性的是一些常规产品,如羊毛开衫、男式女西服套装等。用色一般是经典色,如藏青或深海军蓝、酒红色、深绿色等沉稳、大方的色彩;面料以单色无图案或传统的条格类居多。

图3-36　阴柔的　　　　图3-37　优雅的　　　　图3-38　经典的

传统的(Traditional):沿袭的、英国情调的、怀旧的风格。在细节设计上常体现出20世纪20~30年代的服装特征。

6. **洗练的**(Sophisticate)、**现代的**(Modern)

洗练的、现代的风格指具有都市洗练感和现代感的风格。基本情感以洗练的知性形象为主,但又不失高雅品位、幽雅气质,具有女性特有的柔美线条并融入了女性的智慧与性感。特征是常采用无彩色或冷色系的色彩,廓型为直线条。由于受到现代艺术的影响,常使用蒙德里安绘画风格的图案。

(1)立体主义(Cubism)(图 3-39):以毕加索的绘画为灵感来源而得到的一类服装风格。特征是利用几何图案,同时造型也具有建筑感。

(2)简约主义(Minimalism):又称为最低限主义。最大限度地将服装中多余的成分去掉,由此形成的一种风格。

例如:意大利著名品牌 GUCCI(古琦)塑造出一种既时尚又端庄的形象。黑的衫、衣、裤、鞋,西装式上衣和衬衫均含有较多的简洁、干练的因素。由字母 G 构成商标的古琦品牌是"身份与财富之象征",产品奢华荣耀、精致华美、品质上乘。

7. 男性化的(Mannish)(图 3-40)

在女性服装中融入男性化服装要素的服装风格,如裤装。通过主张男性化倾向,反衬出原本未曾发现的女性魅力。在廓型上以直线条为主,品类以正装、夹克、裤子、大衣居多。通常采用独具英国绅士风格的面料,有厚重感。色彩中沉稳、安逸的深蓝或不同深度的灰色系比重大。用男装风格表现女性的妩媚。在设计细节上常采用缉明线、贴袋等手法,体现出干练、严谨、高雅的品位。

(1)绅士装(Dandy):来源于英国时髦绅士的着装打扮,具有英国绅士格调的服装风格。以黑色条纹的西服套装为代表款式。

(2)无性服装(Androgynous):Androgynous 是既具有男性特征又具有女性特征之意。这种风格主要是受到 20 世纪 70 年代后半期在美国掀起的要求男女平等、女性走入社会参加工作的文化运动影响,在 20 世纪 80 年代前半期诞生的一种时尚风格。

(3)男孩的(Boyish):少年的、顽皮的、稚拙的、率真的、傻得可爱的风格。

8. 活泼的(Active)

活泼的风格是选用功能性好的材质,对比度高的色彩,用条形或块状的简单图案表现出强烈的动感;轻松、动感、舒适、青春是最明显的风格特征。

(1)休闲的(Sportive):以运动装、工作装、制服等为理念来源,以休闲娱乐场合为设计背景的一类具有闲适、活泼感的服装风格。

(2)运动的(Active Sports)(图 3-41):以网球、高尔夫球、足球等特定的运动用服装为设计对象,逐渐形成一种健康、活泼的形象。多采用针织物、棉织物等面料,尤其重视使用功能性材料。色彩以明亮色、白色为基调,配以色彩鲜艳的条格,以大胆、抢眼的配色为特征。

例如:以针织服著称的休闲运动装品牌 Missoni(米索尼),其最重要的特征是色彩搭配上的独树一帜以及对服装制作工艺的严格要求。

(3)工作装(Working):从牛仔裤、背带裙、工装裤、工作套装等劳动着装中获得灵感,具有功能性和实用性特征的休闲类服装的风格。常采用牛仔布、斜纹布

图 3-39　立体主义　　　　　图 3-40　男性化的　　　　　图 3-41　运动的

等材料,蓝色、绿色等无性别形象倾向的颜色。在服装细部结构特征上,以采用大胆的明缝线迹、贴袋、拉链等坚固而又有功能性的部件为特征。

(三)品牌理念的细分评价体系

从前述品牌理念风格中归纳出使用频率较高、涵盖范围广、针对性强的八种类型。这八种类型品牌理念风格可以分成四组,每组包含风格迥异的两类。利用四对坐标轴(即八种基本风格类型)建立一个评价描述体系。将每一根轴等分为五个阶度值,通过评价打分,就可对品牌、服装,或流行时尚形象进行定位,做出定性、定量的分析(图3-42)。品牌理念细分评价体系的作用有以下三点:

(1)细分评价已有品牌的目标市场,帮助企业明确定位品牌理念风格。

例如,上海服装市场品牌林立,大多数品牌都走优雅休闲或洗练职业的风格路线。个性化品牌"千藤"定位于中国民族的风格,商品中运用旗袍领、盘纽等细节,形象醒目,经营有特色(图3-43)。

(2)为新品牌确立适宜的市场定位,寻找目标消费群(图3-44)。

(3)确定某一服装的主要风格倾向(图3-45)。

五、理念定位表达的步骤

(一)确定商品企划中的理念

企业遵循商品企划的基本战略确定各种理念。有了这些理念,商品企划才能够整体向前推进。

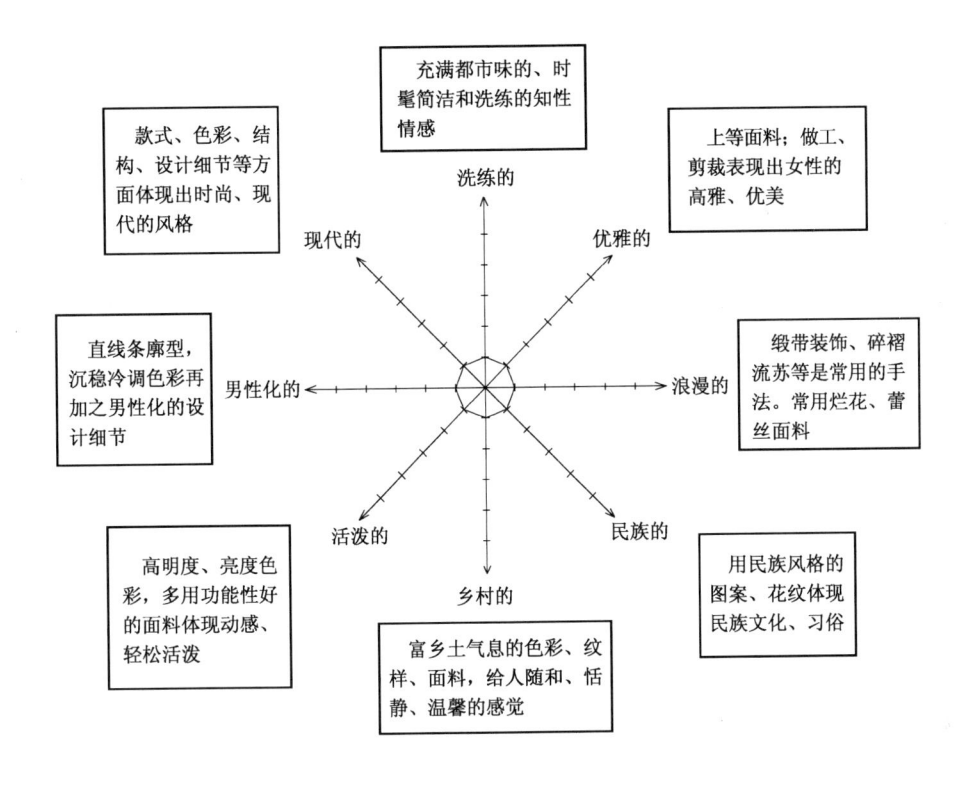

款式、色彩、结构、设计细节等方面体现出时尚、现代的风格

充满都市味的、时髦简洁和洗练的知性情感

上等面料；做工、剪裁表现出女性的高雅、优美

直线条廓型，沉稳冷调色彩再加之男性化的设计细节

缎带装饰、碎褶流苏等是常用的手法。常用烂花、蕾丝面料

高明度、亮度色彩，多用功能性好的面料体现动感、轻松活泼

富乡土气息的色彩、纹样、面料，给人随和、恬静、温馨的感觉

用民族风格的图案、花纹体现民族文化、习俗

图 3-42　品牌理念的细分评价体系

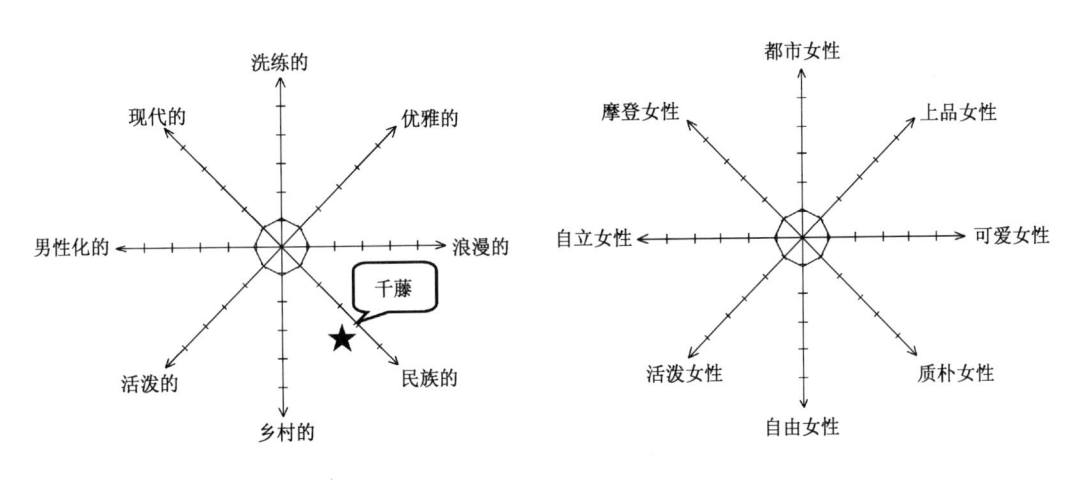

图 3-43　品牌"千藤"的理念定位

图 3-44　品牌的市场定位

(二)确定设计形象和理念

具体确定作为产品背景的产品形象和设计思想,例如,产品形象是属于冷峻的、男性化的,还是属于亲切的、女性化的,或者是有某种民族特色的。有两种确定设计形象的方法:一是不受市场上某些时尚潮流的左右,由企业或企划人员确

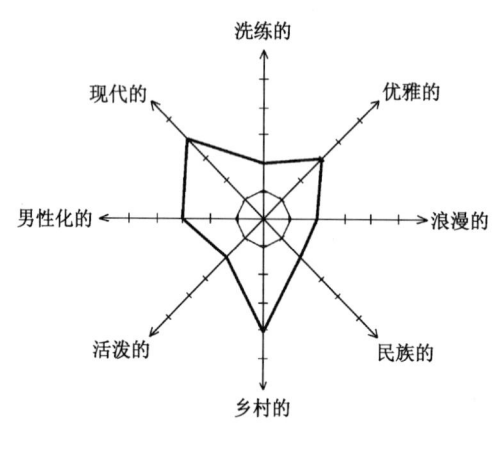

图 3-45　服装的风格倾向评价

定。这种方法有利于开拓、渗入潜在市场。二是紧随时尚潮流,通过环境分析和流行预测来确定服装要体现的形象。两种方法都要求对消费对象的特征进行抽象、归纳,再用标准化的形式表达。将流行信息预测和分析结果与企业的商品企划理念相结合,再加以筛选,绘成理念风格图(即用草图或照片等资料表现生活场景、产品形象)。

(三)根据目标消费者的生活方式和活动场合进行调整

确定目标对象的生活场合并进行分类。确保产品的特性,切合目标对象顾客的实际生活与着装习惯。

(四)用文字及图片将品牌理念表现为图表形式

用图表形式来表现理念要注意两点:一是掌握本品牌所处的环境,包括社会状况、市场情况、目标顾客的生活方式及活动场合、品牌在市场中所处的地位;二是掌握与产品性能相关的理念,包括产品组合、种类、形象、风格、廓型、色彩、面料、组合搭配效果等。

理念定位表达的步骤如图 3-46 所示。

六、品牌商品季节理念主题的设定

品牌商品季节理念主题是确定某一具体季节为品牌目标消费者推出的穿着风格,根据确定的主题在商品化过程中进行具体的搭配组合。季节分为春夏和秋冬两个主要季节,可进一步细分为春、初夏、盛夏等子季节,应根据不同的子季节来设定季节主题。如果不能明确界定品牌商品的主题风格,在随后的具体商品构成过程中,设计的焦点就会分散,导致商品缺乏统一性。

季节理念主题对主题商品、畅销商品、长销商品三类商品(参见本章第六节相关内容)的影响不尽相同。通常情况下,从两个角度设定理念主题:时尚流行的角度和场合流行的角度。主题商品类的理念主题多基于场合流行预测,并对时尚流行预测予以最大的关注。相反,对于畅销商品或长销商品来说,理念主题的设定更重视由生活新场合预测来获得提案。

当前,有些服装企业在企划畅销商品或长销商品时,采用的方式往往比较单

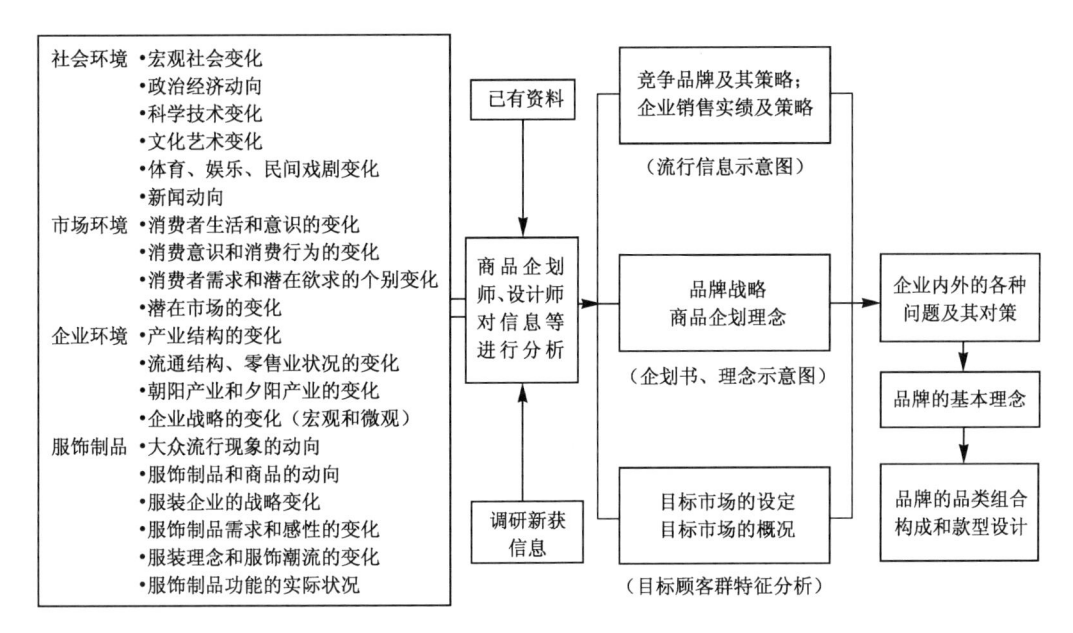

图 3-46 理念定位形成的步骤

一。如仅将上一年销售业绩较好的商品稍加改善,就直接推向市场;或因上一年的商品企划比较成功,就忽视对现状的分析与调查,继续沿用原来的方案。即使是长销商品也会随着人们的生活方式发生变化,不少企业在商品企划中无视目标消费者生活的实际变化,设定的理念与之不相适应,转而依靠低廉价格销售商品。对长销商品采用的这种策略,是导致商品差别化特征不明显,并加剧商品生产者间恶性竞争的重要原因。因此,对于长销商品的企划也应根据生活新场合分析,明确产品的使用场合,以此为基础进行相应的理念提案。

在商品季节理念设定时,除首先选择合适的表现商品理念的风格主题外,再决定服装构成三要素中的色彩策略。作为表现理念主题的主色,一般选择 8~12 种左右;而在每一类服装的使用色中,长销商品或畅销商品的主色应选择 3 种以上,主题商品的主色通常限定在 2 种以内。在这一阶段还需酝酿材料、款式等的实施原则。理念主题的设定是商品构成的前提,相同的理念也可能衍生种类丰富的商品。因此,通常先有设计主题,再考虑其他方面。若首先考虑服装具体构成,会使商品构成的范畴受到制约。

七、品牌理念的核检

品牌理念的设定是明确本品牌与其他品牌之间的不同特性,以及品牌的主题与设计风格、形象等的工作。服装品牌在消费者心目中建立的风格形象应该具有统一稳定性,商品随季节发生变化,但构成商品的最基本理念总保持前后一致性,消费者通过构成该品牌的商品设计,就能联想起品牌的名称、产生对该品牌的回忆。产品的设计是否吻合品牌的理念,可从以下一些方面判断:①在市场或企业的众多品牌中,品牌是否能被目标消费者正确识别;②基本的风格设计是否体现了品牌的理念;③产品是否具有与品牌定位一致的品质,如缝纫加工、材料质感、穿着舒适性、适体感等;④设定的价格是否适合消费者购买服装的计划开支;⑤营销渠道战略,如销售场所、销售方法等是否有利于消费者的购买;⑥在广告、促销等活动中,实施的计划是否准确表达了品牌理念;⑦品牌的理念是否随着品牌的生命周期而改变和调整。

第五节 服装总体设计

服装商品企划中服装总体设计模块是品牌价值构造阶段的开始,可将品牌的战略构成结果付诸实施(图3-47)。

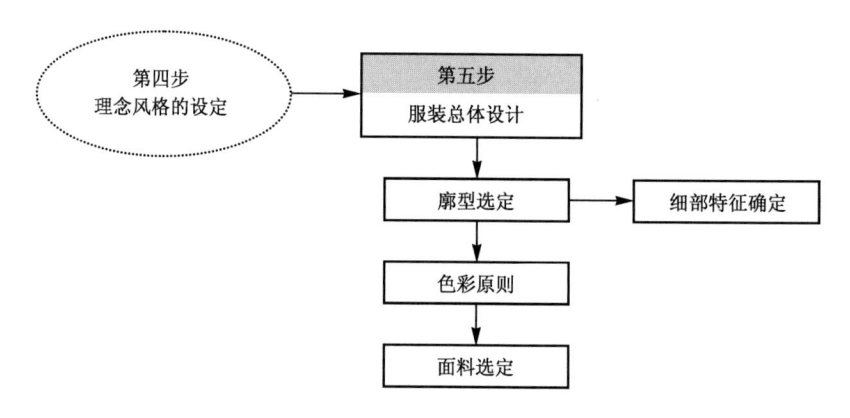

图3-47 服装总体设计的工作内容

一、服装总体设计概述

(一)总体设计与商品企划及生产之间的关系

一件成衣商品的制成涉及企划设计、生产加工以及流通销售等方面。商品企划和营销活动对一个服装品牌的创设具有突出作用。商品企划包括确定品牌的设计理念,决定新季节商品的设计主题等工作;规划整个生产过程的时间、资金、人员安排以及选用面料、生产设备、缝纫工序等。确定服装品牌的总体设计原则是商品企划的中心工作之一,生产是保证商品企划的内容得以及时准确地实施的手段,是将设计从构想转化为成品的过程。

从服装企业的角度,可用图3-48来概括服装商品从企划到设计、生产的流程。图中横向有四项任务:服装商品企划、设计、采购材料、生产(缝制);纵向划分

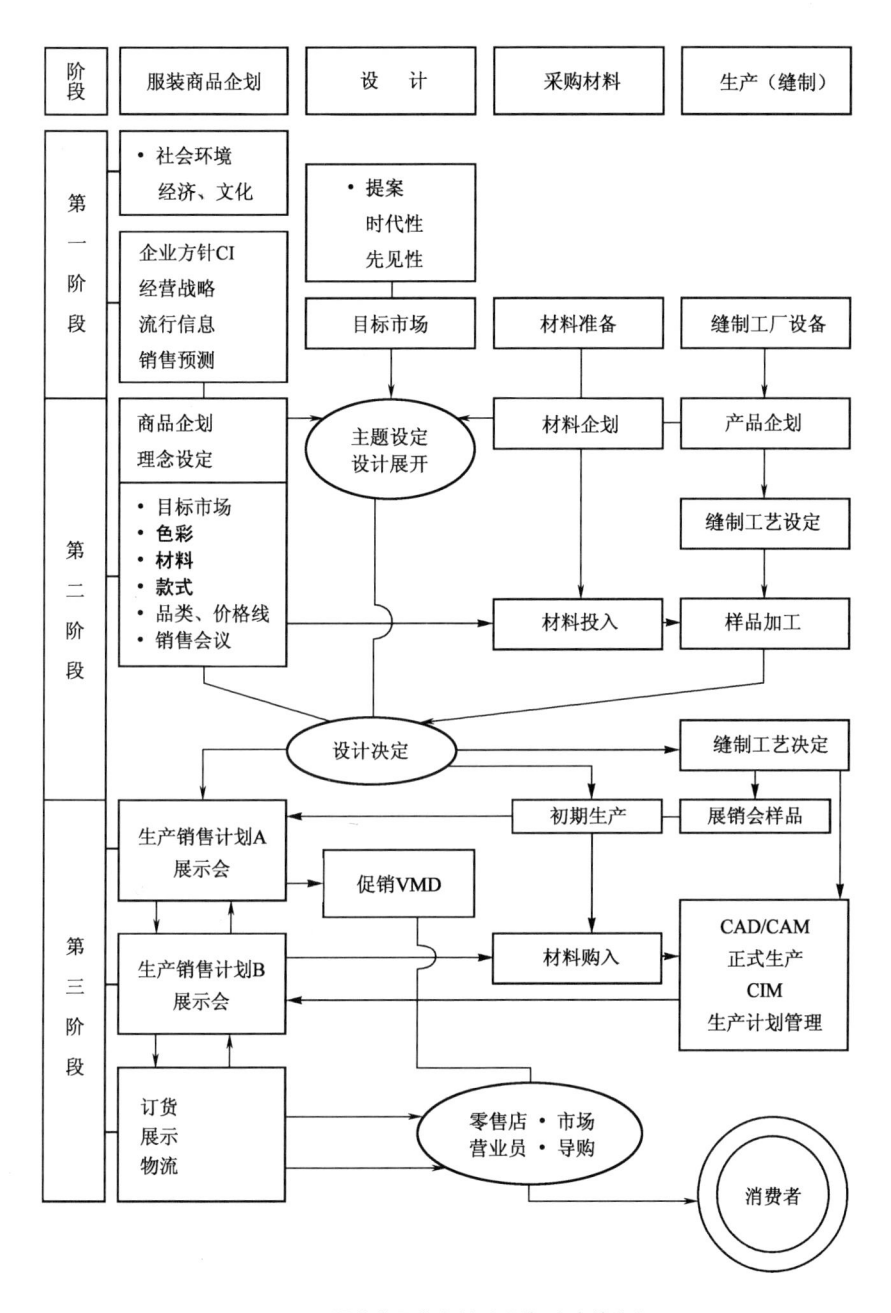

图 3-48 服装商品从企划到设计、生产的流程

为三个不同的先后实施阶段。"总体设计"工作,是该图中横向"服装商品企划"中的纵向第二个实施阶段中决定款式、色彩、材料的活动,图中用黑体字予以标示。因此,"总体设计"侧重于确定所创设的服装品牌在款式(廓型及细部结构特征)、色彩、材料方面总的原则和特征;它区别于图中横向"设计"的任务:具体设计第一阶段"商品企划"中确定的商品,用服装效果图或款式工艺图加以明确表达,并打样试制。决定"廓型及细部特征、色彩、面料"的总体设计与用

效果图来表达的具体设计之间并不对立。前者是后者的指南,后者是前者的具体实施。

(二)服装总体设计的前提

服装设计属于工业产品设计中的一类,服装品牌商品的设计过程与以艺术创作为目的的服装艺术设计不同。而且随着品牌的风格、针对的目标消费者、产品生产批量大小的不同,服装设计的过程也不尽相同。现将品牌运作过程中进行总体设计时应该考虑的内容归纳为5W、1H和2C。

1. W(Why)——服装总体设计为什么

从服装生产经营活动整体来考虑,服装总体设计的目的包括三个方面:一从消费者的角度,服装设计是为满足消费者对服装的功能性和审美性等方面的需求;二从生产商的角度,服装设计是为开拓市场、获取利润;三从服装商品企划的角度,服装设计是具体表现所确定的品牌理念。

2. W(Who)——服装总体设计为了谁

服装设计首先要确定目标对象。若是以大众消费者为目标,由于不同消费者之间存在的差异性较大,需要把目标对象分为不同的群体;若是以某一小群体作为目标,由于对象特征明显,最终设计的服装的特点也会更明确。为把握消费者的特点,一方面要知晓消费者的欲望、行为、价值观等意识形态领域的特征;另一方面也要掌握其体型、尺寸方面的特点。商品企划为创设服装品牌而进行,服装总体设计必定是针对品牌的目标顾客来实施。

3. W(When)——服装在何时穿着

服装的穿着时间从大的角度可以分为不同的时代;从小的角度可以分为季节、月、周,甚至具体到一个时间段。现代社会中人们的时间观念逐渐增强,时间的价值越来越受到重视。服装是季节性很强的商品,在服装行业里时间上的差异更易造成利润上的极大差别。例如在四季变化明显的地域市场,一般过了夏季,游泳衣就再没有销路了;过了冬季,羽绒服、滑雪衫就会成为库存。随着生活环境逐渐优越、空调设备的普遍运用,现在出现了一种称为"无季节"的装扮方式:即使在冬季,也依然穿着短裙、衬衣;在夏季穿着套装、长裤。这种新的生活方式一方面给企业带来了更多机会,另一方面也增加了商品企划的难度。当然,不受气候条件约束的消费者,着装打扮就更加随心所欲、自由自在。

服装总体设计时考虑的时间原则,因未来的一段时间的长短而不同。针对某一季节或子季节时,服装总体设计要充分体现时尚性;一个中长期的服装总体设计原则,更强调体现品牌的个性。总之,可以认为服装业就是在需要的时间向需要的人提供需要的服饰商品的产业。

4. W(Where)——服装总体设计涉及哪些地点与场合

服装中涉及的地点与场合可以分为两类:服装的生产地、流通渠道、卖场位置;消费者穿着该服装时所处的场合。

通常人们的着装会考虑TPO(时间、地点、场合)原则。尽管现代生活方式使得人们逐渐摆脱了一些固有的着装原则,但在现实生活中人们仍然追求和谐与完美,如果装扮与所处的社会背景、生活环境、场合不相协调,会有"出格"、不合时宜之嫌。例如:受到各种社会压力、生活压力影响的现代职业女性,时常希望通过亲手搭配出一身时髦的装束给自己带来一份好心情。因此,这一群体常会选购单品服装如裙子、裤子、外套、背心等,由自己来组合搭配,这样既充实了生活,又可以每天都保持焕然一新。另一方面,她们上班时争分夺秒、工作节奏快,因而要求服装不能具有太明显的场合特征,这样只需在须臾间经过自己的一番搭配,就可以得体地出现在各种场合。

品牌营销所选择的流通渠道、零售店环境位置以及相关商场布置,都会影响服装的设计及销售。选择一些具有倡导消费者穿着方式及时尚潮流功能的商场,有助于品牌的成功营销。

5. W(What)——服装设计需考虑什么内容

服装具有物性价值和审美价值,并为人而设计,因此在服装设计过程中应该考虑到热湿生理舒适性、感觉舒适性、运动舒适性和服装美观性。服装设计过程需应用服装美学、人体工程学、服装卫生学和服装结构造型等方面的知识,以提高服装的品位,增加附加价值。

例如,在设计运动装时,应该根据人体各肢体部分的活动范畴来分析服装在性能和结构方面的要求。设计内衣、游泳衣时,由于穿着场合及穿着方式特殊,在材料及结构设计方面都有特殊要求。

6. H(How)——如何运作

这一问题包括两方面:设计、生产以及销售三方面的协调统一工作;企业中包括人事、技术、生产、流通、营销等的各个机构、部门之间的协调统一工作。现代社会的服装业和很多行业紧密相关,如石油化工、高分子材料、印染行业等,在生产经营过程中应与各相关部门、行业保持良好关系。

7. C(Cost)——服装成本有多少

对制造商来说,服装成本包括材料费、制造费、交通费、技术费、营销费等。服装最终在零售商店中的售价通常少则为成本价的3~4倍,多则达到10倍以上。生产成本价与零售价之间的差距越大,说明产品的附加值越高,通常也表明该产品的档次越高。

8. C(Communication)——服装的交流功能如何

在现代社会中,服装承载着信息,通过广告、展示会、商品陈列、促销活动等

多种方式传递给消费者。消费者也通过穿着服装将兴趣爱好、社会地位、品位等展现给社会。在这一过程中,服装作为一个无声的交流载体,一方面帮助品牌通过商场展示、店面布置、橱窗设计等方式,在消费者心目中树立起良好形象;另一方面也成为消费者表达思想、展露个性的一种工具。

(三)服装总体设计系统的构成

服装设计首先要根据商品企划设定的设计理念,确定设计主题与背景,再绘出设计效果图。

图3-49所示的服装设计系统构成图,将复杂的服装设计过程简化成了易

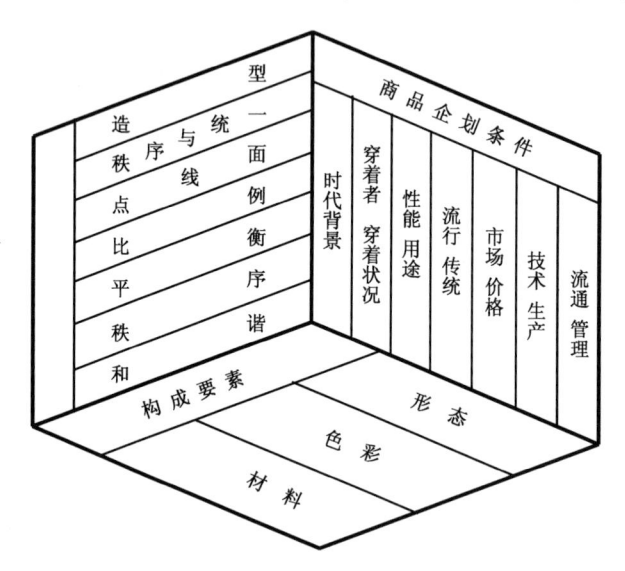

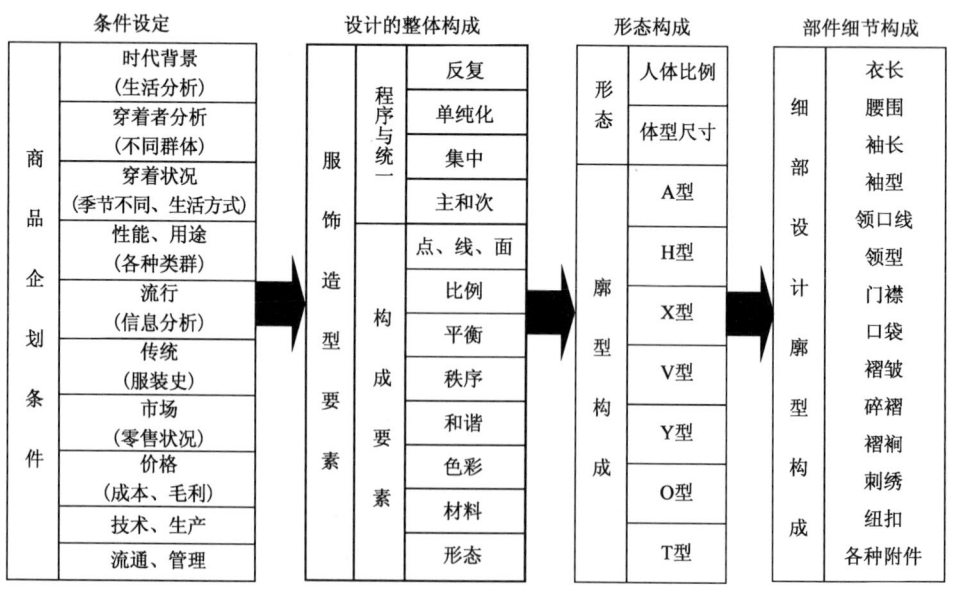

图3-49 服装设计系统构成图

于理解的形式。为制成一件服装,首先要确定廓型、选择面料、进行配色、装饰细部,其次要根据着装者的体型确定尺寸、打出样板,经过裁剪、缝制,最终熨烫加工。这是服装总体设计由理念发展到实际产品的过程。

各种形式的艺术作品能在全世界受到不同文化背景、不同语言、不同生活习惯的人们的欢迎,是由于艺术作品以一种无声的语言传达了某种能触动受众心灵的情绪。同时,不同人会产生不同的感受、得到不同的启迪。不懂鸟语的人们,却依然为婉转的鸟鸣而愉悦。服装设计也要力求打动观者的心灵,即将服装作为一个载体来表现品牌理念、企划和设计人员的情感、思想,引起人们的共鸣,从而刺激消费者的需求欲望。

服装设计人员需要具有多方面的能力:能构思酝酿新颖的设计,并通过特定的方式——时装画,将这些构想表达出来;对时尚有敏锐的洞察力,对事物有独特的审美见解。服装设计是一个从感性(印象、表象)到理性(形式、组织)逐步完善的过程,通过点、线、面的组合构造、色彩搭配、材料对比等多种手法将设计人员的个性、思想、情感与品牌理念、设计主题、时尚流行交融在一起,并淋漓尽致地表现出来。

二、廓型与细部结构设计

廓型与细部结构设计决定了服装的整体造型与结构特征。习惯用"款式"来描述服装的廓型与细部结构组合产生的造型特征。在确定好服装的整体廓型后,再审视构筑细部结构。这种由整体到局部的操作适合品牌服装的企划工作。

(一)廓型的概念与分类

1. 廓型的概念

廓型(Silhouette)一词起源于路易十五时代。一种说法是当时的财务大臣Etienne de Silhouette因大力推行极端节俭的政策,人们嗤之以鼻,很多人用勾勒漫画的方式加以嘲讽,于是这种白描的轮廓漫画就被称为 Silhouette;另一种说法是这位大臣自己有画肖像的爱好,所以将表达轮廓外形的肖像称为 Silhouette。

服装上的廓型是指服装的整体外形轮廓。它是构成服装的最重要的因素之一。从较远的距离外观察一件服装,廓型比任何细节都更早映入眼帘。服装的色彩会受到光线变化的影响,而廓型却是人们看到的服装最本质的形态。廓型是服装给人的第一印象,对传达服装总体设计的美感、风格、品位有巨大的作用。

在每一季的时装发布会中,通常都会推出新的廓型,并成为该季节流行趋势的焦点和特征;也会有一些旧廓型与其他流行元素(如颜色、设计细节等)相结合,以新的面貌重新出现,与新的廓型一样成为流行焦点。

服装中的结构线,是塑造廓型最基本的手段。决定廓型的要素有很多,其中

较为重要的有：腰围线和臀围线的上下移动位置；肩线、腰线的宽与窄及立体感的强弱；分割线或省道的形状和方向。服装材料对服装的廓型也有很大影响。值得注意的是：作为描述服装外形特征的基本要素，廓型在一定程度上取决于穿着者自身的体型和仪态。

2. 廓型的分类

近几个世纪以来，女性服装的廓型历经了不计其数的更替变化。但这些廓型总体上是由三种基本形变化得到的（图3-50）：H型——腰围是决定廓型的关键；A型——也称为钟型、膨体型；X型——以收腰为主要特征。在三种典型廓型的基础上，可以进一步细分出多种廓型（图3-51）。

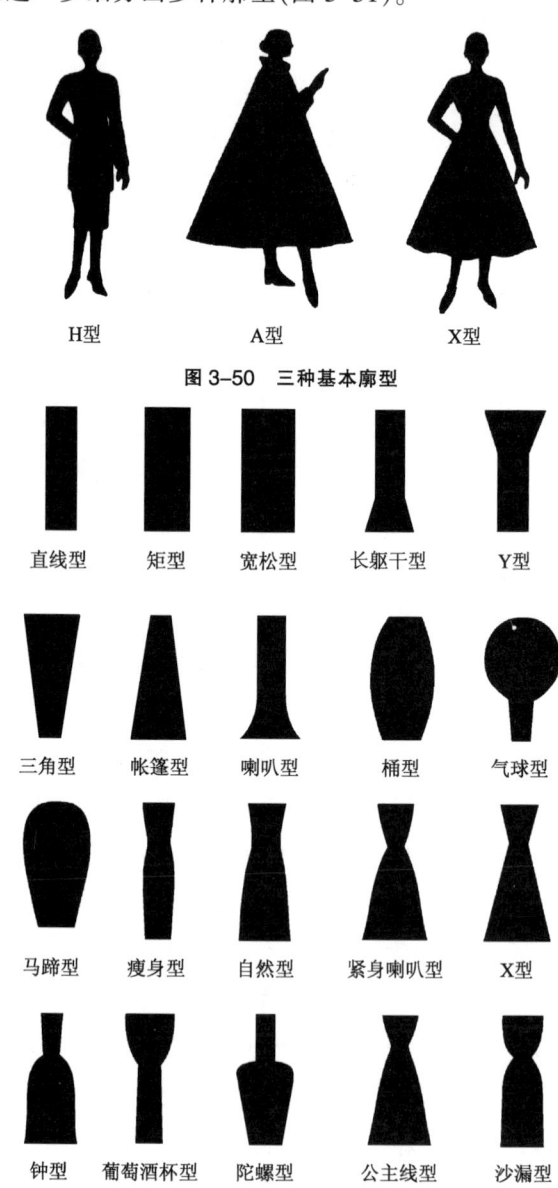

H型　　A型　　X型

图 3-50　三种基本廓型

直线型　矩型　宽松型　长躯干型　Y型

三角型　帐篷型　喇叭型　桶型　气球型

马蹄型　瘦身型　自然型　紧身喇叭型　X型

钟型　葡萄酒杯型　陀螺型　公主线型　沙漏型

图 3-51　细分的多种廓型

服装廓型是流行的一个重要元素。例如,20世纪30~40年代流行的H型,在70年代又再次出现。这种廓型的再次出现并非简单的重复,总会有些许差异。就像80年代初流行的喇叭裤和90年代中期流行的喇叭裤就不尽相同,后者具有喇叭口缩小、腰口线位置降低、直裆浅等特征。

(二)细部结构

细部结构是指为充分完善和塑造服装的廓型,在局部予以充实、协调、呼应的一些造型特征。包括服装的袖长、衣长、领型、袖型、门襟、口袋、省道、分割线、褶、褶裥等。这些细部结构通常随着季节和时尚的交替变换而改变。借助服装CAD,储存服装的细部结构、款式,设计时可直接从计算机数据库中调出各种款式进行搭配组合。

对塑造服装廓型及风格发挥有重要作用的细部结构有三类:领口线、领型和袖型(图3-52)。

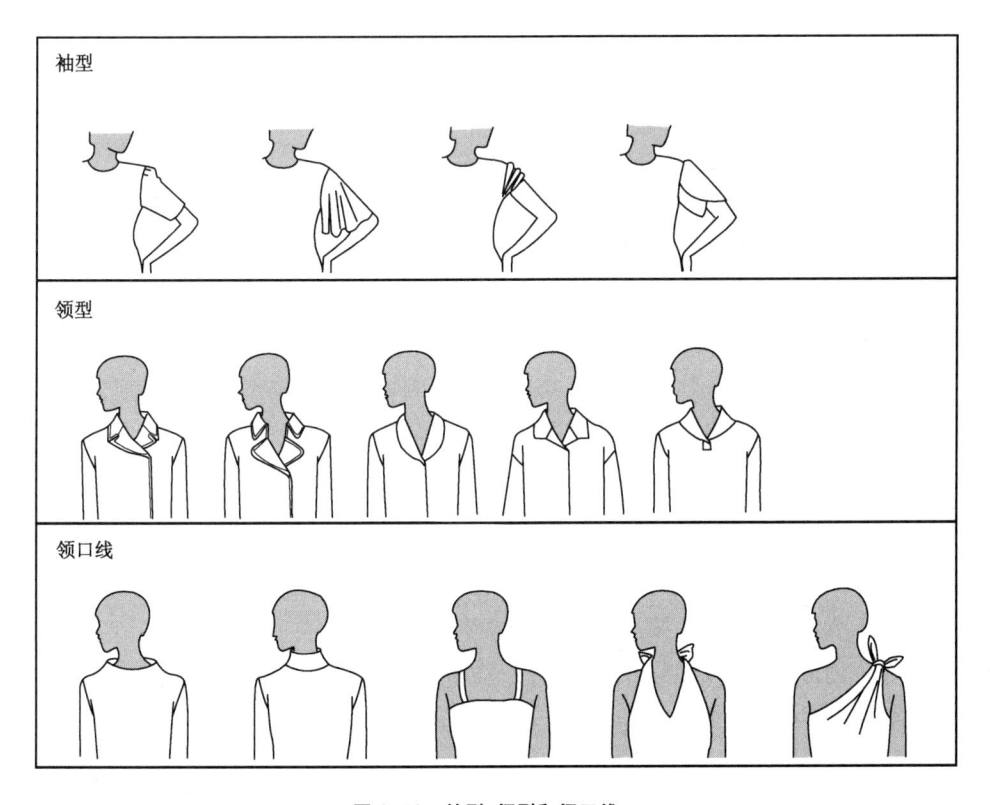

图3-52 袖型、领型和领口线

1. 领口线

领口线,也称领窝线,是围绕着颈部经过胸、肩、背形成的封闭曲线,用于塑造领型。有时也指绱领线。领口线由于靠近脸部,既能强调脸部个性,也可能暴露缺点。需根据脸型大小,颈部的粗细、长短,肩部的倾斜度和宽度等加以选择,并利用直线、曲线的特性进行合理的组合设计。另外,领口线的形式与服装穿着地域的气候也有很大关系。

2. 领型

因衣领的形状、大小和高度不同可形成不同的领型。与领口线一样,因靠近脸部而备受注目,需要从整体协调平衡的角度设计。

3. 袖型

袖子是服装中覆盖手臂的部分。根据装袖位置、大小以及袖长的不同,袖子可分为许多类型。人体的肘部和腕部在手臂活动时旋转和屈伸量很大,因而通常对袖子都有较高的功能性要求。舒适的服装要求袖子有合适的宽松量和相应的运动功能性。

袖子的造型和宽松量与服装整体的和谐是设计的重点。不同的袖型能体现出不同的风格,如泡泡袖、喇叭袖、郁金香袖等曲线造型的袖子柔和优雅,装袖和肩章袖等直线型的袖子充满了阳刚之气。

(三)廓型与细部结构的组合——如何进行服装的系列设计

服装的款式变化无穷。对款式的分析,首先要考虑廓型。服装系列设计可先选定廓型,再从细部结构等方面具体展开。

系列设计实际上是一个多种元素组合的过程,组合的要素有限,但组合的形式无限。单是选择廓型、决定腰部分割线位置、确定领口线与袖型等细部结构三次展开就能生成百万种不同组合的款式。然而,这种组合过程还要考虑服装本身特点的制约:一是所选用的组合形式符合人体的静态造型与动态活动特点;二是工艺上能够实现;三是组合形式须适应相应的材料和服装类型。

在服装系列设计中,首先要确定服装的类型,是套装、风衣、针织衫还是连衣裙等。然后进入实际的服装设计过程,例如:选定廓型→确定结构分割线→设计上身的基本款式→设计下身的基本款式→设计基础领窝→确定袖型、袖长→设计领部细节→设计袖口、腰线、口袋、裤裆等。

在系列设计中,应避免出现设计特征零乱的情况。系列服装变化的要素太多,不但难以产生设计丰富之感,消费者难以理解设计者的意图,而且工业化生产难度也较大,易造成生产上的混乱,难以实施有效的管理。

(四)工业化成衣的系列设计

由于生产方式的特点,工业化成衣的系列设计有一些独特的要求:一方面,要符合服装的 TPO 原则,由此选定不同的面料、款式和色彩;另一方面,要符合工业化生产的工艺技术要求,如西服设计应考虑西服的工艺特点,衬衫设计应遵循衬衫工艺的要求等。

工业化成衣的一个特点是服装的实用性相对较强。这使得服装局部结构的要素往往受到服装种类的制约,如夏季服装很少采用高领或长袖。

工业化生产要求服装的加工工序必须有利于生产的高效与管理。对生产商来说,一个系列的服装最好只在一个局部出现规律性的变化,如仅在长短上变化,或仅在领型上有变化。不过这样的设计虽有利于工业化生产,但变化太少容易引起消费者的厌倦,销售很难取得好成绩。因此,通常情况下变化2~3个局部细节,如装饰性分割线与袖型一起变化,这样的设计可使整个成衣系列的内容更加丰富,但会给生产加工增加一些难度。改进方法之一是减小其他部位的加工难度,缩小各类款式之间的工艺要求差距,最大限度地降低生产难度,减轻管理部门的负担,提高效率与质量。

工业化成衣设计中,利用当前流行趋势来制订总体设计原则时需要注意两点:①无论在法国举行的高级女装发布会,还是小型服装公司的新品展示会,推出的服装基本廓型都在三种以内。这已成为服装商品设计中的一个经典策略。②服装设计若要符合时代潮流,应注意本季流行信息发布会上服装的有关特征,尤其是细部结构。如:袖长为多少,是七分袖还是九分袖?袖口的大小,需精确到12cm还是16cm?纽扣数为多少,是5粒还是3粒?驳口线的位置等。如果本季流行的焦点是经典的藏青色西服,仍然会发现其某个细节必定和以往有所不同:可能是翻折领的大小、特别的纽扣,也可能是缝纫线迹等。把握流行细节的特征并适当运用是设计符合时代要求、适应市场的服装产品的关键。

三、色彩企划

色彩是服装的核心要素之一,是塑造品牌风格形象的有效手段。这里从商品企划的角度分析色彩的实际效用。商品企划的目的是通过品牌商品这一手段来吸引某一类消费者,满足他们的着装需求,最终导致既有利于商品生产商又有利于消费者的购买行为。商品企划的本质并不在于要策划生产什么样的商品,到什么地方去销售,而在于如何找到需求(或潜在需求)某种商品的消费者,并通过一系列的商品企划活动吸引这群消费者。购买行为最终是否发生,取决于商品的品质(包括对色彩的把握运用)、顾客的喜好程度、销售渠道的组织管理。是否能使消费者对该品牌商品一见钟情,很大程度上取决于服装的色彩冲击力与卖场形象。色彩企划在品牌的经营活动中发挥着至关重要的作用。

(一)时代背景——用色彩塑造生活的时代

在人们追求个性化、追求生活丰富多彩的消费背景下,突出的色彩组合能力以及相应的商品企划能力逐渐成为服装企业渗透市场、立足市场、拓展市场的一种核心竞争力。例如,对一些滞销的商品,若对其色彩进行适当的调整与改进,就能焕然一新,很可能改变或延长商品的生命周期,并再度畅销。服装营销的一个方面就是利用色彩具有的魅力,将消费者某种抽象的、朦胧的欲求形象化、具体化,激发人们的消费欲望,使品牌具有更好的市场前景。

(二)色彩体系与色彩搭配

对于服装商品企划,色彩的价值在于能促进商品销售。商品企划中的工作重点之一就是寻找能促进销售的色彩与色彩搭配。

通过利用记号化的色彩体系(如蒙塞尔色彩体系、奥斯特瓦德色彩体系),可以分析色彩以及色彩搭配的规律,并运用到色彩企划中,提高设计工作的效率。

因此,现代化的服装行业应该重视"将色彩记号化,并采用易于使用的形式"来进行系统的设计工作。在实际运用中,许多纺织、服装企业采用美国潘东公司(Pantone Inc.)开发的潘东纺织系列色卡进行色彩开发和管理。随着信息技术在服装行业中的普遍运用,运用计算机来记录、管理、设计色彩,方便、快捷、高效。

(三)服装行业中的流行色管理

1. 流行色的产生与变化

(1)流行色的产生:流行色产生的原动力是人的心理。人们在日常生活中,都会期待一些惊奇和新鲜的感受,求新求变乃人之常情。一方面,人眼若长时间接受某种色彩刺激,视觉器官会产生生理疲劳,要得以恢复、保持生理平衡,就要用其他色彩来调节;另一方面,人们目睹以前鲜见的色彩时,通常都会感到惊奇和新鲜,产生一种强烈的印象。然而,无论多美的色彩,都会屡见不鲜,难以再产生任何刺激,这是人类特有的一种心理现象。

看到夕阳西下"火烧天"的瑰丽壮观,人们会不自觉地屏息观望;在原野,偶尔看到星星点点的紫罗兰,人们会情不自禁伸手采撷。然而如果每天都看到"火烧天",或住所附近就有遍地紫罗兰,人们也许就不会为之动情。流行色的产生也就是源于人类的这种心理。

同时,现实生活中总有一部分人希望通过外表装扮上的不同之处,吸引他人注意,表现自己。多种多样的色彩自然就成为一种主要的手段。与此相对也有很多人不愿成为众人瞩目的焦点,但也不希望成为别人眼中的"古董",因而对流行色采取顺应的态度。人们的这些心理中包含了某些色彩必然流行的缘由,也暗示出人们对色彩的感情不可能一成不变。

不同人对色彩有不同的感觉,要使大众的认识趋向统一,以便于社会性的生产与发展,就需要有特定的社会机构来不断创造新的色彩形象,使这种原本属于个人需求的东西,被导入社会化的轨道,形成流行色。当然,流行色不仅仅限于服饰业,在生活中的各个方面,如室内装饰品、化妆品、日用品、汽车、建筑、机械、广告等,都可以找到流行色影响着生产、生活活动的印迹。

(2)流行色的变化:流行色与所处时期人们的生活环境、心理变化、社会经济密切相关。流行色的变化有其客观规律性。例如,在冷色调多见的时期之后,流行色就会向对立的、相反的方向转变,给人们带来新鲜感的暖色调将流行,这是色相方面的变化规律。这种变化通常以两年半或三年为周期。在明度和纯度上也存在类似的现象。若某一时期流行近于纯色的色彩,接下来便是柔和的中间色,然后向纯度低的浊色变化。

综合分析世界多数地域流行色的资料发现,流行色的整个生命周期约为七年,分为始发期、上升期、高潮期、衰退期四个阶段。其中高潮期为这种色彩的黄金销售期,通常为一年。高潮期持续的长短因色彩本身、国家、区域的不同有所差异,有时候转瞬即逝;有时候可能持续较久时间,成为一种常用色。

2. 流行色的利用

(1)常用色与流行色:有些色彩,初看没有多少印象,再仔细审视后,逐渐会在视觉上产生一定的亲和力,而且易于搭配、适合多种场合,即为常用色。比如黑、白、灰、藏青、茶色等。各个国家的不同民族都有特别钟情的常用色彩,长时间相对稳定不变。

流行色是具有某一倾向的一系列色彩,并代表一定时期的时尚形象,通常都能给人强烈的印象。品牌企划中,针对本品牌的商品群,结合当时的流行色形成的一组色彩,可作为品牌的主题色。并通过各种配色设计,构成该季节品牌商品的形象背景。

流行色与常用色是相对的。常用色可能会转换为流行色;某些流行色,经过人们的使用,也会成为较长一段时期内的常用色。

(2)如何读懂流行色色卡:世界各地的流行色预测机构,通常以色卡的形式推出成组流行色,这些色彩可以划分成三大类——时髦色彩、点缀色彩、常用色彩。

流行色预测机构推出的多组色彩中,既有能使人们产生新鲜感的——即将流行的色彩;也有人们熟悉的、有亲切感的——正在流行的色彩。这样一方面推出的色彩很容易被人们接受;另一方面,上一季流行色的物品不至于被全部淘汰,对生产商、销售商以及消费者来说都是互利双赢。

(3)利用流行色进行配色:按照流行色卡提供的色彩进行配色时,针对三类不同的商品有不同的原则:主题商品,选用正在流行的和即将流行的时髦色彩;畅销商品,主要选用正在流行的时髦色彩,加入一定量的常用色彩作为调和辅助色,增加品牌的色彩设计层次感;长销商品,主要用常用色彩,加入少量的正在流行的时髦色彩作为点缀与补充。点缀色彩在三类服装中均可运用,但用量一定要少。

(4)常用色与流行色商品的构成比例:在服装商品企划和设计中配色相当重要。饰件和小配件,由于生产量很少,通常选用比较抢眼的色彩。常用色与流行色的商品比例,若是以大众化消费者为对象,那么常用色商品占60%~70%,流行色商品只占少量。即使是时尚感很强的品牌,商品也并不是全部采用流行色。针对不同的商品,色彩的使用也不同。

3. 流行色的控制与管理

一个服装生产企业,如果获得的流行色信息不正确,或对流行色运用不当,会造成极大的损失,并可能关系到企业的生死存亡。转而依靠其他的方法来弥补企业在流行色上失误造成的损失,又容易使消费者对品牌的信赖感下降,影响品牌形象。因此,加强对流行色的控制与管理,有利于商品的企划与生产操作,并稳定价格。

对于消费者,如果新买的商品与已购买的商品能够搭配,就能带来更多更好的组合可能性。这样可以使不同消费者在服装组合搭配方面制造出更多差异性;另一方面,也增加了消费者手中原有商品的利用率。因此,对流行色进行控制与管理既丰富了人们的生活,又减少了不必要的消费。

4. 流行色的发布及权威机构

国际流行色协会(International Commission for Color in Fashion and Textiles)是世界上最有影响的色彩研究机构,每年两次发布约两年后的国际流行色。其他流行色权威发布机构还有国际纤维协会(International Fiber Association)、国际羊毛局 (International Wool Secretariat)、国际棉业协会 (International Institute for Cotton)等。

中国流行色协会是国内的流行色发布机构,每年预测、发布春夏及秋冬两季的流行色。公开发行的流行色方面的杂志有《流行色》、《中国纺织美术》等。

(四)色彩感性形象的衡量与分类

1. 色彩感性尺度

对颜色的喜好能反映出人的某种心理情感。为从感性的角度对颜色进行分类,首先应利用某些能引起人们共同感觉的语言来描述颜色,建立起颜色与感性之间的联系,再分析这些语言,区分各种颜色,形成色彩形象分类图(Color Image Scale)。运用同样的方法,可以将设计中的构思、理念、品牌形象等抽象事物赋予某种具体意义,建立一个如图3-53所示的坐标系,再将这些颜色、理念、形象定位在合适的位置上。这是一种对感性对象进行科学分析的方法。

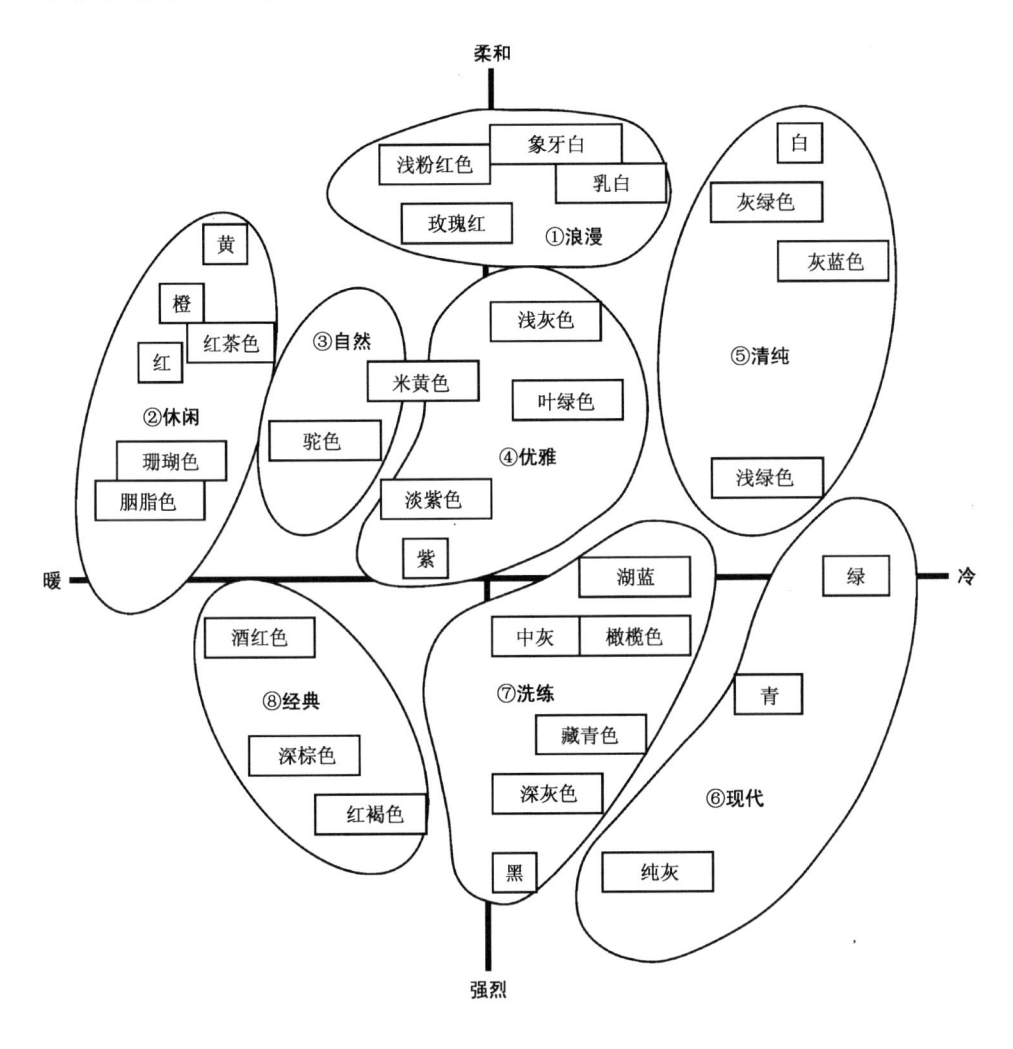

图 3-53 色彩感性分类图

2. 色彩感性与消费群体属性的关联

运用色彩形象分类图,可以在消费者的性格、生活情趣与其喜好的色彩间建立相应的联系。以下是对这种联系的大致描述:

(1)罗曼蒂克型:这一类人对少女时代的梦想难以忘怀,喜欢浪漫、甜蜜、感性的生活。在服装方面表现出钟情于含蓄的提花纹样、细致的印花图案;喜欢可爱的抽褶设计,蕾丝、饰边等小细节。在室内布艺设计方面喜欢有碎花、条纹、方格图案的棉麻制品。颜色上偏爱玫瑰色系以及淡色系、奶油色系。

(2) 休闲开朗型：这是一个喜欢运动，性格开朗、活泼、善于社交的群体，喜欢将各种面料表面肌理粗糙的服装搭配在一起。对棉麻制品情有独钟，颜色上以明亮色系为主。

(3) 崇尚自然型：崇尚自然的人们热爱自然，生活质朴、简单。一般穿着牛仔风貌的服装，喜欢自然的木质、藤编、竹编家具。喜欢以从大自然中抽象出来的花草、白云、流水、绿树的图案作为家庭布艺装饰的重点。颜色上以驼色、深灰色以及明亮色系为主。

(4) 成熟优雅型：这一群体通常是看上去比较成熟、庄重的女性，她们崇尚高雅、优美的生活，选用洗练、高品位的服装。室内装饰方面多使用棉、丝绸、刺绣等织物，以白色、淡紫色、米黄色、中性色为主。

(5) 清纯可爱型：这一群体比较年轻、充满活力、性格开朗，给人清纯、可爱的感觉。常穿着有运动感、轻快感的服装，使用表面经过涂层处理的面料，泛起微微的光泽。家庭装潢也营造轻松、活泼之感。室内软装饰材料多使用棉、麻、丝绸等织物，图案以清晰简单的花型为主。色彩较偏向于冷色调。

(6) 现代时尚型：这一类人群生活丰富多彩，对时尚事物非常敏感，注重生活层次、注重交际，选用的服装通常颜色对比强烈。室内装饰颜色单纯，常采用黑、白、灰以及冷色调，图案以黑白条纹、大理石纹样、动物图案印花居多。

(7) 职业洗练型：大多数的职业女性属于这一群体，她们喜欢独立、自由的生活，常穿着较男性化的大衣、外套。喜欢用厚重、硬挺的面料来装饰房间。图案简单，多为几何形状。颜色倾向于深色、暗色。

(8) 经典传统型：这一群体的女性做事严谨认真，生活独立但遵循社会的传统观念，对社会有自己的独到见解，很少受外界环境的影响。她们选择的服装通常外观比较普通，但对品质要求精益求精。以中性色、传统几何花纹（如菱形）为主，偏爱羊毛、丝绸服装。

除了在服装和室内设计领域进行色彩感性细分外，类似的以色彩为依据还可对整个社会生活空间分类，从而解决设计过程中的色彩搭配问题。使用这种色彩感性分类图对生活方式进行分类的方法，有助于商品企划人员对色彩的理解，找到色彩感觉不确定性的科学依据。

(五) 色彩企划的流程

色彩企划是商品企划设计活动中的一个环节，在企业运作中，色彩企划与管理也是一项重要的组织活动。结合服装总体设计的统一要求，以下简要介绍服装品牌商品色彩企划与管理的流程。

1. 收集和分析信息

根据所确定的品牌理念风格收集有关色彩的各种信息资料。色彩信息可分为对上一季不同色彩的服装销售情况的总结和流行色预测机构发布的流行色信息两类。

2. 确定色彩理念并选色

色彩企划是根据设计要求进行的兼具功能性和艺术性的活动。要求在参考流行色信息和市场信息的基础上，根据品牌的理念、目标市场的特性、材料的倾向、商品的品类等来设定色彩理念、色彩主题及进行基本配色和图表化表现。按主题理念、产品种类选定产品的具体用色，包括基调色和主题色。基调色指消费者普遍接受的、稳定而热卖的颜色；主题色指从品牌形象出发推出的颜色。运用时，应考虑两者之间的平衡，合理地将各种色彩进行组合搭配。

3. 推广色彩理念和内容

(1)面料确定——以色彩主题为依据：针对棉、麻、丝、毛、化纤等不同种类的面料以及其厚薄等，决定采用何种颜色。服装的色彩应随纤维种类(毛、麻、棉、化纤等)、纱线结构、织物组织、表面肌理、后整理工艺等的不同而变化。不同品类的产品，对应于不同的用途，色彩的应用条件也不相同。例如，在羊毛衫上使用效果很好的颜色，在裤子上就不一定适用。另外在配色上，色与色之间的分量、比重以及对比的不同也会产生不同的视觉效果。

(2)广告宣传——应用色彩主题：在品牌的广告宣传中有效运用品牌的主题色彩，发挥功用。

4. 色彩信息的记录和保存

建立品牌的色彩资料信息管理系统。随着POS系统的运用，利用计算机可对公司每日的销售情况进行信息的记录和管理。不仅将销售的数量等数据输入计算机，还应将颜色代码输入信息管理系统。尽管可以利用一些市场上销售的色卡来进行市场调查、采购、订货等，但在进行商品企划时，还要根据色彩企划要求，准备本企业(或本品牌)的色彩手册。

四、材料企划

"服装是布的雕塑"，材料是服装总体设计的三大要素之一。服装市场的成熟化与高感度趋向，使材料在塑造服装风格形象与产品差别化方面的重要性日趋突出。服装市场的激烈竞争导致一些以色彩、款式为卖点的服装容易被"剥样仿效"，这使得材料逐渐成为开发服装新品的核心要素；另一方面，不少国内服装品牌采用国外或台湾等地区的面料，材料的独特性与新颖性几乎等同于品牌的盈利性。从这种角度讲，当前的服装业正处于"材料时代"，完全不同于20世纪60年代——当时"迷你裙"风靡全球，廓型是服装商品的卖点。

服装材料涉及的范围很广,包括纤维制品、皮革制品、塑料制品和金属制品等,这里所讲的服装材料主要针对纺织品。

(一)材料企划与品牌创设

针对高感度、个性化消费者的服装品牌与针对大众市场的服装品牌,在服装材料企划、选定方面并不相同。大众化品牌多采用低成本的竞争策略,采购市场上大量供应的面料,材料无明显特征。一些高感度品牌经营企业为保证独特性与形象,避免与其他品牌雷同,往往直接与面料商联合,垄断使用或共同开发所需的新颖材料。随着高感度服装市场的逐渐形成,国内的服装材料制造商加大新型面料的开发日显迫切。

(二)材料企划的依据

服装品牌的商品企划,在材料企划时应吻合设定的品牌理念、风格形象及适合不同品类服装的要求。

在材料选定时有六项考虑要素:①适合性,与本品牌的理念、风格以及季节主题等的吻合程度;②功能性,运动功能、气候适合性、生理卫生功能、防护功能、穿着舒适性等;③经济性,适当的价格、洗涤保管的便利性、耐久性等;④造型要素,色彩、图案的表面肌理质感、风格等;⑤缝制加工要素,可缝性、褶裥成形性、立体造型性、与衬料的配伍性、熨烫的条件和温度等;⑥物流要素,物流运输、最小批量、成本、品质保障等。

(三)材料的分类

选择材料是服装商品企划和设计工作中的重要部分。商品企划人员必须具有丰富的服装材料知识,能辨别面料的纤维成分、结构、组织、性能以及产地、颜色、图案、风格,并能把握何种类型的消费群体喜爱什么样的材料;什么样的流行趋势、什么样的品牌理念需要怎样的材料来表现等。

了解材料的分类有助于把握材料运用的规律性,比较不同材料之间的差异,分析不同的消费群体对材料的需求,便于材料的管理工作。

对材料的分类可以从客观和主观两个角度进行。前者包括材料的纤维属性、纱线结构、织物组织、化学物理性能等客观特性;后者指材料对人的感性刺激,即从人的主观感受进行分析。

1. 客观角度的材料分类

面、辅料等纺织品性能按生产加工特点有四个决定要素:纤维原料种类及构成,纱线的结构与特征,织造的组织与工艺,染整后处理方法。四个要素不同形式的组合决定了产品的最终性能,它们是服装材料常用的分类依据。

(1)纤维的分类:服用原料的品种很多,如纤维、金属、橡胶、毛皮、化学品等,其中用量最多的是各种纤维原料。服用纺织纤维有很多种类,每类纤维还有许多具体品种。

(2)机织物的实用分类:机织物的分类,通常基于织物的生产和实用的角度,如图3-54中的机织物分类。

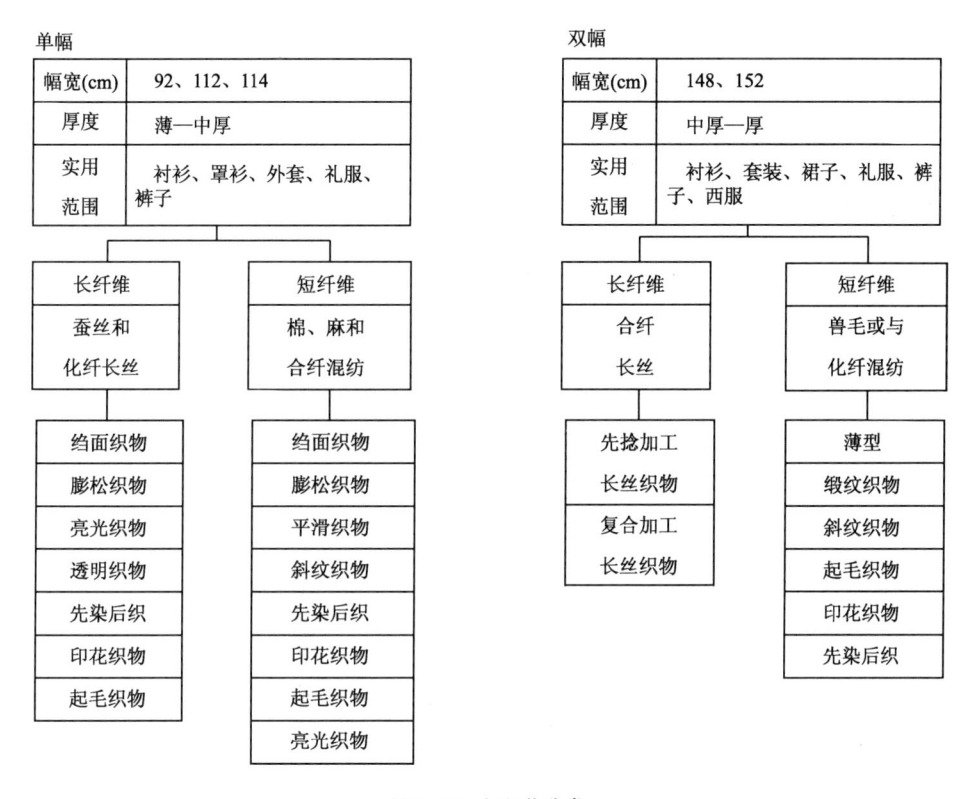

单幅

幅宽(cm)	92、112、114
厚度	薄—中厚
实用范围	衬衫、罩衫、外套、礼服、裤子

长纤维 蚕丝和化纤长丝	短纤维 棉、麻和合纤混纺
绉面织物 膨松织物 亮光织物 透明织物 先染后织 印花织物 起毛织物	绉面织物 膨松织物 平滑织物 斜纹织物 先染后织 印花织物 起毛织物 亮光织物

双幅

幅宽(cm)	148、152
厚度	中厚—厚
实用范围	衬衫、套装、裙子、礼服、裤子、西服

长纤维 合纤长丝	短纤维 兽毛或与化纤混纺
先捻加工长丝织物 复合加工长丝织物	薄型 缎纹织物 斜纹织物 起毛织物 印花织物 先染后织

图3-54 机织物分类

(3)针织物的分类:纱线被弯成线圈,按一定的规律一行行或一列列地相互串套,形成各种针织物。根据线圈的走向不同,可分为经编织物和纬编织物。根据线圈的结构形态和相互间的排列方式,可分为基本组织、变化组织和花色组织,基本组织是其他两类组织的基础。按生产流程可分为直接成形和裁剪成形两类,采用直接成形方式的通常是高级羊毛衫等;运动服、内衣等常用裁剪成形方式。针织物通常质轻柔软、伸缩性好,生产流程简单,广泛应用于夏季的T恤、童装、运动服、内衣及围巾、袜子等品类。

(4)图案的分类:服装材料图案大致上可分为色织条格、印花及织造图案等类型(表3-10)。

表 3-10 图案的分类

条 纹		块条、点条、阴影条、双线条、三线条、渐变条、人字纹
格 子		色织格、棋格、犬牙格、错格、块格、地板格
印 花	点纹	小圆点、中圆点、大圆点
	花卉图案	大花、中花、小花
	具象	动物、交通工具、建筑、太阳、月亮、星星、文字、日用品
	抽象	现代绘画、波普艺术风格、迪考艺术风格
	几何图案	圆形、三角形、波纹形、菱形
	民族图案	各民族的特色图案
其 他	织造图案	小提花图案、大提花图案

(5)后整理加工方式的分类：材料在后整理加工中通过物理或化学方法，改善材料的外观、质感以及服用性能(表3-11)。

表 3-11 后整理加工方式的分类

目 的	加工的种类	
改善风格质感	树脂整理	
	柔软整理	
改变外观特征	绉缩整理	
	定型整理	
	丝光整理	
	烂花整理	
赋予特殊的性能	防缩整理	普通防缩整理
		树脂整理
	防皱整理	
	洗可穿整理(W&W整理)	
	耐久定型整理（PP整理）	
	防水整理	
	拒水整理	
	抗静电整理	
	吸湿整理	
	防污整理	
	易去污整理	
	防蛀防霉整理	
	卫生整理	
	阻燃整理	
新型材料	静电植绒	
	涂层整理	
	镀膜整理	
	蓬松整理	

2. 主观角度的材料分类

从主观角度对服装材料进行分析评价,描述材料的风格,可用轻盈、硬挺等形容词,依靠人们的视觉、触觉来感知。不同人对相同的材料也可能得到不同的辨识结论,产生不同的印象。服装材料方面的专业人员凭借知识与经验,根据材料的各方面特征,对材料做出比较客观、准确的评价。商品企划师和设计师也应具备这方面的能力。图3-55所示说明了商品企划时应考虑的10种不同材料质感与商品企划10个条件之间的关联性。

织物风格指织物经过一定的加工处理后,表面呈现出的光泽、起毛、起绒等特殊的视觉、触觉效果。与根据原料属性、结构组织、后整理加工等客观特征对材料品种进行分类不同,从主观角度进行的材料分类的难点在于选择具体标准来定义不同材料的不同风格。世界各国采用的方法有多种,普遍运用的是美国学者提出的SD法(图3-56)。

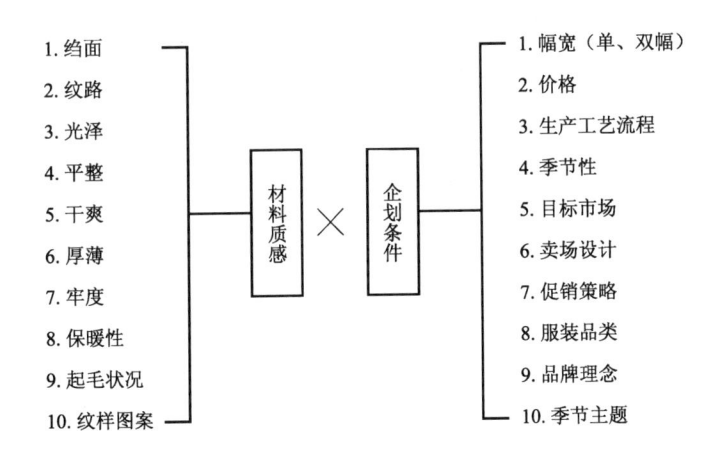

材料质感:
1. 绉面
2. 纹路
3. 光泽
4. 平整
5. 干爽
6. 厚薄
7. 牢度
8. 保暖性
9. 起毛状况
10. 纹样图案

企划条件:
1. 幅宽(单、双幅)
2. 价格
3. 生产工艺流程
4. 季节性
5. 目标市场
6. 卖场设计
7. 促销策略
8. 服装品类
9. 品牌理念
10. 季节主题

图3-55 材料质感与商品企划条件

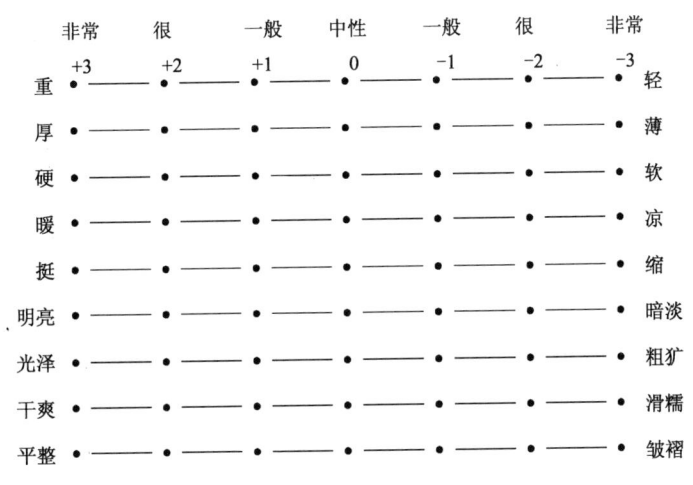

	非常 +3	很 +2	一般 +1	中性 0	一般 -1	很 -2	非常 -3	
重	•	•	•	•	•	•	•	轻
厚	•	•	•	•	•	•	•	薄
硬	•	•	•	•	•	•	•	软
暖	•	•	•	•	•	•	•	凉
挺	•	•	•	•	•	•	•	缩
明亮	•	•	•	•	•	•	•	暗淡
光泽	•	•	•	•	•	•	•	粗犷
干爽	•	•	•	•	•	•	•	滑糯
平整	•	•	•	•	•	•	•	皱褶

图3-56 SD法

SD 法(Semantic Definition,即用语义的差别来定义),译成中文是"感觉量化法"。这种方法最先运用于语言学研究中,后来逐渐被用来评价事物对人所产生的感觉刺激。具体方法是将一组反义词,如:明—暗、厚—薄、硬—软,分别放在坐标轴的两端,然后再在其间区分不同的级别。图3-57所示即为采用SD法分析的实例。

基于对材料风格进行分析定义的SD法,结合评价材料风格的8个基本要素,可建立一种直观、形象的材料风格分析方法,如图3-58所示的材料风格8轴评价体系。

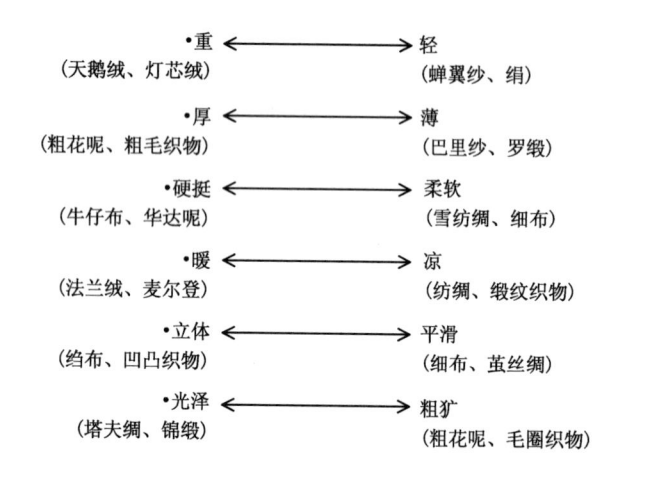

• 重(天鹅绒、灯芯绒) ←→ 轻(蝉翼纱、绢)
• 厚(粗花呢、粗毛织物) ←→ 薄(巴里纱、罗缎)
• 硬挺(牛仔布、华达呢) ←→ 柔软(雪纺绸、细布)
• 暖(法兰绒、麦尔登) ←→ 凉(纺绸、缎纹织物)
• 立体(绉布、凹凸织物) ←→ 平滑(细布、茧丝绸)
• 光泽(塔夫绸、锦缎) ←→ 粗犷(粗花呢、毛圈织物)

图 3-57 SD 法分析的实例

图 3-58 材料风格评价体系

(1)构成评价体系的8个要素:光泽(Wet);柔软(Soft);透薄(Thin);立体(Rustic);干爽(Dry);硬挺(Hard);厚实(Thick);平滑(Flat)。

(2)材料风格评价体系的构成方法:

①8个要素分别置于各坐标轴的两端,每轴两端的要素所代表的意义相反。

②将每轴的两端分别等分为5段,代表各要素5个逐渐递增的级别:5级代表非常;4级代表比较;3级代表一般;2级代表不太;1级代表一点也不。

③由于同一坐标轴两端的意义相反,因此某一受评对象不可能同时在两端所代表的项目中取得高分,否则与客观的物理性能不相符。通常情况下,同一轴两端的评价值相加等于6。

(3)材料风格评价体系的运用方法:运用上述体系分析材料的风格,可分为两个阶段:第一阶段是"全面分析",在评价体系中,将受评对象与其他不同种类的材料进行比较;第二阶段是"同类分析",将受评对象与同一种类的材料相比较。

例如:对一块棉织物进行评价,在第一阶段的分析中,将其与丝、锦缎、毛等不同材质相比,所得结果可能是光泽感不好;在第二阶段的分析中,与以棉为原料的其他织物品种相比较,测试结果为光泽感好。

采用两阶段评价模式,有两个原因:一是材料多样化,市场上出现了许多传统品种中没有的新材料,简单的分析方法已不能解决问题;二是要素多样化,消费者的细分化程度越来越高,材料细分化的程度相应加深,风格评价体系的要素在增加,而且区分每个要素的阶度也在增加。因此,有必要从上述两个阶段对织物进行全面的分析。

(4)材料风格评价8要素等级的说明:

①光泽:可用有光泽、光滑等词语来描述这种风格。这种风格的成因:一是织物组织构造引起的,如缎纹织物、天鹅绒、直贡呢;二是特殊的后整理加工工艺,如涂层化纤;三是原料本身有光泽。评价值为5分的典型品种有:平绒、蝉翼纱、塔夫绸;4分的有:纺绸、直贡呢、法兰绒;3分的有:华达呢、哔叽。

②柔软:可用柔软、悬垂性好等词语描述这种风格。其代表性材料有:仿皮毛织物、双绉、平纹细布等。评价值为5分的品种有:仿皮毛织物、棉毛布、平纹细布;4分的有:乔其纱、双绉、缎纹织物;3分的有:哔叽、直贡呢。

③透薄:常用轻薄、透明等词语描述这种风格。其代表性材料有:蝉翼纱、中国绉、纺绸、塔夫绸等。评价值为5分的品种有:纺绸、蝉翼纱、薄纱织物;4分的有:中国绉、塔夫绸;3分的有:华达呢、哔叽、直贡呢。

④立体:可用有凹凸绉面效果、有纹路等词语描述这种风格。其代表性材料有:松结构织物、网眼织物、凹凸织物等。评价值为5分的品种有:松结构织物、褶皱织物、凹凸织物、网眼织物;4分的有:卡其、灯芯绒;3分的有:华达呢、哔叽。

⑤干爽:可用清爽、粗拙等词语描述这种风格。产生这种风格的原因:一是利用纱的高捻度;二是原料自身的干爽感。其代表性材料有:乔其纱、粗麻布、粗花呢、泡泡纱等。其中乔其纱属于强捻织物。评价值为5分的品种有:乔其纱、粗麻布;4分的有:粗花呢、泡泡纱;3分的有:华达呢。

⑥硬挺:可用有骨感、硬朗等词语描述这种风格。其代表性材料有:华达呢、麦尔登、塔夫绸等。评价值为5分的品种有:牛仔布、麦尔登;4分的有:华达呢、塔夫绸;3分的有:直贡呢、哔叽。

⑦厚实:可用坚实、保暖等词语描述这种风格。产生这种风格的原因:织物的组织结构、起毛起绒、后整理加工方式。其代表性材料有:天鹅绒、麦尔登、粗花呢、起毛织物、绗缝织物等。评价值为5分的品种有:仿毛皮、绗缝织物;4分的有:麦尔登、粗花呢;3分的有:华达呢、直贡呢。

⑧平滑:可用平整、滑爽等词语描述这种风格。其有两个含义:一为织物表面光滑;二为纹路平滑。其代表性材料有:缎纹织物、塔夫绸、蝉翼纱、直贡呢、天鹅

绒等。评价值为 5 分的品种有:缎纹织物、塔夫绸;4 分的有:天鹅绒、直贡呢;3 分的有:哗叽、华达呢。

图 3-59 是对一些常用材料按风格定位的示例。

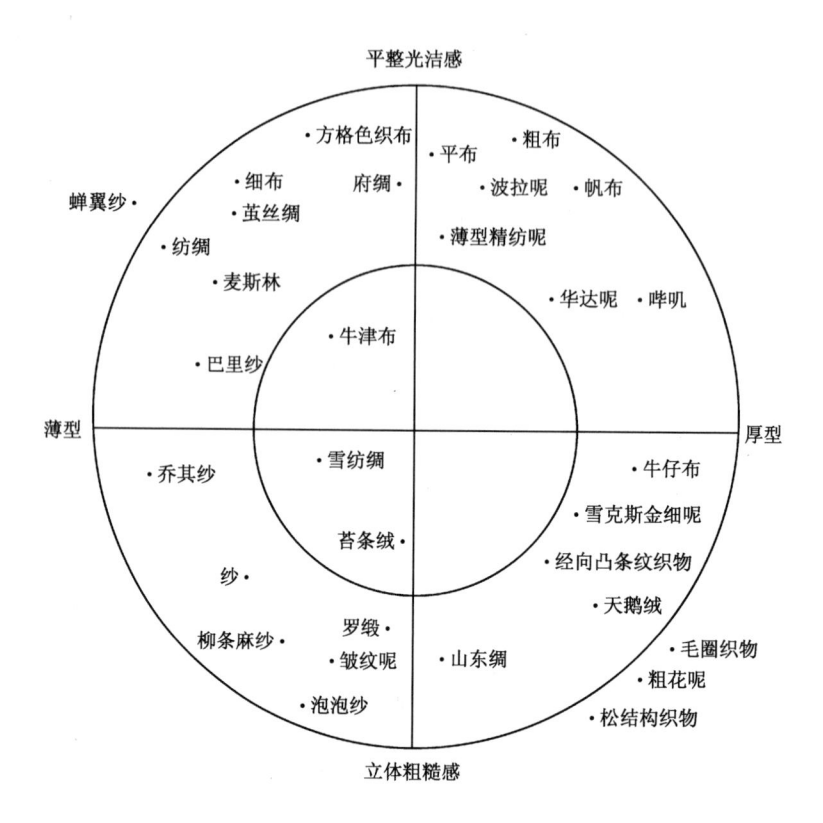

```
                    平整光洁感
              ·方格色织布    ·粗布
        ·细布   府绸   ·平布
蝉翼纱·  ·茧丝绸         ·波拉呢  ·帆布
        ·纺绸          薄型精纺呢
            ·麦斯林
                              ·华达呢  哔叽
                  ·牛津布
        ·巴里纱

薄型                                      厚型
                                    ·牛仔布
                ·雪纺绸            ·雪克斯金细呢
                                  ·经向凸条纹织物
                   苔条绒·
        ·乔其纱                     ·天鹅绒
               纱·
                                    ·毛圈织物
        柳条麻纱   罗缎              ·粗花呢
                  ·皱纹呢  ·山东绸
                  ·泡泡纱             ·松结构织物
                    立体粗糙感
```

图 3-59 常用材料按风格定位的示例

(四)服装风格与材料企划

服装材料是塑造高感度品牌风格的重要载体。不同的材料能使相同款式和相同色彩的服装体现出不同的风格。商品企划人员和设计师不应受限于已有的织物,可以开发一些原创性的面料。例如,夏奈尔采用粗花呢织物设计了具有男性化风格倾向的女装;维奥内将一种悬垂性很好的斜纹面料斜裁制成服装且波纹分布自然,合体性好;迪奥率先将华达呢应用于男性化风格特征的女式套装;三宅一生选用又黑又硬的材料,做成褶裥体现出特有的风貌,成为其服装设计风格的一个标记。

表 3-12 对各类服装的风格与材料之间的联系做了简单的总结。

1. **阴柔的**(Feminine)

阴柔的,是体现女性可爱形象和优美雅致的一类服装的风格,也称为女性化风貌。具体可分为洛可可风貌和罗曼蒂克风貌等。材料选用巴里纱、细平布、蝉翼

表 3–12 服装风格形象与材料表现

材料感	材料	阴柔的	男性化的	优雅的	运动的	现代的	经典的	前卫的	民俗的
绉面	双绉		○	○		○			
	平绉	○							
	单面绉	○							
	派力司	○							
	棉绉	○							
	流星绉	○							
	柳条麻纱	○							
	乔其纱	○		○					
	泡泡纱						○		
	绉纹呢				○				○
	绉纹针织品								
纹路	凹凸织物				○				
	细绉								
	麻纱		○						
	凸纹织物				○				
	法国斜纹布								
	罗缎	○		○		○			
	粗横棱纹织物								
	葛				○				
	罗纹织物								
光泽	纺绸	○							
	缎纹织物			○		○	○	○	
	塔夫绸			○					
	山东绸	○		○					○
	仿漆皮织物					○			
	细平布								
	斜纹软绸	○							
	细纺								
	金银锦缎			○		○	○	○	
	涂层织物					○		○	
平整	印花细布				○				○
	平布		○						○
	富士绢			○					
	绢丝纺								
	薄型精纺呢				○				○
	牛津布		○				○	○	
	波拉呢								○
	胖哔叽				○				
	双罗纹织物				○				
	纬平针织物								
	麂皮织物								
	双反面针织物				○				
干爽	粗布		○					○	
	粗帆布				○				○
	结子布								
	印度细布		○					○	
	粗麻布				○				
	板司呢				○				
	低支纱棉布								
	细帆布								

续表

材料感	材料 \ 风格形象	阴柔的	男性化的	优雅的	运动的	现代的	经典的	前卫的	民俗的
轻盈	雪纺绸	○		○					
	尼龙绸	○							
	巴里纱	○		○					
	细平布			○					
	麻纱								
	蝉翼纱	○		○				○	
	纱	○							
	罗缎	○							
	麦斯林			○					
	麦尔纱								
	薄纱罗								

纱、蕾丝、乔其纱等具有透明感、流畅感、摇曳感和悬垂性好的织物。

2. 男性化的（Mannish）

男性化的，是融入了男装的一些特征要素的女装风格的总称。例如花花公子风貌和军服式风貌等。材料选用华达呢、哔叽、克尔赛呢等质感坚实的材料和花呢、钢花呢、法兰绒、皮革、合成皮革等中厚型或厚型织物，也用细条纹、粗条纹、犬牙格、格纹等传统型色织物。

3. 优雅的（Elegant）

优雅的，这一类服装有上等高雅之感，是从旧时代贵族妇人形象发展而来的服装风格。同时也是巴黎高级女装的传统风格，融传统、典雅、情趣与华贵于一体的服装的总称。材料选用缎纹织物、塔夫绸、乔其纱、金银缎等富有光泽的薄型材料以及厚型材料中的天鹅绒、驼丝锦等高级织物，印花以浪漫和高雅风情的花纹类为主。

4. 运动的（Sporty）

运动的，主要指休闲运动（如滑雪、网球、骑马、郊游等）以及劳动工作中所穿服装的风格。强调着装的功能性和舒适性，并融入日常着装中。使用的服装材料多为牛仔布、绉条纹织物等吸湿性好的棉织物以及有一定伸缩性的羊毛针织物。图案色彩趋向明快、有趣。

5. 现代的（Modern）

现代的，也称摩登的，不仅包含最近的、时尚之意，还隐含一种合理主义、功能主义的设计思想，多指通过简洁的、类似建筑物的构造来表现机能美的一类服装。主要采用缎纹织物、斜纹布、华达呢、金属网以及一些针织物等材料。

6. 经典的（Classic）

经典的，原指古罗马时代的一种艺术。在服饰领域指那些不受流行时尚左右，长期都有一定拥护者的典型服装，而不是古旧的代名词。其代表性服装有军服式风衣、衬衫式连衣裙、素色羊毛衫、开衫等基本品类,多采用麦尔登、法兰绒、花呢等材料。图案有细条纹、苏格兰方格、人字纹等。

7. 前卫的(Avant-garde)

前卫的,原指第一次世界大战期间在欧洲各地兴起的旨在否定既存概念的新艺术运动。在服饰领域中指那些先于一般的流行并且具有独创性和奇异性设计的服装,具有发挥年轻人先导文化的作用。如20世纪60年代英国的摩登风貌(Mods Look)、美国的朋克风貌(Punk Look),70年代的幻觉艺术风貌(Psychedelic),80年代的无性别风貌(Androgynous Look)等。表现这类风格没有约定俗成的常规性材料,使用得较多的是缎纹织物、金银缎、金属织物以及皮革等能表现惊奇性和趣味性的材料。

8. 民俗的(Folklore)

民俗的,具有民间传承的意思。服装造型构成一般较为简单,材料和色彩具有朴素的、自然的倾向;或是在民间的婚丧嫁娶中所见的多色调的风格。面料多用传统棉(以及麻、毛)织物中的蓝布、紫红色的花缎、碎花织布、印花布、手工刺绣布等,图案和色调具有鲜明的特征。在具有乡野风情的织物中,既有花呢、钢花呢等具有温暖感和厚实感的品类,也有仿麂皮、仿羊羔皮等起毛织物以及合纤中的起绒、仿皮革织物等。

在服装商品企划中,针对当前的时尚流行要因或季节主题,需要选用合适的服装材料予以体现。归纳不同品类服装材料对流行主题表现的多面性有助于选择材料的工作,参见表3-13。

(五)服装品类与材料

对于常规的生活服装,不同材料适用于不同服装品类,其间存在一定的相关性。以下分析一些服装品类的常用面料,并对实际生产中经常使用的织物品种进行整理(表3-14)。

1. 冬季外套

冬季外套多采用100%的棉或毛织物,以厚型面料为主。麦尔登、花呢、绒面呢等质感厚实的面料在冬季外套中经常使用,也用仿羔羊皮、拉绒等有毛羽感的织物和耐穿、硬实的华达呢。风衣通常采用棉华达呢或与涤纶混纺的涂层面料。

2. 套装

春夏季套装一般用毛、棉、麻织物,或与涤纶混纺的织物;秋冬季用100%的毛织物,或与腈纶、锦纶混纺的织物等。以中厚、厚型面料为主,也采用法兰绒等厚型面料以及驼丝锦、斜纹花呢、粗横棱纹织物等。

表 3-13 按时尚感性形象的材料归类

材料 流行主题	毛	丝	棉	麻	合纤
洗练的 (SF)	·麦斯林、法兰绒、克尔赛呢 ·哔叽、华达呢 ·精纺织物、直贡呢、粗花呢 ·乔其纱	·双绉、罗缎、经面缎 ·纺绸、法国斜纹、平布 ·纬平针织物、哔叽、粗花呢、华达呢	·细麻布、麦斯林 ·罗缎、克尔赛呢	·平纹布、经面缎 ·绉纹呢	·双绉、罗缎、经面缎 ·细平布、粗花呢 ·华达呢、哔叽、克尔赛绒 ·凸纹布、长毛绒
优雅的 (EL)	·麦斯林、法兰绒、哔叽 ·经(纬)面缎、粗花呢、精纺毛料 ·直贡呢、答条绒 ·起毛织物、乔其纱	·双绉、罗缎、纺绸 ·山东绸 ·法国斜纹、平布、华达呢 ·哔叽、天鹅绒、粗花呢、塔夫绸	·细麻布、麦斯林 ·山东绸、罗缎 ·细布	·平纹布、纬平针织物 ·纬编织物、经面缎 ·绉纹呢	·双绉、罗缎、经面缎 ·蝉翼纱、细平布、塔夫绸 ·华达呢、哔叽 ·乔其纱、长毛绒、粗花呢 ·人造毛
浪漫的 (RM)	·罗缎、粗花呢 ·麦尔登、答条绒 ·起毛织物	·双绉、罗缎、纺绸、粗花呢 ·山东绸 ·法国斜纹、粗花呢 ·天鹅绒、蝉翼纱	·细麻布 ·蝉翼纱、山东绸、克尔赛呢 ·罗缎、细平布、绉布、灯芯绒 ·纬编针织物、灯芯绒		·双绉、罗缎、经面缎 ·蝉翼纱、罗缎呢 ·绉布、华达呢 ·长毛绒、纬平针织物、哔叽 ·华达呢、人造毛
民族的 (ES)	·华达呢、粗花呢 ·麦尔登、答条绒	·山东绸、哔叽 ·天鹅绒、泡泡纱 ·粗花呢	·细麻布、山东绸、纬平针织物 ·纬编织物、克尔赛绒、法兰绒 ·灯芯绒、绉布	·平纹布、纬平针织物 ·绉纹呢 ·松结构织物	·经面缎 ·纬编织物、长毛绒、麦尔登
乡村的 (CT)	·华达呢 ·麦斯林、哔叽	·山东绸、哔叽 ·天鹅绒、泡泡纱 ·粗花呢	·细麻布、山东绸 ·哔叽、纬平针织物、平布 ·灯芯绒、法兰绒	·平纹布、纬平针织物 ·绉纹呢 ·松结构织物	·绉布、罗缎 ·麦尔登、哔叽 ·长毛绒、人造毛
活跃的 (AC)	·纬平针织物、答条绒 ·麦尔登、华达呢	·绉布、纬平针织物 ·粗花呢	·克尔赛呢、牛仔布、泡泡纱 ·细亚麻布、蝉翼纱 ·法兰绒	·平纹织物、纬平针织物	·人造麂皮 ·双绉、罗缎 ·麦尔登、哔叽、人造毛、凸纹布 ·克尔赛绒、长毛绒、粗花呢
男性化的 (MN)	·法兰绒、麦尔登 ·哔叽、粗花呢、华达呢 ·精纺毛料、答条绒	·哔叽、华达呢 ·粗花呢	·细亚麻布、蝉翼纱 ·法兰绒	·平纹织物、经面缎	·罗缎、克尔赛呢 ·华达呢、哔叽 ·麦尔登
现代的 (MD)	·法兰绒、克尔赛呢、哔叽 ·精纺毛料、答条绒	·哔叽、华达呢 ·粗花呢	·细亚麻布、克尔赛呢	·平纹织物、经面缎 ·绉纹呢	·罗缎、克尔赛呢 ·华达呢、哔叽、凸条布 ·人造皮

表 3-14 服装材料在服装品类中的应用分析

材料感	材料\服装品类	大衣	套装	礼服	连衣裙	外套	女衬衫	休闲衬衫	羊毛衫	半身裙	裤子	睡衣	运动服	工作服	围巾等	袜子	室内装饰	里料
绸面	双绉			○	○										○			○
	平绉			○	○							○						○
	单面绉			○														
	派力司																	○
	棉绉				○							○						
	流星绉			○	○							○						
	柳条麻纱			○	○													
	乔其纱			○						○								
	泡泡纱				○			○									○	
	绉纹呢	○		○														
	绉纹针织品				○													
纹路	凹凸织物			○		○	○		○				○					
	细绉						○											
	麻纱							○										
	法国斜纹布	○	○											○				
	罗缎				○		○											
	粗横棱纹织物	○	○		○													
	葛	○	○															
	罗纹织物								○	○								
光泽	纺绸			○										○			○	
	缎纹织物			○										○				○
	塔夫绸			○			○										○	
	山东绸			○			○											
	仿漆皮织物			○		○				○								
	细平布	○		○			○	○					○					
	斜纹软绸		○	○														○
	金银锦缎			○			○			○								
平整	印花细布						○					○		○			○	○
	平织布																	
	富士绢																	
	薄型精纺呢				○		○		○	○								
	牛津布						○											
	波拉呢				○	○												
	胖哔叽				○										○			
	双罗纹织物		○				○											
	纬平针织物							○					○					
	麂皮织物												○			○	○	
	双反面针织物							○										
干爽	粗布												○	○			○	
	粗帆布	○								○				○			○	
	印度细布					○				○			○				○	
	粗麻布					○				○							○	
	板司呢						○			○								
	低支纱棉布												○				○	
	细帆布	○								○								

续表

材料感	材料 \ 服装品类	大衣	套装	礼服	连衣裙	外套	女衬衫	休闲衬衫	羊毛衫	半身裙	裤子	睡衣	运动服	工作服	围巾等	袜子	室内装饰	里料
轻盈	雪纺绸			○			○								○		○	
	巴里纱				○		○	○									○	
	细平布						○	○									○	
	蝉翼纱			○			○					○			○		○	
	纱			○													○	
	罗缎														○			
	麦斯林						○											
	薄纱罗			○														
	经纬编织物						○				○					○	○	○
厚实	牛仔布	○					○		○		○			○				
	劳动布													○				
	哔叽	○			○					○	○							
	华达呢	○	○		○					○	○							
	克尔赛呢	○			○					○								
	假罗纹组织		○															
	罗纹空气层针织物																	
保暖	花呢	○			○					○								
	钢花呢	○			○													
	多尼盖尔粗花呢	○	○		○					○								
	切维奥特粗纺花呢	○			○													
	棉法兰绒	○			○													
	毛法兰绒	○										○						
	麦尔登	○																
	双反面针织物								○									
起毛组织	天鹅绒	○	○													○		
	平绒	○	○	○												○		
	灯芯绒				○						○		○			○		
	仿羔羊皮织物	○																
	丝平绒			○														
	驼丝锦	○	○															
	仿麂皮绒织物	○	○		○					○						○		
	仿羔羊呢		○															
	毛圈织物											○	○			○		
	起绒针织物	○																
图案与纹样	鲨鱼纹	○	○							○				○				
	双色色织条格				○		○	○			○						○	
	多色色织条格																	
	窗格																	
	格纹格子呢		○		○					○		○			○			
	犬牙格		○							○					○			
	人字形格纹	○	○		○													
	条纹		○															
	印花				○													
	波纹织物																○	
	小提花织物			○	○	○											○	
	花缎			○														
	蕾丝			○												○	○	
	提花织物			○	○				○								○	
	拉舍尔织物															○	○	

3. 礼服

几乎所有品类的面料都可用于礼服,但多用蚕丝、合纤等长丝纤维织物。以中薄、中厚型面料为主,也采用蝉翼纱、府绸等薄型面料,或乔其纱、双绉一类的绉面织物以及有光泽感的山东绸、缎面织物等。

4. 连衣裙

夏季的连衣裙以棉、棉涤混纺织物为主,冬季以毛织物居多。以薄、中厚型面料为主,采用巴里纱等薄型面料,以及棉绉等表面起绉的织物。面料图案通常为提花。

5. 休闲外套

羊毛类休闲外套以花呢为主,棉类以华达呢、哔叽为主,以及涤纶与棉或毛混纺、涤纶与麻混纺的面料。多采用中厚型织物,花呢、华达呢及灯芯绒、平绒等厚实面料也有使用。

6. 女衬衫

女衬衫多采用纯涤、纯棉或涤棉混纺织物,以及粘纤(粘胶纤维)织物、麻织物等。在高档品中,常采用100%绢。以薄、中厚型为主,如巴里纱、雪纺绸等薄型面料,以及双绉等有绉感的织物,表面有光泽的塔夫绸、缎等。

7. 衬衫

衬衫多采用针织物,纯棉及棉涤混纺织物。以薄、中厚型为主,如牛津布、细布等。图案通常为格纹、条纹。

8. 毛衫

毛衫材料以羊毛、腈纶为主,冬季毛衫常用纯羊毛,或马海毛、安哥拉毛与腈纶、锦纶、粘胶纤维混纺材料;春夏季纯棉和麻应用比较普遍,也有采用混纺腈纶、粘纤、锦纶材料的。以中厚、厚型居多,通常用纬平针基本组织。

9. 裙装

裙装以采用混纺面料居多,以中薄、厚型为主,如哔叽、华达呢等厚实、耐穿的面料以及花呢、法兰绒等保暖性较好的织物。图案为格纹或直接采用格子呢。

10. 裤装

裤装多选用纯棉、全毛织物,或涤、腈混纺织物,以中厚、厚型为主,如厚实耐穿的牛仔布、哔叽,保暖性能好的法兰绒、花呢及弹性面料等。图案常为千鸟格纹。

11. 睡衣

睡衣面料以棉、涤织物为主,以薄、中厚型居多。夏天常用绉织物、细棉布等薄型材料;冬季常用法兰绒等中厚型起毛织物,也采用一些纬编织物。

12. 运动服

运动服多选用纯棉、涤棉混纺、锦纶和氨纶混纺等面料,以中厚、厚型为主,如牛仔布、哔叽等质地厚实的机织物及各类针织物。

13. 工作服

工作服常用纯棉、涤棉混纺织物制作，以中厚型面料为主，多用劳动布、哔叽等质地坚牢的材料。通常需经过防污、抗静电等后整理加工。

14. 围巾

围巾材料以全棉、毛、丝、涤为主，多用薄、厚型面料，如雪纺绸、巴里纱、细布等薄型材料及塔夫绸、缎等有光泽的品种。图案选用花卉、格纹等。

15. 袜子

春夏季的袜子以采用棉、麻、锦纶原料为主，秋冬季多用羊毛与腈纶或锦纶混纺的原料，所用材料随季节的不同而变化；常采用提花、罗纹为主的针织材料，要求织物的伸缩性良好。

16. 室内装饰品

室内装饰品以全棉织物为主，也采用纯羊毛材料，或羊毛与棉、涤纶与麻、腈纶与粘纤再加上涤纶的混纺织物。如窗帘经常使用蝉翼纱、薄纱罗等薄型织物，桌布、床上用品、靠垫等以棉织物为主。富有粗犷感的棉布、起绒织物、灯芯绒等面料在设计中很抢眼。图案多为云纹、格纹、提花织物等，另外加入一些蕾丝、闪光面料作点缀。从室内整体协调的角度，室内装饰品在色彩、风格、质地、纹样图案上都应该协调一致。

17. 里料

里料的原料以涤纶、锦纶、粘纤为主，多为较薄型面料，常用塔夫绸、纺绸、缎等有光泽的品种。冬季大衣使用斜纹布做里料，防寒保暖性好的服装常用绗缝工艺加入羽绒、腈纶等絮垫层。

(六) 服装材料企划管理的流程

服装材料的企划是进行个性化品牌商品企划的重要环节。织物原料种类、纺织工艺、组织结构、图案纹样、后整理方式等的不同，也会导致服装的加工工序和进度的差异。

面、辅料的采购、进货、退货主要有两种方式：一种是与面、辅料供应商一起开发新型面料；另一种是从面、辅料批发商处直接进货。两者在时间周期上差异很大。面、辅料企划时首先要考虑面、辅料本身的风格、质地，同时还须从流通的角度出发掌握时间进度。面、辅料的企划管理分以下阶段：

1. 确认理念

确认服装品牌的整体理念、产品理念和计划实施的可行性。

2. 收集面、辅料的信息

为了做出切实可行的材料企划，应根据既定的商品企划方针和内容，收集与分析必要的信息。首先深入分析和充分把握当前市场的材料流行趋势，重视相关企业发布的新面料信息。

巴黎、米兰、纽约、东京是目前世界的时尚中心，每季都会发布最新的服装材料信息。可对与这些材料有关的信息进行定量和定性分析，制订材料企划的策略。不能仅凭感性选择材料，还需利用充分的、确切的信息及相关的定量分析结果来解决材料企划中的问题。

另外，对于某种服装采用何种面料最合适，不仅取决于面料的风格特征，还取决于它与衬料、里料等辅料的配伍性、可缝性、物理机械性能、拉伸强度、色牢度、耐热性、起毛起球性以及洗涤性能等各方面。因此，应收集材料的全面信息。

3. 确定面、辅料选用原则

根据面、辅料信息分析的结果，确定面、辅料的选用原则，与服装品牌的整体理念以及色彩企划的理念保持一致。

4. 确定面、辅料设计的内容（企业开发新面料的情形）

以前述三点为基础，确定面、辅料企划设计的具体内容。

5. 试织、试染及面料采购

收集面、辅料样品，包括原创设计和直接采购两类。前者是指按服装商品企划所要求的风格、色彩、图案等与面、辅料企业联合，在试织、试染的基础上进行开发。后者是直接订购面、辅料企业的产品，运作较为简单。

面、辅料小样确定之后，可将其制作成材料理念表或流行趋势分析图。

6. 质量检测

对决定采用的面、辅料进行质量检测。经验证明：服装生产过程中发生的问题或赔偿纠纷，多由面、辅料引起，由缝制不当引起的质量问题只占少部分，因此，应对材料质量进行严格的检测。

后整理加工所赋予面料的风格改变值得特别关注。既要了解后整理加工对面料的光泽度、悬垂性等造成的影响及其程度，还应了解顾客穿着和洗涤时应注意的问题，以及后整理加工可能给健康及环境造成的影响。

7. 面、辅料采购

按服装商品生产量确定面、辅料的数量并进行采购。面料入库后应对尺寸、对条对格、正面色差、反面色差进行再次检测。

8. 面、辅料信息的记录和保存

对面、辅料管理过程中的所有数据资料进行收集、分类、存档，以备将来之用。

由于面、辅料产业流通关系复杂，面、辅料生产商、批发商等相关产业都有各自的生产企划和经营规划，在实际中要实现服装品牌商品企划的最终目标，提供与消费者的需求相适应的、具有创意性和导向性的产品有较大难度。因此，同生产企业到零售企业的整个服装产业链保持沟通和协调十分重要,即重视服装产业的整合。整合的核心是利益共享、目标一致。服装产业链中的各企业都将从中受益。

另外,为了在设计生产中及时获得所需的各种材料以及与之相关的信息,必须与各种品类材料的供应企业建立起良好的互助合作关系。与面料供应商建立紧密的联系,建立一种信息共享的体系,这有利于收集有效信息和开展面料企划。

在材料企划阶段同时应树立价格意识。根据目标消费者能够接受的服装商品价格,推算出面料的单价以及相关管理费用,避免出现仓促改购价格较高或价格较低面料的局面。

第六节 服装品类组合构成

为了将企划的理念落实到具体的商品,需进行品类企划,确定品牌商品在品类构成、价格设定、尺寸设定等方面的组合构成(图3-60)。要求在符合服装组合搭配的一些原则下,参照经验来进行动态调整。对于已有品牌,在此项工作之前应总结以往的实际销售业绩,找出各品类(如裙装、夹克、裤装等)在销售中的问题、原因并制订改进措施。

品类企划时不仅要完成服装商品的效果图,还要确定构成商品款型的各个细节,如造型、材料、色彩、价格、尺寸等,即决定品牌的商品构成。重点在于确定每一品类款型的数量,同时设定衬衫、编织衫、针织衫、裙装等不同品类服装的构

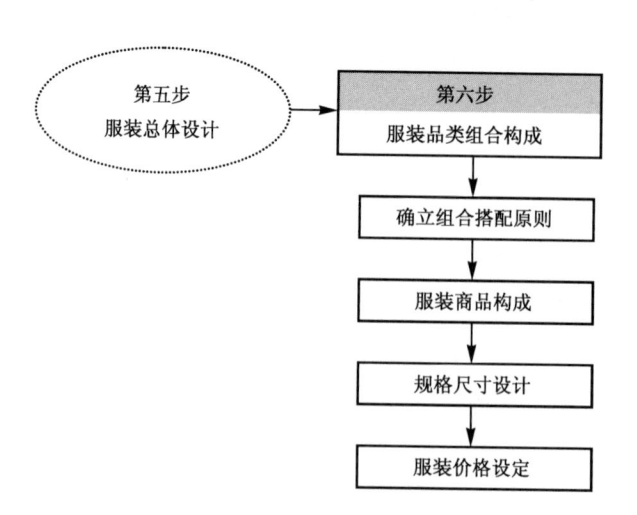

图3-60 服装品类组合构成的工作内容

成比例。在设定不同品类构成时,首先应参考(竞争对手品牌或本品牌)上一年度销售额实绩,制订出各子季节、月份的销售额目标,再设定下一季各品类的销售数量和构成比例、各品类的款型数,并考虑色彩、材料、尺寸等要素,确定出不同的品种规格。

一、组合搭配原则

(一)服装组合搭配的背景

在女装行业,时尚报纸、杂志上经常有组合风貌、整体形象等类似用语出现。实际上"组合搭配"(Coordinate)作为一种服装技术的称呼,20世纪80年代才开始在我国流行,当时的重点在颜色的搭配组合方面。到了90年代初,"组合搭配"进入了第二阶段。通常是在新品上市时,将上装、裤、裙、鞋、包等集中起来构成某一个品牌进行商品企划。现在出现了D&C(设计师和个性化)品牌,在服装中注入了更多文化元素,并强调蕴涵和倡导某种独特的生活方式。不同的品牌,以不同的设计、色彩、材质,通过不同的卖场布置、陈列展示方法,将主要产品(通常是主题商品)结合搭配饰物,甚至是一些餐具或室内装饰小饰件等来进行销售。依靠统一协调的整体形象,向消费者推销某种生活方式。

当然,随着消费观念的成熟,一些消费者会根据对时尚流行的自我诠释,选择购买适合自己个性的商品。他们不再被动地接受某些品牌已组合好的服装,而是自己搭配出个性品味的服饰。服装零售企业,特别是以年轻人为目标消费者的商店,通常每周都要推出新的商品组合方案,向消费者展示新的生活方式。这就要求服装品类组合搭配企划丰富而有层次,实现多样化与差异化。

(二)组合搭配的内涵

在服装领域中组合搭配是指将两种以上的服装品类组合以形成某种整体风格。通过搭配和组合不同廓型、细节、色彩、图案、材料的服装,塑造一种统一协调的形象。合理的组合搭配既能促进销售,又能形成某种整体风格。因而在进行组合搭配时既要考虑服装现时的销售状况,又要考虑消费者整体的生活状态。

1. 服装组合搭配的要素

组合搭配是将不同品类组合,塑造统一和谐形象的过程。广义上,组合的内容除了服装,还包括各种配件,如鞋、袜、箱包、首饰、丝巾等,以及各种造型手段,如发型、化妆等。组合搭配主要考虑以下方面:①服装之间的组合搭配(上装与下装、外穿服装与内穿服装之间的搭配);②服装和配件之间的组合搭配(从鞋、袜、箱包、皮带、围巾到项链、戒指、手表等);③整体风格和发型、化妆之间的组合搭配(从口红的颜色到化妆的整体效果、发型、肤色等);④服装和脸型、身体比例、肤色等身体条件间的组合搭配;⑤服装和穿着场合、生活场景的组合搭配。

2. 服装和生活方式的组合搭配

进入20世纪90年代后,出现了部分消费者开始追求一种"原本服装"的实用化倾向,他们希望自己衣柜中的服装少而精。服装与穿着场合以及生活场景的组合搭配就变得十分重要。以20世纪90年代初十分流行的深蓝色宽松外套为例,这种外套可与各种服装搭配,适于在各种场合穿着,如稳重、保守,对时尚流行不很关心的人可将其与白色衬衫或灰色裙子组合,作为上班服;重视个性、关心流行的消费者,将休闲风格面料制作的这种服装与T恤或牛仔服搭配,在闲暇时穿着。显然,组合搭配拓宽了服装的适用范畴。

3. 组合搭配的基本类型

在具体考虑服装与服装的搭配时,有四种方法可供选择。

(1)款式搭配:将不同细节、廓型、品类的服装组合搭配可以形成西部风貌、运动风貌等各种不同风格类型。此外,如果再考虑人体比例因素,采用一些凸显身材高大或纤细苗条的细节和廓型,着装者取得的整体效果将更好。

(2)色彩搭配:色相、纯度、明度的差异左右着色彩的视觉感受。色彩搭配组合的关键是对不同视觉感受的色彩进行和谐、巧妙的组合,以形成预期的视觉冲击,吸引更多的顾客,促进商品的销售。

(3)图案搭配:图案的组合搭配,包括图案大小和阴阳的搭配等。

(4)材料搭配:人们对于不同材料之间组合搭配的关注始于20世纪70年代后半期。和色彩的组合搭配一样,也要把握不同材料具有的感觉特性(如风格、表面肌理、光泽、厚薄等),从整体着装效果出发进行组合。

二、服装商品构成

(一)品类与单品的确定

在服装领域,品类是进行服装细分时必需的最小区分单元。不同的企业对品类的认定不尽相同。有的企业可能将女衫作为一个品类;而有的企业可能仅女衫就有五六种品类。显然,前一企业将品类与服装种类等同。有时也将品类看做是单品,在服装行业中,单品有其特定的含义。将品类理解为单位品目则更确切。

单品与单件是同义词,相对于套装、裙装而言,指商品物理上的最小单位,如裤子、裙子、衬衫、女衫等。单品更多用在休闲装场合,在美国、日本,单品类服装又称为运动休闲服。现在,随着社会的发展,人们通常在不长的时间段内就可能要参加多项活动,例如,现在的许多年轻女性在上班结束后通常还会有社交活动。这就需要服装具有易于自由组合搭配而很快适应新场合的特点。一些服装品牌意识到了这一点,并以此作为商品构成企划的重点。

配套组合的宽度,指某个品牌具有的各式商品品类数,不论每一品类的数量多少。如果某个品牌有各种各样的单品可供选择,就可称为"宽广的"商品配套组合。

配套组合的深度,指品牌商品组合内各单品的数量。如果组合内各单品尺码规格齐全,就可称为"有深度"的商品配套组合。

(二)商品构成

1. 商品构成的实施步骤

商品构成的核心是考虑商品款型的构成比例,根据不同季节具体决定。商品构成分三个阶段。

(1)决定商品构成的比例。根据商品企划的季节主题考虑商品款型构成。按照与季节主题吻合的程度,商品分为主题商品、畅销商品和长销商品三类。其中,主题商品表现季节的理念主题,突出体现时尚流行趋势,常作为展示的对象;畅销商品多为上一季卖得好的商品,并融入一定的流行时尚特征,常作为大力促销的对象;长销商品是在各季都能稳定销售的商品,受流行趋势的影响小,通常为经典款式和品类。三类商品的构成比例应根据品牌和目标消费者群的特性设定,常用比例如图 3-61 所示。图中左侧所示的构成比例多为大众化服装品牌采用,特别是一些个性化特征不明显的男装品牌;图中右侧所示的构成比例常见于高感度、个性化女装品牌的商品构成。

主题商品流行主题含量高,能鲜明表现出品牌的季节主题。同时由于设计、材料、色彩的组合搭配新颖,因而具有很强的生活方式提示性和倡导性。由于该类商品主要针对那些对时尚敏感度很高的消费者,对市场实际需要程度难以准确预测和把握。

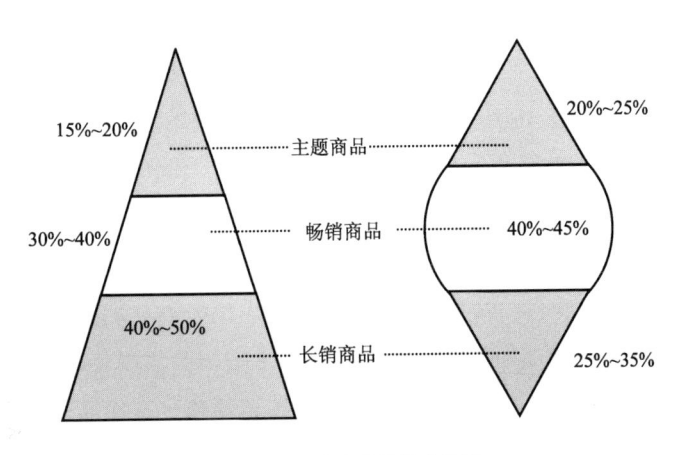

图 3-61 三类商品的构成比例

畅销商品往往是筛选出上一季主题商品中市场反应好的品类,并加以批量生产。由于畅销商品针对的穿着场合清晰明了、易于理解,有相对较大的市场需求。

长销商品常常作为单品推出,具有品类丰富和易与消费者原有服装组合搭配的优点。

三类商品在零售方面的期望度、风险度以及展示促销方面的特征如表3-15所示。

表3-15 三类商品的特征

类别	从销售角度看				商品的展示特征	
	对销售额的期望	毛利	风险度	出样	视觉促销策略指导下的展示方法	表现要点
主题商品	期望高,不易预测	大	大	一般放在卖场的前面形成一角,主要表现着装的新潮性	进行视觉上的情景展示,主题性强,灵活运用各种配件和器皿	具有生活提示性的展示技术
畅销商品	期待销售额的增长	中	中	放在卖场中央构成一角,主要表现穿着的场合	对卖场的理念进行视觉表现,重视季节性	突出视觉展示性
长销商品	能预见稳定的销售额增长	小	中	单品聚集,具有丰富感;易看、易摸、易挑选	易看、易比较;通过样品的组合搭配来展示单品的魅力	商品陈列

商品构成比例按照各子季节来决定。与以大众化商品为主体构成的品牌相比,高感度、个性化品牌中的主题商品、畅销商品所占的比例更大。特别是定期举行时装发布会的设计师品牌,由于诉求创造性的设计,主题商品所占的比例非常高。即使是这类主要靠自营店或特许经营的品牌,为了减小库存风险,也不能只策划主题商品,还需要维持主题商品、畅销商品及长销商品在卖场构成比例的平衡。

(2)确定"服装品类构成比例":由于主题商品和畅销商品要求在材料、色彩、设计上有新意,因此,常将上下装作为整体进行商品企划。对于长销商品,以单品为主进行企划,上下装、内外衣之间的组合搭配性并不太严格。长销商品的企划更重视穿着舒适性、穿着场合及品质方面。

按照裤装、毛衫、裙装等各品类以单品形式生产、销售的服装企业,确定服装品类构成比例的决策比较容易。以配套组合企划为基础的服装品牌,可能涉及裤装、针织品、裙装、套装、夹克、罩衫、连衣裙及大衣等所有品类。尤其是各品类的销售比例每月都会有所不同,还应按月度来确定适当的品类构成比例。

A品牌的商品构成情况如图3-62所示;B品牌某月不同品类销售额构成比例如表3-16所示。

类别	品 类	构成比例（%）	中心价格（元）	款数（款）	生产数量（件）	每款数量（件）	销售预算额（元）
机织服装	1. 大衣	2.6	780	3	300	100	234000
	2. 短大衣	1.7	760	2	200	100	152000
	3. 外套	11.1	580	13	1300	100	754000
	4. 背心	6.8	280	4	800	200	224000
	5. 裙装	8.6	320	5	1000	200	320000
	6. 裤装	6.8	340	4	800	200	272000
	7. 裙裤	5.2	320	3	600	200	192000
	8. 衬衫	15.4	240	9	1800	200	432000
	9. 连衣裙	6.0	580	7	700	100	406000
针织服装	10. 羊毛衫	6.8	360	4	800	200	288000
	11. 衬衫	8.6	220	5	1000	200	220000
	12. 背心	5.1	240	3	600	200	144000
	13. 裙装	5.1	280	3	600	200	168000
	14. 裤装	5.1	320	3	600	200	192000
	15. 一件套	5.1	420	6	600	100	252000
合 计		100	—	—	—	—	4250000

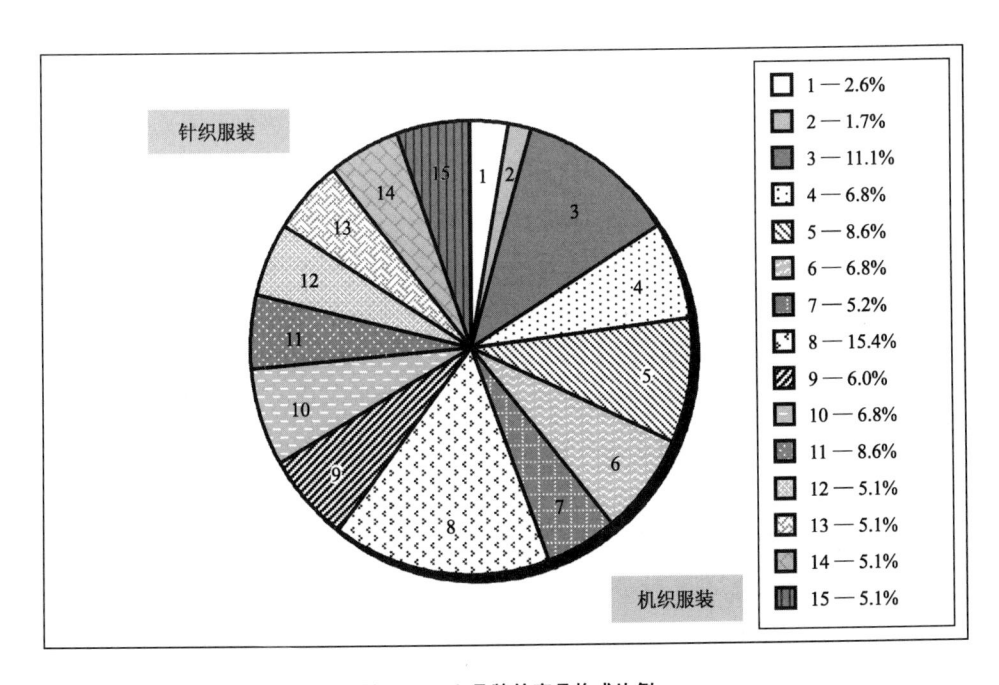

图 3-62 A 品牌的商品构成比例

表 3-16　B 品牌某月不同品类销售额构成比例

品　类	不同品类销售额构成比例(%)	平均单价(元)	销售数量(件)	销售总额(万元)	商品构成比例(%)
夹　克	10	1000	150	15	15
女　衫	10	300	500	15	15
针织衫	40	250	2400	60	30
编织衫	10	250	600	15	15
下　装	25	500	750	37.5	20
服饰配件	5	100	750	7.5	5

(3)决定各品类的构成比例及各品类的商品款型:例如,在企划畅销商品中的女衫品类时,企划何种款型的女衫才合适呢?若以办公室小姐等职业女性为目标顾客,那么可以企划每天上班工作时穿着的"丝质类"、"男衬衫风格类"女衫。此时,女衫品类中就分"丝质类"与"男衬衫风格类"两种款型。具体企划设计不同品类的商品款型时,不仅应参考时尚潮流,还应该考虑与目标顾客群的生活场面以及购衣计划的吻合性;不能凭想象或灵感来实施,而应充分预测商品款型可能的销售状况。

总之,在搭配组合设计的过程中,应重视不同服装品类在色彩、材料、细部设计上的关联性。可归纳为以下两方面:

①基于目标顾客的实际穿着需求,注意上装与下装之间的搭配关系,具体选定服装商品的色彩、材料、款式等;

②基于对各子季节连续性的考虑,应使品牌商品在整个季节中具有统一感。

集中体现季节主题的主题商品款型,具有主题性且旨在扩大销售额的畅销商品款型以及维持和支撑品牌、具有稳定销售额的长销商品款型——三者之间的构成比例应合理选择。

2. 各子季节按理念主题分类的商品构成

针对设定的理念主题,作为其形象具体化的商品,在不同子季节,甚至不同月份都必须企划设定不同理念主题的商品款型,并考虑整体的构成均衡。

3. 各子季节不同服装品类的商品构成

在商品构成企划时,既考虑各子季节不同主题商品的构成比例,还应考虑不同品类的商品构成。制订设定主要品类的策略、维持商品款型平衡的策略、拓展商品款型范围的策略等。

4. 各月配售调查信息的活用方法

在商品构成企划时,要充分利用不同季节或子季节、不同月份、不同服装品类的商品构成资料及从上一季节到当前季节卖场调查的数据及信息。

调查每月配货构成时,可以选取女装市场中在各顾客群体中有影响的商店,调查每月商品的配货构成,收集各商品款型的详细数据。在调查中,应把握卖场为表现各形象主题的配货构成状况,了解各月的理念主题和各主题商品款型的资料。为掌握各服装品类的配货状况,可从不同品类的商品款型构成的详细数据中总结出不同品类的配货规律。这既包括各服装品类的商品款型构成比例,也包括这种构成比例的逐月动态变化状况。

例如,卖场铺货数量(服装商品首次进入卖场的配置数量)与品牌类型、服装种类以及卖场面积之间常见的关系,如表3-17所示。按照卖场面积计算,春秋季平均每平方米铺货10~15件(套),每色每款为6件左右(不考虑号型差异);夏冬季略有变化。尺码方面的配货比例参见表3-18。

表3-17 卖场铺货数量(件/套)与品牌类型以及卖场面积之间的关系

品牌类型		男 装			女 装		
		正装	休闲装	运动装	职业装	少女装	淑女装
卖场面积(m²)	30	300	500	200	300	400	300
	50	500	800	400	500	600	500
	80	700	1500	500	700	800	700
	100	800	2000	700	800	1000	800

表3-18 卖场中服装商品尺码配货的常见比例

品牌类型		XS	S	M	L	XL	XXL
男装	正装	1/0	1	2	2~3	2	1
	休闲装	0	1	2~3	2~3	2	1
	运动装	0	1	1	2	2	1
女装	职业装	0	1~2	2~3	2	2	1/0
	少女装	1/0	2	2	2	1	0/1
	淑女装	1/0	2	2	2	1	0/1

三、服装规格尺寸设计

服装规格是进行服装规模化设计、生产、管理和流通所依据的一种规范参数。对于消费者,它是选购服装商品的一种标准和识别符号。对于企业,它既是服装在合体性方面最大限度满足不同体型消费者需求的保障,也是企业后续生产、管理工作正常进行的前提。服装规格尺寸的设计关系到商品企划是否能够在实际生产、管理、销售中顺利实现。

(一)服装规格的表示方法

因服装种类、生产服装的国家或地区不同,以及长期以来形成的行业惯例的不同,服装规格有多种表示方法,如表 3-19 所示。

表 3-19 服装规格的表示方法

表示方法		表示规则	档差	适用范围	示例
胸围制		以服装的胸围作为示明规格	5cm	针织、编织服、内衣	90,95,100
领围制		以服装的领围作为示明规格	1.5cm	男衬衫	38,39,40
代号制	阿拉伯数字	34 号以前数字基本代表适穿者年龄	2	各类服装	2,4,6,…,14,16,…,34
	英文符号	对自身的规格进行大致区间的分类	—	各类服装	XS、S、M、L、XL、XXL
号型制		以适穿者的身高、净胸围、体型分类的组合作为示明规格	5·2 5·3 5·4	各类服装	160/84A 170/88A

注 1. 采用英文字符表示规格的服装,即使产自同一企业,若品类不同,其实际规格尺寸也可能不同。此外,由不同的服装企业生产的代号相同的服装,实际规格尺寸也可能不同。
2. 不同国家的号型制在档差、体型组别表示的字母及范围上有所不同。

(二)服装号型制

服装号型制具有简单明了、易于被消费者和企业掌握,且科学合理、使用方便的特点,是各种服装规格表示方法中应用最广的一种。我国采用号型制作为全国统一的服装规格表示标准(参见 GB/T 1355—1997《服装号型》)。

1. 号型的定义

服装号型中的"号"指人的身高,它是设计和选购衣长的依据。"型"包括两方面的内容:一是指人体的围度,上装为胸围,下装为腰围,它们是设计和选购服装肥瘦的依据;二是指人的体型分类,用代表人体胸围和腰围差数的英文字母代号表示,一般有 Y、A、B、C 四种。男女体型分类代号和相应的胸腰差范围如表 3-20 所示。

各体型分类所代表的具体体型特征(图 3-63)是:Y 型——肩宽腰细,呈扁

表 3-20 体型分类代号和相应的胸腰差范围 单位:cm

体型分类代号	性别 胸腰差	男	女
Y		22~17	24~19
A		16~12	18~14
B		11~7	13~9
C		6~2	8~4

第三章 服装商品企划的实施要素

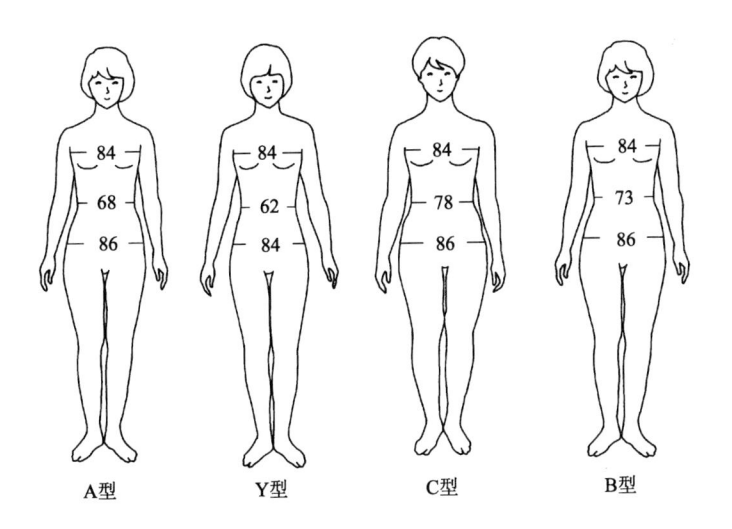

图 3-63 各体型分类的体型特征

（从左至右：A型、Y型、C型、B型）

圆状，胸腰差大；A 型——正常体型；B 型——腹部略大，典型的中老年体型；C 型——胸腰差小，属肥胖体型。

由于人群中 A 型、B 型的人数比例较大，通常选用 A 型、B 型作为服装商品企划的体型对象。各国采用的号型，基本上都是以身高、胸围（腰围）和体型分类为依据，但表示的格式以及对应的尺寸范围不尽相同。表 3-21 所示为对相同的服装尺寸（胸围=92cm，身高=164cm，腰围=70cm）各国不同的表示格式。

表 3-21 相同的服装尺寸各国不同的表示格式

国 名	表示格式	国 名	表示格式	国 名	表示格式	国 名	表示格式
澳大利亚	14	伊 朗	38	波 兰	164/92/96	美 国	14
芬 兰	C40	冰 岛	12	匈牙利	81	英 国	14
法 国	42N	丹 麦	40	瑞 典	C40	瑞 士	40
德 国	40	新西兰	14	日 本	92/91	西班牙	46+2/L

我国服装号型的表示格式如图 3-64 所示。

2. 号型系列

由于所企划的服装均进行工业化批量生产，通常将服装号和型覆盖的范围进行等距的分档，形成一个号型的系列，然后将相同款式的服装按这一系列中不同的规格尺寸进行生产。其中相同的间隔距离就是档差。在生产中，由中档规格样板推出其他档次规格的样板，即"推档"或"扩号"。

一般情况下，一档规格可覆盖上下偏差为 2cm 左右的体型，例如，160 号的服装适合身高为 158~162cm 的人穿着。档差大小的确定以人体主要部位尺寸、人体发育的规律以及目标人群的体型特征等为依据。

号型系列覆盖人群的比例,受档差大小的直接影响。档差越小,号型系列的密度越大,覆盖率就越高;反之越小。但并非档差越小越好,过密的档差可能增加企划与管理的难度,降低生产效率。

在我国服装号型中,上装类规定有5·4和5·3两种系列;下装类规定有5·3和5·2两种系列。对我国多数地区消费者而言,男上装采用5·4、5·3两种系列,女上装和男女下装采用5·3系列较适宜。

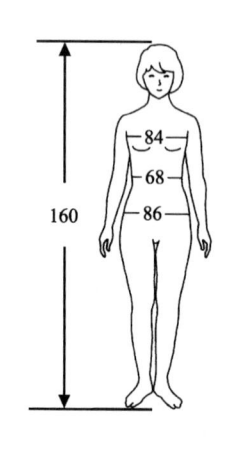

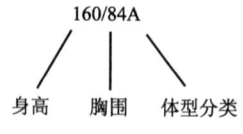

图3-64 160/84A的示意图

(三)服装规格尺寸的设计流程(号型制)

服装规格设计可以归纳为四个步骤,如图3-65所示。

1. 确定规格的表示方法

根据所企划服装的种类,是男装还是女装、是上装还是下装、是机织服装还是针织服装,确定采用何种规格表示方法。

2. 进行号型配置

在进行号型配置前,需选择号型配置的形式,然后再查阅和参照"全国统一服装号型"中的各个系列服装号型表,编制本品牌的号型表。

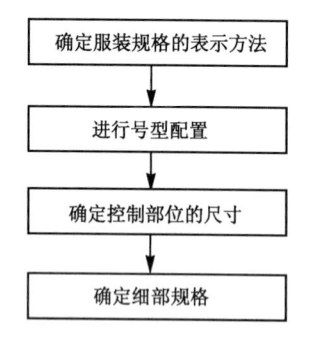

图3-65 服装规格设计流程

3. 确定控制部位的尺寸

在服装打样的过程中,仅有身高、胸围、腰围、胸腰差等尺寸还不够,还应掌握上装中的总肩宽、袖长、领围,下装中的臀围等与人体曲面相吻合的主要部位的尺寸,即控制部位的尺寸。号型和控制部位的尺寸是设计服装细部规格的基础,也是检测成品规格的依据。

4. 确定细部规格

服装的细部规格指口袋的大小和位置,翻领的大小,纽扣和纽孔的大小及间隔的大小,开衩的大小和位置等。这些细节直接影响服装的整体效果和风格,不容忽视,可根据服装款式效果图以及企划人员的实践经验来确定。

四、服装价格设定

服装品牌能在多大程度上占有市场,合适的价格设定是关键因素之一。价格对企业而言,是确保销售额增长和实现利润的关键。在服装市场营销组合"4P"

中,价格是唯一直接与销售收入相关的因素,是服装实现自身价值的工具。服装商品需求具有多样性、多变性,把握服装市场的供求规律、确定服装价格的适当水平具有重要的意义,主要体现在:

(1)价格是调节和诱导市场需求的有效手段。价格的高低直接影响着服装产品在市场中的地位和形象以及消费者对该品牌商品的态度,从而影响销路。价格是供求关系天平上的砝码,合理的价格能对消费者心理产生良好的刺激作用,促进消费者的购买行为。

(2)价格是参与市场竞争的有效手段。价格是市场竞争中最直接和有效的手段之一。同时,价格竞争也是一种高风险的竞争手段。

(3)价格是企业盈利的有效手段。为实现盈利的目标,企业不仅要为消费者提供满足其需求的服装产品,还要制订出消费者能够接受的价格水平。

(一)价格设定的原点

消费者对价格通常都比较敏感,应优先对目标消费者的价格观念进行调查分析。商品越便宜并不意味着对消费者越有吸引力,现今的消费者更愿意购买能够满足自身欲求或者令自己怦然心动的商品。

消费者在挑选商品时一般都会估算合算的程度,对此可以用以下等式来衡量:

合算程度 = (商品的效用+令人兴奋与心动的程度)/商品的价格

消费者对商品"合算程度"的心理评估是企划人员制订商品价格计划的重要依据。

(二)服装价格的种类及构成

1. 服装价格的种类

服装价格按服装产品所处的流通阶段可以分为三类:

(1)出厂价:出厂价是服装生产企业完成服装生产加工后,提供给批发企业或代理商的服装价格。由生产成本和生产企业的利润两部分组成。

(2)批发价:批发价是批发商等提供给零售商的服装价格,在出厂价的基础上加上了批发商的利润。

(3)零售价:零售价是零售商将服装出售给消费者时的价格,在批发价的基础上增加了零售商的利润。

某些大众化品牌服装商品的上述三种价格的关系如图3-66所示。

2. 价格带与价格线

(1)价格带:用价格的上下限表示价格的波动幅度。

(2)价格线:价格带中价格的种类及分布。

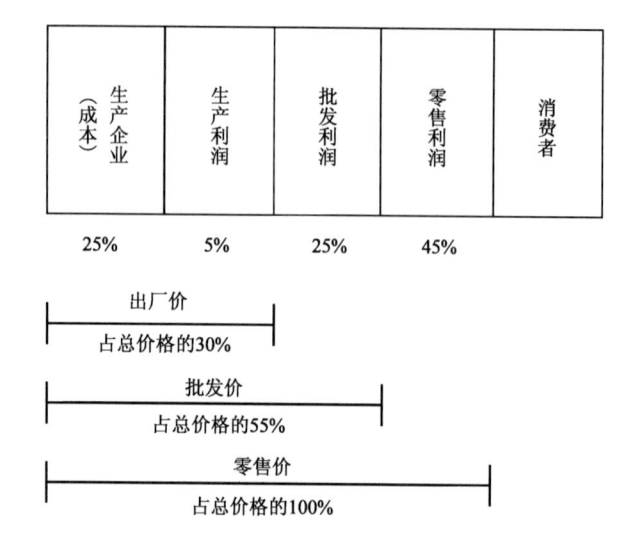

```
| 生产企业（成本） | 生产利润 | 批发利润 | 零售利润 | 消费者 |
```

25%　　　5%　　　25%　　　45%

出厂价　占总价格的30%

批发价　占总价格的55%

零售价　占总价格的100%

图 3-66　三种价格的关系

价格带中的价格构成种类太多，消费者会对价格差进行比较后再购买，但易使人困惑。经验上，一般每个品类价格在 5~6 种内为好，如图 3-67 所示。该图中的价格带为 1200~2500 元；其中包括 6 种价格，数量最多的商品的价格为 1700 元，又称为中心价格。

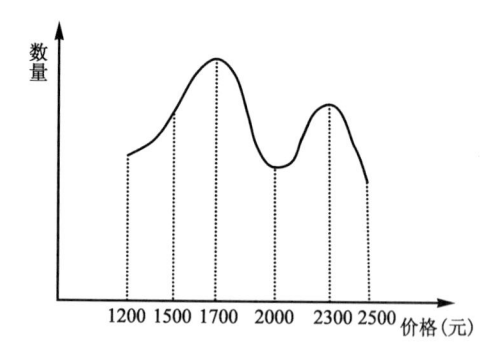

图 3-67　价格带与价格线

3. 服装价格的构成要素

原则上，各种服装价格都包含成本与利润两部分。

(1) 成本：

①材料费：

直接材料费：面料费、里料费、衬料费、缝线费、附属品费等。

间接材料费：缝纫机油费、缝纫机针费、缝纫机零件费（易耗物品备用品费）等。

②劳务费：

直接劳务费：计件工资、计时工资。

间接劳务费：间接工资、保险金、福利费、其他费用。

③制造经费：

直接经费：工艺卡制作费、样品试制费、专利费、外加工费、设备租赁费等。

间接经费：福利卫生费、折旧费、租金、水电费、保险费、税金、易耗工具费、修缮费、搬运费、杂费、保管费、仓储损耗费等。

服装产品成本中除有形成本之外,还包括一部分无形成本,如商品企划、设计、市场调研、广告、促销等费用以及管理运营费用。这部分成本是服装产品附加价值的主要来源。为提高品牌的预期利润回报,有两种选择:一是降低成本,二是获取附加值。显然成本的降低是有限度的,而且常常要以新原料、新工艺、新设备的引入为代价,需预先投入大量资金。越来越多的企业通过加重无形成本在总成本中的比例,以提高品牌意识上的价值,获取更多的利润。

(2)利润:利润分为生产商利润、批发商利润和零售商利润。利润与利润率相关,利润率是利润占价格的比例。利润率的高低与企业的价格策略、销售方式、品牌附加值有关,大众化服装商品的利润率一般都在25%~30%之间。

4. 消费者价格观

从服装企业的角度,服装商品的价格由生产成本、企划成本(设计、商品企划费)、流通成本(流通费、物流费)、销售成本、管理成本等组成。从消费者的角度,被当做价值来认可的服装价格,由包含品质和功能性的实体价值——"硬"价值和另一种代表款式设计、搭配组合、创意和流行性的意识价值——"软"价值,以及对消费者自身特定需求的满足度组成。一般来讲,设计师品牌等高附加值的商品的"软"价值较高,而大众化商品的"硬"价值较高。设计师品牌商品的价格较高,是因为品牌为塑造高"软"价值而在企划等方面投入费用的比例较高。与此相反,大众品牌商品价格较低,其在设计方面所需的费用比例很低就是原因之一。当一个品类的服装大量生产后,设计等企划费比例就相对降低了。可见,在服装消费者的观念中,由商品企划等投入产生的价值也包含在商品的价值之中。

(三)服装定价的方法

服装定价的方法多种多样,商品企划人员应综合各种情况合理选择,以制订适当的价格策略。服装商品采用的基本定价方法主要有两种。

1. 成本加成定价法

成本加成定价法是一种以生产成本为导向的定价方法。在生产成本费中加入一般管理费、销售成本、期望目标利润后而得出。因在定价过程中采用加法运算,又称加法定价法。

成本加成定价法简单易行,过去被很多服装企业采用。但随着市场经济体制在我国逐步形成,这种方法渐渐被淘汰。成本加成定价法是典型的生产导向观念的产物,供给方主观确定目标成本利润率,缺乏合理性。

2. 目标推算定价法

目标推算定价法是一种以市场为导向的定价方法。由于在定价过程中采用减法运算,又称减法定价法。预先设定出目标消费者可能接受的价格,再减去一般管理费与销售成本以及期望目标利润,差额为生产成本价。目标推算定价法,往往基于与竞争对手企业产品的价格保持均衡以及行业内的一些惯例来考虑。

采用这种定价方法,一方面有利于协调生产商和销售商的利益关系;另一方面可以通过倒推得出成本价,并可在成本价的范围内调整产品的性质与功能,合理采购物料,组织生产。目标推算定价法按目标价的来源又可分为三种:

(1)理解价值定价法:理解价值定价法定价的依据是消费者认知商品的价值及对该价值的肯定程度。其核心在于消费者的价值观念,而不是产品的实际成本。理解价值定价法认为:某一服装商品在市场上的价格和该服装商品的质地、风格、创意、售后服务等,在消费者的眼中都有特定的价值。服装商品的价格和消费者的认知价值是否一致,是服装商品能否销售出去的关键。因此,服装商品的价格应尽可能接近消费者的认知价值,并通过各种促销手段,使消费者改变原有的价值评判,认可制订的价格。

(2)竞争定价法:竞争定价法定价的目标是竞争对手同类服装商品的价格。其具体措施有三种:采取与竞争对手相同或比其更高的价格;采取比竞争对手稍低的价格;采用行业中的平均价格。

(3)服装系数定价法:服装系数定价法是服装行业中一种特定的定价方法,具有简单、操作性强、适应性广等特点,是一种行业集体经验的反映。计算方法是:

$$服装价格=服装生产成本×特定系数$$

特定系数综合反映了服装营销组合要素等的综合影响,取值通常介于3~10之间,见表3-22。

表3-22 服装系数定价法中特定系数的取值

品牌感度	特定系数	销售区域	特定系数	销售季节	特定系数	产品大类	特定系数
高	8~10	大都市	3~10	春	3~8	长销商品	3~5
较高	5.5~8	中型城市	3~8	夏	3~6	畅销商品	4~8
中	4~5.5	小城市	3~6	秋	3~10	主题商品	3~10
低	3~4	乡镇	3~5.5	冬	3~10	—	—

五、服装设计与生产实施

服装品类组合构成的计划与本章第五节阐述的服装总体设计所确定的内容相结合,就是一个完整的服装产品计划。这一计划中的产品要变成真实的商品,须经过服装具体设计与生产实施阶段。该阶段涉及的部分工作已超出了服装商品企划的范围,这里予以简单介绍。

服装设计人员在企划人员的协助下,具体设计所企划的每款服装,并用效果图或款式工艺图的形式表现。完成设计效果图之后,样板师将效果图进行款式分析得到平面结构图,进行样板设计,再通过样衣试制,修改不利于工业化生产的设计细节,完善样板,最后确定投入工业化生产的样板。由此可以提高成衣质量及生产效率,缩短生产周期,降低成本。有时还需制订生产计划,准备展销订货会并进行生产管理等。

(一)生产企划

不论商品企划多么新颖,准备的面料品质多么优良,如果找不到技术水平相称的加工厂,该品牌也难以成功。在进行加工厂的选择和生产管理时,应考虑五个方面:

(1)考察并评估缝制加工厂在生产技术水平方面是否与企划商品的加工要求相适应。

(2)考察加工厂的技术水平是否规范和稳定。若生产的是套装,不能出现生产的上装很好而下装品质低劣的情况。

(3)确认工艺单的有关内容。工艺单是将由商品企划形成的各种理念具体化后,向加工厂传达信息的重要手段。不论加工企业大小,都有必要根据工艺单,预先指出在缝制过程中所有可能出现的问题。

(4)考察缝制加工厂服装辅料的选择是否合适,交货期是否能够保证。在服装生产中,除了面料外,还要确保相匹配的衬料、里料、垫肩以及纽扣、拉链、裤襻等必要的辅料能在规定的期限中按规定的数量投入生产。

(5)注意洗标、商标等附属品的投入。加工厂应遵守相关法规和条例,正确标示与服装产品品质有关的内容(如在服装上钉上洗标、吊牌等)。

在生产计划阶段完成确定加工厂、生产数量、加工费和交货期的任务。

(二)生产过程中的打样指导单和生产加工指导单

1. 打样指导单

打样指导单如表3-23所示。其内容包括:①公司名称、品牌名称;②初样完成时间;③商品编码;④季节编号;⑤基本款型编号。

2. 生产加工指导单

生产加工指导单如表3-24所示。按照打样指导单的说明,由样板师制出基型样板,并用坯布进行样衣试制,观察效果,修改样板的不当之处,确定此款服装的中档样板。利用服装CAD技术进行放缝、推档、排料,最后投入生产。

生产加工指导单用于指导生产车间作业,标明了各个细节。其具体内容包

表 3-23　打样指导单

公司名称				商品编码			
品牌名称				基本款型			
季　节				企划师	设计师	样板师	生产制作人
制作完成期							

A　上身较长的外套,双刀背饰缝裁剪,圆领口,基本款型同 B。

3粒纽扣
口袋

材料 No.	
色彩 No.	
里配件	
里料 No.	
加工要求	

预定价格			
尺码	S	M	L
衣长			
大身宽			
衣摆宽			
肩宽			
松量			
袖长			
背长			
上身长			
裙长			
拉链长			

括：①标明缝制指示,包括裁剪、袖型、袖口、衣摆、领型、衬料、垫肩、缝纫线(线迹、针距)等方面；②标明号型、尺寸；③标明生产工序、数量；④标明所需材料并附面料小样；⑤标明生产工序中需要注意之处；⑥标明开工日期及日程安排；⑦标明生产成本计算；⑧标明工厂名称。

(三)样衣制作

在设计与进行工业化生产之间,通常需要经过样品试制的关键步骤。通过这一步骤,可以检验企划的商品在生产加工上的可行性；样板师制成的样板在工业化生产中是否合理；缝纫加工工序设计是否简洁以及成本是否合适等。要严格采用指定的面料、里料、衬料、缝纫线、纽扣、垫肩等来完成整件服装制作。

表 3-24 生产加工指导单

生产者名称：

数　量		品牌名称		编　号		品类名称	
加工价		交货期		企划师	设计师	样板师	技术员
缝　制　指　示		尺　码		车　间			
裁　剪		衣　长		加工起始日			
衬　里		大身宽		基本板型			
袖　型		衣摆宽		B：上身较长的外套，双刀背分割，V型领口，基本款型同 A 。			
领　型		肩　宽					
袖　口		松　量					
衣　摆		袖　长					
衬		背　长					
垫　肩		上身长					
裤襻		裙　长					
针　距		拉链长					
纽　扣							
拉　链							
生产准备	编号	数量	单价	每件预算成本			
面　料				面料			
衬　料				衬料			
里　料				里料			
附属加工	底边		附属				
	腰带						
	纽扣						
	搭扣						
	拉链		价格				
材料生产地		A		B	企划师附言		材料小样
材料编号							
材料规格							
材料幅宽							
颜色编号							
材料单价							
材料数量							

（4粒纽扣）

从材料企划阶段开始,就应该着手准备样衣的制作。通常样衣交由接单的加工厂制作。在样衣的制作过程中,记录所需的面料、辅料、加工要点等。样衣完成以后,根据打样指导单对样衣进行缝制工艺检验,然后再进行穿着检验。不同种类的服装有不同的检验要求,重点是服装的合体性。例如:外套样衣,若试穿时手臂难以上举或后背处有余量、不平伏,可能缘于板型,就应及时对样板进行修正;若衬料与面料之间有剥离的情况,可能是材料性能欠佳,或熨烫温度不合适,确认后做出修改。样衣通常都需要制作两次。

(四)展示、订货会

在准备企业的展销会时,总结商品的主题、材料、颜色、图案、搭配组合以及促销计划等相关的促销要点。对百货店和特许经营店中的店面经理,明确说明本季产品与去年相同时期的产品以及与竞争品牌产品之间的差异,并提出促销活动的计划。充分利用品牌建立的订货网络,对订货商品的交货期、价格等,按不同款型的服装进行确认与管理。

(五)计划调整和数量决定

展示订货会后,应修正服装的品类、色彩和款式,并对数量做出适当调整,同时决定服装面料、辅料等的采购数量以及加工厂。服装生产商完成样品试制后,通常并不直接投入生产,还需要与订货商、零售商交流意见后才能决定哪些样品可以投产以及批量的大小。在销售活动之前进行销售预测,然后再做销售策划,最终实施销售。以这种方式来企划产品设计及生产的内容,形式上近似于接单生产,可以降低投资风险。

(六)生产管理

在生产计划阶段落实最合适的加工厂之后,对于材料采购,特别是面料,须重视品质检验,并获得准确的数据资料。不论企业是自己生产还是外发加工,若发生原材料短缺,都会导致生产停顿,影响商品流通的整体进程。

在生产管理方面,在服装生产越来越趋向于小批量、多品种、短周期的状况下,应导入 QRS(快速反应)管理体制。重视培养这样一类人员:他们能将设计师的感性设计制作成样板,并了解样板投入工厂后如何能缝制加工成最具优美造型的成衣,又保证成本合算。

(七)物流管理

将在展示、订货会中确定的不同色彩、款式、尺寸、数量的服装,按交货期准时提供给销售商。管理与指导零售店的销售,特别是商品的上柜数量与品类,并了解配货中心商品流动的状况。

服装在进入零售店前,要经过层层品质检验,包括在服装加工厂、后整理加工厂、公司内部、物流中心等各处的检查。品质检验过程中要对照相关的法规,特别重视对断针的检验。严格的品质检验对保持品牌的声誉十分重要(服装生产流程见图 3-68)。

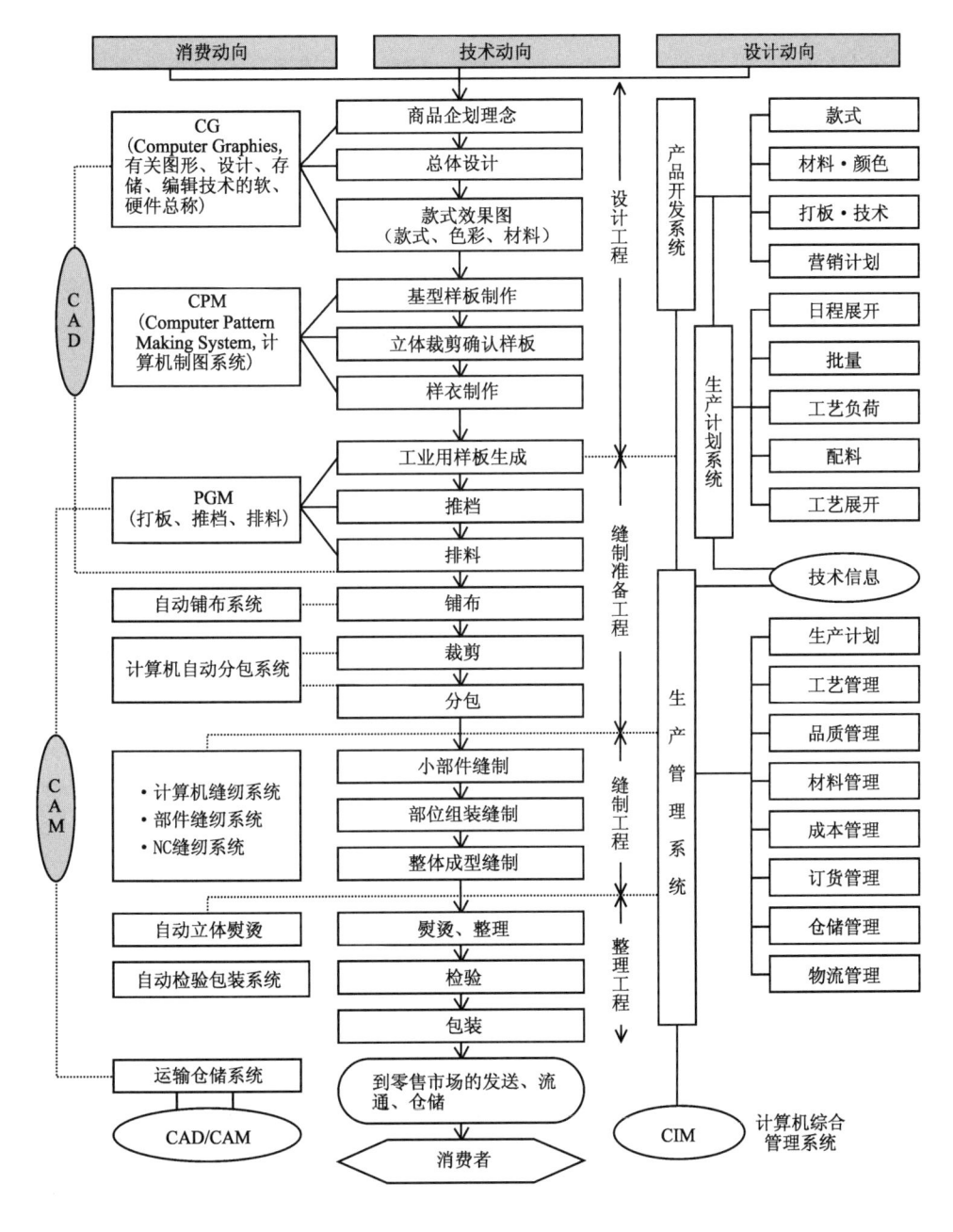

图 3-68 服装生产流程

第七节 服装的销售策略

服装品牌的商品企划，经过实施，并生产加工成为实物形式之后进入市场实现商品的价值。在这一过程中，须充分运用市场营销组合"4P"中的 Place（营销渠道及场所）、Promotion（促销）因素，基于已设定的商品（Product）品质、价格（Price）水平，制订出合理有效的销售策略，使服装品牌商品及时顺畅地转移到目标消费者的手中。

本节重点阐述服装商品进入市场和在零售卖场销售两方面的策略（图3-69）。前者包括服装销售渠道及场所的选择、促销策略；后者包括VMD——视觉促销企划、卖场设计和卖场导购服务三部分。

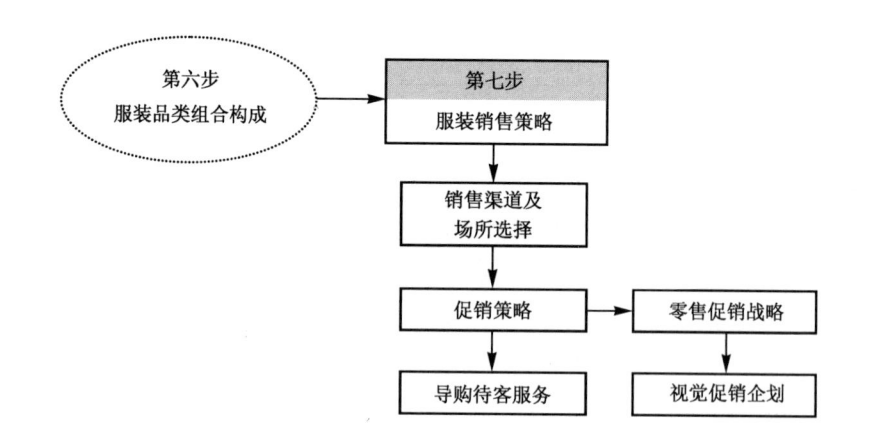

图3-69 服装销售策略企划的工作内容

一、服装销售渠道及场所的选择

（一）服装行业分类及服装商品流通路径

服装作为纤维制品的最终产品形式之一，与面料生产、批发及服装零售企业有紧密的联系（表3-25）。服装商品在生产过程完成后，通过各种路径到达需求者（消费者）的手中，这种由生产企业到需求者的商品流动过程就是流通，流通的路径称为流通渠道（图3-70）。

从图3-70中可以看出：①流通机构分为批发和零售两类；②商品中有些不经过批发而直接到零售或消费阶段；③从批发机构流出的商品，不仅流向零售机构，还流向各种有使用需求的领域，如原材料直接流向生产阶段，制服等直接流向政府机关、学校、医院、宾馆等；④流通包括进出口方式；⑤也有从批发机构流向批发机构的流通方式。

表 3-25　服装产业的定位

业界分类		企业类型	在纤维材料产业的定位	在服装产业的定位
服装材料产业	纤维材料业界	纱线生产商 ⇩ 纱线贸易商	上游	上游
	纺织业界	面料生产商 ⇩ 面料商	中游	
服装产业		服装生产商 服装批发商	下游	中游
服装零售产业		服装零售商		下游

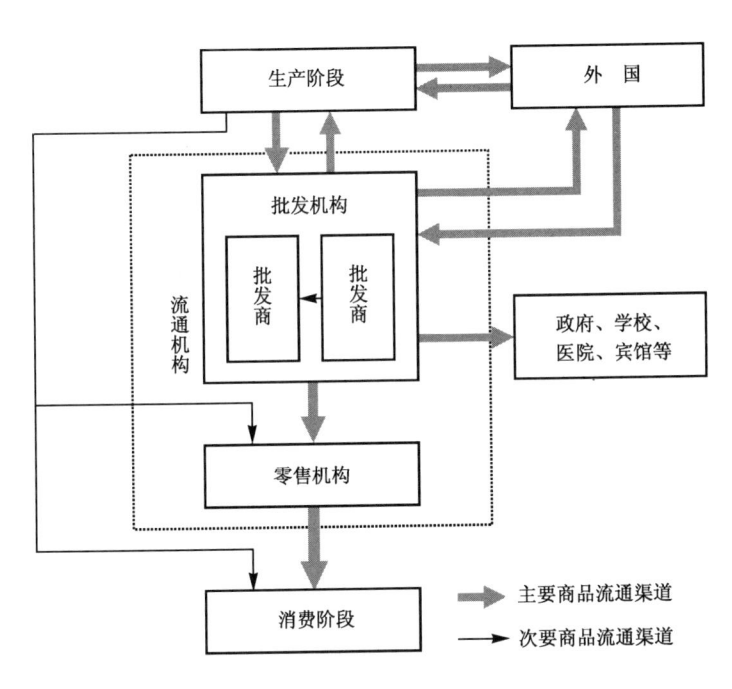

图 3-70　服装商品的流通过程

(二)营销渠道战略

为实现旨在满足最终消费者的商品企划,有必要采取最为有效的流通渠道组织。

1. 流通渠道组织

销售渠道畅通与否,影响着服装商品流通的速度与费用,以及服装企业的经济效益、品牌的市场竞争能力。销售渠道由三个基本要素组成:服装生产商,服装中间商(主要包括批发商、代理商及零售商),服装消费者。

(1)营销渠道组织的分类:营销渠道长短层次可以按渠道级数来划分。在推动产品及其所有权向最终买主转移的过程中,每一个发挥了作用的中间商是一个渠道级数。级数多少可用来表示营销渠道的长短。

(2)传统流通渠道组织:传统服装产业的流通渠道组织可按级数差异分为四类:

①服装生产企业→消费者;

②服装生产企业→服装零售企业→消费者;

③服装生产企业→服装批发企业→服装零售企业→消费者;

④服装生产企业→服装批发企业(包括服装制造商)→服装零售企业→消费者。

(3)垂直营销系统:在多级销售渠道中,存在着如何协调和有效组织各中间商行为以获取最大效率的问题。传统营销渠道分别由独立的制造商、批发商和零售商组成。近年来,服装产业的流通渠道开始向基于为最大限度地满足消费者需求而相互协作,并形成协同式企业集团的方向发展。这样形成的垂直营销系统与传统营销渠道不同,它是由生产者、批发商和零售商组成的联合体。垂直营销系统可以由生产商支配,也可以由批发商或零售商支配。图3-71所示为服装产业的垂直营销系统的概念。其中A类型垂直营销系统,多为实施生活方式提案型商品企划业态的企业采用;B类型垂直营销系统,通常与强调品质功能的商品企划业态结合实施。

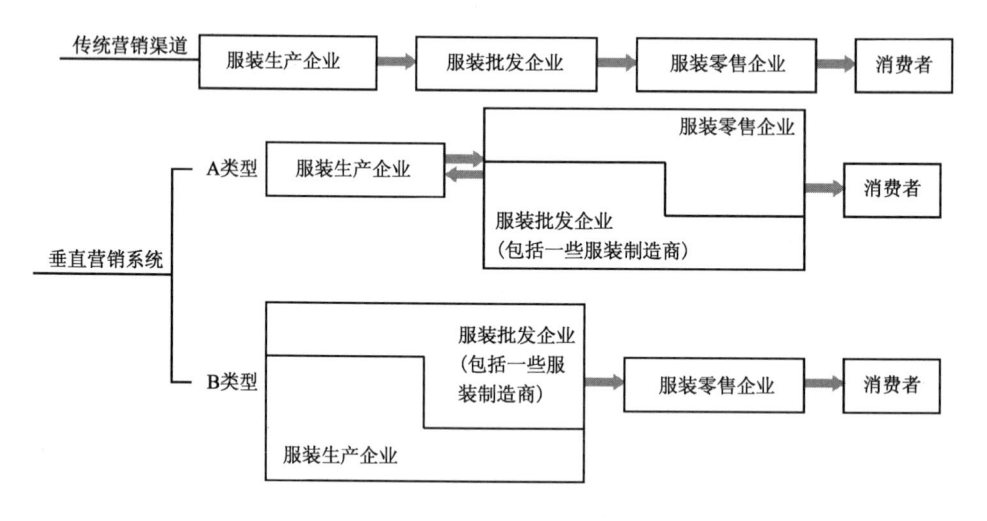

图3-71 垂直营销系统与传统营销渠道的比较

2. 营销渠道组合战略

服装企业的营销渠道组合战略分为四个步骤:设计流通渠道,选择中间商,选择零售企业或店铺,设定商品代理制度,规划销售场所。

(1)流通渠道的设计原则:流通渠道的设计应遵循营销理念(Marketing Concept)。有效的渠道设计首先要决定达到什么目标,进入什么市场,同时要考虑品牌的宗旨,不仅是为了销售产品。一些大众产品可以采用广泛而全面出击式销售,但对新设品牌商品必须慎重选择营销渠道,以免损害信誉和形象。设计流通渠道的目标包括预期要达到的服务水平,中间机构应该发挥的功能等。商品企划中选择流通渠道时考虑的因素有:商品特性/生活方式特性、品类特征、设计特性、品质特性等;价格特性/价格带、价格线;商品数量/最小批量;卖场条件/空间布局、视觉促销、邻近卖场商品的品牌特征、卖场的地理环境、位置等;销售时间/生产周期的长短等。

另一方面,企划流通渠道时还要注意本企业的特性(品牌在企业内的地位、财务资源、人才等);竞争品牌的营销渠道(与竞争品牌的互补性或差别化等);行业的状况与变化(零售企业的结构变化等);环境要因(经济动向、消费动向、法律上的制约等)。

(2)中间商的选择:零售商是介于生产企业与最终消费者之间的一类重要中间商,是将产品直接销售给最终消费者的销售组织。零售商是分布最广、数量最多、与消费者生活最密切的组织。

原则上,批发商的销售对象是非个人消费者(最终消费者),批发交易经营规模与数量通常大于零售交易。服装批发商通常以经营大众服装为主,目前,批发商与零售商的界线越来越模糊。

代理商不拥有产品所有权,主要功能是促进销售,并从中获取佣金。服装行业里的代理商常常代表卖方。原则上,服装制造商通过契约授予销售代理商销售其产品的权利,在价格、地区、退货处理程序、送货服务品质担保及佣金标准等方面有书面协议。代理商熟悉制造商的产品线,并用自身广泛的分销网络来推销制造商的产品,对产品价格、交易条件等有较大影响力。

(3)服装销售渠道长短的选择:选择中间商的类型,决定于服装销售渠道的长短。服装消费具有层次性、时间性、消费者地域分布广的特点,因而服装企业应根据品牌的特点,灵活选择长短不同的销售渠道。主要应考虑利润与风险等因素。另外,销售渠道的长短也可能涉及上缴税收多少等问题。

长渠道服装商品供应、配货反应迟缓,营销成本高,但渠道长可扩大市场覆盖面。以内衣、衬衫、男西服、牛仔服装等品类为主的大众化品牌,通常采用长渠道营销方式。短渠道适应多品种、小批量、时尚性强的服饰商品,成本高、获利较大,风险也较大。

(4)服装销售渠道宽窄的选择:中间商的数量多少及地域分布的选择,将决定服装销售渠道的宽窄。销售渠道宽窄的不同,影响产品的销售范围、企业对中间商的控制能力。其有三种形式可供选择。

①广泛分销:分销点分布广泛,适用于常用服装品类,如内衣、袜子等,也适用于大众化服装。通过选择较多的中间商,一方面可使广大消费者及时、方便地购买服装产品;另一方面也可增加销量,提高市场份额。这种模式的缺点,主要是服装企业对中间商的控制能力差。无品牌服装或非常规品类服装,通常采用这种模式。

②选择性分销:分销点覆盖面有限,以控制产品的分销面和价格,维持产品的形象和定位。往往只选择部分业绩良好的中间商经营本企业的服装产品。

③独家分销:指企业在某一特定的市场区域选择独家分销点专门经销本企业的产品。独家分销的优点是有利于控制价格、促销方式、销售对象及服务质量,提高品牌形象,利润率较高,主要为高档名牌服装所采用;缺点是缺乏竞争,不利于促进中间商提高工作效率。

(5)服装企业的零售场所战略:服装企业的零售场所分为自营店、百货店、专卖店、量贩店及其他(批发市场、无店铺销售)等类型。品牌的销售额决定于每个零售店铺的销售额,零售场所战略与品牌的整体市场运作和规模关系密切。

(6)选择零售企业的原则:选择好流通渠道之后,需要决定零售企业的类型。考虑因素有:

①零售店(流通渠道)的类型,应考虑商店的影响力(形象倡导力)、地理环境条件、视觉促销能力、销售能力、促销能力、管理能力、财务状况等。

②零售店的数量及地理位置。

③商品供货、代理的形式与条件,有代销制、买断制等多种类型。

(7)服装零售企业的分类及特征:通常有百货店(专柜、店中店)、专卖店、特许经营店、无店铺零售企业及自营店(街面店、设于商场中的自营店)等。

①自营店:在自营店(卖场面积大的示范店也称旗舰店)中销售,有利于推出本公司品牌的理念,利润较高,可与顾客建立紧密的联系及良好的沟通渠道,易于准确、及时预测销售额;但商店的初期投资大,风险大,难以在短期内通过多店铺扩张迅速增加销售额。自营店中的大型商场中的店中店形式与街面店相比,优点是初期投资较少,可以借助自营店所在商场的影响,促进销售;缺点是不利于品牌形象的曝光,并且投入经费成本(共同促销费、赞助费、管理费)比例高。

国内服装业界所称的专卖店,在很多方面具有自营店的特征。

②百货店中的店中店:百货店中的店中店与自营店相比,初期投资(保证金、内外装修费)较少;由于不具备对卖场的支配权,经常因为卖场位置与面积等问题导致销售额不稳定。与将商品批发给其他企业相比较,开设店中店方式的利润较高;但由于企业在商场中派遣促销员等事宜,使运作成本增加。采取百货店中的专柜销售或代销制的形式,初期投资少;但通常毛利润比店中店低,而且品牌

的风格表现受到制约,也难以保证销售额的稳定。

③(分类)专卖店:专门经营一类商品或有关联的几类商品的零售形式,一般只容纳有限的几条产品线,如男装、女装或童装及配饰专卖店等。分类专卖店是一种普遍运用的零售方式,产品组合宽度较百货公司窄,但比销售单一产品的商店广,有特定的市场细分。将商品批发给分类专卖店的形式,不需要对店面进行初期投资,销售额也有保障;但对推广品牌的风格形象有一定制约。分类专卖店档次高、品位好,有助于提升所销售的品牌的形象。

④特许经营店、代理销售店:特许经营店的初期投资少,销售较为稳定,便于推广和宣传品牌的形象。代理销售店属于自营店的一个类型,其优点是在某一个区域以专卖店的形式进行代理销售,该区域的消费者对其非常熟悉,销售业绩可能比自营店更好。

各类零售企业的特征见表3-26。

表3-26 各类零售企业的特征

类　别	初期投资额	销售规模扩大	利润率	销售的稳定性
自营店	×	×	○	○
店中店	△	○	△	×
特许店	○	○	×	○
分类专卖店	○	△	×	△

注 ○—少(或好);△——一般;×—多(或差)。

(8)确定销售店铺:确定销售店铺数时,可以从基于市场规模的销售预算、品牌单位卖场面积销售实绩、每个店铺的规模等方面考虑。选择商店时的具体考虑因素,如图3-72所示。

3. 网络营销

网络营销(Cyber Marketing,Internet Marketing,E-marketing)是以互联网为媒体实施的营销活动,以全新的方式、方法和理念更有效地促成个人和组织交易活动的实现。对于服装销售而言,网络营销也是一种全新的销售渠道。服装网络营销在整个服装行业营销中占的比例正在增大。服装网络营销的比较优势集中在以下方面。

(1)节约消费者成本。在网络购衣环境中,消费者通过网站搜索和浏览合适的服装,节约了时间成本和体力成本。

(2)降低企业成本。包括业务管理成本和销售成本在内的企业成本可以得到显著降低。

(3)更好地满足消费者个性化需求和理性购买。服装网络营销是一种以消费

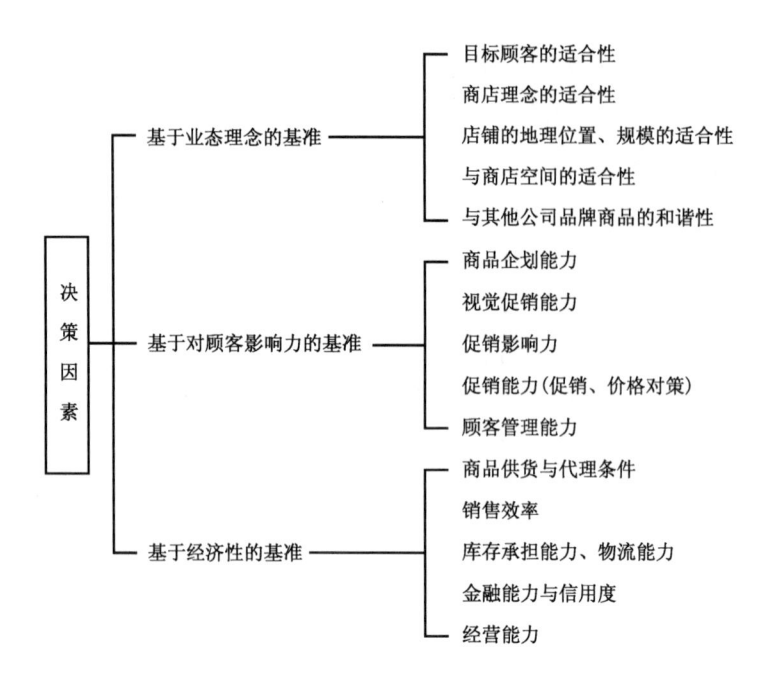

```
                    ┌─ 基于业态理念的基准 ─┬─ 目标顾客的适合性
                    │                      ├─ 商店理念的适合性
                    │                      ├─ 店铺的地理位置、规模的适合性
                    │                      ├─ 与商店空间的适合性
                    │                      └─ 与其他公司品牌商品的和谐性
                    │
┌────┐              │                      ┌─ 商品企划能力
│决策│              │                      ├─ 视觉促销能力
│因素│──────────────┼─ 基于对顾客影响力的基准 ─┼─ 促销影响力
│    │              │                      ├─ 促销能力(促销、价格对策)
└────┘              │                      └─ 顾客管理能力
                    │
                    │                      ┌─ 商品供货与代理条件
                    │                      ├─ 销售效率
                    └─ 基于经济性的基准 ──┼─ 库存承担能力、物流能力
                                           ├─ 金融能力与信用度
                                           └─ 经营能力
```

图 3-72 选择商店时的决策因素

者为导向、强调个性化的营销方式,具有极强的互动性。它能满足消费者对购买服装方便性的需求,提高消费者的购物效率,能满足重视价格的消费者的需求。在网上购买服装时,消费者可以同时搜索到许多符合自己要求的服装,并进行价格、款式、颜色等的比较。网上商品信息查询不受空间距离影响,增加了服装购买的选择范围。

(4)提高服装企业的快速反应能力。服装是流行性很强的商品,具有流行周期短、变化快等特点,加之消费者对于服装的个性化需求日益明显,服装企业如何能根据市场行情的变化做出迅速反应显得尤其重要。通过网络销售服装,企业不仅可直接对网上服装销售数据进行统计分析,还可通过网上留言等方式及时获得消费者的反馈信息,快速调整产品分配,提高服装企业的生产效率。

二、促销策略

促销作为市场营销组合"4P"中相对活跃的因素,是指通过各种资讯沟通的媒介与手段,消除目标顾客与商品之间的认知障碍并影响其认知态度,激发消费者购买该商品的兴趣与信心,达到促成顾客购买的目的。从企业经营的角度,促销战略通过及时向消费者传播商品的内容和品牌的形象,增加销售额,获取良好的利润回报。从商品企划的角度来讲,实施促销战略可为商品销售营造适当的时机(适时)。因此,促销战略既可立足于新商品新季上市之时,也可基于长期考虑,为培育良好的品牌形象(或品牌忠诚度)而实施。

服装促销战略应该根据企业、品牌、商品、价格、营销渠道及场所的不同特点而灵活进行。服饰商品作为"生活观念、文化价值与流行信息"等的信息媒体,其承载信息的短暂生命周期要求传播的实效性与快捷性。为突出新商品、新品牌的特征性,促销是有效手段之一。

服饰产品因非功能性价值(如社会价值、文化价值、美学价值、象征价值等意识价值)含量高,决定了消费者主要通过视觉、触觉等手段来感知,服装促销的战略重点在于塑造品牌形象或凸显理念定位,特别是高感度、个性化服装品牌,不能将削价求售作为促销理由。服装作为消费者表达自我认知、自我价值、理想和诉求的象征与工具,其内涵可以通过色彩、造型、材质等要素来传达,但也需要通过促销予以准确诠释,以确立品牌形象与理念定位。服装促销的战略目标是提高品牌的知名度,培养目标顾客的品牌忠诚度,在实施中通常以季节为周期,强调各季节的商品企划主题。以季节为主线进行促销,可以配合商品企划、设计与生产的时序性;主要传播手段为视觉媒介,如报刊彩页、电视广告、时装摄影等。

传统的服装促销战略有四类主要实施方式:人员推销(Personal Selling),销售推广(Sale Promotion),公共宣传(Publicity),广告(Advertising)。

(一)人员推销

人员推销是一种最古老、最直接的促销方式,营销人员通过与顾客进行直接沟通来实现销售目的。店铺中的营业人员也能起到人员推销的作用。

1. 人员推销的优点

双向沟通,针对性强,信息反馈迅速;示范性强,可增进顾客潜在的购物欲望,促进顾客购买;及时为顾客提供售后服务,直接获取顾客的反馈意见;适于针对批量购货的客户;人员推销绝对成本较低。

2. 人员推销的缺点

推销面窄;对推销人员素质要求较高,要求具有丰富的商品知识和灵活实效的销售技术、展示技能;人员推销的相对成本比较高,即对受众单位到达率的代价比较高。

(二)销售推广

销售推广指利用一些消费者在购物中诉求额外收获的实惠心理,向经销商或消费者提供非常规的、优惠性的购买条件,以吸引顾客、扩大销售。它包括了各种属于短期性激励销售的促销手段,如面向最终消费者的销售推广以及贸易推广。前者的具体形式有免费或减价赠送使用品、优惠券、价格减让、赠品、分期付款、有奖销售、免费服务等。后者包括购买折扣率、合作广告、促销自主与经销竞赛等方式。

进行销售推广时,应从企业特征、品牌属性出发。过多地通过优惠或价格打折等来吸引消费者,也会使品牌在目标消费者心目中的地位和形象打折,破坏了品牌的理念定位。

(三)公共宣传

作为一种促销手段,公共宣传的含义比公共关系(Public Relation)窄。公共宣传是指某些公共媒介免费而自愿地报道企业、品牌或产品的相关内容。公共关系是指为改善公众形象或为此制订长期计划及原则而实施的活动。公共宣传具有客观性、公共性与广泛性的特点,在某些方面宣传效果比广告好。公共宣传建立在有新闻价值与免费的基础上。

(四)广告

1. 广告的定义

作为四种主要的促销工具之一,广告是付费传播销售信息、针对多数消费者的沟通与促销途径。从商业角度看,通过利用传媒传递消费信息,吸引消费者关注,改变消费者态度,以影响实际或潜在顾客的购买行为。广告的特征在于通过付费给媒体的方式来实施促销。

2. 广告的目的

服装广告按促销目的分为形象广告和商品促销广告。前者主要以吸引消费者对品牌或企业(如商店)的关注、塑造形象为目的,不具体针对某一款服装;后者的目标是促进特定产品的销售。实践中,形象广告在服装业中用得更多。广告的目的就是将信息传递给消费者,使消费者的行为和态度发生变化,刺激需求。

3. 广告媒体

广告通过收费的广告媒体向公众传播服装企业的信息来实施。媒体是将广告信息传达给目标消费者的媒介。服装广告的媒体形式很多,如报纸、杂志、广播、电视等大众传媒广告;模特、橱窗、路牌等实物广告;利用公共交通工具的流动广告等。广告媒体方式可按图3-73分类。

不同的广告媒体各有特点。例如一些大企业和设计大师多利用著名杂志做广告,塑造品牌形象、传达时装季节主题和理念。报纸传播面广、成本低廉、制作发行快速及时,但视觉效果较差。电视广告动态、鲜明,但费用高昂。选择媒体时要考虑成本和有效性(表3-27)。

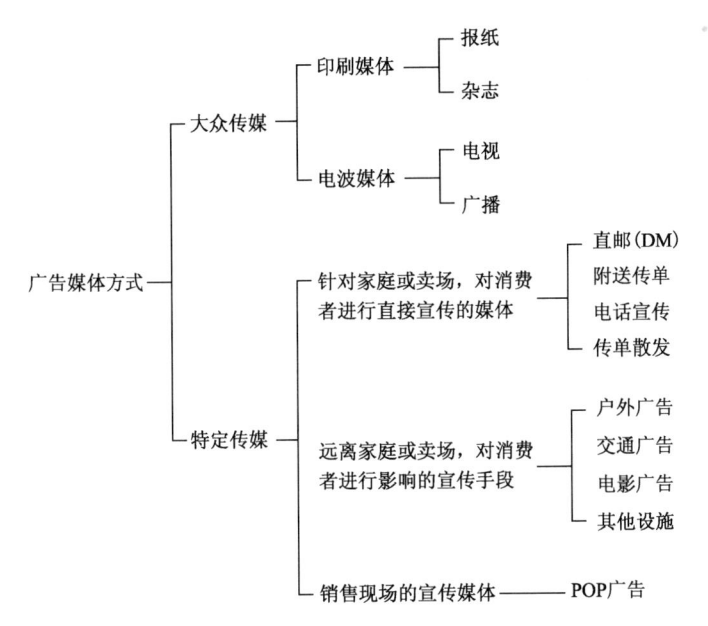

```
广告媒体方式 ─┬─ 大众传媒 ─┬─ 印刷媒体 ─┬─ 报纸
              │            │            └─ 杂志
              │            └─ 电波媒体 ─┬─ 电视
              │                          └─ 广播
              ├─ 特定传媒 ─┬─ 针对家庭或卖场，对消费 ─┬─ 直邮（DM）
              │            │  者进行直接宣传的媒体    ├─ 附送传单
              │            │                          ├─ 电话宣传
              │            │                          └─ 传单散发
              │            └─ 远离家庭或卖场，对消费 ─┬─ 户外广告
              │               者进行影响的宣传手段    ├─ 交通广告
              │                                       ├─ 电影广告
              │                                       └─ 其他设施
              └─ 销售现场的宣传媒体 ─── POP广告
```

图 3-73　广告媒体方式的分类

DM—Direct Mail，直接邮寄　POP—Point of Purchase，购买地点

表 3-27　各类广告媒体的特点

类别	优点	缺点
报纸	迅速覆盖地域市场，可信度高	寿命短；视觉效果差
杂志	针对特定读者层，有选择的可能性，寿命长，视觉表现效果好	缺乏及时、迅速性
电视	视、听相结合，能进行感性诉求，受关注的程度和与顾客接触的机会较高	价高；听过、看过则忘
广播	大幅降低成本	只有听觉表现，所以难以表现时尚性，听过则忘
直邮（DM）	选择接受对象，也能进行视觉表现	每个对象平均成本高；有被扔进废纸篓的可能
户外广告	高接触率，成本低，冲击力强	不能选择接受对象；受到空间和面积等的制约

4. 广告计划

企业可根据过去的经验或资料，分析品牌的现状和商品企划理念，制订广告计划，并依据目标市场的趋势和季节特点确定广告主题，策划为达成广告目标及渲染广告主题应开展的活动，设计合适的载体和选择适当的媒介，并做出广告预算（图 3-74）。

5. 广告实施策略

在具体实施广告策略时，应根据品牌的不同成长阶段合理调整。如品牌在导

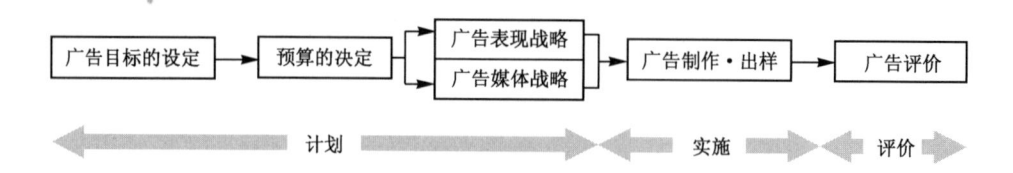

```
广告目标的设定 → 预算的决定 → 广告表现战略 / 广告媒体战略 → 广告制作·出样 → 广告评价
              ← 计划 →                              ← 实施 →        ← 评价 →
```

图 3-74　广告的实施流程

入时期,广告的目标是创牌,广告对象是早期使用者,广告诉求的重点是告知。当品牌处于成长期和成熟期时,广告的目标是保牌,广告的对象是早期和中期消费者,广告诉求的重点是说服和引导。同时,要注意广告发布时间及发布频率的选择。根据消费者的心理特点,进行集中与分散相结合的广告发布。

6. 广告费用预算及效果测定

服装广告费用预算可以根据企业的经营目标和企业的实力,按照销售额的一定比例计算确定,也可根据竞争对手的预算确定。服装零售店的广告预算通常占销售额的1%~3%。当然,广告预算与商品所处的生命阶段有密切关系(图3-75)。当商品处于导入期时,为了使消费者认知,应投入大量广告预算。在成长期,广告费用与销售额的比例下降。在商品成熟期,商品的差别化已经难以体现,需要加大广告宣传力度进行说明,因而广告预算增大。此外,以常规服装品类为主、长销品占多数的品牌,为利用广告来诉求差别化,广告预算相对较大。

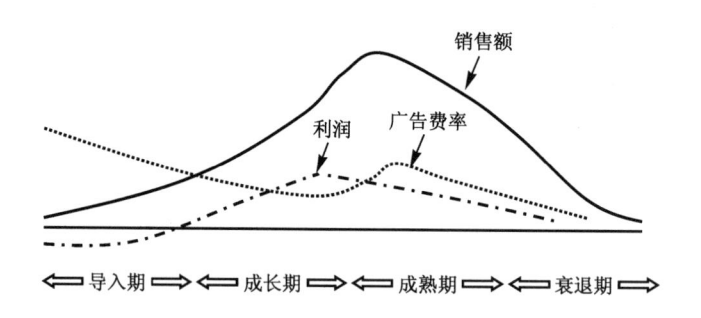

图 3-75　广告预算与商品所处的生命阶段的关系

广告费用的支出是一种长期性投资,广告效果通常是远期的、持久的,难以用短期的收益变化来衡量。可以从两个层面测定广告效果:一是广告本身的效果,如广告能否引起观众的注意、兴趣,广告是否被理解和记忆;二是广告对企业产生的效果,如广告对消费者购买行为倾向性的影响,广告对品牌知名度、品牌忠诚度、销量的影响等。

四种传统促销策略(人员推销、销售推广、公共宣传、广告)对品牌所起的促销作用不尽相同。四种促销手段通常结合运用,以创造最佳的效果。在消费者购买商品前的各心理过程阶段，四种促销策略类型效用的比例关系，如图 3-76 所示。

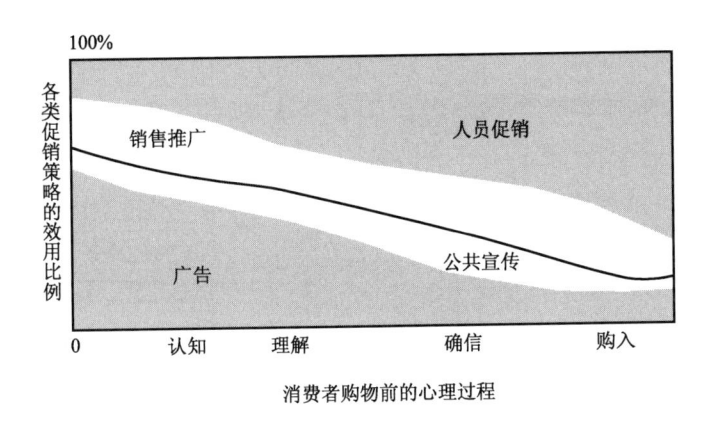

图 3-76　四种促销策略的效用

四种促销手段中，所占比重最大的是广告及人员推销（特别是卖场的导购员促销）。广告能诱发消费者的需求意识，可称为拉动战略（Pull）；营业员的卖场促销服务是促使购买行为最终发生的有效途径，可称为推动战略（Push）。在服装业中，受消费者喜好程度较高的设计师品牌及个性化品牌，通常采用杂志广告、公共宣传等诱导、拉动促销战略；品牌感性形象较低的大众化品牌，通常是与销售商之间建立良好的关系，以卖场促销为重点，提高销售额。

三、零售促销战略

（一）消费者行为与零售促销战略

在制订销售企划时，服装商品企划师首先应考虑：商品在零售店的卖场中如何展示才能吸引更多的消费者。为此，需要了解零售店卖场的设施、环境情况与消费者购买行为之间的联系。

消费者和零售企业之间的关系可以用图 3-77 表示。消费者的消费行为可划分为选择商店、决定购买和获得满足三个阶段。消费者要购买商品，第一步是选择要去的商店，即选择商店阶段。进入商店后，下一步是从该店货架上挑选自己中意的商品，这一过程是决定购买阶段。从零售商的角度来看，当消费者做出了购买决定，并在收银处付款后，商品买卖就算结束。但商品购买过程的完成，并不意味着消费者行为的结束。消费者购买商品的目的，并不单纯是完成购买商品这一过程，而是满足今后穿着的需要。如果试穿后，觉得确实舒适自得，就自然会产生一种"买得值"的满足感，实际上消费者买的就是这种满足感。服装商品被视为人的第二肌肤，与人体关系密切。如果穿着不舒适，消费者马上就会体察，并对

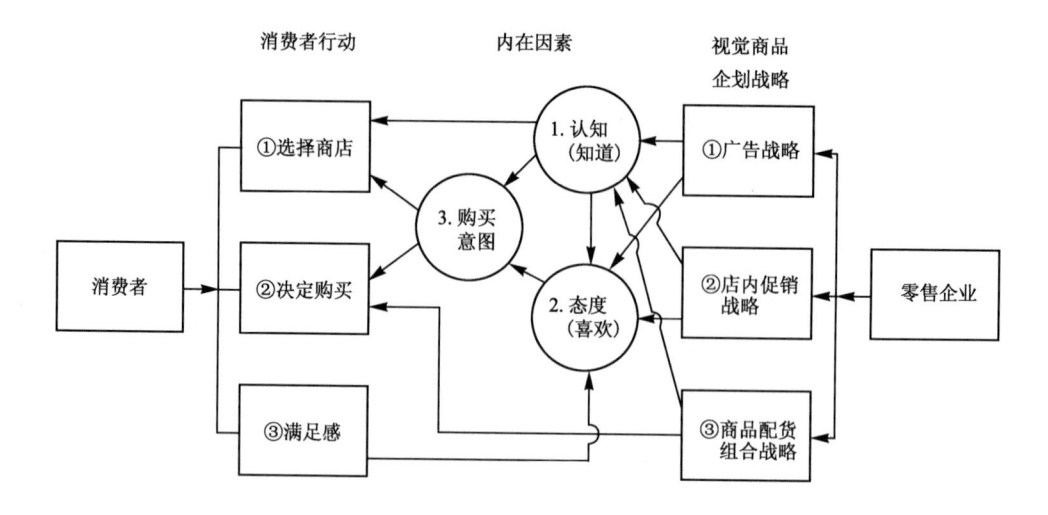

图 3-77 消费者和零售企业之间的关联

该品牌的服装产生强烈的不信任感，影响今后的购买行为。因此，应关注影响消费者做出购买决定的因素，还应重视实现他们的这种满足感。

因此，从零售企业的角度，为了提高销售额，仅在卖场中备足货源远远不够。首先要通过广告等传媒扩大知名度，使自己的商店成为顾客首选光顾的对象；同时为消费者创造良好的购物环境、积极提供流行信息，并强化对生活方式的介绍和倡导，吸引消费者再次来店购物。

(二)零售促销战略组合

不论商品的组合搭配与陈列多么合理、美观，如果不开展一定的促销活动让消费者了解，那也只是一些商品的堆积，没有任何意义。服饰制品和生鲜食品一样具有生命周期短的特性，而且现今社会的消费者对各种销售刺激渐渐麻木，普通促销手段已较难引起他们的注意，因此进行有计划、有创意的促销活动势在必行。

促销活动要求整合各种要素，以达到促进服装销售的目的(图 3-78)。

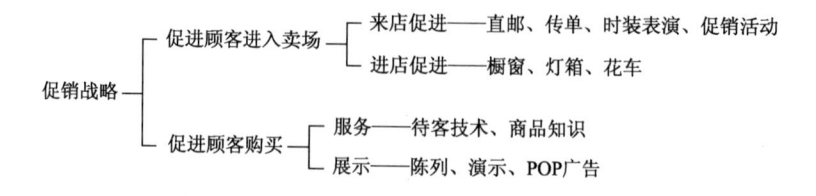

图 3-78 零售促销战略的要素

1. 不同类型零售企业的促销战略差异

不同类型零售企业的促销战略具有不同的特性：

(1)百货店：主要利用报纸广告作为宣传手段，为了使周末有更多的顾客光顾，常进行展销、特卖活动，有时也散发传单或赞助电视体育节目。

(2)量贩店：主要靠散发传单来强调价格上的优势，也利用报纸广告、赞助电视体育节目等形式。

(3)专卖店：大多数专卖店不采用大众传媒作为宣传媒介，主要采用直邮(DM)进行有针对性的宣传。

(4)购物中心：和量贩店一样主要通过散发传单进行宣传。在打折销售期，也可利用在公交车车身上画广告画、在地铁车站里设置灯箱的方式进行宣传。此外，很多购物中心定期出版广告宣传性质的刊物，或举行大型促销活动吸引消费者。

2. 促进来店策略

在促进来店方面，零售店应从以下角度为顾客考虑：能买到些什么——独特性；能碰到什么有趣的事——刺激性；能得到何种新的商品和信息——期待感。

作为促进来店的方法，主要有：直邮(DM)——向顾客邮送一些装帧精美的宣传手册；传单——通常在展销或举行活动时使用；时装表演——在新的一季来临时举行，由零售企业主办时装展示会，地点通常设在零售店内，对象为广大消费者；促销活动——对应于季节的各种主题，以吸引消费者为目的的降价销售活动。

3. 入店促进策略

为吸引从卖场周围经过的消费者入店购物，主要采用的手段有：在卖场前部布置引人注目的橱窗；在卖场前部设置广告招贴或灯箱；在卖场外摆放促销用的花车；营业员在卖场前招呼消费者。

4. 待客服务策略

为了提高服务质量，促进销售，促销服务人员的接待方式、待客技术应能给顾客留下好印象；具有应对顾客询问的丰富的商品知识；为了吸引回头客，尽量培养顾客的忠诚度。

5. 卖场展示策略

在卖场展示时，应全面考虑商品在卖场中陈列的位置、方法等。在陈列方面，根据商品构成的比例，对卖场进行空间区隔，确定通道和客流路线；对卖场倡导的风格或重点推出的商品进行有效的视觉展示，应灵活运用橱窗和人台；利用POP(具体指店头招贴、标价牌、灯箱等)向顾客传达卖场信息。

四、视觉促销(VMD)企划

(一)VMD 定义

视觉促销 VMD(Visual Merchandising)是商品企划活动的一部分,目的是吸引消费者。视觉促销是企业从视觉角度运用与实施商品企划战略的过程。因此,视觉促销的根本是商品企划,商品理念决定了视觉促销的内容——通过对商场中所有与商品有关的视觉要素进行调配和管理,以吸引消费者,强调品牌的独特性和差异性。

1. VMD 与环境视觉要素

通俗地讲,视觉促销是指调动、管理、配置以商店建筑的外观装饰风格为主,包括橱窗展示、店内的货架、人台或照明等在内的一切能对视觉造成刺激的要素,使目标消费者更容易理解商品的功能和设计的理念,促进商品的销售。

在零售店进行视觉促销时,通常利用与环境相关的要素,围绕品牌设计理念形成具有某个中心主题的场景。例如:某个以优雅型风格的消费者为目标顾客的零售店,除了所售商品具有优雅型的风格外,零售店的货架材质与造型、灯光、背景等都应具有相同的风格,其间的销售员形象也应与这种风格吻合,高雅、知性;突出休闲风格的商店,货架材质造型、灯光、背景等也应具有休闲品位,营业员是明朗、青春、活泼的女性。

因此,视觉促销企划不仅要使零售店某部分具有某一种风格,还应从整体对所有与视觉刺激有关的要素进行布局规划。

2. 视觉促销企划与商品构成

对于高感度品牌,由于目标顾客是对品牌意识很敏感的消费者,通常采用自营店或特许经营店销售方式。在进行高感度品牌的商品企划时,要重视商品构成,并且对零售店的商品陈列、展示、橱窗布置及促销活动等进行规划。

在零售店中,为实施商品的组合和配货,应该将商品构成中的各品类进行分组,按照新潮商品、畅销商品、长销商品分类进行陈列、展示、橱窗布置及促销活动等。视觉促销是将商品与陈列、展示、橱窗布置、促销活动统一筹划,开展统一协调的、面向目标消费者的整体宣传活动。

(二)视觉促销的作用

实施 VMD 的战略无论对服装生产企业还是对零售企业都很重要。作为将品牌商品企划相关的信息准确传达的手段与途径,视觉促销的目的是满足消费者的某些需求以及在消费者心目中树立本品牌的形象。

从消费者的角度,视觉促销的作用有:①让消费者较快找到自己需要的商品;②帮助消费者明确自己需要的是什么商品;③为消费者设计新商品的生活提案。简而言之,视觉促销的作用是让消费者看见、知晓、理解。

从制造商的角度,视觉促销的作用体现在:①在商品供给过多、过剩时,防止商品淹没在市场中;②具有冲击效果的卖场布置和商品组合搭配,对服装没有太大兴趣的消费者也是一种无声的劝说;③对有自己独特见解的消费者,卖场展示了一种文化,勾画出一种新生活,使他们在接受这种文化生活的时候,对这幅画面的主体——服装也留下深刻印象;④由于人员费用的上升,营业员的数量和接受培训的时间在减少。一个设计得很好的视觉展示,可在一定程度上起到弥补作用,让消费者获得一个轻松自由的购物环境,同时充分理解商品的意义。

可以发现,消费者在一个统一和谐而又具有特色的商店中购物时,会感到轻松愉快、购买欲很强。一个品牌、一个商店,要在行业内处于领先地位,就需要企划实施相应的 VMD 战略,让消费者感觉到商店不是一个堆砌商品的仓库,更像一个博物馆、展览馆,向大众展示的是一种文化、一种风格、一种个性,其中的服装不过是为了表现蕴涵的意义而借用的一种道具。

VMD 是促进销售的一种重要而有效的途径,但不是改善品牌业绩的唯一法宝。对 VMD 期待过高,可能会使市场战略受到制约,失去原有的自由度和灵活性。一般来讲,品牌会受到流行趋势变化的影响而导致销售额的增减。如果品牌的理念及形象与所处的市场大环境、流行趋势已经背离,还执意以 VMD 全力推出该理念与形象,则可能引起消费者的反感、腻烦,要再度恢复品牌的可信度与忠诚度就相当困难,甚至会导致消费者态度的根本转变。

(三)服饰用品的视觉展示技术 VP

1. VMD 与 VP 的关系

VP(Visual Presentation)指为实现 VMD 诉求的视觉效果而采用的表现手法。VMD 是针对卖场进行的整体 MD 计划;VP 具有将商品在卖场按计划进行陈列展示的功能。VP 是对 VMD 的具体实施;VMD 计划是 VP 的前提(图 3-79)。

显然,商店的商品陈列依赖于优良的视觉展示技术来实施。商品陈列的好坏与卖场在消费者心目中产生的印象优劣有着直接的联系。如果单纯将 VP——商店的陈列展示看做是把商品展示出来,让顾客能够看见,往往会导致商品在色彩、造型、尺寸上的统一性得不到保障,贬损商店向顾客提供的真诚服务,减弱顾客对品牌的信心和购买欲望。因此,应进行富有感性、感染力强、平衡感好的店面展示设计,充分发挥卖场吸引顾客进店

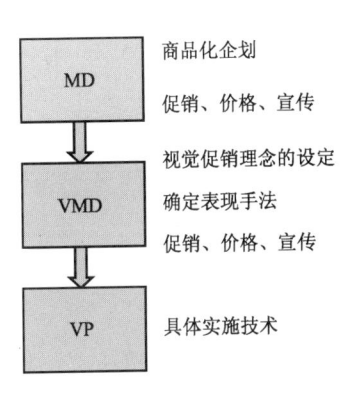

MD	商品化企划
	促销、价格、宣传
↓	
VMD	视觉促销理念的设定
	确定表现手法
	促销、价格、宣传
↓	
VP	具体实施技术

图 3-79 VMD 与 VP

的作用。

2. VP——视觉展示器具的分类

陈列展示器具可分为两类:一类是单元式,可拼接组装;另一类是固定式,固定于墙面等处。

3. 视觉展示的基本形态

根据商品的种类与内容,确定最能充分表现商品特性的陈列展示形态。即使对同样的商品,如果陈列展示方式不同,表现出的风格也可能不同。商品展示的具体形态分类如表3-28所示。

表3-28 商品展示形态的分类

基本形态	风格	器具、技术	实施空间
贴附类	自然感	大头针、泡沫塑料	柱面、墙面、展示板
吊挂类	轻快感、动感	绳子、锁链	橱窗、展示台
放置类	稳定感	龙门架、人台、模特、陈列器具	商店内的整个展示空间

(四)卖场设计

广义上卖场是一个"无声的营业员"。它所表现的情节性和艺术性,能够使顾客产生兴趣、欲望,并决定购买。卖场是吸引消费者的关键,也是决定销售额的要素(图3-80)。

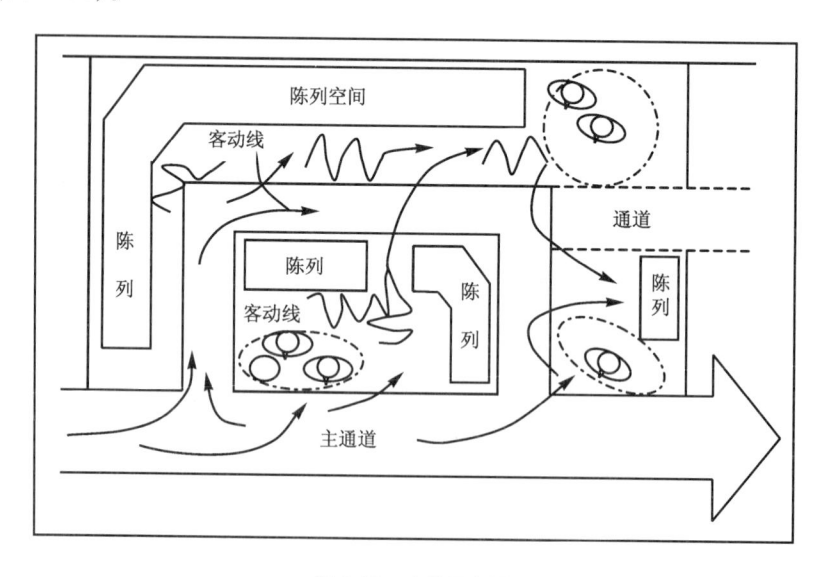

图3-80 卖场示意图

1. 卖场构成的基本要素

一个理想的卖场,商品易见、易理解、易购买;对于顾客及营业员,卖场还是一个舒适的场所。卖场的构成或展示陈列,需经过科学的分析,以达到较为理想、合理的状态。

2. 卖场的空间构成

主要包括导入空间、店内商品销售空间、店内辅助空间三个主要空间:

(1)导入空间:导入空间位于店铺的最前端,是店铺中最先接触顾客的部分,包括入口空间、店头、橱窗展示和POP展板等。

(2)店内商品销售空间:商品销售空间是店铺的核心,是直接进行商品销售活动的区域。通过利用货架、展柜、橱窗和人台模特儿等商品展示陈列的道具展示服装商品。用于商品展示家具的占地空间,被称为展示家具空间;服务空间是在为顾客做侧面服务、收银、包装商品所需要的空间,如收银台、服务台、流水台等,设置在店铺的不明显处。顾客空间是指顾客选择商品、试穿商品和休息的空间,如通道、试衣间和休息区域等。

(3)店内辅助空间:由于店铺展示的美感,售卖商品不会全都陈列在展架上。在店内设置库房,提供销售货品的补充是非常必要的。店铺内辅助空间主要包括商品库房和销售人员更衣室等相对隐蔽的场所。

另外,在卖场空间中,人的视线、商品的陈列、动线等也是非常重要的。

(1)视线与陈列的关系:视线是眼球与所见物体连接而成的线。人体自然站立时,最便于观察的视线高度等于眼睛的高度,它与观测者的身高直接相关。国内男性的最佳视线高度是地面向上160cm左右,女性是150cm左右,如图3-81所示。

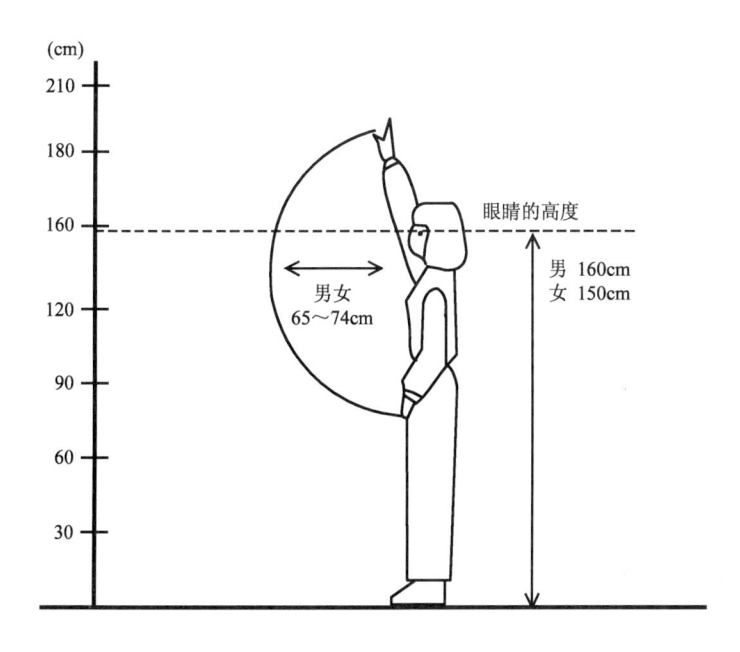

图3-81 视线与陈列的关系

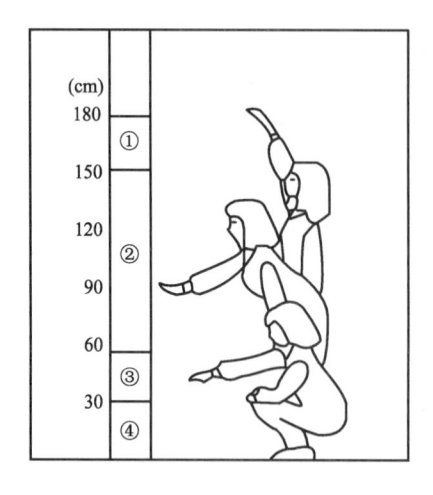

图 3-82 展示陈列空间的划分

(2)展示陈列空间的划分:商品应置于最易于眼睛观察与最易于手触摸的区域(该区域为比眼睛稍低的部位)。通常情况下,商店中展示陈列空间的划分如图3-82所示。

①手必须向上伸才能触摸到的高度:视线能够确认商品,且能够吸引顾客对商品关注的高度。

②最方便用手取的高度:用手能够触及商品并加以确认的高度,这是瞩目率最高、吸引力最大、对商品销售最有利的陈列区域。

③稍向前倾就能用手触摸到的高度:这一高度用手触摸多少有些不便,通常这一区域的商品较之在①、②区域后被顾客看见。

④必须前倾和弯身才能触摸到的高度。

这些高度空间中,②是销售可能性最大的区域,一般是从地面往上算起 90~130cm,称为黄金空间。

(3)动线:动态移动的轨迹线称为动线。顾客在商店中来回移动的动线称为客动线;营业员移动的动线称为营业员动线;商品或营销器具搬出与搬入时的移动线称为管理动线。客动线越长,顾客在商店中移动路程越长,看到商品的机会越多;营业员动线、管理动线越短,效率就越高。设计卖场的客动线时,主要的客动线应该较为宽阔,次要的客动线可以稍微狭窄、富有变化;客动线、营业员动线和管理动线尽可能不要交叉。

3. 重视卖场理念

专卖店、百货店、大型超市等不同的零售店类型有不同的展示构成方式。在卖场设计中,重点从两个方面体现卖场理念:

(1)正确把握目标消费者的特性:在卖场中推出以消费者的年龄、生活方式、时尚形象等为特性的配套整体理念,并在展示中体现。

(2)以商品理念为根本:店内的设计既有相对固定的部分,也有需要经常变动的部分。固定的部分是指具有强烈吸引力,若被改变,则整体形象会崩溃瓦解的部分。在一段时期内商店的形象应保持相对稳定不变,才能充分表现展示特色,因此,商店有必要维持这些固定的部分。变动的部分是指随着季节的变化而变动的部分。品牌感度越高、商品的时尚性越强,变动性越大。

4. 展示构成的基本方式

为了有效地进行陈列演示,应当充分利用各种陈列小器具,如挂架、衣架、半身人台模型、全身人台模型等。展示构成也有一些基本的方式。常用的有正三角形构成、格子形构成、倒三角形构成、放射状构成、直线形构成、曲线形构成等。具体布置应选用适当的器具,如挂架、大头针、胶带等,如图 3-83 所示。

支架的不同使用法赋予不同的造型

A B 数字表示配置的顺序

格子构成模式

(丰富感·格调)

　　格子构成模式适用于大多数卖场,不需要太多的技巧,同时还能塑造出高雅的格调

　　远看要有一定的疏密感。要根据视线的高低,决定格子的方向并明确地加以配置。即可在墙面上通过贴附实现,也可在地面布置,与立架一起运用还能实现立体化的表现

三角形构成模式

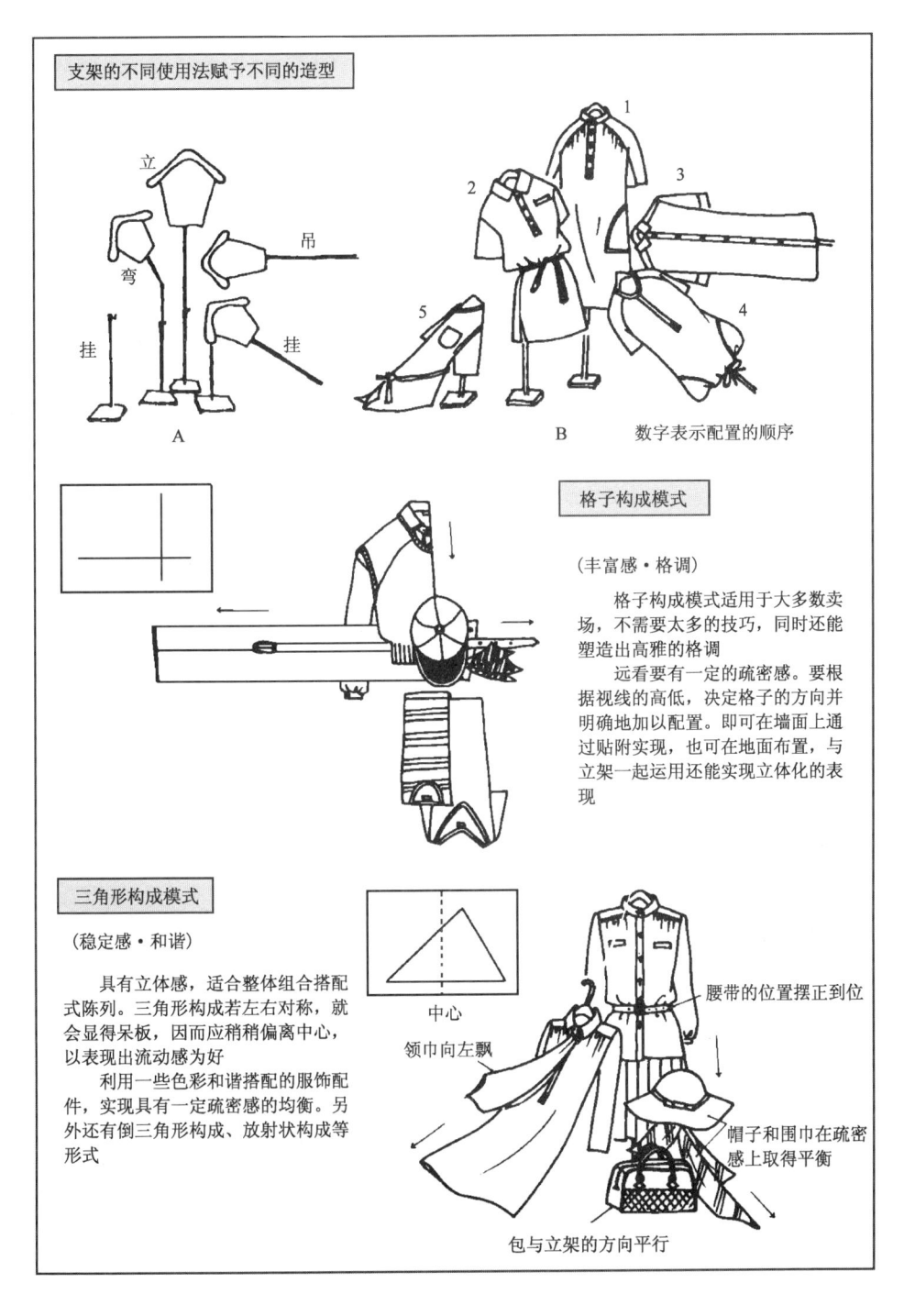

(稳定感·和谐)

　　具有立体感,适合整体组合搭配式陈列。三角形构成若左右对称,就会显得呆板,因而应稍稍偏离中心,以表现出流动感为好

　　利用一些色彩和谐搭配的服饰配件,实现具有一定疏密感的均衡。另外还有倒三角形构成、放射状构成等形式

中心

领巾向左飘

腰带的位置摆正到位

帽子和围巾在疏密感上取得平衡

包与立架的方向平行

图 3-83　展示构成的基本方式

5. 利用店铺空间进行诱导型展示

利用店铺空间进行诱导型展示,使消费者一跨入店内就能发现想买的商品,同时有良好的心情进行消费。

(1)明确消费者的购物路线。可以用不同地板色区分消费者步行通道与商品选购通道;主通道宽而直;一些主要的商品品类群(如童装、女装、男装等)应有明确的子通道;通道之间的间隔应该适当。在以年轻人为目标顾客的商店里,通道应较狭窄,因为多数年轻人都喜欢猎奇。以成熟女性为目标顾客的卖场应有明确的区间分隔。

(2)整体卖场展示。零售店卖场展示时,可以采用半包围、半封闭的形式将店内空间进行分隔等手段,来营造品牌的独特氛围。

(3)商品种类一目了然。每一商品群中典型商品的位置应较其他陈列线高,使顾客对店内商品的种类能一目了然。

(4)容易找到自己喜欢的商品。消费者的买点多种多样,商品可以采用多种不同的摆放方式。例如:按商品的尺寸分类摆放(如 S 号占一角、M 号占一角、L 号占一角);按商品的用途分类摆放(如滑雪服占一角、泳装占一角等);按不同设计师的作品分类摆放等。商品的分类以商品企划为依据,对商品理念的推出有很大影响。

(5)商品的陈列要易于进行比较和购买。消费者想购买的商品规格要丰富,浏览和选择要容易,陈列的范围便于顾客拿取。

满足以上原则,并在不同时段随商品的流行周期进行调整,就可以营造出一个有生命力的卖场。

(五)视觉促销企划的实施流程

视觉促销企划以品牌理念设定和商品构成为基础,选定各子季节促销活动的主题。为顺利开展营销活动,需要选定卖场中的器具(包括各种灯光、龙门架、试衣间、人台、花车等)。

视觉促销企划与商品构成和材料选择一样,也按主题商品、畅销商品、长销商品分类进行。如果品牌的市场方针是以高感度战略为重点,应将视觉促销企划的重点放在创建时尚形象上;若以低感度或中感度战略为重点,可着重暗示消费者的穿着场合。

视觉促销企划有以下实施步骤:目标的设定→季节理念的确定→季节主题的确立→商品理念与推出的商品→展示空间的设计→卖场布置→展示器具的选择→展示构成的平衡→色彩控制与管理→视觉展示的检查。其中第一、第二步骤的相关内容前面已有介绍。这里从第三步骤开始阐述,并以在第一、第二步骤中确定的主题为指导。

1. 季节主题的确立（促销主题）、理念设定（场景设定）

在季节理念的基础上，按季节或子季节来确定视觉促销企划的主题，考虑的因素有：①节假日，以国内较为重视的节日为主，包括对目标消费者有影响的其他国家的节日；②摄取导致目标消费者着装方面变化的新生活方式变化，并将这种新变化通过一定的艺术手段反映在零售店卖场中；③利用本零售店所在大型商场举办活动的时期，如周年庆等，推出促销活动；④利用本零售店所在楼面举办活动的时期，如全场打折，推出促销活动；⑤零售店独自实施的活动。

设定场景时，结合促销主题决定视觉展示的具体主题和场景。可根据时尚流行、着装场合等设定。

图3-84所示为基于着装场合的休闲型风格的视觉促销企划。根据着装场合设定主题，需要营造出目标消费者憧憬的氛围。

2. 商品理念与推出的商品

按上述步骤确定了每个季节的理念后，应将每个月的企划具体化。从以下要点进行：①促销主题；②风格主题；③展示品类；④视觉展示要点；⑤饰件；⑥发型和化妆；⑦导购要点。根据这些项目，汇总制订计划，包括表现方法与所用道具等，并确定所需的展示陈列器具。图3-85所示为基于着装场合的休闲型风格在春季3月进行的视觉促销企划。

3. 展示空间的设计（略）

4. 卖场布置

完成按月制订的风格企划和促销计划后，实际操作时需要考虑在零售店中应该利用多大的面积，如何开展。

5. 展示器具的选择

展示器具是展示中使用的全部陈列、展示用具，包括为改善形象而选用的小道具等。其中最具代表性的有：半身人台、模特。在设计师品牌商店或一些特色商店中，卖场展示所用到的器具可以专门设计，目的是与品牌形象相协调并且避免与其他品牌雷同。

6. 展示构成的平衡

确定了展示器具后，应具体考虑如何使展示构成平衡、协调。其中经常运用的三角形构成方式，具有安全、稳定、立体感，最能造成均衡、平稳、协调的感觉。商品群的展示构成具有平衡感，可以使多款服装同时凸显出来，提高表现力，引起顾客的注意。图3-86所示为三角构成平衡方式；图3-87所示为对称构成平衡方式。

以休闲型风格的服装展示为例来说明店面布置。休闲型风格卖场当月（3月

场合·主题	要点
	春天是开学的季节,选择既引人注目,又能有好印象的造型。在细部结构方面要体现个性、时尚。以有所翻新的经典、精致的外套、套装为主。材料选择凉爽型羊毛、麻混纺的春季面料,格子织物等也采用

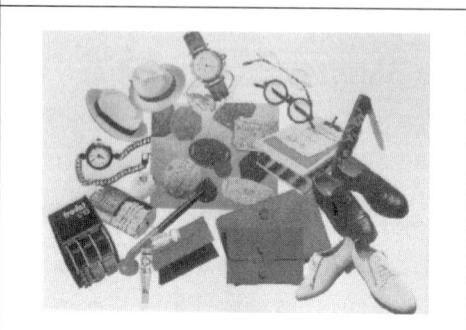

服饰配件	要点
	◆ 使用具有舶来品感觉的简洁、实用的文具等是要点 ◆ 麦秸编巴拿马帽、圆眼镜的俗气夸张,表现纯真、可爱 ◆ 靴子,有男性味的高尔夫鞋、凉鞋等 ◆ 书包状的、B4尺寸大小的配包较适合

场 景	
	◆ 目标市场:15~18岁的青少年女性 ◆ 展示形象:新芽萌发、枝繁叶茂的校园,传统的筑物……没有重压且明快欢娱的氛围 ◆ 展示用色:绿色、茶色、中性色、鲜艳色(辅助色) ◆ 展示器具:木地板、木质桌椅、树、铁栅栏、自行车、木窗

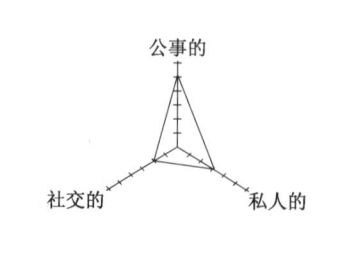

场合定位	
	以学生为主体,学校为社交场合的中心。由于服装具有不明确强调穿着场合的休闲特征,因此也能对应私人化场合

图 3-84 基于着装场合的休闲型风格的视觉促销企划

- 促销主题　　　　　俏皮常春藤
- 风格主题　　　　　常春藤风貌

- 风格要点

  在传统的校服风格中融入轻俏、夸张，表现轻快、无忧无虑、健康朝气的风貌

- 推出的品类

  上装
  - 自然肩型精致外套
  - 粉红色马球衫
  - 印字开襟毛衫
  - 纽扣衫

  下装
  - 苏格兰格子迷你裙
  - 半长马裤

- VP要点

  以树木为中心，塑造传统氛围。针对春季，以白色为基调，强调清新的形象。传统的椅子、书架等都用白色来增强效果

- 饰件要点
  - 以"常春藤"为主题，但不局限于传统题材，有效地利用舶来品感觉的、洗练的饰件
  - 麦秸编巴拿马帽、圆眼镜表现出孩子气
  - 高尔夫鞋、靴子等有男性化感觉……

- 头发和化妆
  - 头发、无拘无束……
  - 化妆，不太像孩童。颜色，使用浓的橙~红色，表现俏丽的风情

- 导购要点

  较之推出单品，更注重诉求组合搭配的新奇性

图 3-85　休闲型风格春季 3 月视觉促销企划

份)推出的主题是常春藤风貌(Ivy)。图 3-88、图 3-89 是按商品的形象与主题，对展示道具与构成进行简单的例示。

7. 视觉展示的检查

视觉展示实施前后的检查要点见表 3-29、表 3-30。

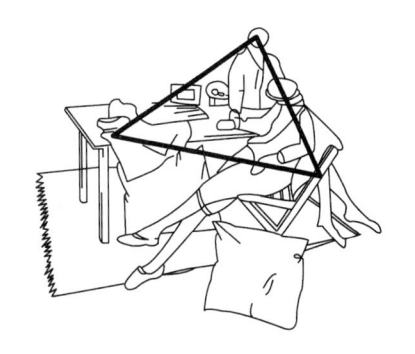

图 3-86　三角构成平衡方式

对称的配置

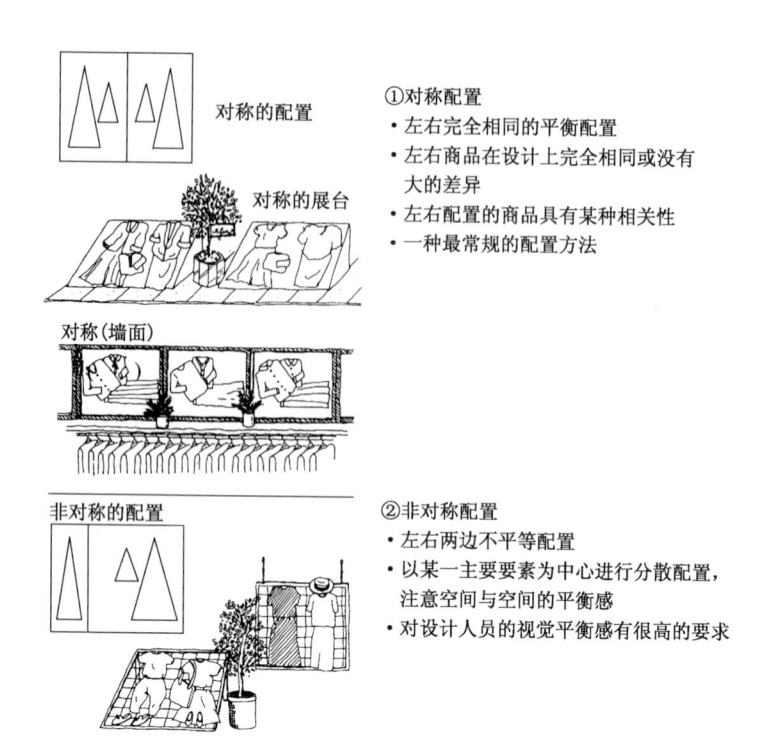

对称的展台

对称（墙面）

非对称的配置

① 对称配置
- 左右完全相同的平衡配置
- 左右商品在设计上完全相同或没有大的差异
- 左右配置的商品具有某种相关性
- 一种最常规的配置方法

② 非对称配置
- 左右两边不平等配置
- 以某一主要要素为中心进行分散配置，注意空间与空间的平衡感
- 对设计人员的视觉平衡感有很高的要求

图 3-87　对称构成平衡方式

图 3-88　休闲型风格的服装展示

◎目标顾客

16~18岁

◎主题

常春藤风貌

◎展厅用色

白、红、蓝、鲜艳颜色

◎展示形象

目标是推出活泼、有朝气的形象;背景采用白色,使模特及书架凸显出来,书脊采用各种明快色、兴奋色;模特可改变造型姿势,表现出运动感、跳跃感

◎商品形象

以常春藤风貌为基点,加入一些流行的细部特征;以套装、夹克外套为主

◎展示时间

3月上旬至3月末

◎展厅材质

书架　　木头(白色)

椅子　　木头(白色)

地面　　木质地板(白色)

书　　　较厚的外文书、辞典

模特　　时尚感强(姿势可调)

◎构成

纵深感很强的三角构成

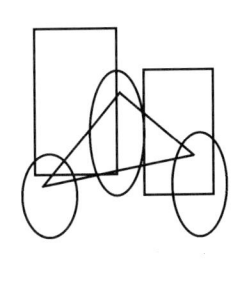

图3-89　休闲型风格服装展示的道具

表3-29　视觉展示实施前的检查要点

商品检查		是否按计划要求进行了充分表现 与卖场的状况协调吗 是否有破损、脏污
展示空间检查	展示空间	卖场是否彻底清洁 展示构成与空间平衡吗 相对于展示空间,商品及展示器具数量适当吗
	使用器具	使用的器具与展示方法、商品相吻合吗 有污损吗 使用的器具与所表现的时代背景相吻合吗
展示道具检查	道具检查	使用的道具与主题、空间、商品的大小、色彩、形状相吻合吗 有污损吗 使用的道具与所表现的时代背景相吻合吗
	POP	能增强展示的效果吗 采用的纸张、文字大小合适吗 是否挡住了展示的商品 是否使卖场的形象有所损害

表 3-30　视觉展示实施后的检查要点

商品检查		是否按计划进行了 是否有破损、脏污的情况 与展示商品相同的或相似的商品,卖场有货吗
展示空间检查	展示空间	卖场是否彻底清洁了
	使用器具	各个器具是否被移动过了(排列整齐吗)
展示道具检查	道具检查	使用的道具有污损吗 各个道具是否混乱
	彩旗	使用的彩旗有污损吗 各种彩旗是否混乱
	POP	有污损吗 配置上存在混乱吗

五、商品企划与导购待客

狭义上商品企划多限于从商品生产到上柜这一过程,特别是一些大众化品牌。实际上,进入高感度的商品企划时代,如何在卖场中将商品作为整体的一部分展示出来,引起消费者的兴趣并导向购买,作为商品企划的后续部分,也相当重要。区别于单品服装的高感度服装品牌商品,为了表达设计理念,通常都需要适当的发型、化妆、饰品与之搭配组合,为目标顾客塑造整体风格。这种整体形象设计包括四个要素,如图 3-90 所示。

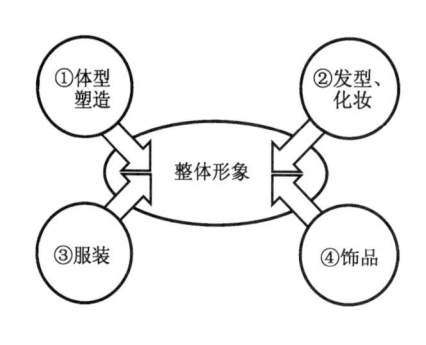

图 3-90　整体形象设计的四个要素

第一个要素是体型塑造。通常采用各种束身内衣、紧身连裤袜等有助于改善体型的内衣;当前各种减肥或健身运动也归属其中。

第二个要素是发型、化妆。为时尚推波助澜的发型师、形象设计师等对品牌风格的形成发挥了重要作用。

第三个要素是服装商品本身,即大衣、外套、裙装等各种服装。消费者可将不同品类的服装组合搭配,塑造出不同的形象,适用更多的场合。

第四个要素是饰品。不同的服装、发型、化妆、色彩需要不同的饰品相配。

为了塑造美丽的个性形象,需要将以上四个要素进行设计搭配。目前多数大众消费者只从第三个或第四个要素开始考虑整体形象。高感度品牌零售店中的营业员,需要具有结合这四个要素进行形象策划的能力。营业员在卖场的导购待客行为,作为商品流通的一个环节,发挥着促使消费者购买的作用。

(一)风格指南

针对高感度服装品牌的零售,为了将商品设计的理念与风格传递给消费者,需要制作一些配有文字说明的画册。通过其中的图片形象地展现服装及可以采用的搭配,包括其他品类的服装、鞋、包、发型、化妆、小饰件等。利用文字部分说明服装的设计重点和理念、选用的面料等。这种精美的小画册,能让消费者对该品牌的服装是否适合自己一目了然,为服装选购带来方便。这种画册可称为风格指南。风格指南是营业员导购待客服务的基础。

(二)导购待客服务

走进商店的顾客最终能否购物,很大程度上取决于营业员对顾客提供的服务及影响。营业员对顾客的服务就是确认所需要的商品,并满足顾客要求和愿望的一种沟通和帮助过程。为了与顾客之间的沟通过程顺利,营业员一方面要掌握商品知识及当前的流行特征;另一方面要仔细研究顾客的购买心理。

根据图3-91所示,营业员导购待客的服务过程可分为四个阶段:

1. 接近顾客

营业员在这一阶段要为顾客营造出一种心情愉快、轻松、随意挑选的氛围;同时察言观色,发现顾客意欲购买的商品。

2. 展示服装

这是对服装进行具体说明的展示阶段,也是顾客购物前一个最重要的心理预备阶段。应将顾客对商品的"兴趣"导向对商品的"欲求";将商品的卖点(特色),包括设计、颜色、材料等,全面准确地向顾客传达。需要针对不同顾客,从不同角度介绍商品的卖点,使顾客产生认同感。

3. 试穿服装

这一阶段是指从试衣开始到决定购买的过程。营业员针对顾客对商品的疑惑以及穿着配套中的一些问题进行分析、解决。可以向顾客提议一些基本的形象设计,结合包、鞋等服饰配件来充分展现商品的服用功能。

可以从三个方面向顾客强调服装商品的特性:顾客的穿着场合、穿着搭配的多样性以及顾客本身的形象与商品之间的和谐性。对一件能通过不同的组合或穿着方式,塑造出多种形象的服装,顾客会认为附加价值高,从而对销售价格产

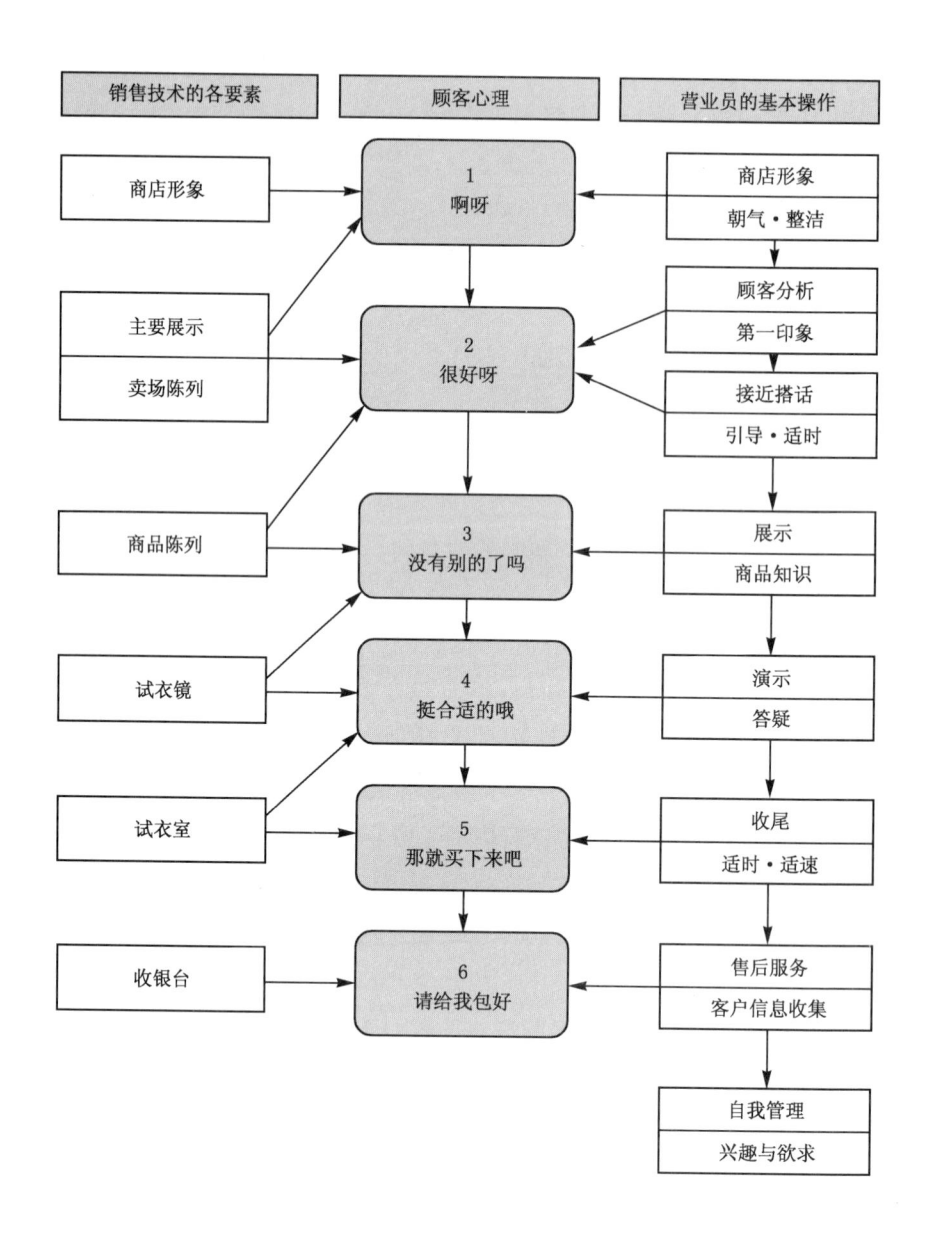

销售技术的各要素	顾客心理	营业员的基本操作
商店形象	1 啊呀	商店形象 / 朝气·整洁
主要展示 / 卖场陈列	2 很好呀	顾客分析 / 第一印象 ; 接近搭话 / 引导·适时
商品陈列	3 没有别的了吗	展示 / 商品知识
试衣镜	4 挺合适的哦	演示 / 答疑
试衣室	5 那就买下来吧	收尾 / 适时·适速
收银台	6 请给我包好	售后服务 / 客户信息收集 ; 自我管理 / 兴趣与欲求

图 3-91　导购待客的四个阶段

生认同感。

4. 完成购买

作为确认顾客购买决定的阶段，收尾工作的速度要适宜。

顾客要求试穿，意味着有较高的购买欲望。通常试穿后会提出一些问题，或对两三款商品进行比较，并会对该款服装有否污损点、做工如何开始检查，然后重点关注某一件服装，最后会对价格及一些售后服务方面的问题进行询问。此时，营业员就应将销售行为导入第四阶段——完成购买。

第八节　品牌财务预算规划

围绕服装品牌创建而进行的商品企划,需要考虑财务方面的预算和规划,涉及的主要内容如图 3-92 所示。

一、成本预算
(一)成本概念

成本(Cost)是指产品在生产和流通过程中所需的全部费用。通常指为取得商品或劳务所支付的现金或提供交换的非现金资产的价值。成本还包括企业行政管理费、财务费、销售费

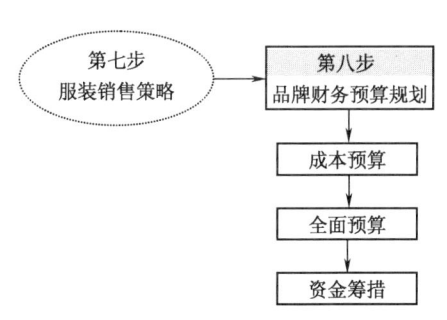

图 3-92　财务预算规划的工作内容

等。在计算服装生产成本时,材料费、人工费、制造费等都是成本的组成部分。

1. 直接成本与间接成本

成本按照与特定的成本对象直接相关还是间接相关,分为直接成本(Direct Cost)与间接成本(Indirect Cost)两大类。服装企业直接成本是指每件服装耗用的面辅料、计件工资、样衣试制费、外加工费等。服装企业间接成本是指服装生产中,缝纫机油等辅助材料费、管理人员劳务费、机器折旧费等。

2. 固定成本与变动成本

成本按其与"产量"这一成本动因之间的依存性,可以分为固定成本和变动成本两大类。

固定成本(Fixed Cost)是与生产量多少无关而需要花费的费用,是总额在一定期间和一定业务量范围内不随产量的增减而发生变化的成本。服装产品的固定成本有:机器与厂房折旧费、厂房保险费、管理费、行政人员工资等。

变动成本(Variable Cost)是与生产量成正比例增减的费用,总额随产量的增减而成正比例变动的成本。通常包括:直接材料费、直接人工费、加班费、直接人工提取的福利费等。

总成本可以看成是由固定成本和随产量变化的变动成本两部分组成。它的数学表达式如下:

$$Y=aX+b$$

式中:Y——总成本;

X——产量;

a——单位变动成本；

b——固定成本总额。

3. 单位成本与总成本

单位成本，也叫平均成本，是以总成本除以数量计算的。订货为多品种、小批量方式时，宜采用单位成本计算总成本。同类产品大批量生产时，适合用总成本除以产量得出单位成本。

(二)本量利分析

产品销售成本、销售数量和销售利润之间存在密切的关系。预知至少应该销售多少产品才能保本；在销售一定数量产品的情况下，能获得多少利润；期望获得一定数量的利润，必须销售多少产品；怎样在降低产品售价与增加销售数量之间进行决策才能使获利最优等，都可以通过本量利分析来解答产品的价格、数量、成本和利润之间的关系。

1. 本量利分析概念

本量利分析(Cost-volume-profit Analysis，缩写为CVP)，全称"成本—数量—利润分析"，是一种主要反映成本、数量和利润三者依存关系的分析方法，又称盈亏平衡点分析、损益平衡点分析、保本点分析等。

本量利分析一般有四个基本假设前提条件：总成本与产量之间线性相关；单位售价、单位变动成本和固定成本总额保持不变；产销平衡，即生产量等于销售量；产品的结构比例不变。由于存在这些假设条件，所以本量利分析一般只适用于短期分析。

2. 本量利分析图

线性本量利分析图也称盈亏平衡图(Break-even Chart)，可以将企业的盈亏平衡点以及成本、数量和利润间的依存关系，集中在一张坐标图上反映出来。

如图3-93所示，总成本由固定成本与变动成本组成；销售收入线从原点开

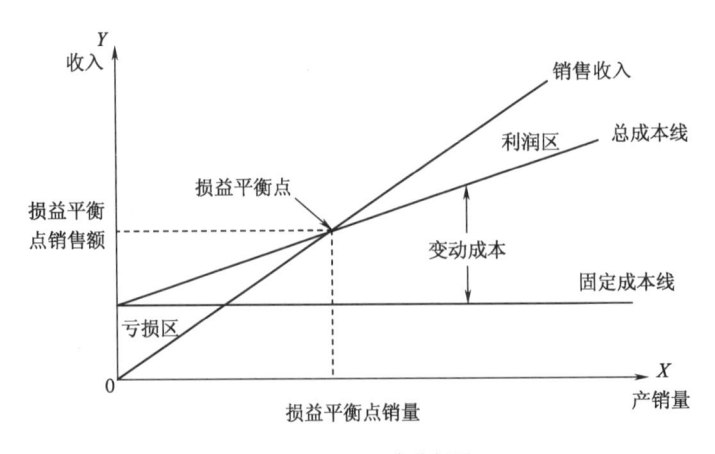

图3-93 盈亏平衡分析图

始,以销售单价为斜率,随着销售量的增加而呈正比增加。

由图3-93可知,变动成本、固定成本、销售数量、利润之间的相互关系为:

$$销售利润 = 销售收入 - 变动成本 - 固定成本$$

或 $$销售利润 = 销售数量 \times (单位售价 - 单位变动成本) - 固定成本$$

销售收入线和产品总成本线相交处是损益平衡点,也称盈亏临界点或保本销售点(Breakeven Point),即在一定销售量下,企业销售收入等于产品总成本,不盈不亏。以盈亏临界点为界,销售收入高于此点,则企业盈利;反之,则企业亏损。但这种线性分析仅适用于少数品种大批量生产的服装品牌情形。

3. 边际贡献

在本量利分析中,产品售价超过变动成本的部分,称为边际贡献(Marginal Contribution)或贡献毛益、边际利润。在经营中,将贡献毛益用于补偿固定成本,补偿后有余额,便是利润;反之,不能补偿固定成本,则出现亏损。如果贡献毛益与固定成本正好相等,这表明企业处于不盈不亏、损益平衡的状态。

产品获利能力的大小可用贡献毛益率表达。其计算公式为:

$$单位贡献毛益 = 单位售价 - 单位变动成本$$

$$贡献毛益总额 = 销售总额 - 变动成本总额$$

$$= 单价 \times 销售量 - 单位变动费 \times 销售量$$

$$贡献毛益率(\%) = \frac{贡献毛益总额}{销售总额}$$

$$= \frac{单位贡献毛益}{单位售价}$$

$$利润 = 贡献毛益总额 - 固定成本总额$$

4. 盈亏平衡点的计算

盈亏平衡点(Breakeven Point)也称保本点,是企业经营达到不盈不亏、损益平衡的状态。在这一点上,产品的销售收入正好补偿全部变动成本和固定成本。产销量必须达到并超过盈亏平衡点,企业才能盈利。超过盈亏平衡点后的产销量所提供的贡献毛益,就是企业的利润。

计算公式为:

$$盈亏平衡点销售量 = \frac{固定成本}{单位售价 - 单位变动成本}$$

$$盈亏平衡点销售额 = \frac{固定成本}{贡献毛益率}$$

上述盈亏平衡点销售量的计算公式,只适用于单一产品;计算多种产品或企业总盈亏平衡点销售时,只能用盈亏平衡点销售额的计算公式。盈亏平衡点销售额计算公式既适用于单一产品保本点的计算,也适用于整个企业保本点的计算。

盈亏平衡点的计算也为预测利润和控制分析提供了有效的帮助。预测利润的公式如下：

$$预计利润=(预计销售量-盈亏平衡点销售量)\times 单位贡献毛益$$

或

$$预计利润=(预计销售额-保本点销售额)\times 贡献毛益率$$

二、全面预算

(一)预算的作用与内容

预算的基本目的是规划和制订经营目标,将此与实际结果进行比较。它是经营决策和长期决策目标的一种数量表现,即通过有关的数据,将企业全部经营活动的各项目标具体、系统地反映出来。企业根据制订的各种预算,可以定期或不定期地对各部门执行情况进行考核与评价,及时纠正偏差,对经济活动加以控制,确保决策目标的实现。

预算主要包括三个方面的内容:经营预算、财务预算、专门决策预算。经营预算是与企业日常经营活动有关的预算,主要包括销售预算、生产预算、直接材料预算、直接人工预算、制造费用预算、单位生产成本和期末存货预算、销售及管理费用预算。财务预算是与企业现金收支、经营成果和财务状况有关的预算。主要包括现金收支预算、预计利润表、预计资产负债表。专门决策预算是与企业的固定资产投资有关的预算,也称为资本支出预算。图 3-94 反映了预算的完整体系。

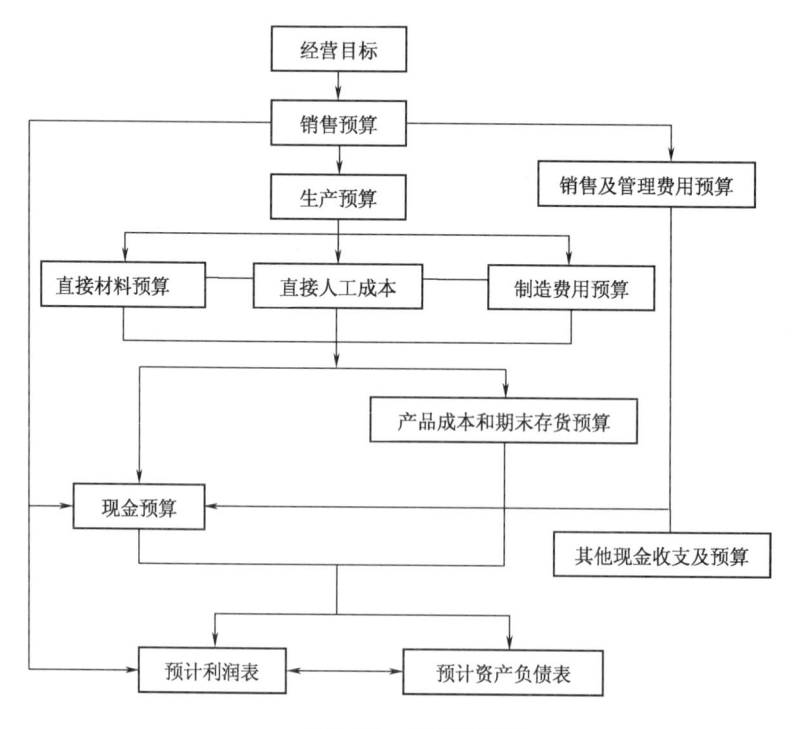

图 3-94 总预算框架图

(二)预算编制方法

1. 经营预算

(1)销售预算。销售预算是编制预算的起点与关键,因为产品产量、材料、人工、制造费用的支出,以及推销及管理费用和存货水平,都是由产品销售量决定的。销售预算是以经营目标(即目标利润)为基础,根据市场需求、单价及成本消耗等因素决定。销售预算的内容主要是销售数量、单价和销售收入等。在编制销售预算的同时,还要编制应收账款收入预算,以反映各期销售额的应收数和实收数,为现金预算提供依据。

(2)生产预算。销售预算确定以后,即可编制生产预算。产品的生产量是由预计销售量、预计期末存货量和期初存货量共同决定。生产量的预算既要考虑销售量的要求,又要考虑存货的要求。

预计生产量的计算公式如下:

$$预计生产量 = 预计销售量 + 预计期末存货 - 期初存货$$

(3)直接材料预算。材料的耗用量取决于生产量的大小及材料库存量。预计材料采购量的计算公式如下:

$$预计材料采购量 = 预计材料耗用量 + 预计期末材料库存量 - 期初材料库存量$$

在编制材料采购预算的同时,还必须编制应付购货款的支出预算,反映各季度应付购货款的应付数和实付数,为现金预算提供依据。

(4)直接人工预算。直接人工预算编制的基础是生产预算中的每季生产量、单位产量的工时定额以及单位小时的工资率。其计算公式如下:

$$预计直接人工成本 = 预计生产量 \times 单位产品工时定额 \times 单位小时工资率$$

(5)制造费用预算。制造费用是指生产成本中除直接材料、直接人工以外的其他一切费用,包括变动制造费用和固定制造费用两部分。编制预算时,变动费用根据预计生产总工时和预计变动制造费用分配率计算;固定费用预算按照零基预算的方法确定。另外,在预算表中还要计算以现金支付的费用数,为现金预算提供资料。

(6)单位生产成本和期末存货预算。产品单位生产成本由直接材料、直接人工、制造费用组成。若采用变动成本计算法,产品单位生产成本和存货成本应该只包括变动生产费用。

(7)销售及管理费用预算。销售及管理费用预算,亦称营业费用预算。销售及管理费用是指制造业务范围以外所发生的各种费用,包括销售人员薪金和佣金、运输费用、广告费、差旅费、办公费、保险费、财产税等。其预算的编制与制造费用预算编制的方法相同。

2. 资本支出预算

资本支出预算是专门决策预算的一种,它是根据企业决策层做出的长期投资决策项目编制的预算。

(1)现金预算。现金预算是反映企业在预算期内现金收支详细情况的预算。编制该预算,可以使企业加强对预算期现金收入的控制,合理使用和调度资金,保证企业财务活动正常进行。

现金预算一般包括四个部分:现金收入、现金支出、现金多余或不足、资金的筹集和运用。

(2)预计利润表。预计利润表反映了企业在预算期内全部经营活动的最终成果。它综合反映计划期内预计销售收入、销售成本和预计可实现的利润或可能发生的亏损,可以揭示企业预期的盈利情况,有助于管理人员及时调整经营策略。

(3)预计资产负债表。预计资产负债表反映了企业预算期末有关资产、权益及其相互关系的状况。在期初资产负债表基础上,依据当前的实际资产负债表和全面预算中的其他预算所提供的资料,即可编制预计资产负债表。

(4)其他现金收支预算。其他现金收支预算,是指企业日常财务管理活动所发生的各项收支预算,主要包括企业筹集资金预算、多余资金进行短期投资的预算以及发放股利、支付所得税的预算。

三、资金筹措

品牌运作需要资金的投入。资金是服装品牌运作的基本要素之一。企业创建、品牌创设时都需要筹集一定的初始资本,用于购买或租赁场地、设施等,支付工资和费用,维持正常经营活动。品牌在发展过程中,为维持或扩大经营规模、调整产品结构、研制开发新产品等,也需要筹集资金,补充资金的缺口。服装企业可以通过金融市场或有关渠道,运用各种筹资方式进行资金筹措。

筹资渠道一般有:银行信贷资金、非银行金融机构资金、其他企业资金、企业内部积累资金、社会民间资金、政府的财政资金、境外资金。

筹资渠道体现的是取得资金的客观可能;筹资方式是指把筹资可能性变为现实而采用的方法,往往取决于企业的组织形式、规模、信用度、担保能力和经营能力。筹资方式主要有:投入资本、发行股票、发行债券、银行或非银行金融机构借款、商业信用、商业票据、租赁、留存收益、其他金融衍生工具。

四、服装品牌财务预算案例

以新创一个针对目标顾客群为22~35岁年轻男性的内衣品牌企划为例,进行相关财务预算。

1. 公司财务运作规划

为使有限的资本利润最大化,并为该内衣品牌今后的资金运作提供有效依据,实现成本有效控制,将对2010年该品牌的财务状况进行预算,并对之后四年的资本运作进行整体预测,为该内衣品牌发展战略制订提供依据。

公司运营初期资本有限,规模较小。在品牌新创初期,以上海地区为主要销售市场。生产采取外包的形式。零售业态上前两年以直营为主,并且有部分网络销售;后两年可以吸收部分加盟商,并逐渐将市场辐射到全国各地。

2. 店铺选址

在对上海主要商业区进行考察之后,选择在表3-31中所列的三大商业区进行该品牌专卖店的选址。

表3-31 店铺选址

选址	租金[元/(平方米·天)]	面积(平方米)	年租金(元/年)
港汇广场	50	30	547500
来福士广场	50	30	547500
正大广场	40	40	584000
合计	140	100	1679000

3. 销售预算

(1)产品价格构成。该内衣品牌的产品价格构成如表3-32所示,加权平均价为116.46元。

表3-32 产品价格构成

价格(元)	平口内裤(件)	三角内裤(件)	丁字内裤(件)	短裤式松身内裤(件)	背心(件)	短袖内衣(件)	长袖内衣(件)	连体男士内衣(件)	男性用品(件)
69	2	2							3
79	4	4	2	2					0
89	2	2	3	3	5	5			2
99	3	3	4	4	6	5	6		4
109	5	5	5	5	5	5	2		3
119	3	3	4	3	4	6	6	2	2
129	2	2	3	3		5			
139	2	2	3	3				5	2
189			1	1				7	
199			1	1				8	
总计	23	23	26	25	20	26	20	26	16
平均(元)	104.00	104.00	127.89	127.90	104.00	109.00	114.00	155.00	104.00
加权平均价(元)	102.91	102.91	116.69	116.60	103.00	109.38	115.00	167.85	101.50

(2)销售量预算。2010年的销售量预算如表3-33所示。

(3)销售额预算。2010年的销售额预算如表3-34所示。

表3-33 销售量预算

季 度	平均销量 [件/(天·店)]	天 数	店 数	总销量(件)
第一季度(2~4月)	25	90	3	6750
第二季度(5~7月)	50	90	3	13500
第三季度(8~10月)	60	90	3	16200
第四季度 (11月到次年1月)	30	90	3	8100
合计	165	360	3	44550

表3-34 销售额预算

季 度	一	二	三	四	全年
预计销售量(件)	6750	13500	16200	8100	44550
加权单价(元)	115.09	115.09	115.09	115.09	115.09
销售收入(元)	776858	1553715	1864458	932229	5127260

4. 预计现金收入

现金收入可以分成两部分,即上季度部分销售收入的应收款和本季度销售收入的一部分。假设每季度现金收入中,本季度收到现金80%,另外的20%现金要到下季度才能收到,如表3-35所示。

表3-35 预计现金收入   单位:元

季度	一	二	三	四	合计
第一季度 (销货776858件)	621487	155371			776858
第二季度 (销货1553715件)		1242972	310743		15537715
第三季度 (销货1864458件)			1491566	372892	1864458
第四季度 (销货932229件)				745783	932229
现金收入合计	621487	1398343	1802309	1118675	5127260

5. 成本预算

表3-36列出了该内衣品牌的产品品类比例与各品类的成本,加权求和后

表 3-36 品类比例成本表

商品类别	平口内裤	三角内裤	丁字内裤	短裤式松身内裤	背心	短袖内衣	长袖内衣	连体男士内衣	男性用品	总计
组合比例（%）	11	11	12	12	10	12	10	12	10	100
平均生产成本（元）	8	8	9	9	17	18	19	28	10	126
加权生产成本（元）	0.9	0.9	1.1	1.1	1.7	2.2	1.9	3.4	1.0	14

得出了总的加权生产成本。

产品生产成本预算=用料成本+加工成本

加权生产成本=组合比例×平均生产成本

表 3-37 为产品预计成本表，预计了四个季度的销售量与库存情况，估计每季的库存是销售量的10%，以此估计出每年的产量，再乘以表 3-36 得出的加权生产成本，求出每季的预计生产成本。

预计生产成本=预计生产量×14（加权生产成本）

表 3-37 预计生产成本

季度	一	二	三	四	全年
预计销售量（件）	6750	13500	16200	8100	44550
加：预计期末存货（估计件）	675	1350	1620	810	4455
预计生产量（件）	7425	14850	17820	8910	49005
预计生产成本（元）	103950	207900	249480	124740	686070

6. 预计现金支出

2010年的预计现金支出如表3-38所示。

表 3-38 预计现金支出表　　　　　　单位：元

季度	一	二	三	四	合计
第一季度（成本103950）	51975	51975			103950
第二季度（成本207900）		103950	103950		207900
第三季度（成本249480）			124740	124740	249480
第四季度（成本124740）				62370	62370
现金支出合计	51975	155925	228690	187110	623700

注 每一季度的成本款当季付50%，其余在下一季度支付。

7. 销售及管理费用

2010年的销售及管理费用如表3-39所示。

表3-39说明：

(1)销售人员年总工资=3×2×12×2000=144000元(3家店铺,每家配2名销售人员,工资为2000元/月)；

(2)35%的销售额用于广告促销；

(3)管理人员工资=8×5000×12=480000元(8个管理人员,工资为5000元/月)；

(4)所得税为税前利润的33%,但公司第一年盈利为负,因此公司所得税为零。

8. 预计利润表

2010年的预计利润如表3-40所示。

表3-39 销售及管理费用表

	项目	金额(元)
销售费用	销售人员工资	144000
	广告费	1800000
	包装、运输费	10000
	小 计	1954000
管理费用	办公楼租金	60000
	管理人员工资	480000
	福利费	40000
	保险费	20000
	办公费	60000
	小 计	660000
	合 计	2614000
	每季度支付现金	663500

表3-40 预计利润表

项目	金额(元)
销售收入	5127260
销货成本	686070
毛利	4441190
销售及管理费用	2614000
专卖店租金	1679000
利息(10%)	500000
税前利润总额	-351810
所得税(33%)	0
净利润	-351810

表3-40说明：

(1)销售收入的数据来自销售预算；

(2)销货成本的数据来自产品成本预算；

(3)毛利是前两项(销售收入与销售成本)的差额；

(4)销售及管理费用数据来自销售及管理费用预算；

(5)专卖店租金来自专卖店租金预算；

(6)利息数据,计划公司的负债率保持在公司总资产的50%左右,因此:利息=负债×10%(利率为10%)；

(7)所得税为税前利润的33%,但第一年营利为负,故所得税为0。

9. 资产负债表

2010 年的资产负债表如表 3-41 所示。

表 3-41 说明：

(1)应收账款见预计现金收入表；

(2)产品库存为 4455×14=62370 元；

(3)流动资产总额=现金+应收账款+产品库存；

(4)应付账款见预计现金支出表；

(5)计划公司的负债率保持在公司总资产的 50%左右，约计 300 万元。

表 3-41　资产负债表　　　　　　　　　　　　　　单位：元

资　　产		权　　益	
项目	年末	项目	年末
流动资产		流动负债	
现金	5149335	短期负债	2600000
应收账款	5127620	应付账款	62370
产品库存	62370	其他付款	0
流动资产总额	10338965	流动负债总额	2662370
设备	60000	长期负债	2400000
(减)累计折旧	-9000	所有者权益	5327595
资产总额	10389965	负债和所有者权益总额	10389965

10. 现金流量表

2010 年的现金流量如表 3-42 与图 3-95。

表 3-42　现金流量表　　　　　　　　　　　　　　单位：元

来自经营活动的现金流量	
来自客户的现金收入	5127453
支付给供应商的现金	-623700
支付员工报酬	-624000
其他经营活动支出(租金)	-1679000
广告及促销费用	-1800000
支付利息	-500000
支付税金	0
经营活动产生的现金净值	74635
筹资活动产生的现金流量	
具借短期贷款	3000000
偿还短期贷款	-3000000

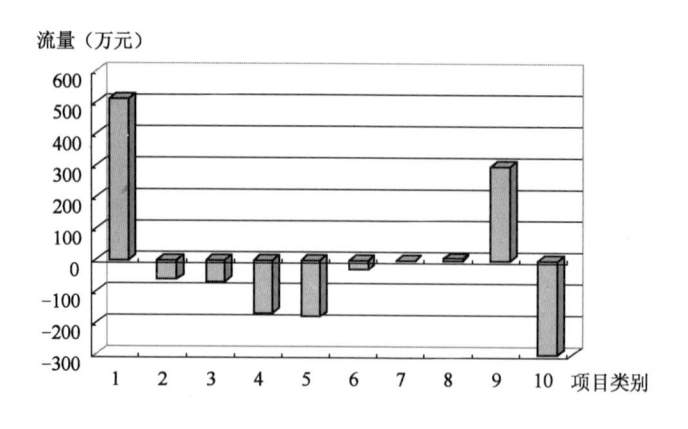

图 3-95 现金流量图

支付给供应商的现金=销货成本

支付员工报酬=销售人员工资+管理人员工资

=144000+480000=624000 元

11. 销售预计

今后四年的销售量与销售额预计如表 3-43；产品成本预计如表 3-44 及图 3-96。

表 3-43 销售量与销售额预计表   单位：元

年　度	销售量（件）	销售额（元）
第一年[平均 41 件/（天·店）]	42280	5136480
第二年[平均 46 件/（天·店）]	49680	5762880
第三年[平均 49 件/（天·店）]	52920	6138720
第四年[平均 54 件/（天·店）]	58320	6765120

表 3-44 产品成本预计   单位：元

年　度	第一年	第二年	第三年	第四年	合计
单位产品成本	14	14	14	14	14
预计生产量（件）	49005	53670	57878	62456	223009
总成本	686070	751380	810292	874384	3122126

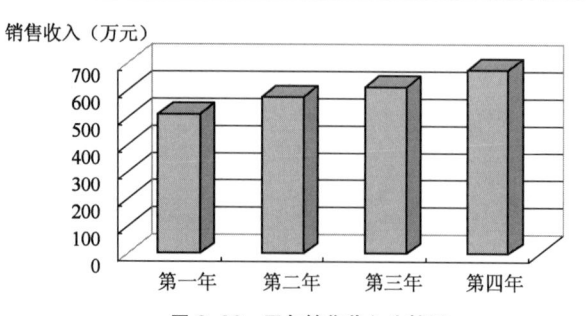

图 3-96 四年销售收入比较图

12. 四年利润预计

今后四年利润预计见表3-45。

表3-45 四年利润预计表　　　　　　　　　　　　　　　　　单位:元

年度 项目	第一年	第二年	第三年	第四年
销售收入	5136480	5762880	6138720	6765120
销售成本	686070	765932	890932	1015932
毛利	4450410	4996948	5247788	5749188
销售及管理费用	2614000	2614000	2614000	2614000
专卖店租金	1679000	1679000	1679000	1679000
利息(10%)	300000	500000	600000	700000
税前利润总额	-142590	203948	354788	756188
所得税(33%)	0	67303	117080	249542
净利润	-142590	136645	237708	506646

若本公司预计想要在两年里保本,则两年中固定成本约计为939万元(包含销售及管理费用、专卖店租金、利息及其他可能的费用)。

单位变动成本约计为16元(每件服装的材料费及其他可能的费用)。

可得计算公式:

总收入函数　　　　　　$Y_1=116.46 \times Q$

总成本函数　　　　　　$Y_2=16 \times Q+9400000$

做出盈亏分析图3-97。计算得出:

$$Q=93569.57(件)$$

根据目前销售量的预计,两年中本公司的销售量约为91960件,若想要在两年中保本,还需在实际销售中提高销售量。

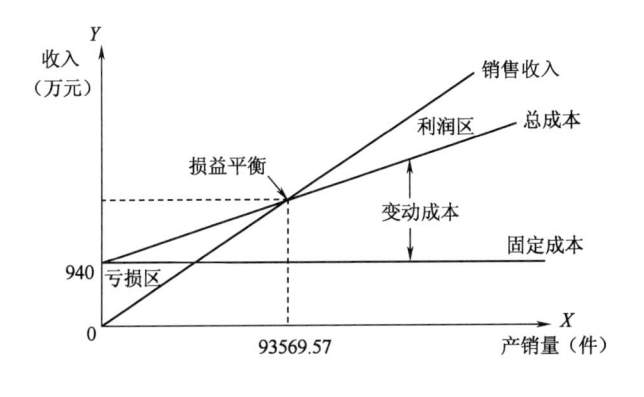

图3-97 盈亏分析图

今后四年的利润如表3-46和图3-98。根据对未来几年品牌经营状况的预测,公司能保持较高的利润增长,拟从净利润中提取合理比例的资金作为股东回报。为此,公司第一年不分红,第二年以后每年分红为净利润的30%。

表3-46 四年利润比较表　　　　　　　　　　　　单位:元

年度 项目	第一年	第二年	第三年	第四年
销售收入	5136480	5762880	6138720	6765120
毛利	4450410	4996948	5247788	5749188
净利润	-142590	136645	237708	506646

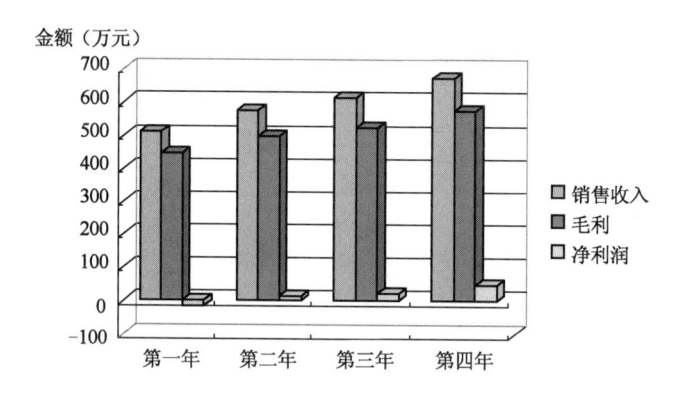

图3-98 四年利润比较图

第四章 服装商品企划的组织运作

第一节 服装商品企划组织运作的概述

一、服装商品企划的组织构造

(一)组织的概述

组织是指为达成共同目的而建立的一种人际协作关系,是人们在社会性方面相互作用的体系。组织以人的活动为中心,不同的人为了一定的目的表现出相互协作的关系。组织有三个基本要素(图4-1):共同的目标;相互协作的意愿;相互交流和沟通。

(二)服装商品企划组织活动的目的

服装企业的任务是为消费者实现自己向往的时尚生活提供作为手段的服饰产品。为了能使产品成为消费者的生活手段或工具,服装企业应基于消费者的需要和欲求来进行经营运作,这是商品企划的根本理念。服装企业为了提高产品的附加价值,应力求实现产品的差别化,并在产品中满足消费者的潜在要求,吸引消费者购买。服装企业进行商品企划的本质,是基于消费者的要求而进行的一种需求预测活动,服装商品企划组织活动的目标就是创造产品的附加价值。

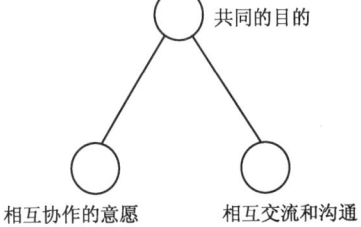

图4-1 组织的三个基本要素

(三)服装商品企划组织设立的要点

在服装企业中,为顺利开展商品企划工作,从三方面考虑商品企划组织的设置:

(1)以企业的市场导向思路审视企业的运营是否合理和统一。并从管理与实施两方面规划最佳的组织结构与形式。

(2)在管理方面,重点解决商品企划组织部门在企业内的定位问题。由于商品企划活动是服装企业的核心业务,其决策必须尽可能合理,因而商品企划的组织体系应确保管理者能够自主独立地进行决策判断。这样,在管理层面上,组织的编制、预算的制订与分配等工作也能顺畅地开展,这对新品牌的商品企划组织设置尤为重要。同时赋予更多与业务活动相关的责任与权限。权限越明确,商品企划组织部门的活动就越易进行,也就越能把握市场机会。

(3)在实施方面,通过实用有效的组织设置,确保商品企划的构想与技术能在产品中充分体现。为此,应设立信息、计划、生产、销售等部门,同时配备相应的人才。

(四)服装商品企划组织活动的要点

为确保商品企划组织的有效运作,应注意四点:

(1)为实施有组织的商品企划活动,首先应明确商品企划的目标。然后决定具体计划的构成及实施方法,并确认其与企划目标或市场方针是否一致。同时,必须使经营管理部门及企划部门的各成员都能充分理解企划目标或计划。

(2)充分认识企划部门与生产、销售等相关部门的有机联系。各个部门都要配置专业技术人才,相互之间能进行良好的协作。

(3)在服装商品企划的组织活动中,领导者应当具有良好的创造性和丰富的营销经验,并能在两者之间找到合理的平衡点,同时还应对专业知识非常熟悉,是专家型人才。服装企业的商品企划中不可缺少的一个要素是:由具有专业感觉或技术,对市场或企业组织等能客观分析的领导者进行管理。

(4)在权限内,服装商品企划组织活动的管理者应尽可能使组织内部的交流沟通顺利实施。能进行顺畅交流和沟通的组织,才能保证商品企划活动的有效进行。

(五)服装商品企划组织的构成

一些中小型服装企业未明确区分商品企划职能和生产职能,很少专门为担当商品企划的人员设置相应的职位,如商品企划师。为提高商品企划效率,应将商品企划业务单列出来,形成能独立运作的商品企划组织体制(图4-2)。

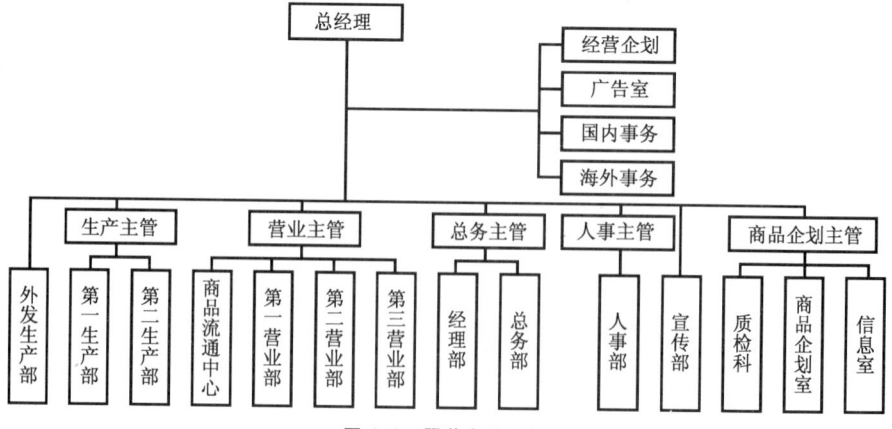

图4-2 服装企业组织设置

举例说明:A公司确立了一个销售职能和商品企划职能分离的组织体系(图4-3)。该组织体系按业务、广告、销售(促销)、企划、生产、总务、人事等划分其不同职能。其中,企划、生产部内部又细分为不同的品牌小组,其特点在于将原来业务部中商品企划的职能独立出来,新设商品企划师职务。公司总经理解释了这样做的理由:

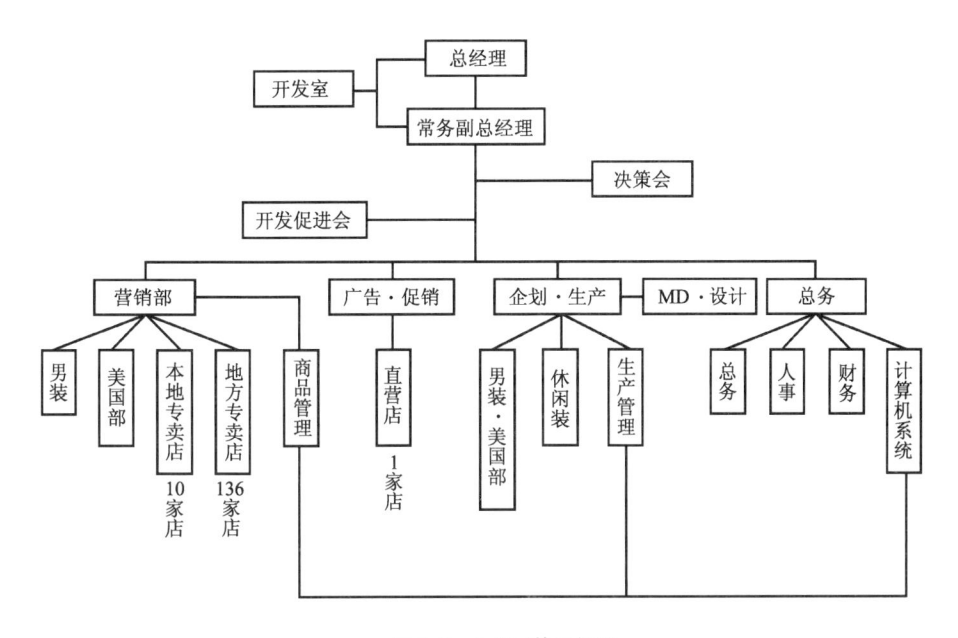

图4-3 A公司的组织图

"我们将营业部门中的商品企划职能独立出来,设立了商品企划室。该部门主要的功能是收集所有有用的信息,并加以分析,在分析结果的基础上进行商品企划、样品制作以及促销和宣传等。这样做是因为服装对时尚潮流极为敏感,拥有较强的企划能力,才能长盛不衰。如果只考虑这种企划力,忽视商品企划部门与其他部门(如生产销售部门)之间的关系协调,就会造成实际业务活动中摩擦不断,使企业运营偏离轨道,导致损失。一般而言,商品企划师对于自己企划的商品都很自信,在不知不觉中流露出的优越感往往会妨碍与其他部门合作。所以,就同一目标彼此达成共识,相互合作,对一个团队进行工作是非常必要的。"

A公司总经理的话指出了一个重要问题:在服装企业里,如果将业务部门和商品企划部门完全分离设置,容易导致沟通不畅,使两者之间产生隔阂。特别是商品销售情况不佳时,双方易互相责怪。因此,将企划职能与业务、销售职能分离在实际操作中并不完全可行。

为解决这一问题,某企业建立了一种按职能划分且融合商品企划职能的新组织体系(图4-4)。这种组织体系将纵向组织与横向组织结合起来,如表4-1所示。其中,横向为商品企划部、生产部、销售部、财务部四个职能部门,纵向为不同

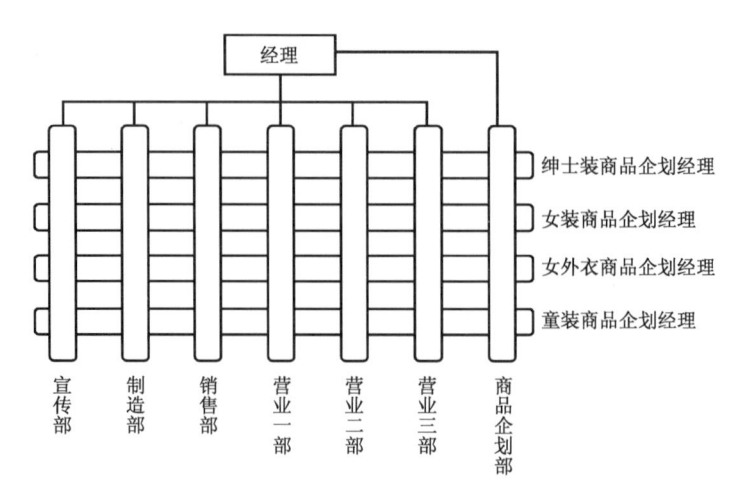

```
                              经理
         ┌────┬────┬────┬────┬────┬────┤
         │    │    │    │    │    │    ├── 绅士装商品企划经理
         │    │    │    │    │    │    │
         │    │    │    │    │    │    ├── 女装商品企划经理
         │    │    │    │    │    │    │
         │    │    │    │    │    │    ├── 女外衣商品企划经理
         │    │    │    │    │    │    │
         │    │    │    │    │    │    ├── 童装商品企划经理
        宣   制   销   营   营   营   商
        传   造   售   业   业   业   品
        部   部   部   一   二   三   企
                      部   部   部   划
                                      部
```

图 4-4 融合商品企划职能的新组织体系

表 4-1 新组织体系职能的交叉

生产管理		商品企划部			生产部			销售部				财务部		
		信息分析	材料企划	设计企划	样品制作	生产计划	品质管理	促销企划	销售企划	北京分店	广州分店	重庆分店	销售预算	毛利预算	库存预算
品牌1	商品企划师1														
品牌2	商品企划师2														
品牌3	商品企划师3														
品牌4	商品企划师4														
品牌5	商品企划师5														
公司盈亏计算		信息资料费	材料购入价	设计师工资	样品制作费	缝纫加工费	品质管理费	销售额预算	广告促销费	促销人员费	促销人员费	促销人员费	销售预算	毛利预算	库存预算

品牌的商品企划师。商品企划师原则上属于商品企划部门,但他们的作用是在不同的季节,通过企划、生产、销售特定品牌的商品来为企业贡献利润。因而,不能把商品企划师单纯看做商品企划职员,应同时看做是生产、销售、财务等部门的助理。

例如,负责品牌1的商品企划师1,其每一步工作都离不开其他部门的协作。首先,只有利用企业信息部门收集的市场与流行信息,借助于该商品企划部所属的设计师,才能对下一季的商品线进行有效的组合和抉择。其次,在销售部门的协助下,才能对所负责的品牌商品进行销售预测并确定生产数量。再次,在生产部门的协作下,才能按期安排生产。最后,在财务部的协助下,才能确定商品生产中需要的面料费、缝制加工费及检验管理费的结算日期。同样,其他品牌的企划师也必须得到各职能部门的配合,才能成功地按季节进行商品企划工作。由此可见,这种新组织体系强化了商品企划部门、生产部门、销售部门、财务部门的职能。可见,商品企划师不应将企划、生产、销售工作独揽一身,应尽量有效利用各部门的职能,按合理的组织构造方式去运作。

(六)服装商品企划的组织体系

商品企划师的职责内容涉及目标市场的确定以及销售工作,范畴很广。因此,企划师一个人不可能完成所有的工作。一般来说,商品企划人员的数量与企业的年销售额有关。年销售额少的小型服装企业,可只设置商品企划师和设计师(兼打样师)两人;年销售额大的企业经营的品牌多,所需的商品企划人员数量相应较多。

例如,某年均销售额超过千万元的品牌,其商品企划部门的组织体系如图4-5所示。该组织体系由包括首席商品企划师在内的18名职员构成。一个品牌配备18名企划人员似乎太多,但与一个年均销售额5000万元、配备了30~40名商品企划人员的企业相比,该品牌的18名职员已算高效率了,因为其企业组织体系较合理。在该组织体系中,细分后的商品企划业务内容由各职员分头负责。商品企划构思、材料选择、促销计划、生产管理、市场把握、经营管理等重要的职能,仍然属于商品企划师的职责范畴。

又如,某品牌年均销售额达5000万元,其商品企划部总人数为28名,其中企划人员10人,业务人员18人,组织图如图4-6所示。这种规模的大型品牌,商品企划构思单靠一个商品企划师已无法完成,通常由专业人员组成的商品企划小组来完成,要求小组成员必须责任明确,否则容易出现混乱。

二、服装商品企划组织活动的基本过程

基于"下一季的商品企划",从组织活动的管理程序角度,商品企划流程可分为三个阶段:商品企划阶段Ⅰ、商品企划阶段Ⅱ和商品企划阶段Ⅲ,同时细分为

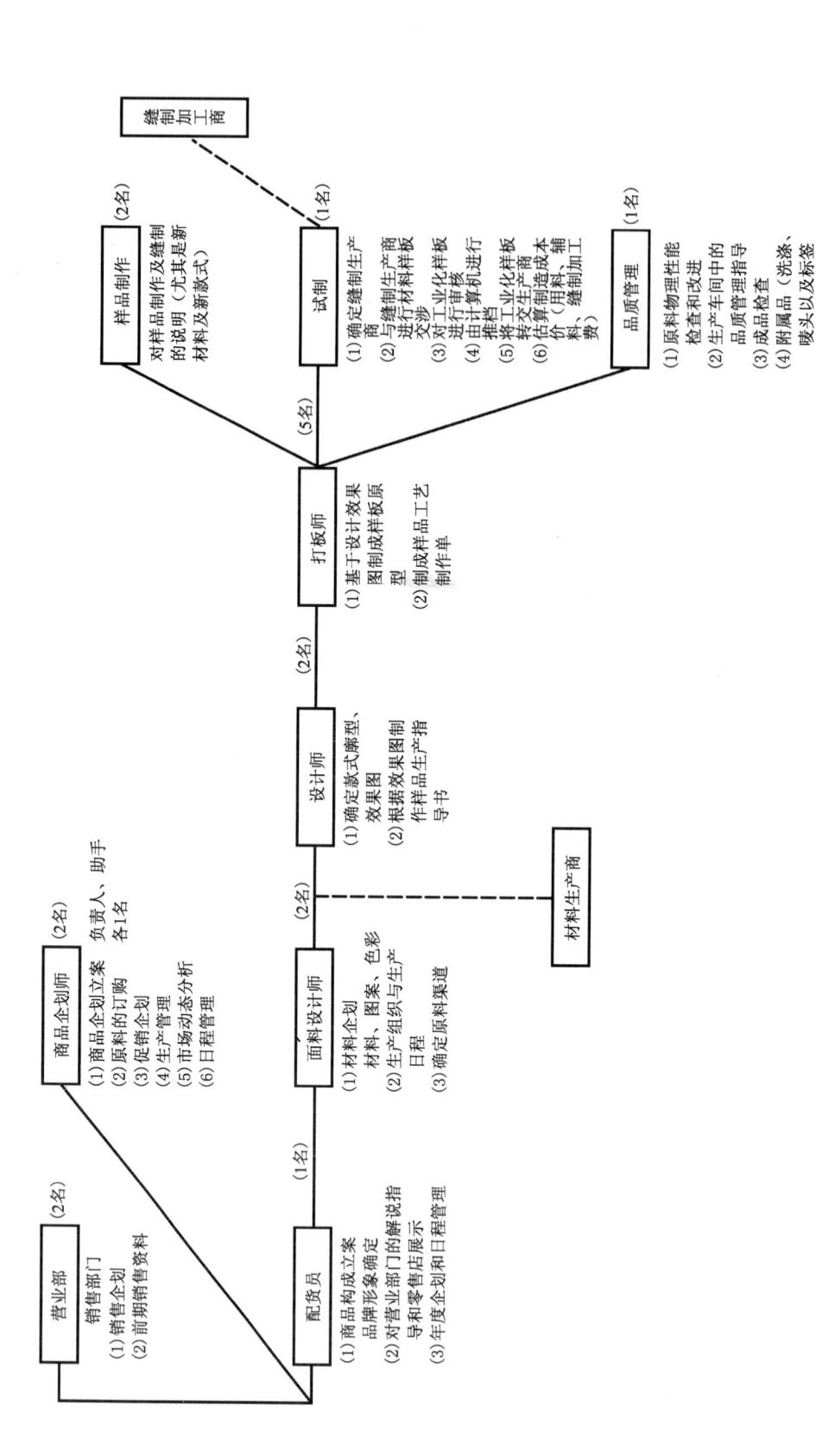

图 4-5 某商品企划部门的组织体系

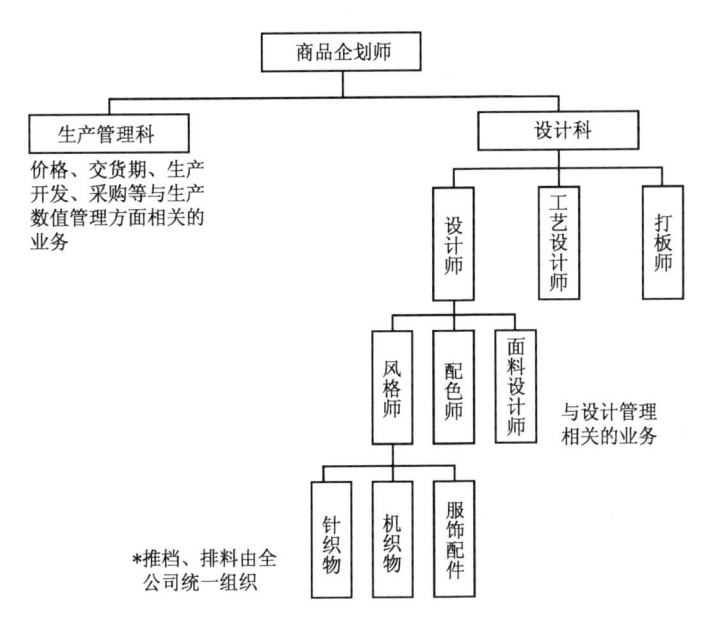

图 4-6 某企业商品企划部组织图

七个具体步骤(图 4-7)：目标市场设定、信息分析、理念设定、配套企划、品类企划、设计、促销企划。

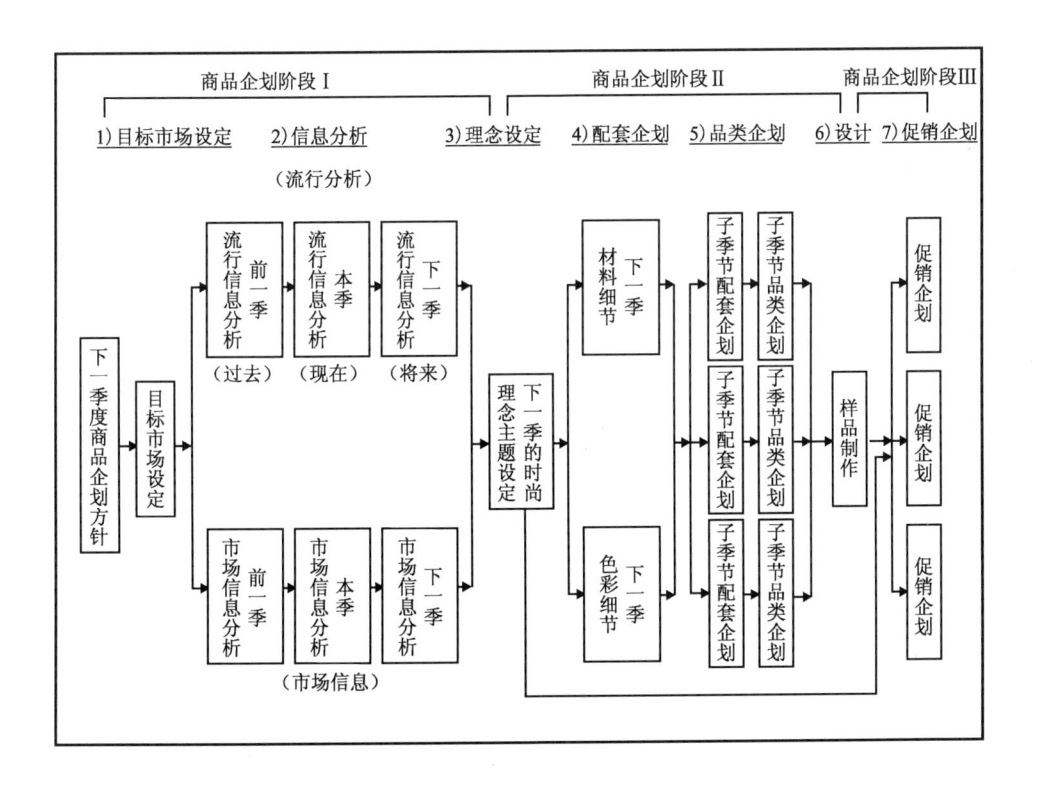

图 4-7 商品企划组织活动的基本过程

第二节　服装商品企划师责任制与职能

一、服装商品企划师责任制
(一)服装商品企划师制

近来,在一些服装企业中出现了采用商品企划师制的倾向,这是一种针对服装企业的商品企划工作的具体组织形式。伴随着经济发展,企业之间的竞争加剧,为了增强同其他企业的竞争力,一些新型的服装企业导入了商品企划师制。拥有能够对商品从企划、生产到销售的流程加以有效管理的商品企划人才,对企业的生存和持续发展非常重要。

商品企划师制本质上同以前产业界中采用的产品经理制一样,由商品企划师负责一个品牌,从品牌创设开始,自始至终担任其管理工作。这种制度的核心是商品企划师,在具体实施过程中,商品企划师的职能包括多方面的内容:①市场开拓;②服装商品计划;③编制企划书;④相关部门间的协调;⑤对企划的整体运行实施控制和检查;⑥产品开发和生产的指示;⑦广告和促销的决策;⑧价格和销售策略的决定;⑨利润指标的责任。

商品企划师承担了从开始企划立案到实施、直至包括利润指标在内的广泛范围内的职责。概括地讲,服装商品企划师的责任,就是负责在不同季节推出商品的企划方案并实施:收集来自消费者和零售店买手两方面的意见和信息;预测下一季的畅销商品;选定面料;安排生产流程;最后决定零售店应采取何种销售方式等。可见,服装商品企划师的工作,不仅与生产活动密切相关,而且在营销过程中也发挥着积极作用。

服装企业的商品企划师原则上都是统筹负责某品牌的经理,同时在部门中配备各种类型的专业人员,这种商品企划师制的组织体系有以下优点:

(1)由一个经理对一种产品或一个品牌进行统筹管理,容易进行整体性的市场营销活动。

(2)易快速反应,具备比其他企业更强的应变力和竞争力。

(3)由一个经理负责一个部门的组织运作,使部门的整体活动更容易产生成果,同时还会使整个部门组织充满活力。

(4)由于经理(商品企划师)的责任明确,权限也相应明确。

以前的企业里,往往由于财务和生产部门相对独立运作,商品企划的决策判断不够迅捷。服装商品企划师制能有效克服这种缺点,有利于企业将基于自身角度的"易于生产、易于销售"的体制,转向建立从消费者角度出发的"易于使用、易于购买"的体制。

(二)专家型的服装商品企划师

服装商品企划师的职能涵盖专业性与管理性两个方面。专业性包括服饰制品生产制造方面的感性层面及技术层面。

商品企划师的专门职能既非纯粹的专业技术性质,也不是纯粹的管理性质。商品企划师组织统领一个部门,从本质上讲,应对部门组织中的成员进行专业上的指导,对组织部门整体实施管理指导。在此过程中,商品企划师将在实际工作中得到感性直觉,灵活运用技术方面的专业性知识,并有效地渗透到经营管理中。具有这些专长的商品企划师可称为"专家",他们不仅具有专业技术,还具备为实现有各种专业性要求的目标进行整合管理的才能。

二、服装商品企划师的职能

(一)服装商品企划师的职务内容

随着服饰市场的成熟,服装企业不再单纯考虑如何生产商品,而将重点放到了根据消费者的生活方式进行商品企划,为企业创造更高的效益和利润方面。商品企划人员必须以消费者为出发点,进行市场分析、目标市场的设定、营销战略的开发、营销计划的构思、营销计划的实施、营销过程的管理等一系列企划活动。

一般将服装商品企划师的职务内容具体划分为三个方面:

1. 商品企划职能

(1)设定目标市场:在进行商品策划时,确定以何种顾客群作为目标对象群体来进行商品企划;

(2)信息分析:进行商品企划时,收集分析必要的流行信息和市场信息;

(3)确立企划方针:设定商品企划及销售和利润目标;

(4)材料构成企划:对材料进行规划;

(5)完成样品制作:在企划的商品群中,选择欲推向市场的产品进行样品制作;

(6)品类构成企划:按商品企划的理念,决定款式、色彩、材料和价格带;

(7)预测销售数量。

2. 生产管理职能

(1)生产企划:确保有相应的工厂进行企划商品的生产加工,完成生产工艺单的制作,并规定交货期;

(2)品质标准管理:按生产工艺单确定的品质标准进行监督。

3.销售企划职能

促销企划指广告企划。

以某一服装生产商为例,具体说明根据企划活动基本流程制订的服装商品企划师的职务内容:

(1)收集、分析信息并提出企划方针;

(2)在同各业务部门协调后,制订营业预算;

(3)为将商品企划方案付诸具体实施,指示主设计师进行样品设计和制作;

(4)把握生产能力,落单时对工厂的生产状况进行统筹调研;

(5)为严格遵守样品预定完成日期,全力支持设计人员;

(6)决定服装材料及使用量,与业务部、生产工厂联络;

(7)决定促销方针、商品配货方针;

(8)把握实际生产运行状况,并努力按预定日程表管理;

(9)努力使业务部对企划的商品充分了解和充满信心;

(10)决定展示会方针;

(11)掌握企划商品的市场销售动态,并反映到企划中;

(12)具备完美的人格(企划业务需与其他部门共同完成);

(13)与设计师、样衣工进行团体协作,并按日程表管理。

(二)商品企划师的管理职能

服装商品企划人员不但要完成品牌商品的企划、生产、销售等相关业务,同时还要预测市场动向、时尚潮流等环境变化,具有领导的才能和沟通能力;具有营销管理的经验和实际业绩;确保推出的商品企划理念,能在零售店的卖场中实现;能承担最终的利润责任。

商品企划是一项风险性较大的工作,如果不事先进行缜密计划,则可能给企业带来巨大损失。特别是服装领域的商品企划师,每年要进行4~6次分季节的商品企划工作。按季进行的商品企划时间性特别强,若商品企划师没有一套系统的企划方法,在企划的各个环节中,如信息分析,理念设定、色彩、材料的选定等,就可能出现滞后、不明确的情况,导致企划工作失败。因此,商品企划师为策划出与消费者欲求相吻合的新商品,应当具备作为管理者的解决问题的能力,并掌握解决问题的方法。

(三)商品企划师的素质要求

在商品企划工作中,商品企划人员须培养发现问题、解决问题和做出合理决策的综合能力。从逻辑上可以分为三方面(图4-8):发现问题的能力;决策判断

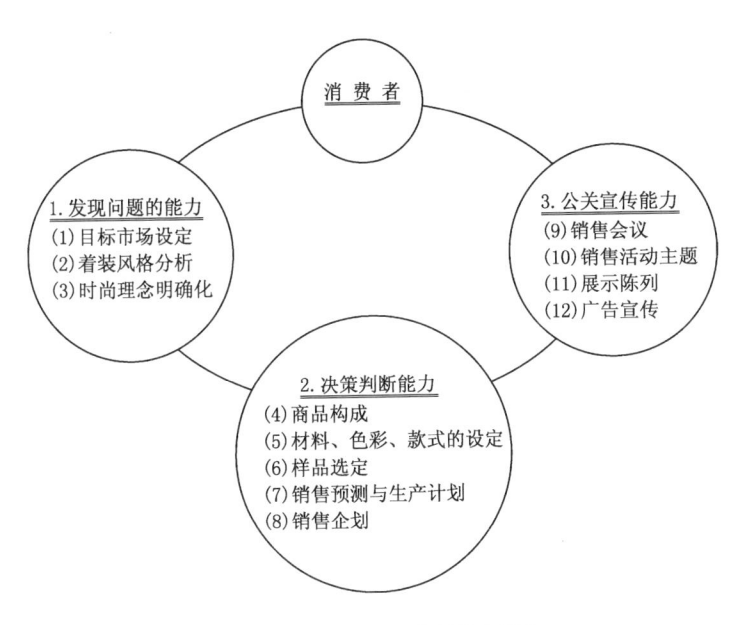

```
              消 费 者
    ┌─────────┴─────────┐
1.发现问题的能力        3.公关宣传能力
(1)目标市场设定         (9)销售会议
(2)着装风格分析        (10)销售活动主题
(3)时尚理念明确化      (11)展示陈列
                      (12)广告宣传

       2.决策判断能力
       (4)商品构成
       (5)材料、色彩、款式的设定
       (6)样品选定
       (7)销售预测与生产计划
       (8)销售企划
```

图 4-8　商品企划师的能力要求

能力;公关宣传能力。

1.发现问题的能力

第一个步骤是"发现问题"。商品企划构思的过程中,在讨论企划何种商品前,应先明确商品企划的对象,确定目标消费者,这与市场营销活动中的目标市场设定部分相当。然后从对目标消费者着装方式的分析中,了解他们对服装商品有何满足和不满。

着装方式因人而异,有很大的差别:有的人崇尚华丽;有的人迷恋休闲;有的人喜欢标新立异;有的人固守传统。消费者一般都不会拘泥于一种穿着方式。因此,仅分析目标消费者现在的穿着方式还不够,还应努力揣测他们下一季可能的穿着欲求,这也是服装理念的明确过程。具体来说,就是以着装方式的分析结果为依据进行推测,并用形象的视觉化方式表现目标消费者对下一季时尚渴求的内容。从穿着方式分析到明确服装理念的过程,相当于市场营销活动中的市场机会预测部分。

设定了目标市场,确定了能使目标消费者穿着欲求得以满足的理念形象后,接着应为目标市场群体设立相应的品牌,完成品牌的构成战略。这种品牌构成战略的具体结构如表 4-2 所示。品牌构成战略中的第一步,是确定以何种消费者为目标对象市场。一般来说,服装企业会选择不止一个的目标消费者群体。比如,同样属于年轻人阶层,企业可能会把它细分为以中学生为中心的少年群体和以女大学生及办公室小姐为中心的青年群体两个目标消费群体。以此为基础,决定以何种品牌来与这些目标消费群体相对应。

表4-2 品牌构成战略

目标市场构成	品牌构成		公司商品构成	衬衫/女衫	羊毛衫/针织服	外套/夹克	裙装/裤装	一件套	套装	大衣
				%	%	%	%	%	%	%
目标市场1	品牌1	%	年度商品构成	%	%	%	%	%	%	%
			春	%	%	%	%	%	%	%
			初夏	%	%	%	%	%	%	%
			盛夏	%	%	%	%	%	%	%
			初秋	%	%	%	%	%	%	%
			秋	%	%	%	%	%	%	%
			冬	%	%	%	%	%	%	%
			合计	100%	100%	100%	100%	100%	100%	100%
目标市场2	品牌2	%	年度商品构成	%	%	%	%	%	%	%
			春	%	%	%	%	%	%	%
			初夏	%	%	%	%	%	%	%
			盛夏	%	%	%	%	%	%	%
			初秋	%	%	%	%	%	%	%
			秋	%	%	%	%	%	%	%
			冬	%	%	%	%	%	%	%
			合计	100%	100%	100%	100%	100%	100%	100%
目标市场3	品牌3	%	年度商品构成	%	%	%	%	%	%	%
			春	%	%	%	%	%	%	%
			初夏	%	%	%	%	%	%	%
			盛夏	%	%	%	%	%	%	%
			初秋	%	%	%	%	%	%	%
			秋	%	%	%	%	%	%	%
			冬	%	%	%	%	%	%	%
			合计	100%	100%	100%	100%	100%	100%	100%
目标市场4	品牌4	%	年度商品构成	%	%	%	%	%	%	%
			春	%	%	%	%	%	%	%
			初夏	%	%	%	%	%	%	%
			盛夏	%	%	%	%	%	%	%
			初秋	%	%	%	%	%	%	%
			秋	%	%	%	%	%	%	%
			冬	%	%	%	%	%	%	%
			合计	100%	100%	100%	100%	100%	100%	100%

2.决策判断能力

商品企划逻辑上的第二个步骤就是"决策判断",相当于市场营销活动中的市场营销计划步骤。由于在前一步骤中已决定了与品牌有关的基本方针,这一步骤则应将品牌理念具体化,该过程可称为商品线企划(商品构成)。在进行商品构成企划时,首先要选择商品线,这种选择的能力是决策判断能力中很重要的一部分。商品线企划第一步应考虑的是被选定的目标消费者希望穿什么样的服装。如是想穿裙子和外套的组合呢,还是裤子配羊毛衫等。

商品构成企划一般可以分为两个阶段,第一阶段是决定服装商品的种类和比例,称为商品线企划Ⅰ。表4-3所示就是商品线企划Ⅰ的一个例子。如果企划的是休闲型服装,品类就应以单品群(单品构成的商品群)为主。相反,如果是厚重型服装,服装品类以套装、一件套、大衣为主。当然,商品构成的具体比例随季节的不同会有差异,因此在该阶段还应决定各季节的商品构成比例。

第二阶段是决定服装商品的构成要素,称为商品线企划Ⅱ。表4-4所示就是商品线企划Ⅱ的一个例子。在该阶段将商品线企划Ⅰ中确定的服装品类进一步具体化,按不同的服装种类决定材料、款式、尺寸、价格等相关内容。首先企划最适于表现品牌理念的材料。根据商品理念形象的侧重点不同,如是经典风格、运动风格还是浪漫风格等,材料企划的构成方式也不同。以女衬衫为例,主要包括采用何种款式造型、价格、材料、配色、尺码与细节等。要明确采用哪些款型,舍弃不必要的款型,以减少库存和降价损失。选定了不同服装品类的材料、色彩、款

表4-3 品牌企划单(Ⅰ)商品构成

品牌名:

目标市场	服装品类		整体			女性化风格类			典雅风格类			休闲风格类		
			棉	合纤	羊毛、麻、真丝、粘纤	棉	合纤	羊毛、麻、真丝、粘纤	棉	合纤	羊毛、麻、真丝、粘纤	棉	合纤	羊毛、麻、真丝、粘纤
	衬衫女衫	B												
		T												
	羊毛衫针织服	B												
		T												
	外套夹克	B												
		T												
	裙装裤装	B												
		T												
	一件套	B												
		T												
	套装	B												
		T												
	大衣	B												
		T												
	其他	B												
		T												
	合计													

注 B—长销商品;T—主题商品。

表4-4 品牌企划单(Ⅱ)款型构成

品牌名：　　　　　　服装品类：

价格带	价格线构成	材料构成		款型构成		色			色			色			色			色			色		
		种类	材料名	要点	细节特征	S	M	L	S	M	L	S	M	L	S	M	L	S	M	L	S	M	L
合计																								

式、尺码、价格后，可制作样板并对根据样板制成的样品加以修改，提交展示会或客户。该阶段称为样品选定。最后商品企划师根据反馈信息，参考以往经验和业务部门的意见，决定生产数量、生产周期，并计算用料量。

服装商品企划师除了对商品的设计和生产进行企划外，还要对商品的销售进行企划，即销售企划。

3. 公关宣传能力

商品企划师逻辑上的第三个步骤就是"公关宣传"。

在前两个步骤中，服装商品企划师对消费者需求的服装商品进行了企划。还需将企划出的商品还原为销售额和利润，这项工作具体由业务人员来完成，但要求服装商品企划师将企划的理念和意图充分清晰地传达给业务人员，使其能十分自信地在零售店中开展促销活动。

此外，商品企划师还要设定零售店卖场以什么主题进行促销宣传。特别是在新季节来临、新品上市之时，需将品牌的形象通过店内的陈列和广告，鲜明而形象地传达给消费者，这是和消费者之间进行的一种直接的宣传沟通活动。

商品不论多么好，如果不针对目标消费者进行有效的公关宣传，都无法引起消费者的注意，不能将商品企划的意图传达给消费者，激发购买欲望。零售商们十分重视卖场中能带给消费者视觉刺激的陈列展示(VP)。同样，为了促进销售，服装商品企划师也应对VP具有敏锐的洞察力和理解力。

第五章 服装商品企划的案例分析

本章介绍了为一个休闲类品牌"Blue Shell"(蓝贝壳)进行的商品企划(春夏季)及一个成熟女性品牌"RayRay"(太阳诗)的商品企划案。

第一节 服装商品企划立案的基础

一、D&C 品牌的启示

生活水准和消费水平的提高是人类经济建设进程的必然产物,导致了大众消费群体中悄然分离出另一派系——高感度消费者。这部分消费者的时尚意识较强,对服装的个性化要求较高,不再满足于那些针对大众消费者的品牌商品。这一趋向使得一些 D&C 品牌(设计师品牌和个性化品牌)受到注目,大众化品牌与高感度、个性化品牌之间的竞争由此展开。

为了将设计师的时尚理念在卖场中充分表现出来,高感度、个性化品牌的销售主要依靠自营专卖店或特许经营店。在 D&C 品牌的商品企划工作中,尤其重视卖场布置、商品陈列等视觉企划方面;通常采用一体化的生产营销战略,注重商品与商品之间、商品与各种小饰物、小道具之间的搭配组合,以提升品牌和商店的形象。另外,D&C 品牌也会采用将相关商品进行配套销售的方式,使目标顾客的平均消费额上升,利润随之增加。

在 D&C 品牌渐趋兴盛之时,由于经济一体化趋势的影响,意大利、法国、美国的强势品牌纷纷出现在国内市场上,更加剧了竞争。高感度消费者在选择商品时,不仅仅注重商品的实用性和价格高低,更多的是关注商品的个性、感性和时尚性。因此,在进行商品企划时,要将重点放在商品的感性、质感和高品位上。

原则上,应该基于消费者的欲求来制订品牌生产营销战略。首先应进行深入细致的消费者群体划分,然后确定出与之相对应的商品企划体系。国外品牌和 D&C 品牌的迅速增长,充分证明了分析和预测消费者的生活方式对于品牌创设与运作的重要性。

二、对应消费者群体细分化的商品企划体系

为了掌握针对不同消费者群体实施不同商品企划的方法,并灵活运用第三章阐述的商品企划实施流程,应特别注意以下三方面的内容:

(1)在商品企划过程中,可以制订三张表格。一是目标市场企划表,用以设定目标市场;二是目标市场分析表,用以对目标消费者群体的生活方式进行详细分析;三是目标市场战略表,用以针对目标市场消费者进行明确的实施战略策划。

(2)从设定理念到卖场销售的各个阶段,参考零售业买手在配货组合时的方法,合理配置新潮品、畅销品、长销品三种类型产品的构成比例。

(3)重点突出材料企划。在服装商品企划师的工作中,材料的选定和组合变得越来越重要。对于不同设计理念的服装,消费者所倾向的材料配置方案也会有所不同。

服装商品企划的基本流程(包括目标市场设定、季节理念风格设定、商品构成、材料构成、促销策划)如表 5–1 所示(以春夏季为例)。

表 5–1 商品企划体系的表格

1. 目标市场设定		
A 目标市场企划表	B 目标市场分析表	C 目标市场战略表

2. 风格设定	春	初夏	夏
新潮品			
畅销品 着装场合			
长销品 着装场合			

3. 商品构成	春	初夏	夏
新潮品			
畅销品 着装场合			
长销品 着装场合			

4. 材料构成	春	初夏	夏
新潮品			
畅销品 着装场合			
长销品 着装场合			

5. 促销企划	春	初夏	夏
新潮品			
畅销品 着装场合			
长销品 着装场合			

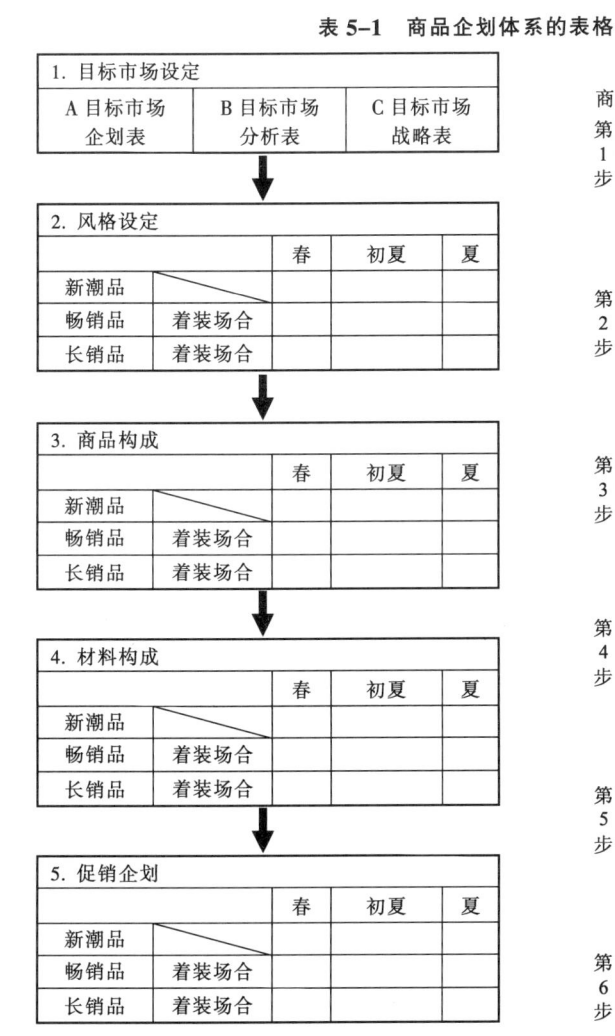

商品企划步骤与企划表格的关系

- 第1步:品牌命名与品牌理念
- 第2步:目标市场企划表 → 目标市场设定图
- 第3步:季节风格设定表 → 流行要素分析图
- 第4步:季节品类构成表 → 材料主题图
- 第5步:季节材料构成表 → 商品构成图
- 第6步:季节促销策划表 → 促销策略图

第二节 品牌"蓝贝壳"目标市场的设定

一、目标市场设定的意义

在服装商品企划的立案中,最为重要且工作量最大的部分是品类构成企划。但是品类构成若不能与目标消费者的需求相吻合、反映消费者的审美情趣,则销售额难以达到预期的目标。因此,作为商品企划立案的第一步,应充分重视目标市场的设定。表5-2中包含了目标市场的设定内容。要完成此企划表,必须首先分析和选定消费者群体。

在品牌"蓝贝壳"商品企划的立案时,假定选择的消费者类型是:职业女性、偏好休闲风格、20~26岁,以此作为所有企划工作的前提。

目标市场的分析包括三张表格(表5-2):第一张表格是目标市场企划表,归纳、概括目标消费者的生活属性和企划要点;第二张表格是目标市场分析表,详细分析目标消费者的生活方式;第三张表格是目标市场战略表,总结和明确企划的重点。

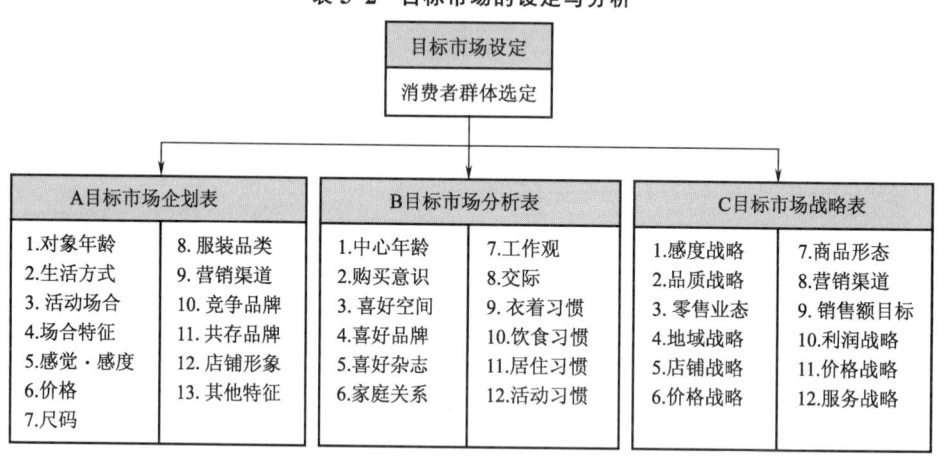

表 5-2 目标市场的设定与分析

```
                    目标市场设定
                    消费者群体选定
        ┌──────────────┼──────────────┐
   A目标市场企划表    B目标市场分析表    C目标市场战略表
```

A目标市场企划表	B目标市场分析表	C目标市场战略表
1. 对象年龄　　8. 服装品类 2. 生活方式　　9. 营销渠道 3. 活动场合　10. 竞争品牌 4. 场合特征　11. 共存品牌 5. 感觉·感度　12. 店铺形象 6. 价格　　　13. 其他特征 7. 尺码	1. 中心年龄　　7. 工作观 2. 购买意识　　8. 交际 3. 喜好空间　　9. 衣着习惯 4. 喜好品牌　10. 饮食习惯 5. 喜好杂志　11. 居住习惯 6. 家庭关系　12. 活动习惯	1. 感度战略　　7. 商品形态 2. 品质战略　　8. 营销渠道 3. 零售业态　　9. 销售额目标 4. 地域战略　10. 利润战略 5. 店铺战略　11. 价格战略 6. 价格战略　12. 服务战略

二、目标市场企划表

在高感度、个性化服饰市场竞争中,为了使企划的商品与消费者的需求相吻合,在进行每一季的商品企划之前,应对目标市场进行重新分析和调查。

首先,分析不同消费者群体的特征,明确目标市场以及本品牌在目标市场中所处的地位。其次,进一步分析目标消费者的生活方式、衣着习惯等方面发生的变化。可依据表5-3中的13个项目归纳目标消费者的特性,以明确的语言文字方式表述。

表5-3 "蓝贝壳"目标市场企划

品牌名	Blue Shell(蓝贝壳)
品牌策略	面向休闲风格职业女性的单品配套时装
生活态度	外在表现为洗练的职业形象,无论处于公众场合还是私人场合,都有强烈的自我意识;渴望充满活力的生活,不拘泥于固有观念
时尚意识	对流行相当敏感,善于穿着打扮,且能穿出鲜明个性

对象年龄		感觉·感度	感度 / 感觉	5	3	1	营销渠道	
	少年 —		古典传统	20%	10%	—	百货店	20%
	青少年 20%						专卖店	80%
	青年 80%		优雅高贵	—	10%	—	大卖场	—
	中年 —						其他	—
	老年 —		随意闲适	25%	35%	—	竞争品牌	Gatherine·Hamurett
	20~26岁 (中心年龄:23岁)							
生活方式	对工作和娱乐都很热衷;善交际,职业女性的味道较重;对时尚信息感觉敏锐;对时髦的健身和休闲活动非常投入	价格	高档价格 40% 中档价格 60% 低档价格 —				共存品牌	Yohji·Yamamoto
活动场合	社交场合 10% 公事场合 60% 私人场合 30%	尺码	S — M 100% L — XL —				店铺形象	高档百货店,如梅陇镇伊势丹
场合特征	工作场所几乎成为生活的中心;多从事与传媒和服饰等相关的职业;有时也不乏一点私密的成分	服装品类	衬衫类 15% 针织衫 10% 编织衫 10% 裙装 15% 裤装 20% 外衣 20% 连衣裙 10%				其他特征	讨厌与别人穿相同的服装,注重表现与众不同的个性

(一)目标对象年龄

分析目标对象的年龄层,明确其生理年龄和心理年龄。

目标对象的年龄层为20~26岁,中心年龄为23岁。

说明:这里所说的年龄是心理年龄,实际顾客中可能有些生理年龄在30多岁,而有一部分实际顾客的生理年龄不属于该20~26岁的年龄段。

(二)生活方式

总结目标消费者的生活方式、生活观、人生观、价值观等方面的特征。

这一顾客层对各种信息都非常敏感,尤其是时尚信息,如时装、音乐、室内设计、艺术等方面。

(三)活动场合

分析目标对象生活中的各种社交场合、公事场合、私人场合,并确定各自所占的比例。

这一顾客群大多独立工作,她们感到是凭自己的能力在生存。她们对工作充满兴趣,甚至认为是在接受人生的磨炼,所以在她们的生活中公事性场合偏多。但另一方面,她们也很重视轻松悠闲的私人场合。由于年龄和工作的关系,社交机会并不多,社交活动常常会成为工作的一部分,一般只是偶尔参加同学、同事、朋友的聚会或婚礼等。

(四)场合特征

总结所分析的各种场合的特征及所占的比例。

公事场合基本上是这群人的生活中心。不过对于那些写字楼中的"白领"来说,办公室的一隅有时也免不了夹杂几分私密的情愫。

(五)感觉·感度

分析目标对象的感性品位层次。

这一群体比较偏好浪漫、柔情的时尚产品,不太喜欢模糊低调的设计。多选择休闲类服装以及略显男性化的经典类服装。另外,喜欢追随流行时尚,在可能的情况下,会选购高档品,对商品的感度是时尚性和前卫性各占一半。

(六)价格

分析目标顾客购买行为中对价格的期望范围,以此设定价格带。

这一顾客群中的多数女性已经实现了经济独立,因而具有较强的自我意识,只要符合自己的时尚需求,即使服装商品价格很高也会购买。因此,原则上把价格带设定在中档和高档范畴,两者比例基本接近,各占一半。

(七)尺码

从目标对象的生理年龄出发,分析体型特征,设定商品的尺码分布范围和比例。

该顾客层的消费者自我感觉很好,常常会认为自己的身体也是时尚的一部分,因此,非常关注和体型相关的细节问题,希望保持一个理想的着装比例。

(八)服装品类

对目标市场对象的着装场合以及各场合的特征进行分析后,确定需要制作哪些品类的服装、各品类服装的数量以及各品类服装相互之间的数量比例等。

由于企划的服装品类以休闲服为中心,因此应以单品为主。考虑到目标顾客层的公事性场合比较多,还应补充外套、裤装、裙装、衬衫等品类商品。

(九)营销渠道

基于对目标对象的消费行为、购买特征的分析,设定商品品类在各零售业态中的展开比例。

这类休闲风格的职业女性,很重视自己的生活质量,讲究购物的环境与气氛,因而专卖店是比较理想的营销渠道。

(十)竞争品牌

从当前市场中找出可能与企划的品牌产生竞争的品牌。

在当前企划的品牌可能进入的商场中,分析具有类似目标消费者、产品种类、价格带等的品牌,找出竞争品牌。"蓝贝壳"品牌的竞争品牌有 Gatherine·Hamurett 等。

(十一)共存品牌

即使与这样的品牌(共存品牌)所处的卖场相毗邻,也不会降低自身的销售额,有时反而还有促进作用。

在当前企划的品牌可能进入的卖场中,比该品牌的形象稍高一些的共存品牌是 Yohji·Yamamoto。

(十二)店铺形象

基于对目标对象消费行为的分析,研究具体的店铺形象和卖场促销活动。列举出类似风格的现有商店名或卖场名。

该顾客层热衷的商店均是大都市中高档的百货店,从商店的环境条件、规模结构来说,上海梅陇镇伊势丹是一个典型代表。

(十三)其他特征

除了分析以上12项特征外，该目标消费群体还有着极为突出的个性心理，不愿意拥有与别人雷同的服装，喜欢表现自己、突出自己，因此，强调服装的创意性、时尚性是重点。

三、目标市场分析表

完成目标市场企划表之后，应具体分析设定的目标市场，核心是紧扣目标顾客层的生活方式。根据目标市场分析表的内容逐项对目标市场进行分析(表5-4)。

表5-4 "蓝贝壳"的目标市场分析

职业·休闲	
中心年龄	23岁
购买意识	重视流行性
喜好空间	常去美术馆和电影院等处，也喜欢到海边、山野、高原去体会自然
喜好品牌	Yohji·Yamamoto
喜好杂志	ELLE、《流行通信》

家庭关系	具有极平凡的家庭关系；不大接受双亲的意见，按自己的意愿生活；由于自立感极强，多数人都是独自居住
工作观	憧憬未来，踌躇满志；刻意在工作中磨炼自己，从中感受生命和存在的价值；工作是每天生活的中心，时间多花在工作上，但也热衷休闲活动
交 际	善于与人沟通，交友广泛；喜欢看电影、听音乐、外出就餐，夜生活丰富，不时举办家庭派对(Party)
衣着习惯	对流行比较敏感，善于吸收时尚信息，但并不盲目照搬，而是将时尚与自身风格有机融合；不太会发生冲动购买行为，注重自己倾向的格调
饮食习惯	由于工作关系常常外出就餐，喜欢到一些陈设整洁、讲究氛围的时髦餐厅，和友人一起在比较明快的气氛中就餐
居住习惯	住在靠近市中心的公寓里，营造放松、惬意且能表现自我的生活空间，收集一些室内装饰品和小摆设，对绘画等艺术装饰品有很好的审美意识
休闲习惯	对音乐、电影、绘画充满兴趣，常去音乐会和美术馆；在工作疲劳之时，放松自己的方式往往是读书和接触大自然

(一)中心年龄

由于目标消费者的年龄分布范围较广,只有抓住中心年龄,才能进一步明确目标消费者。

该顾客层的中心年龄设为23岁。

(二)购买意识

研究目标顾客在购买服饰用品时最重视的要素,如时尚性、品牌属性、品质等,并加以分析。

该目标顾客层最重视时尚流行性。

(三)喜好空间

针对目标顾客日常喜欢的空间或很重视的空间进行详细分析。

"休闲风格职业女性"不喜欢矫揉造作,相反经常追求刺激,常去美术馆、电影院等处欣赏艺术品,也喜欢到海边、河川、山野等处去接触大自然,很重视悠然自得的空间。

(四)喜好品牌

不仅指目标顾客经常购买或穿着的品牌,还应包括那些她们不一定购买但也很关心、经常关注的品牌。

这群"休闲风格职业女性"喜欢诸如"KOMU·DE·GYARUSON"、"Yohji·Yamamoto"等品牌。

(五)喜好杂志

列举目标顾客每月定期阅读的杂志以及喜欢经常翻阅浏览的期刊。

"休闲风格职业女性"通常喜欢 *ELLE*、《流行通信》等杂志,此外对登载海外流行信息、艺术话题的杂志也很感兴趣。

(六)家庭关系

分析目标顾客群的夫妻关系及家庭关系,了解其生活中心。

这些年龄在20~26岁(以23岁为中心年龄)、处于自己喜欢的生活圈中的职业女性,大部分都是独身且自立感极强,多数是一个人独自居住。

(七)工作观

分析目标顾客群对职业和工作的态度和观点。

对这些"休闲风格职业女性"而言,从事自己喜欢的、感兴趣的职业意识很强,她们的人生观很明确,认为工作是一步步迈向未来目标的手段和过程。

(八)交际

分析目标顾客群的交友关系、交际范围等。

"蓝贝壳"品牌的目标顾客多善于与人沟通且拥有广泛的交友关系,经常组织一些聚会,夜生活丰富,喜欢一些私人性的活动。

(九)衣着习惯

分析目标顾客群的着装意识。

该消费群体对时尚流行特别敏感,常会采购一些时尚性商品,但不会将它们堆砌一身,用心于简洁服装间的搭配组合。

(十)饮食习惯

分析目标顾客群在饮食方面的喜好、外出就餐时常去的场所等。

该消费群体由于工作关系常常外出就餐,讲究就餐的气氛和环境。

(十一)居住习惯

分析目标顾客的住所及其在室内装饰方面的喜、恶、好、憎等特征。

该消费群体多住在邻近市中心的公寓,喜欢收集一些有品位的室内饰品和小摆件,营造一种轻松闲适、令自己惬意的生活空间。

(十二)休闲习惯

分析目标顾客的兴趣爱好,如艺术、音乐、电影等。

这些"休闲风格职业女性",除了音乐、电影、绘画等,对国内外各方面资讯均有兴趣,喜欢探寻时代的特征、接触自然、放松心境。

四、目标市场战略表

由于构成目标市场战略的方式不同,目标市场战略可以按不同的方针展开。表5-5中包含了12个战略要因,将这些战略要因组合后,能够确立最适合目标对象的战略。

感度战略:若确立高感度(分5个等级,数值越大、个性化越突出)战略,销售地域战略就必定是完全针对大城市。这里选定高感度为4,在销售地域战略上以大城市为中心,也不放弃小城市。

表 5-5 "蓝贝壳"目标市场战略

季节:春夏			消费群体:职业·休闲
感度战略	高感度4	商品形态	单品配套
品质战略	中档品质	营销渠道	直销 80% 特许经营 20% 展销会 0
零售业态	专卖店 80% 百货店 20% 大卖场 0	销售额目标	600万元
地域战略	大都市 80% 小城市 20% 郊外 0	利润战略	高附加值
店铺战略	限定数量	价格战略	中等价格
价格战略	高价格	服务战略	配套销售

品质战略:为了控制成本而采用中档品质;在价格战略中,因成本适中可采用高价格、高利润战略。

营销渠道:由于高感度消费者人数有限,以自营(直销)形式为主,部分采用特许经营的方式。

商品形态:由于主要在高感度商店销售,在商品形态方面选择多种服装品类,强调相互之间的搭配组合性。

零售业态:以专卖店为主,包括部分百货店。店铺规模不宜过大,控制在一定数量之内。

第三节 品牌"蓝贝壳"春夏季商品企划

一、春夏季理念风格设定
(一)理念风格设定

基于在目标市场设定过程中分析的信息,预测目标消费者群某一季想穿什么(穿着需求),并归纳表述成具体的"理念风格主题"。预测工作按新潮品(Trend)、畅销品(New Basic)、长销品(Basic)三类商品分别进行。

预测新潮品时,参考分析反映新时尚感性与审美意识变化的"时尚·潮流信息";对畅销品、长销品进行预测时,参考公事场合、私人场合、社交场合等方面的"场合·潮流信息",从各类信息中选取各自的"风格主题"。

春夏季有6个月，只进行一两个主题的提案构思远不能满足消费者的需求。需要针对各子季节进行提案，分别提出与公事、私人、社交等不同场合相匹配的风格主题。表5-6针对"职业·休闲"顾客群列举了适合春夏季的19个风格主题。

表5-6 春夏季风格主题的设定

类　别		春	构成比例	初夏	构成比例	夏	构成比例
新潮品		激情无限	20%	现代休闲	20%	斑斓阳光	20%
畅销品	公事场合	轻松节奏Ⅰ	20%	轻松节奏Ⅱ	20%	信步阡陌	20%
	私人场合	情感之旅	25%	狂欢无眠	25%	海岛踏浪	30%
	社交场合	如烟往昔	10%	星光飘落	10%	海的低语	10%
长销品	公事场合	再现优雅	10%	心灵回归	10%	拂面清风	5%
	私人场合	春日随想	10%	古风轻扬	15%	明朗假日	15%
	社交场合	浪漫情怀	5%				

(二)春季风格主题

春季风格主题包括七个方面的具体内容，对应于各主题的风格企划见表5-7~表5-11。

新潮品主题：激情无限(表5-7)。

畅销品主题(公事场合)：轻松节奏Ⅰ(表5-8)。

畅销品主题(私人场合)：情感之旅(表5-9)。

畅销品主题(社交场合)：如烟往昔(表5-10)。

长销品主题(公事场合)：再现优雅(表5-11)。

长销品主题(私人场合)：春日随想(略)。

长销品主题(社交场合)：浪漫情怀(略)。

1. 春季新潮品主题

春季新潮品主题的灵感来自于时尚流行的预测提案，该主题是春夏季中最新颖的主题理念，与目标市场和各子季节相吻合。在春季的时尚潮流中，休闲系列中融入运动风貌的前卫风格很流行。该主题设定为"激情无限"，确定以"活力感性"为指向，以炫目的色彩和有光泽的或经涂层加工的服装材料为重点，以能突出外套特色的女衬衫、裤(裙)等单品进行组合搭配。

2. 春季畅销品主题

(1)公事场合：针对公事场合的提案是"轻松节奏Ⅰ"，该主题倡导在活泼、愉悦的工作场景中体现着装者富有个性的品位。

表 5-7　春季新潮品主题

激情无限 Radical Pop Spirits	主要品类及其设计细节
风格·印象 Radical:过激的,Pop:热情洋溢的,Spirits:活力四射的。多变的形象,有光泽的材料,具有未来感的休闲风格,宽松且短小的廓型,生动鲜活的搭配,为表现时代感觉而使用有金属光泽的材料是关键点	彩色几何印花图案的上装,具有金属光泽的服装材料制成的外套和裤装是主要品类 〈上装〉 ·彩色几何印花上衣 ·鲜亮色的棉质毛衫 〈裤子〉 ·高腰线 ·经涂层加工获得金属光泽的窄腿长裤 〈外套〉 ·涂层材料的宽松短夹克
服装材料·印象 时髦图案印花面料(棉布、汗布、防水面料);硬挺而有光泽的休闲风格面料(涂层牛仔布等);多色调的弹性服装材料(高支棉针织物、彩色汗布)	
颜色·印象 以炫目的鲜亮色为基调(橘皮黄、柠檬黄、蔚蓝、葡萄青);以涂层色为重点(草绿、淡粉)	**廓型·印象** 流畅宽松的直线条

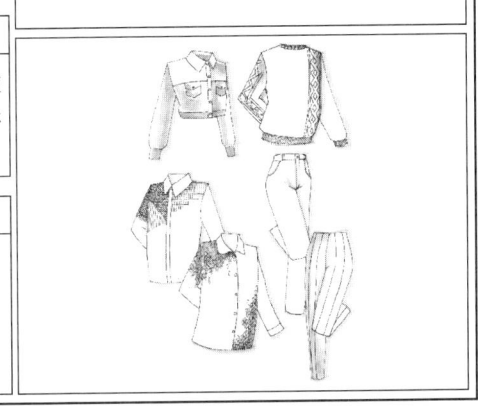

表 5-8　春季畅销品主题(公事场合)

轻松节奏 I Vividly Working Life I	主要品类及其设计细节
风格·印象 Vividly:鲜活,用来表现活泼和舒适的工作场景。这些非常重视感性及与人交流的职业女性,她们的上班生活充满了干练和欢悦的感觉,用心营造一种吻合这种场景的有个性的职业女性形象	以重视廓型的简约设计为主 〈衬衫类〉 ·简约风格的衬衫 ·变化领的柔软衬衫 〈上衣和一件套〉 ·衬衫式的一件套 ·流畅的宽下摆上衣 ·修长的合体上衣
服装材料·印象 以轻柔羊毛织物为主,以混入合纤的直贡呢、华达呢、经面缎等为代表,也采用一些高密且布面整洁的织物。内穿服装选用以双绉为主的轻薄型合纤织物及亚麻细布、棉布、巴里纱等高级纯棉织物	
颜色·印象 深蓝、猫眼绿、石榴红、深烟灰色与白色、淡绿、淡蓝紫等色搭配组合	**廓型·印象** 小喇叭型和贴体修长型两种廓型

表 5–9　春季畅销品主题(私人场合)

情感之旅 Emotional Trip	主要品类及其设计细节
风格·印象 Emotional:令人感动。突出在异国风情里令人感怀的毕业旅行或与好友同游的印象,如在法国的小街道或西班牙郊外令人心驰神往的旅行。用质朴和休闲风格的服装材料组合来表现原野风情	使用具有质朴感的材料,突出休闲感觉的组合风格。深色与白色的对比是要点 〈上衣〉 ·简单朴素的衬衫类 ·休闲风格的普通衬衫 ·短小合体的针织服
服装材料·印象 主要有质朴的合纤材料(绉布、麦斯林、乔其纱、雪纺绸)和休闲风格的棉质材料(罗缎、巴里纱)两大类。休闲风格材料中以牛仔布、府绸、细棉布等常规织物和平纹、罗纹等针织面料为代表	·低胸内穿针织服 〈下装〉 ·质朴的长裙 ·柔软材料的工装裤和背带裙 ·廓型硬朗的工作裤 ·天然材料的长裙
颜色·印象 以白、黑及深蓝等色调为基调,再搭配石榴红、金色等	**廓型·印象** 以流畅的线条为基础,采用宽松型廓型

表 5–10　春季畅销品主题(社交场合)

如烟往昔 Vanity Nostalgia	主要品类及其设计细节
风格·印象 Vanity:空灵,Nostalgia:强烈的怀旧感。使人遥想 20 世纪 20 年代精灵般的女子,细巧精致的细部结构暗示着纤细身躯里萦绕的罗曼蒂克,流畅的直线条是优雅格调的核心	细巧精致的细部结构特征及采用具有流动感、悬垂性好的织物是关键 〈衬衫〉 ·用缎带、塔克线装饰的薄型衬衫类
服装材料·印象 具有柔和光泽的软质材料(双绉、乔其纱)	〈裙子〉 ·飘逸的褶裥长裙 〈连衣裙〉 ·饰以缎带的女性化直身连衣裙 ·饰以蕾丝和褶裥的线条柔和的连衣裙
颜色·印象 稳重大方的紫色系、烟灰色系等灰色调	**廓型·印象** 宽松的帝政风貌廓型

表 5-11　春季长销品主题(公事场合)

再现优雅 Soft Trad Official	主要品类及其设计细节
风格·印象 将传统融入优雅的职业女性形象。在简洁的设计中,赋予上装或裤装某些细小部位以独特个性,搭配品质上乘的手袋等配件,显得洒脱、洗练	以经典套装的各种款式类型展开 〈套装〉 ·及臀的中等长度的外套+窄腿裤 ·外套+宽松长裤 　　·较短的正装 　　〈背心〉 　　·变化领背心 　　〈衬衫〉 　　·蝴蝶结领衬衫 　　·小青果领衬衫
服装材料·印象 以薄型的强捻羊毛织物为主,包括中厚型织物,以具有柔和光泽、较为柔软的直贡呢等常规面料为中心	
颜色·印象 以白色、米色等为基调,辅以甜瓜黄、肉桂色、草绿色等高纯度的深色调	**廓型·印象** 以较柔和宽松的身体轮廓线与较柔和的箱形轮廓线为基础。下装有窄腿和宽腿两种类型

(2)私人场合:对应于私人场合,利用富有异国情调的或休闲风格的服装材料,表现乡村田园风貌,提案为"情感之旅"。

(3)社交场合:对应于社交场合,通过女性化的、性感的褶裥连衣裙等,倡导一种浪漫风尚,提案为"如烟往昔"。

3. 春季长销品主题

(1)公事场合:作为春季的长销品,在公事场合倾向采用春天的惯用色系和柔情城市格调,主题提案为"再现优雅"。

(2)私人场合:私人场合倡导一种漫不经心的休闲情趣,条纹和格子衬衫与丝光卡其布长裤是完美的搭配,提案为"春日随想"。

(3)社交场合:在社交场合,用蕾丝与垂褶设计倡导女性化的浪漫情结,提案为"浪漫情怀"。

(三)初夏季风格主题

以"职业·休闲"为对象的初夏季风格主题包括六个方面。考虑到消费者群体属于休闲类,故省略长销品中社交场合的情况。其余主题的视觉表现如表 5-12~表 5-16 所示。

新潮品主题：现代休闲(表5-12)。

畅销品主题(公事场合)：轻松节奏Ⅱ(表5-13)。

畅销品主题(私人场合)：狂欢无眠(表5-14)。

畅销品主题(社交场合)：星光飘落(表5-15)。

长销品主题(公事场合)：心灵回归(表5-16)。

长销品主题(私人场合)：古风轻扬(略)。

1. 初夏季新潮品主题

初夏季新潮品主题尽管是春季时尚形象的延续，仍有必要注入新内涵。由于流行周期越来越短，必须随子季节的更替不断推出新的时尚流行商品，才能满足高感度休闲风格消费者的需求。

此时，推出新的休闲风格主题"现代休闲"。该主题在"田园感性"中融入了"摩登感性"，使用具有未来感的涂层材料和宽松的廓型是要点，以一件套为主的针织装、下装等单品来进行搭配。

2. 初夏季畅销品主题

(1)公事场合：考虑到初夏季私人生活场景日益增多，故将初夏季畅销品主题的重点放在突出休闲风格上。初夏季的公事场合，从春季的"轻松节奏Ⅰ"过渡

表5-12 初夏季新潮品主题

现代休闲 Modern & Loose Casual	主要品类及其设计细节
风格·印象 Modern：现代，Loose：自由奔放。兼具宽松、乡村风貌和简约、现代风格的新型休闲风格。其要点是使用有光泽的涂层材料和无束身感的流线型服装廓型	用有金属感的涂层材料做成的宽松连衣裙及工装裤，具有新潮感。以简洁的、具有现代感的组合单品为主 〈下装〉 ·现代感强烈的金色西装短裤 〈一件套〉 ·时髦的宽松工装裤 ·时髦宽松的一件套 〈针织服装〉 ·现代感强烈的金色 ·新潮的金色连衣裙
服装材料·印象 以金属色为主，使用弹性材料(网眼布、蕾丝、汗布、氨纶布)、柔软的天然材料(雪纺绸、乔其纱、亚麻细布、双绉、人造棉)	
颜色·印象 具有金属光泽的金棕色、金色、白色等	**廓型·印象** 柔和的帝政风格线条、柔顺的喇叭廓型

表 5-13 初夏季畅销品主题(公事场合)

轻松节奏 Ⅱ Vividly Working Life Ⅱ	主要品类及其设计细节
风格·印象 Vividly:鲜活,用来表现活泼和舒适的工作场景。这些非常重视感性及与人交流的职业女性们,她们的上班生活充满了干练和欢悦的感觉,用心营造一种适合这种场景的、有个性的职业女性形象	以重视廓型的简约设计为主 〈衬衫类〉 ·简约风格的衬衫 ·变化领的柔软衬衫 〈上衣和一件套〉 ·衬衫式的一件套 ·流畅的宽下摆上衣 ·修长合体的上衣
服装材料·印象 以轻柔羊毛织物为主,以混入合纤的直贡呢、华达呢、经面缎等为代表,也用一些高密且布面整洁的织物。内穿服装选用以双绉为主的轻柔薄型合纤织物及亚麻细布、棉布、巴里纱等高级纯棉织物	
颜色·印象 深蓝、猫眼绿、石榴红、深烟灰色与白色、淡绿、淡蓝紫等浅色进行搭配组合	**廓型·印象** 小喇叭型和贴体修长型两种廓型

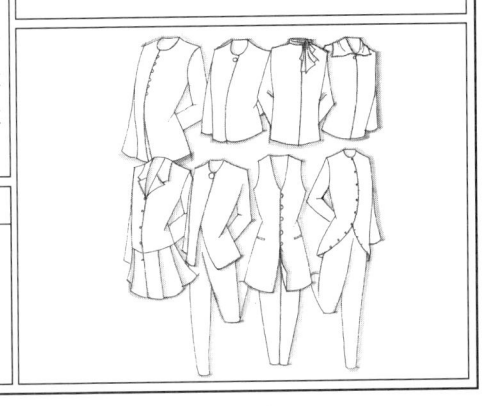

表 5-14 初夏季畅销品主题(私人场合)

狂欢无眠 Burning Shout	主要品类及其设计细节
风格·印象 Burning:热烈,Shout:叫嚣。在这里用来表现令人兴奋激动的夜晚场景。置身于乐曲萦绕的酒吧或热闹的现场演唱会,欢乐的空气弥漫在燃烧的午夜,与此情此景相辉映的紧身迷你连衣裙、紧身裤等提示着无穷动感的新潮女性,万种风情惹人浮想联翩	具有20世纪70年代格调的、风情无限的贴体设计风格 〈上衣〉 ·针织短上衣 〈下装〉 ·弹力紧身长裤 ·高腰超短裙 〈套装和连衣裙〉 ·迷彩印花紧身衣和连衣裙 ·表面有肌理感的紧身连衣裙
服装材料·印象 采用具有贴体感的弹性面料,以合纤或棉混纺的针织面料为主,经涂层或镀膜后整理,表面产生肌理变化,再印上20世纪70年代格调的几何图案,引人注目。另外,金属珠片的闪亮装饰也是突出特征	
颜色·印象 在黑白、酒红、普蓝、紫色等深色调和杏黄、宝蓝、猫眼绿等浅色调中配上金银等闪光色	**廓型·印象** 强调身体线条的简洁廓型

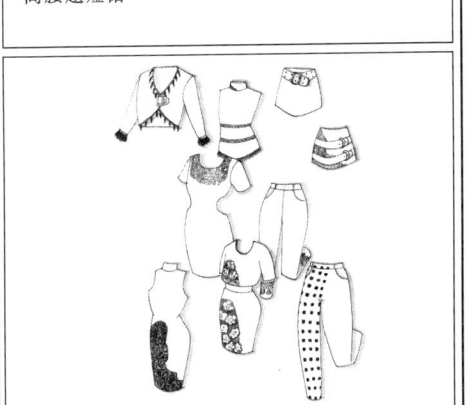

表 5-15　初夏季畅销品主题(社交场合)

星光飘落	主要品类及其设计细节
Starlight Party	用闪光材料表现都市夜晚的五彩斑斓
风格·印象 Starlight：星光。这里用以表现都市闪烁的霓虹光芒。与三五知己在烟雾迷茫的晚会中洒脱欢悦，驾车去参加露天鸡尾酒会。闪光面料的贴体裁剪，辉映着点点繁星，道不尽的优雅与妩媚	〈套装及连衣裙〉 ·闪光材料的迷你连衣裙 ·缀闪光装饰品的套装
服装材料·印象 以熠熠生辉的材料为重点，如金属涂层、闪光珠片、玻璃纤维或闪光花边等，辅以高密的滑爽棉/涤/麻、棉或合纤的高密针织物	
颜色·印象 银色与金色，珍珠色与黑、白、赤褐、石榴红、鹦鹉绿等色组合，再配以浅橘红、浅蓝绿等色	**廓型·印象** 毫无累赘感的迷你风貌廓型

表 5-16　初夏季长销品主题(公事场合)

心灵回归	主要品类及其设计细节
Ecology Official	以穿着舒适的上衣与宽下摆的下装配套为主
风格·印象 用生态环保色，塑造干练的职业女性形象。浪漫倾向的弹性蕾丝或针织面料的上装，与简洁洒脱的宽腿裤相搭配，再配以精巧别致的手袋等小配件，别具个性	〈裤装〉 ·褶裥裤 ·款式多样的宽腿裤 〈针织服〉 ·蕾丝编织服 ·简洁的针织服 〈套装〉 ·无扣编织短外套
服装材料·印象 套装或组合装偏重弹性材料。以棉织物为主，也包括合纤混纺，合纤单、双面罗纹针织物。伸缩性好的蕾丝等装饰面料的应用也引人注目	
颜色·印象 以白、干沙色、灰等中性色为基色，辅以具有南国情调的青绿、橄榄绿、青铜色、孔雀蓝等色彩	**廓型·印象** 以裤装及合体线条为基础，从小喇叭到大喇叭的裙装也以合体裁剪为主

到更为愉快、奔放的"轻松节奏Ⅱ"。

(2)私人场合：对应于私人生活场合，风格主题为"狂欢无眠"。该主题针对酒吧、舞厅等场景，进行有创意的、风情万种的着装设计。以极具装饰性的连衣裙款式为中心，适当表现20世纪70年代的情调。

(3)社交场合：针对社交场合，倡导一种充溢都市夜晚气息、富有生气的迷你风格着装。风格主题为"星光飘落"，以套装和连衣裙等中厚型服装为主，展现充满活力和性感的闪光重彩是该主题的重点。

3. 初夏季长销品主题

初夏季的长销品主题，应重点考虑初夏时节休闲、娱乐感浓厚的私人活动场合。

(1)公事场合：针对公事场合，用自然色系和褶皱技巧塑造优雅形象，进行单品配套销售，主题命名为"心灵回归"。

(2)私人场合：针对私人生活场合，在简约的设计中加入一些民俗化的设计要素，命名为"古风轻扬"，属于质朴奔放、返璞归真的休闲风格提案。

(四)夏季风格主题

面向休闲风格职业女性的夏季风格主题，是初夏季主题的延续，也选定六个方面，表5-17~表5-21是其视觉形象的表现。

新潮品主题：斑斓阳光(表5-17)。

畅销品主题(公事场合)：信步阡陌(表5-18)。

畅销品主题(私人场合)：海岛踏浪(表5-19)。

畅销品主题(社交场合)：海的低语(表5-20)。

长销品主题(公事场合)：拂面清风(表5-21)。

长销品主题(私人场合)：明朗假日(略)。

1. 夏季新潮品主题

在设定夏季新潮品主题前，总结春季时尚流行的要素，以便推出形象更鲜明的主题，即一种既充满活力又不失休闲意境、热情奔放且纹样装饰性强的主题——斑斓阳光。新潮品主题、理念的设定要求周期短、不断翻新。夏季尽管是淡季，但其新潮品主题具有承前启后的过渡作用，不容忽视。

2. 夏季畅销品主题

(1)公事场合：夏季的畅销品主题，焦点仍然放在每季都重视的休假场景方面。特别是"五一"节前后，有较长的休假期，可以有针对性地提出假日场景新提案。针对公事场合，应该突出卸去工作压力、找回自然心态的简约风格。为此，推出"信步阡陌"主题。

(2)私人场合：对于私人场合，仍然以假日情调为基础，并在亚热带风情里增

表5-17 夏季新潮品主题

斑斓阳光	主要品类及其设计细节
Cheerful Cute Colors	以使用浓彩和提花等特殊工艺制作的厚重衣着为主 〈套装和连衣裙〉 ·浓彩的印花套装 ·浓彩的几何纹样提花连衣裙 ·浓彩的花卉纹样提花连衣裙 〈针织服〉 ·浓彩的提花织物
风格·印象 Cheerful:快活的,Cute:可爱的。色彩浓烈的、讨人喜欢的休闲风格,轻快一夏。花卉及几何图案刺绣、印花、提花等各种手法展现的是多姿多彩和勃勃生机	
服装材料·印象 彩色的提花针织物、编织物(高支针织面料)、民族纹样、品质上乘的面料(华达呢等)及手绣的针织物	
颜色·印象 可爱、明快鲜亮的色彩(玫瑰红、天竺蓝、柠檬红、黄绿色、兰花粉红)	**廓型·印象** 修长贴体的线条勾勒出迷你廓型

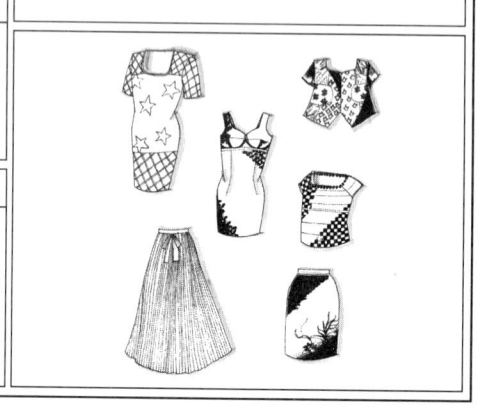

表5-18 夏季畅销品主题(公事场合)

信步阡陌	主要品类及其设计细节
Natural Basic Country	以常规衬衫和裤子为主要品类 〈衬衫〉 ·传统纹样的印花衬衫 ·简洁的棉衬衫 〈针织服〉 ·普通的棉质毛衫 〈裙子〉 ·普通的棉质裙装 〈裤装〉 ·普通的小脚口长裤以及宽腿长裤
风格·印象 Natural:自然的,Basic:基本的,Country:田园。常见的男性化款式里添加了些许乡村意味,各单品之间的搭配显露出朴素而透彻的心境。主题核心是天然材料的常规服装品类相组合以及具有欧洲古老庄园格调的纹样或印花织物的巧妙运用	
服装材料·印象 纯净质朴的棉麻面料(细棉布、哔叽、直贡呢、亚麻细布、麦斯林),质朴、密度适中的棉针织物,田园情调的印花织物(巴里纱、丝绸织物)	
颜色·印象 以自然的白色、米色等为基色,烟灰般的深色是要点(石榴红、酒红、石板绿)	**廓型·印象** 柔和的宽松廓型

表 5-19　夏季畅销品主题(私人场合)

海岛踏浪 Southern Island	主要品类及其设计细节	
风格·印象 Southern Island：南方小岛。炎夏假期，自然之景美不胜收的海南岛、东南亚等地令人心驰神往。亚热带特有的色调、印花图案与极力宣泄的活力热情相得益彰	表现热带风情的、色彩鲜艳的纯度假风格 〈衬衫〉 ·热带纹样的印花衬衫 ·质朴的宽松衬衫 〈针织服〉 ·热带纹样的印花紧身编织服	·镂空的紧身针织服 〈下装〉 ·宽松的大摆裙 〈套装及连衣裙〉 ·宽松的连衣裙及背带裤 ·热带纹样的印花套装
服装材料·印象 手感柔软的材料适合假日服装。棉与合纤混纺的针织物及巴厘纱、乔其纱、罗缎等共同的特点是具质朴感。砂洗丝绸的应用很抢眼。素色织物上蝴蝶、花、热带鱼、贝壳等海洋景观的印花图案不可或缺		
颜色·印象 白、绯红、朱红、鲜黄、石青绿等明亮色彩和贝壳紫、水蓝色、薄荷绿等清新淡色组合	**廓型·印象** 随意宽松的轮廓线及流畅多变的轮廓线	

表 5-20　夏季畅销品主题(社交场合)

海的低语 Resort Little Party	主要品类及其设计细节	
风格·印象 假日夜晚的场景，海岛的夜晚弥漫着浓浓的南国情调。徜徉在小旅馆的花园小径，把酒耳语。都市的夜焉能这般尽欢？披一肩海风，任自然之涛声伴随时间悄然飞逝	宽松、随意、流畅的风格 〈上衣〉 ·手感柔软的宽松衬衫或针织衫 〈下装〉 ·飘逸的宽松裤 ·悬垂感极好的大摆裙	·茧形裙 〈连衣裙〉 ·缠裹式的连衣裙 ·帝政风格的连衣裙
服装材料·印象 以轻柔的天然原料为主，如巴里纱、罗缎等触感质朴的棉织物及合纤、绢、麻等材料。经水洗等特殊处理后，赋予布面肌理变化的效果，素色织物尤其引人注目。另外，也采用罗纹等针织物		
颜色·印象 以橘黄、玫红、粉绿、贝壳红、钴蓝等色为基色，辅以橄榄绿、青铜色、烟草黄等色	**廓型·印象** 不加刻意修饰的宽松廓型及帝政风貌廓型	

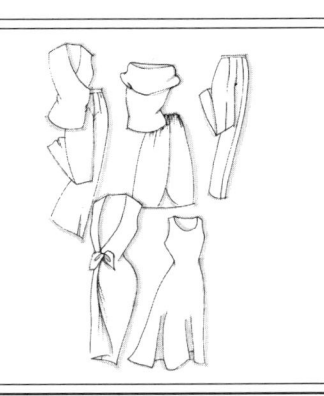

表 5-21　夏季长销品主题(公事场合)

拂面清风 Cool Rich Official	主要品类及其设计细节
风格·印象 动静自如、进退轻松的职业风格,简洁的衬衫类或针织衫配宽松下装或窄腿裤,用色清爽,貌似不经意的搭配中蕴涵着缜密心思 **服装材料·印象** 材料吻合并强化服装的简约风格。马球衫或编织服以平针、罗纹等棉针织材料为主;衬衫类用棉麻类巴里纱、细布等凉爽且高档的面料;下装用薄型棉华达呢等有柔软感的织物,裙装用薄型涤纶面料 **颜色·印象** 白色、奶油色、水绿色、淡紫色、冰绿色、杏黄色等有透明感的、凉爽的淡色系　　**廓型·印象** 自然张开的廓型和修长合体的廓型两大类	以优雅的单品配套为主 〈上衣〉 ·变化领型的简约衬衫和针织上衣 ·款式简洁的各类针织衫 〈下装〉 ·线条柔顺的小喇叭裤 ·下摆适中的长裙 ·修长的长裤

添一些甜纯可爱的设计要素,命名为"海岛踏浪"。

(3)社交场合:针对社交场合,以度假胜地的夜晚场景为导向,推出一种表现生态环保的假日服装,命名为"海的低语"。

3.夏季长销品主题

(1)公事场合:春季的长销品主题,针对公事场合的简约风格单品系列,主张轻松随意的组合配套,命名为"拂面清风"。

(2)私人场合:针对私人场合,仍然以简约风格和常规品类为基础,将明快、鲜亮的色彩运用于运动风格的单品中,并组合配套,命名为"明朗假日"。

二、春夏季商品构成

(一)商品构成的含义

设定商品风格主题后,将设定的风格理念具体到商品中。品类构成时要明确各子季节商品群的具体构成比例,包括三个决策和判断阶段。

第一阶段,确定商品的构成比例。确定在企划的商品群中新潮品、畅销品、长销品的比例,关键是根据对实际情况的分析或从经验出发,使三者达到平衡。这是每一个子季节都要进行的工作。

第二阶段,确定品类的构成比例,主要适用于以配套商品企划为主的品牌。具体说,就是确定衬衫、针织衫、裙装、裤装、休闲外套、连衣裙、大衣等品类在该季商品群中所占的比例。由于各品类在不同的月度销售额中比例会发生变化,因而应当按月度确定合理的品类构成比例。

第三阶段,确定品类比例后,决定各品类的款式类型。如企划属于畅销品一类的衬衫时,假设目标消费者群体是"白领"职业女性,可以从她们每天上班的穿着需求出发,选择"简约风格的软质衬衫"、"垂褶领或皱褶领等变化领女衬衫"两类款型。这一过程称为款型企划。进行款型企划时,考虑具体款型是否与时尚潮流相吻合,以及是否与目标消费者群的着装要求相匹配。不能单凭想象或一时的灵感来选择款型,合理且有效的做法是以销售额为依据。因此,应在既定理念主题(Concept Theme,该主题是在综合分析了流行和销售信息后确立的)的指导下选择款型,使整体商品构成达到平衡。

对应前面确定的目标消费群,将各子季节的商品构成按不同季节及理念主题进行整理分类,其结果如表5-22所示。

(二)春季商品构成

1. 春季新潮品款型组合

为了体现较上一年度更为新颖的季节主题,通常要提高春季的整体商品群中的新潮品构成比例。新潮品款型的灵感源于新潮品主题理念,体现朝气蓬勃、充满希望的青春形象。以衬衫、裤装、休闲外套等品类为主,主要款型有:彩色印花衬衫和外套、彩条高腰裤、窄腿裤、涂层面料超短裙。

2. 春季畅销品款型组合

(1)公事场合:适合办公场合穿着的服装是春季的畅销商品,要求兼具活动便利性和舒适性,以有硬挺感的套装为主。主要款型有:简洁的、手感柔软的衬衫,轻柔的变化领衬衫和外套,衬衫式简约连衣裙,线条流畅的宽摆休闲套装。

(2)私人场合:适合私人活动穿着的服装,追求西班牙乡村的田园感觉,以针织衫、裙装为主要品类。主要款型有:普通休闲衬衫、简约式半紧身针织衫、材质柔软的背带裤和背心裙、自然色长裙。

(3)社交场合:适合社交场合穿着、款型设定为富有20世纪20年代浪漫情调的风格,以连衣裙为主要品类,具有精巧细致的细部结构特征。主要款型有:缀饰蕾丝的衬衫、无袖连衣裙、饰有金银线的直身连衣裙。

3. 春季长销品组合

春季长销品也分别针对公事、私人、社交等穿着场合进行设计,款型趋向于简洁洗练。

表 5-22 春夏季品类构成企划表

类别		春	构成比例	初夏	构成比例	夏	构成比例
新潮品		·多色调印花女衬衫 ·高腰长裤 ·金属色窄腿裤 ·涂层短夹克	20%	·金属色针织衫 ·金属色西装短裤 ·金属色背带裤和连衣裙	20%	·波普纹样提花套装 ·波普纹样印花套装 ·波普纹样提花连衣裙	20%
畅销品	公事场合	·简约风格软质衬衫 ·变化领软质衬衫 ·衬衫式连衣裙 ·软质宽摆休闲套装	25%	·变化领软质衬衫和外套 ·衬衫式迷你连衣裙 ·软质宽摆休闲套装 ·修长合身套装	20%	·传统印花纹样衬衫 ·简洁的纯棉针织衫 ·简洁款式的裙裤 ·小脚口长裤及宽松裤	20%
畅销品	私人场合	·休闲式普通衬衫 ·半紧身迷你编织衫 ·软质背带裤和背心裙	20%	·合身的短编织衫 ·衬衫式迷你连衣裙 ·软质宽摆休闲套装	25%	·热带纹样印花衬衫 ·网眼合身编织衫 ·宽松裙 ·软质喇叭裤 ·热带纹样印花套装	30%
畅销品	社交场合	·饰蕾丝衬衫 ·宽松无袖连衣裙 ·金银线装饰的直身连衣裙	10%	·闪光面料迷你连衣裙 ·饰有闪光材料的短裤和套装	10%	·宽松女衬衫和编织衫 ·软质宽松裤 ·茧型长裙 ·软质帝政风貌连衣裙	10%
长销品	公事场合	·开门领衬衫和外套 ·高支纱棉针织衫 ·冷色调羊毛紧身裙 ·冷色调羊毛褶裥裤 ·冷色调羊毛休闲外套	10%	·简洁的棉衬衫和外套 ·麻混纺普通紧身裙 ·麻混纺窄腿褶裥裤 ·古朴色的棉质休闲外套	10%	·免烫棉衬衫 ·普通麻质衬衫 ·普通棉质紧身裙 ·麻混纺窄腿褶裥裤	5%
长销品	私人场合	·印花休闲衬衫 ·变化组织棉针织衫 ·色织布长裤	10%	·牛仔布衬衫 ·多色调T恤和马球衫 ·民俗色棉短裤和卡其布裤装 ·简约型猎装休闲外套	15%	·各种领型的T恤和马球衫 ·亚热带纹样休闲衬衫 ·鲜亮色的短裤 ·鲜亮色的喇叭裙	15%
长销品	社交场合	·嵌线绣花风格连衣裙和套装	5%				

(1)公事场合:适合办公场合穿着的服装,一般由和谐划一的套装构成。主要款型有:开门领上衣、普通衬衫、高支纱纯棉针织衫、冷色调羊毛紧身裙、冷色调毛料长裤。

(2)私人场合:适合私人场合穿着的服装,大都具有随意、休闲的特征。主要款型有:印花休闲衬衫、变化组织的纯棉针织衫。

(3)社交场合:适合社交场合穿着的服装,款型以嵌线刺绣风格的一件套(连衣裙)为主。

(三)初夏季商品构成

1. 初夏季新潮品款型组合

初夏季新潮商品,不是对春季款型的简单调整,而是服务于新的形象战略,围绕既定的新潮品主题推出时髦款型。

具体构成以具有田园风情的连衣裙为主,包括:金属色的时髦针织衫、金属色的摩登短裤、金属色套装及连衣裙。

2. 初夏季畅销品款型组合

(1)公事场合:初夏季的畅销品应适合办公室穿着,延续春季活力与洗练的风格,追求自然大方的品位。款型崇尚个性,主要有:手感柔软的各类衬衫、衬衫式迷你连衣裙、流畅的宽摆休闲套装、修长合身套装。

(2)私人场合:初夏季适合私人场合穿着的服装,并没有延续春季的乡村风貌,而是推崇以多色直条纹为特征的新时尚。用闪光的装饰物和丰姿绰约的款型将活跃、有动感的形象表达得淋漓尽致。款型主要有:紧身短编织衫、弹力紧身裤、低腰超短迷你裙、讲究材质肌理变化的合身套装和连衣裙。

(3)社交场合:初夏季适合社交场合的款型也不失对春季浪漫主题的延续。为适应各种社交场合的需要,在优雅的形象中融入活跃要素(如金属片的应用等)。针对套装和连衣裙等品类,款型主要有:闪光材料的简约式连衣裙、缀有闪光饰物的上衣和套装。

3. 初夏季长销品款型组合

初夏季长销品的款型设计受到春季长销品的影响,款型大致分为办公室场合穿着和居家场合休闲穿着两类。

(1)公事场合:初夏季适合办公场合穿着的服装延续了春季简约的风格,但面料焕然一新。款型主要有:简洁的纯棉衬衫、麻混纺紧身裙、麻混纺窄腿褶裥裤、色调古朴的纯棉休闲外套。

(2)私人场合:初夏季适合私人场合穿着的服装也以简约为特征,且充满了古韵。款型主要有:斜纹衬衫、彩色T恤和马球衫、色调古朴的纯棉短裤和丝光卡其布长裤、简洁的猎装式外套。

(四)夏季商品构成

1. 夏季新潮品款型组合

属于夏季新潮品的服装表现出典型的波普形象,装饰复杂,款型主要有:波普花卉纹样的休闲外套、套装、连衣裙。这类服装中大量应用刺绣、提花、印花等装饰工艺。

2. 夏季畅销品款型组合

(1)公事场合:作为夏季的畅销品款型,具有强烈的旅游风格,并以休闲款式为主构成,融入了春季的乡村风貌,以硬朗风格的单品组合形式展开。主要款型有:传统纹样的印花衬衫、简洁的纯棉针织衫和裙裤、传统型窄腿裤和宽松裤。

(2)私人场合:该类服装透露出浓郁的旅游气息,通常印有各种热带风格的色彩和图案,主张单品组合搭配。主要款型有:热带纹样的印花衬衫、吊带裙或紧身针织衫、大摆裙、飘逸的喇叭裤、热带纹样的印花套装。

(3)社交场合:这类服装在旅游风貌中融入了浓郁的异国情调,以轻柔的裙装为主要品类。款型主要有:手感柔软的衬衫和针织衫、飘逸的宽松裤、茧型长裙、帝政风貌的连衣裙。

3.夏季长销品款型组合

呼应初夏季,这类服装也分为适合办公场合穿着和适合私人场合穿着两大类。

(1)公事场合:适合办公室穿着的服装,由常见的夏季用面料制作的单品组合搭配而成。主要款型有:免烫纯棉衬衫、简洁的麻质衬衫、纯棉紧身裙、麻混纺窄腿褶裥裤。

(2)私人场合:适合私人场合穿着的款型融入了旅游休闲的因素,主要由色彩鲜艳、款式简洁的单品组合构成。主要款型有:彩色 T 恤和马球衫、热带纹样的印花休闲衬衫、艳色短裤和喇叭裙。

(五)春夏季不同品类商品构成

必须从各子季节的风格主题出发,针对各品类决定其中不同款型之间的比例。对于每一个子季节,都应设定重点品类;对于每个品类,不同款型的比例也应恰当。款型比例应根据市场需求量来设定,目的在于扩大整个品类线。下面介绍"蓝贝壳"品牌春夏季休闲类服装的商品构成。

1.春季各品类的款型构成

在休闲类春季服装品类构成中,外套、裤装所占的比例较高,出于搭配的需要,衬衫也占了较大比例(表5-23)。

衬衫:紧扣流行时尚,表现活泼性是设计要点,梦幻情调的多种颜色相互辉映,焦点是时髦的印花纹样、简洁的设计、优良的材质。

针织衫类:以绚丽的色彩为主要特征,强调半紧身和短小的廓型,偶尔带有露脐装的外观。

下装:着力推出裤装,休闲风格成为设计的第一要点。同时,也推出适合春季穿着的同材质的配套上衣。

套装及连衣裙:基于春季的各种着装场合,作为畅销品的主要品类。同时,考

表 5-23 春季的款型构成

季节:春季　　　　　　　　　　　　　　　　　　　　　　　　消费群体:职业·休闲

项目	时尚·潮流	场合·潮流					
		公事场合		私人场合		社交场合	
	新潮品款型	畅销品款型	长销品款型	畅销品款型	长销品款型	畅销品款型	长销品款型
构成比例	20%	20%	10%	25%	10%	10%	5%
衬衫类	·多色调印花衬衫	·短小风貌衬衫 ·变化领衬衫	·普通棉衬衫	·简约质朴的衬衫 ·休闲类衬衫	·条纹及印花休闲衬衫	·质地轻柔的衬衫	
针织衫	·色彩亮丽的棉针织衫	·高支纱棉针织衫			·各种领型棉针织衫		
编织衫	·多色调印花短编织衫			·半紧身短编织衫 ·镂空内穿编织衫	·各种领型编织衫		
裙装	·涂层超短裙	·粗犷型超短裙	·普通合身裙	·普通长裙 ·背带裙和背心裙	·棉质休闲紧身裙		
裤装	·涂层窄腿裤 ·高腰彩条裤	·免烫裤 ·无裥裤	·直筒型褶裥裤	·粗犷型工装裤	·长裤 ·丝光卡其布长裤		
套装		·宽摆休闲套装 ·合身套装	·软质休闲套装				
连衣裙		·衬衫式超短连衣裙			·金银嵌线直身连衣裙 ·无袖连衣裙	·刺绣连衣裙	
外套	·涂层短夹克	·粗犷风格夹克	·普通休闲外套	·各色夹克	·变化领夹克	·刺绣夹克	·刺绣夹克
大衣			·普通春季大衣				
合计款数							

虑到消费者追求独特个性的心理需求，每一款的数量不会太多，走小批量路线。

休闲外套：是主力商品，首选有金属光泽或经涂层加工的面料，制成宽松的外套。这类产品是畅销品的主要品类。

下装及套装：设计简洁，占长销品的很大一部分。

长外套：基于季节场合因素，设计成薄型，立足长销品。

2. 初夏季各品类的款型构成

衬衫、裙子、长裤是初夏季的重点品类。该季节的产品具有较强的时尚休闲倾向，主张单品搭配，主要由具有强烈运动感的休闲类单品构成（表 5-24）。

表 5-24 初夏季的款型构成

季节：初夏　　　　　　　　　　　　　　　　　　　　消费群体：职业·休闲

项目	时尚·潮流	场合·潮流				
		公事场合		私人场合		社交场合
	新潮品款型	畅销品款型	长销品款型	畅销品款型	长销品款型	畅销品款型	长销品款型
构成比例	20%	20%	10%	10%	25%	15%	
衬衫类		·简约风格衬衫 ·变化领软质衬衫和外衣	·普通丝绸衬衫 ·普通纯棉衬衫		·印花休闲衬衫	·有闪光饰物的无肩带女衫	
针织衫	·金属色针织衫	·高支纱紧身针织衫			·各种领型夏用针织衫		
编织衫		·简洁的机织物风格编织衫		·紧身短编织衫	·马球衫 ·T恤		
裙装	·金属色迷你裙	·硬线条迷你裙 ·简洁型迷你裙	·普通紧身裙	·低腰超短裙	·休闲紧身裙	·饰有闪光饰物的简约裙	
裤装	·涂层短裤 ·涂层宽松背带裤	·无裥裤装 ·无裥裤装	·香烟型褶裥裤	·弹力紧身裤	·宽松裤 ·丝光卡其布裤	·高品质短裤和有闪光饰物的短裤	
套装		·修长合身套装 ·软质宽摆休闲套装	·常规西装式休闲套装	·迷彩合身套装 ·有表面肌理变化感的合身套装		·有闪光饰物的套装	

续表

项目	时尚·潮流	场合·潮流					
		公事场合		私人场合		社交场合	
	新潮品款型	畅销品款型	长销品款型	畅销品款型	长销品款型	畅销品款型	长销品款型
构成比例	20%	20%	10%	10%	25%	15%	
连衣裙	·宽松连衣裙 ·涂层连衣裙	·衬衫式迷你连衣裙		·迷彩连衣裙 ·有表面肌理变化感的合身连衣裙		·有闪光饰物的简约连衣裙	
外套		·宽松夹克 ·简约短夹克	·常规西装外套	·猎装式外套	·棉休闲夹克		
大衣							
合计款数							

季节:初夏　　　　消费群体:职业·休闲

衬衫:由于季节的原因,该季节的衬衫品类处于由内穿向外穿的转变期,因此在设计中要加入时尚感的元素,可以采用贴体结构设计,配以无吊带背心。

针织衫类:大致可分为休闲类和常规类,常规类一般为T恤、套头衫等;休闲类有较强的时尚感,相比之下更引人注目。

下装:从摩登感性到金属色装饰,该品类的款型丰富多彩。

裙装:通常较短,裙摆也较小。

裤装:出于某些场合的需要,通常包括直筒裤和褶裥裤两大类。

套装与连衣裙:典型特征表现在袖型变化、细部结构新颖。较多使用具有粗犷感的中厚型面料。

外套:设计方向延续春季新潮品服装的风格,加入猎装、运动装等的设计要素,辅以款式上的适当变化,更具特色。

3. 夏季各品类的款型构成

每年夏季都要结合该季的流行时尚,推出适于外出旅游的品类,如裙装、裤装、连衣裙等,其中衬衫类服装在夏季商品构成中所占比例仍然很高(表5-25)。

衬衫:在夏季以外穿为主,通常设计得较宽松,并在设计中引入热带风格特征纹样,适合外出的无袖衬衫等占多数。强化粗犷宽松感。

针织衫类:与衬衫类似,便于外出旅行的款型居多。在组合款型、热带风格印花、波普格调印花外套等方面展开。

表 5-25 夏季的款型构成

季节：夏季　　　　　　　　　　　　　　　　　　　　　　　　　消费群体：职业·休闲

项目	时尚·潮流	场合·潮流					
		公事场合		私人场合		社交场合	
	新潮品款型	畅销品款型	长销品款型	畅销品款型	长销品款型	畅销品款型	长销品款型
构成比例	20%	20%	5%	30%	15%	10%	
衬衫类		·传统纹样印花衬衫		·热带印花衬衫 ·质朴的宽松衬衫和外衣	·棉休闲衬衫	·软质宽松衬衫	
针织衫		·高支纱棉T恤	·变化领棉针织衫	·软质针织衫	·变化领针织衫		
编织衫	·波普纹样提花编织衫			·热带纹样印花紧身编织衫 ·露肩紧身编织衫	·简约风格编织衫	·软质宽松编织衫	
裙装	·波普纹样印花紧身裙	·传统印花裙 ·简约风格紧身裙	·普通紧身裙	·宽松裙	·棉休闲紧身裙 ·棉休闲喇叭裙	·软质喇叭裙 ·茧型长裙	
裤装	·波普纹样印花短裤	·普通小脚口长裤及宽松裤	·香烟型褶裥裤	·软质喇叭裤	·简约短裤 ·丝光卡其布裤	·软质宽松裤	
套装	·波普纹样印花套装	·简约风格套装		·热带纹样印花套装			
连衣裙	·波普纹样提花连衣裙 ·波普纹样印花连衣裙			·宽松连衣裙	·紧身喇叭连衣裙 ·软质印花合身连衣裙	·饰有绳结的软质宽松连衣裙	
外衣		·经典夹克	·常规西装夹克	·连衣裤		·帝政风貌软质连衣裙	
大衣							
合计款数							

下装：基于活泼感性，有波普风格的印花紧身裙、短裤等款型。在畅销品中力推设计简洁的裤装。

套装与连衣裙：针对夏季旅游风旺盛的特点，该品类推出宽大风貌的外套，印花连衣裙也是一种常见款式。

外衣：延续初夏的款型，但在整体商品中的构成比例有所下降。

三、春夏季材料构成

(一)材料构成的说明

对于高感度品牌，要求材料的风格与品牌的形象及设计的理念相吻合。为了使设计出的商品符合消费者的需求，必须选用能表现品牌风格、设计理念的服装材料。基于品牌"蓝贝壳"的目标消费者、季节理念风格主题和商品构成，企划商品的材料构成见表5-26。

表 5-26 春夏季材料构成

类别		春	构成比例	初夏	构成比例	夏	构成比例
新潮品		·细棉布、防水布（印花） ·涂层牛仔布、漆皮布（硬挺有光泽） ·高支纱纯棉针织物（弹性）	20%	·金属网眼织物、蕾丝织物、闪光材料（弹性） ·雪纺绸、乔其纱、粘纤织物	20%	·高支纱平纹针织物，双罗纹组织织物，双罗纹空气层组织织物 ·超薄型羊毛、丝、麻、热带纹样印花材料	20%
畅销品	公事场合	·直贡呢 ·华达呢 ·横贡呢 ·双绉（薄型合纤）	25%	·直贡呢 ·华达呢 ·缎纹织物 ·细麻布 ·细棉布、巴里纱	20%	·细布（棉、麻） ·哔叽 ·直贡呢 ·巴里纱（印花） ·丝绸织物	20%
	私人场合	·中国双绉（天然材料） ·雪纺绸 ·斜纹布 ·牛仔布、府绸	20%	·针织物（合纤或棉混纺） ·涂层材料 ·闪光涂层织物 ·珠片装饰	25%	·针织物（机织风格） ·乔其纱 ·罗缎 ·丝绸水洗织物（自然风情印花）	30%
	社交场合	·中国双绉 ·平绉 ·乔其纱 ·丝绸	10%	·珠片装饰 ·棉麻织物 ·高支纱针织物	10%	·巴里纱、罗缎（天然材料） ·经编针织物 ·洗皱织物（表面肌理变化）	10%

续表

季节＼类别		春	构成比例	初夏	构成比例	夏	构成比例
长销品	公事场合	·直贡呢 ·热带印花织物	10%	·双面罗纹织物 ·经编针织物	10%	·细棉布、巴里纱 ·华达呢 ·经编针织物、罗纹针织物 ·棉麻织物	5%
	私人场合	·纯棉织物 ·合纤织物 ·牛仔布	10%	·纬平针织物（弹性） ·双罗纹针织物 ·厚斜纹布、牛仔布 ·平纹细布	15%	·纬平针织物（弹性） ·合纤织物、雪纺绸 ·厚斜纹布 ·细棉布	15%
	社交场合	·直贡呢 ·华达呢 ·罗缎	5%				

(二)春季材料构成

1. 春季新潮品材料构成

春季是新一年的开始,为具体表现新季节的理念主题,春季的材料也力求给人耳目一新之感。这一季的新潮品选用硬挺有光泽感的休闲风格材料,如涂层合纤织物、牛仔布等;时尚印花图案的材料,如防水织物、平纹细布等(表5-27)。

表 5-27 春季新潮品材料企划

休闲类	季节	春		新潮品	
风格主题	激情无限				
	材料小样				
	原料	锦纶	维纶/锦纶	维纶/锦纶	
	要点	波普风格的印花织物(超细棉布、哔叽、防水面料) 硬挺有光泽的休闲风格材料(维纶涂层牛仔布、维纶漆皮布) 多色调的弹性材料(高支弹力锦纶织物、彩色纬平针织物)			
	材料感性	立体/干爽/透薄/硬挺/柔软/厚实/光泽/平滑	立体/干爽/透薄/硬挺/柔软/厚实/光泽/平滑	立体/干爽/透薄/硬挺/柔软/厚实/光泽/平滑	

2. 春季畅销品材料构成

(1)公事场合:这类服装主要面向办公场合。要求廓型流畅、线条简洁,采用柔软、有弹性的羊毛材料,如华达呢、直贡呢、横贡呢等。贴身服装用比较柔软、悬垂性好的材料,如双绉等(表5-28)。

表5-28 春季畅销品材料企划(公事场合)

休闲类	季节	春	畅销品(公事场合)		
风格主题	轻松节奏Ⅰ				
		材料小样			
		原料	涤纶	涤纶	羊毛
		要点	以柔软有身骨的羊毛织物为主,包括部分合纤混纺织物,如直贡呢、华达呢、缎纹织物、卡其等,还包括一些高密且布面挺爽的麻织物。内穿服装则选用以双绉为代表的轻薄型合纤材料以及细麻布、细棉布、巴里纱等高级织物		
		材料感性	立体/干爽/透薄/硬挺/柔软/厚实/光泽/平滑	立体/干爽/透薄/硬挺/柔软/厚实/光泽/平滑	立体/干爽/透薄/硬挺/柔软/厚实/光泽/平滑

(2)私人场合:这类服装材料可分为两大类,乡村风貌的材料,如双绉、麦斯林、雪纺绸等合纤面料;休闲风格的材料,如牛仔布、府绸等常规面料(表5-29)。

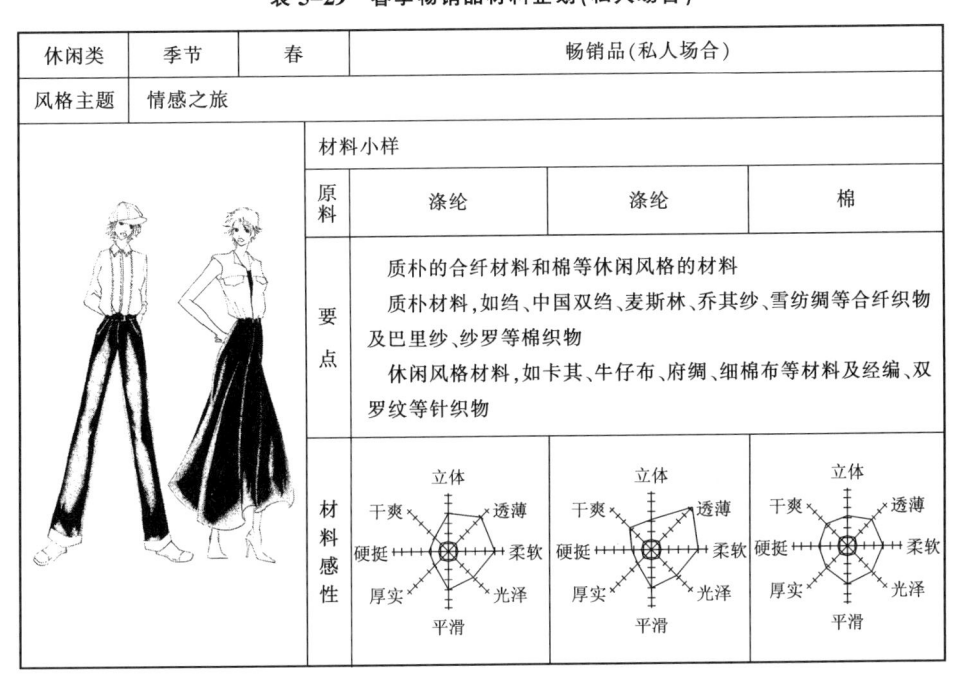

表5-29 春季畅销品材料企划(私人场合)

休闲类	季节	春	畅销品(私人场合)		
风格主题	情感之旅				
		材料小样			
		原料	涤纶	涤纶	棉
		要点	质朴的合纤材料和棉等休闲风格的材料 质朴材料,如绉、中国双绉、麦斯林、乔其纱、雪纺绸等合纤织物及巴里纱、纱罗等棉织物 休闲风格材料,如卡其、牛仔布、府绸、细棉布等材料及经编、双罗纹等针织物		
		材料感性	立体/干爽/透薄/硬挺/柔软/厚实/光泽/平滑	立体/干爽/透薄/硬挺/柔软/厚实/光泽/平滑	立体/干爽/透薄/硬挺/柔软/厚实/光泽/平滑

(3)社交场合:选择罗曼蒂克风格的材料,光泽柔和、精巧雅致,如乔其纱、双绉、锦缎(表5-30)。

表5-30 春季畅销品材料企划(社交场合)

休闲类	季节	春	畅销品(社交场合)		
风格主题	如烟往昔				
		材料小样			
		原料	涤纶	涤纶	铜氨纤维
		要点	具有柔和光泽、轻柔的薄型材料(双绉、平绉、乔其纱等)		
		材料感性			

3. 春季长销品材料构成

原则上选择能表现简约设计风格的常规材料。

(1)公事场合:以薄型的强捻羊毛织物为主,也可以适当选择一些合纤材料。如柔和有光泽的直贡呢及一些表现热带风情的材料(表5-31)。

表5-31 春季长销品材料企划(公事场合)

休闲类	季节	春	长销品(公事场合)		
风格主题	再现优雅				
		材料小样			
		原料	涤纶	羊毛	羊毛
		要点	以薄型强捻羊毛织物为主,也包括一些中厚型合纤材料。如具有适度光泽的直贡呢等常规织物		
		材料感性			

(2)私人场合：以纯棉或合纤织物为主，表现闲适、轻松、随意的生活情趣（表5-32）。

表5-32　春季长销品材料企划（私人场合）

休闲类	季节	春	长销品（私人场合）		
风格主题	春日随想				
		材料小样			
		原料	棉	棉	羊毛
		要点	以弹性的材料和棉织物为主，也包括部分合纤织物，如单面、双面经编织物，双罗纹针织物等		
		材料感性	（雷达图）	（雷达图）	（雷达图）

(3)社交场合：选择丝、羊毛以及高品质的混纺丝绸，密度高、光泽柔和，如直贡呢、华达呢、罗缎等（表5-33）。

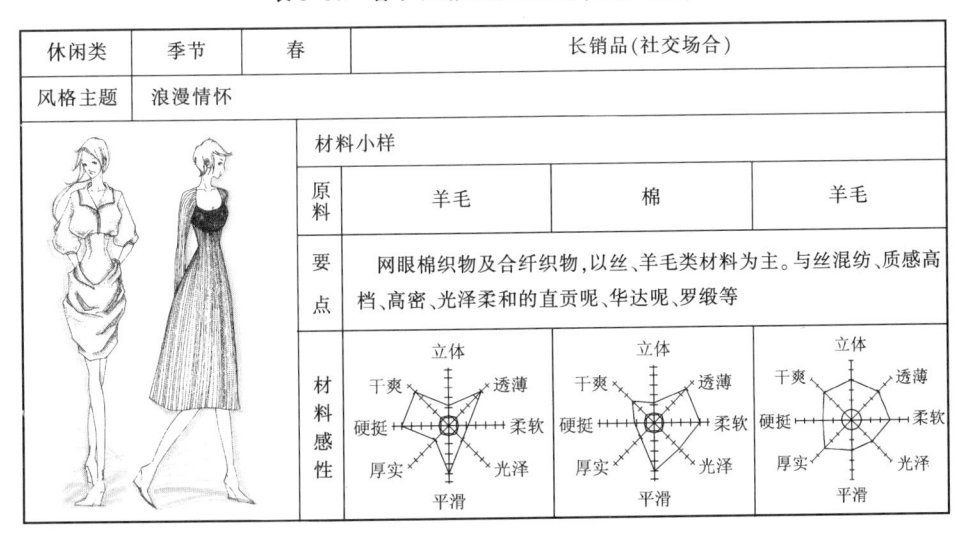

表5-33　春季长销品材料企划（社交场合）

休闲类	季节	春	长销品（社交场合）		
风格主题	浪漫情怀				
		材料小样			
		原料	羊毛	棉	羊毛
		要点	网眼棉织物及合纤织物，以丝、羊毛类材料为主。与丝混纺、质感高档、高密、光泽柔和的直贡呢、华达呢、罗缎等		
		材料感性	（雷达图）	（雷达图）	（雷达图）

(三)初夏季材料构成

1. 初夏季新潮品材料构成

对初夏季的新潮品材料，不能只对春季新潮品材料做少许调整来进行企划，

应该推出一些新颖的、引人注目的材料。

采用有田园风貌或时尚的材料,或结构粗松,或富有弹性,如网眼织物、纬编针织物、莱卡面料等(表5-34)。

表5-34 初夏季新潮品材料企划

休闲类	季节	初夏	新潮品		
风格主题	现代休闲				
		材料小样			
		原料	羊毛	羊毛	羊毛
		要点	以金属色调为主的弹性材料(网眼织物、蕾丝织物、平针织物、氨纶织物等)及轻柔自然的材料(雪纺绸、乔其纱、细麻布、双绉、人造棉等)		
		材料感性	立体/干爽/透薄/硬挺/柔软/厚实/光泽/平滑	立体/干爽/透薄/硬挺/柔软/厚实/光泽/平滑	立体/干爽/透薄/硬挺/柔软/厚实/光泽/平滑

2. 初夏季畅销品材料构成

(1)公事场合:为塑造廓型较粗放的服装,以羊毛织物为主,如直贡呢、华达呢等,也使用一些合纤织物。贴身服装的材料选择高级纯棉织物,如细棉布、巴里纱等(表5-35)。

表5-35 初夏季畅销品材料企划(公事场合)

休闲类	季节	初夏	畅销品(公事场合)		
风格主题	轻松节奏Ⅱ				
		材料小样			
		原料	羊毛	羊毛	羊毛
		要点	以挺而不硬、有身骨的薄型材料为主,也有部分合纤混纺织物,如直贡呢、华达呢、经(纬)面缎、横贡呢等。也用高密且布面挺爽的麻织物。内穿服装采用以双绉为代表的轻柔薄型合纤面料以及细棉布、巴里纱等高级棉织物		
		材料感性	立体/干爽/透薄/硬挺/柔软/厚实/光泽/平滑	立体/干爽/透薄/硬挺/柔软/厚实/光泽/平滑	立体/干爽/透薄/硬挺/柔软/厚实/光泽/平滑

(2)私人场合:为表现服装的性感、紧身,材料要求有弹性、富于肌理变化,能表现浪漫情调,包括棉、合纤等有贴体感的弹性针织面料以及能表现20世纪70年代情调的表面富有肌理感的乳白色、金银色涂层材料(表5-36)。

表5-36 初夏季畅销品材料企划(私人场合)

休闲类	季节	初夏	畅销品(私人场合)		
风格主题	狂欢无眠				
		材料小样			
		原料	腈纶/金属片	锦纶/腈纶	棉
		要点	紧身的弹性面料。以合纤和棉混纺的织物为主,其中乳白色涂层和金属色涂层等表面有肌理变化的面料与20世纪70年代风格的几何印花图案尤其引人注目。另外,金属片、珠片等闪光装饰品也是显著特征		
		材料感性	立体/干爽/透薄/硬挺/柔软/厚实/光泽/平滑	立体/干爽/透薄/硬挺/柔软/厚实/光泽/平滑	立体/干爽/透薄/硬挺/柔软/厚实/光泽/平滑

(3)社交场合:为塑造摩登、紧身的服装廓型,使用闪光的面料,如缀有金属饰片的针织物、涂层织物、锦缎等。配套材料选用高密有光泽的棉麻织物以及粗松结构的合纤针织物(表5-37)。

表5-37 初夏季畅销品材料企划(社交场合)

休闲类	季节	初夏	畅销品(社交场合)		
风格主题	星光飘落				
		材料小样			
		原料	腈纶/金属片	涤/粘纤	锦纶/氨纶
		要点	追求有迷人光泽的服装面料,如金属亮片、玻璃纤维等闪光材料及闪光图案等,还有搭配用的织物,如高密有光泽的麻、棉面料,合纤制成的粗松结构针织物		
		材料感性	立体/干爽/透薄/硬挺/柔软/厚实/光泽/平滑	立体/干爽/透薄/硬挺/柔软/厚实/光泽/平滑	立体/干爽/透薄/硬挺/柔软/厚实/光泽/平滑

3. 初夏季长销品材料构成

(1) 公事场合：选用实用、弹性好的材料，如粗棉布。以棉为主，包括棉/合纤混纺织物、双罗纹针织物、单/双面经编针织物（表5-38）。

表5-38 初夏季长销品材料企划（公事场合）

休闲类	季节	初夏	长销品（公事场合）		
风格主题	心灵回归				
		材料小样			
		原料	羊毛	涤纶	羊毛
		要点	以棉织物为主，如双罗纹、经编针织物；也采用凉爽且质感高档的织物，如棉、麻的巴里纱，细棉布，华达呢等		
		材料感性	（立体/干爽/透薄/硬挺/柔软/厚实/光泽/平滑）	（立体/干爽/透薄/硬挺/柔软/厚实/光泽/平滑）	（立体/干爽/透薄/硬挺/柔软/厚实/光泽/平滑）

(2) 私人场合：服装追求简洁、大方，相应采用纯棉布、宽幅粗棉布、休闲风格的牛仔布等传统织物（表5-39）。

表5-39 初夏季长销品材料企划（私人场合）

休闲类	季节	初夏	长销品（私人场合）		
风格主题	古风轻扬				
		材料小样			
		原料	棉	棉	棉
		要点	以棉织物为主，如平纹细布、卡其、牛仔布等		
		材料感性	（立体/干爽/透薄/硬挺/柔软/厚实/光泽/平滑）	（立体/干爽/透薄/硬挺/柔软/厚实/光泽/平滑）	（立体/干爽/透薄/硬挺/柔软/厚实/光泽/平滑）

（四）夏季材料构成

1. 夏季新潮品材料构成

设计流行图案，采用高科技印花、提花技术，利用特种技术和工艺处理织物，制成色彩丰富的针织物,如双罗纹高支纱针织物、有浓郁民族风格的印花布。另外,也采用超薄型羊毛织物及以热带雨林风情为主调的丝、亚麻织物等(表5-40)。

表 5-40 夏季新潮品材料企划

休闲类	季节	夏	新潮品		
风格主题	斑斓阳光				
		材料小样			
		原料	棉	棉	涤/棉
		要点	多色调的提花针织物、编织物(双罗纹针织物、粗松结构针织物、浓郁民族风情的印花布、超薄型羊毛织物及以热带雨林为主调的丝、亚麻织物)和手绣的针织服装材料(双罗纹针织物等)		
		材料感性	(雷达图)	(雷达图)	(雷达图)

2. 夏季畅销品材料构成

夏季时节,人们常常外出旅游。在材料构成上充分表现大自然郁郁葱葱的风情。

(1)公事场合:为表现简洁的男性化风貌,采用淳朴自然的棉、麻织物,如细棉布、哔叽、直贡呢、麦斯林以及具有仲夏乡村气息的印花丝绸、巴里纱等材料(表5-41)。

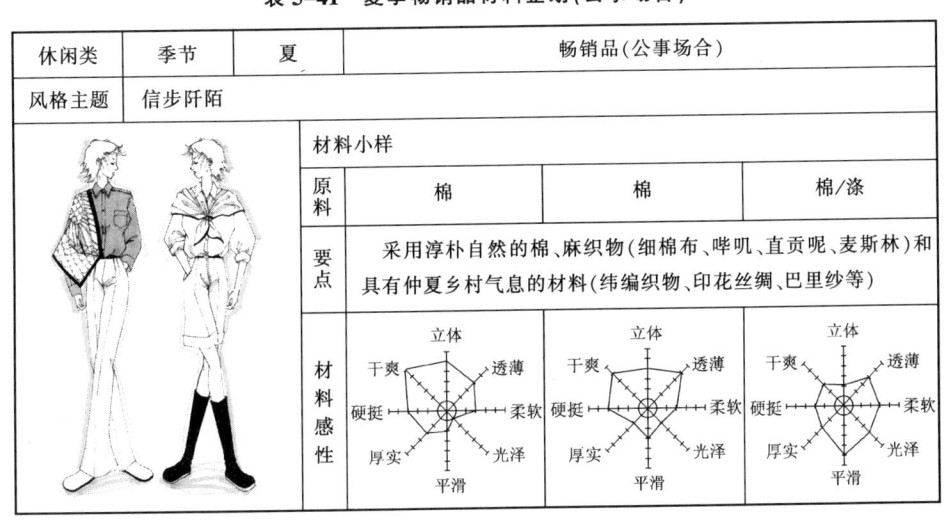

表 5-41 夏季畅销品材料企划(公事场合)

休闲类	季节	夏	畅销品(公事场合)		
风格主题	信步阡陌				
		材料小样			
		原料	棉	棉	棉/涤
		要点	采用淳朴自然的棉、麻织物(细棉布、哔叽、直贡呢、麦斯林)和具有仲夏乡村气息的材料(纬编织物、印花丝绸、巴里纱等)		
		材料感性	(雷达图)	(雷达图)	(雷达图)

(2)私人场合:选用大自然的各种元素,体现人们回归自然的情怀,如印有蝴蝶、花卉、热带鱼、贝壳、珊瑚等反映南海风光及自然风情的丝绸织物。采用棉和合纤混纺的有类似机织物肌理的柔软针织材料以及巴里纱、乔其纱、纱罗等质朴的传统织物(表5-42)。

表5-42 夏季畅销品材料企划(私人场合)

休闲类	季节	夏	畅销品(私人场合)		
风格主题	海岛踏浪				
		材料小样			
		原料	棉	涤/棉	涤纶
		要点	呼应夏季人们想外出旅游、领略大自然风情的欲望,采用鲜艳的自然纹样,如蝴蝶、花卉、热带鱼、贝壳、珊瑚等。材料也选用有同样情趣的,如白色丝绸衬衫,棉和合纤混纺的类似机织物肌理的针织材料,巴里纱、乔其纱、纱罗等织物		
		材料感性	(雷达图)	(雷达图)	(雷达图)

(3)社交场合:选用具有异国情调的天然材料来表现人们渴望自然的情怀,如触感淳朴的巴里纱、纱罗等纯棉织物,与合纤、丝混纺的麻织物。另外,也选用一些常规材料,如双罗纹针织物、经编针织物等(表5-43)。

表5-43 夏季畅销品材料企划(社交场合)

休闲类	季节	夏	畅销品(社交场合)		
风格主题	海的低语				
		材料小样			
		原料	棉	棉	棉
		要点	以柔软的、极具异国情调的天然材料为主,选用触感淳朴的巴里纱、纱罗等纯棉织物,与合纤、丝混纺的麻织物。经水洗等纹样特别或素色的材料及具有南国异域风情的印花织物,引人注目。也用双罗纹针织物等常规材料		
		材料感性	(雷达图)	(雷达图)	(雷达图)

3. 夏季长销品材料构成

延续了初夏的简洁、清爽风格。

(1) 公事场合：选用棉针织材料，如双罗纹针织物、经编针织物等；具有凉爽感、质感高档的材料，如棉、麻、巴里纱、平纹细布、华达呢等（表5-44）。

表5-44　夏季长销品材料企划（公事场合）

休闲类	季节	夏	长销品（公事场合）		
风格主题	拂面清风				
（人物插图）		材料小样			
		原料	涤纶	涤纶	棉
		要点	使用光滑的涤纶以及有弹性的棉针织材料（双罗纹针织物、经编织物等）和细平布等天然棉织物		
		材料感性	（雷达图）	（雷达图）	（雷达图）

(2) 私人场合：沿用了初夏季的材料，如表现简洁设计的淳朴棉织物，还有休闲风格的粗棉布、牛仔布等（表5-45）。

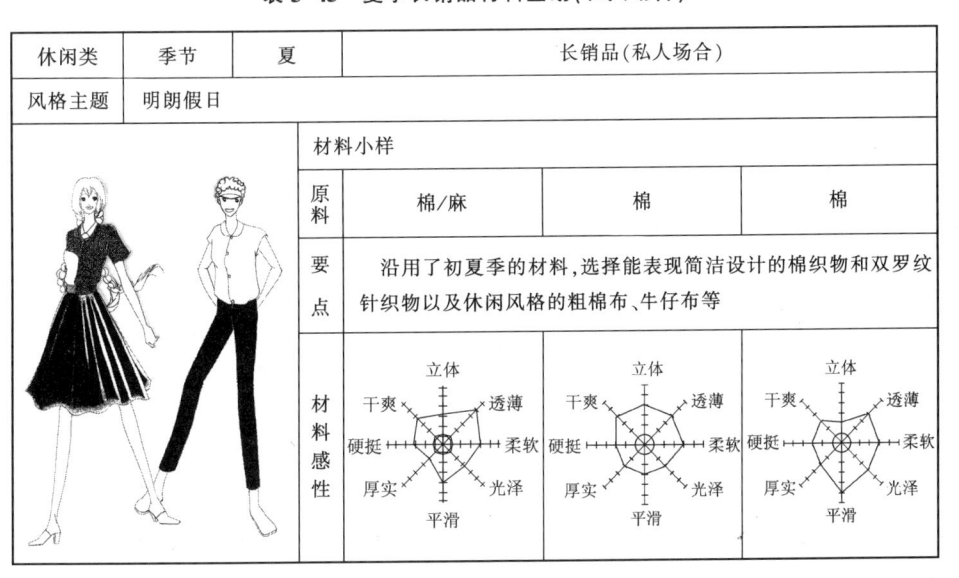

表5-45　夏季长销品材料企划（私人场合）

休闲类	季节	夏	长销品（私人场合）		
风格主题	明朗假日				
（人物插图）		材料小样			
		原料	棉/麻	棉	棉
		要点	沿用了初夏季的材料，选择能表现简洁设计的棉织物和双罗纹针织物以及休闲风格的粗棉布、牛仔布等		
		材料感性	（雷达图）	（雷达图）	（雷达图）

四、春夏季促销策划

(一)VMD企划

高感度的品牌为吸引高感度消费者,零售方式多采用自营店和特许经营店的形式。因此,高感度品牌的商品企划战略不仅要对商品本身进行企划,还要对品牌的零售店进行规划,包括商店配货、货品展示、店面设计等促销策略。

VMD首先涉及零售店的外观式样和橱窗展示以及店内的器具、设施、照明和营业员、导购服务等,调控和管理所有这些能引起视觉刺激的要素,最终的目的是使店内销售的商品更易被消费者注意和理解。VMD不是单纯追求某一部分的效果,而是要求从整体效果出发,合理配置所有能影响视觉传达力和表现力的要素。

1.VMD的实施步骤

(1)仔细研究目标市场企划中设定的目标对象,进一步明确目标消费者;

(2)严格按照理念设定中的季节主题、设计背景组织实施;

(3)进一步明确季节的主题风格及着装场景;

(4)选择能最大限度表现主题风格的服装;

(5)确定商品的展示空间;

(6)在所选定的展示空间内进行商品的设置、陈列、展示;

(7)选择能烘托主题风格的展示器具,如模特、饰件、小道具等;

(8)完成以上工作后,从整体构成出发平衡和协调实际展示中的各元素;

(9)VMD中的色彩十分重要,重视主色调及配色的协调;

(10)店面布置结束后,有必要不断进行检查和管理,以保持风格。

2.促销活动

目标市场设定后,通过规划一些促销活动以实现VMD目标。规划促销活动,要选择目标市场较为关注的各种社会活动日和节日,为零售店制订相应的促销提案,并归纳出卖场形象理念和促销活动的主题。基于目标对象的生活方式,确保在适当的时候促销适当主题的商品(表5-46)。

3.春夏季促销主题策划和视觉展示计划

策划促销战略中的促销活动时应决定促销主题。配合已确定的促销主题,按照品牌的设计理念,在视觉展示中从色彩、商品构成、背景等方面将品牌主题风格忠实地展现在顾客面前,营造出目标消费者憧憬向往的氛围。

以下对春夏各子季节的促销主题构成方法予以说明(表5-47)。

(二)春季促销主题策划

1.春季新潮品促销主题

表现富有活力、充满动感的未来世界形象,设定主题为"生命跃动·色彩

表 5-46 春夏季促销活动计划

项目 \ 月份	1月	2月	3月	4月	5月	6月	7月
社会活动 生活方式	元旦 打折	立春 情人节	妇女节	愚人节 清明节	五一节 立夏 母亲节	父亲节 入梅	打折
VP主题		情人节提案	妇女节提案 春节公事场合新提案		"五一"旅游提案 周末提案 夏季公事场合新提案 婚礼伴娘提案	旅游旺季提案 梅雨对策	初秋上市
促销活动企划	*情人节企划 ·和他一起外出 ·心的故事 ·爱的礼物			*春季的婚礼企划 ·宾客装扮 ·祝贺的礼物 ·发型、化妆	*五一旅游企划 ·休假提案 *针对年中的活动	*休假企划 ·休假方式提案 ·夏日生活、旅游用品展示 *梅雨对策	*夏装打折活动
MD展开主题 公事场合 T			现代休闲				
MD展开主题 公事场合 NB	轻松节奏I		轻松节奏II		信步阡陌		
MD展开主题 私人场合 T	激情无限			斑斓阳光			
MD展开主题 私人场合 NB	情感之旅			狂欢无眠		海岛踏浪	
MD展开主题 社交场合 T							
MD展开主题 社交场合 NB	如烟往昔		星光飘落		海的低语		

表 5-47 春夏各子季节的促销主题构成

类别		春	构成比例	初夏	构成比例	夏	构成比例
新潮品		生命跃动·色彩横溢	20%	闲散随意·休闲无限	20%	调节板上的季节	20%
畅销品	公事场合	睿智魅力·天才风韵	25%	活力与生机——晋升的秘密	20%	自然淳朴·真我风采	20%
畅销品	私人场合	异域风情·冒险之旅	20%	仲夏激情夜	25%	富有魅力的盛夏小岛	30%
畅销品	社交场合	魅力诱惑·诡异精灵	10%	与狼共舞	10%	逍遥之乐·非洲之旅	10%
长销品	公事场合	春日与奥菲斯的牵手	10%	吾心无忧	10%	激情满荡·夏麻爽爽	5%
长销品	私人场合	绿园赭栅·清新宜人	10%	夏风伴泥香	15%	跳动节奏·多彩盛夏	15%
长销品	社交场合	让我做你的小伴娘	5%				

横溢"。

2. 春季畅销品促销主题

(1)公事场合:展现快节奏、活力、动感的职业生活场景,设定主题为"睿智魅力·天才风韵"。

(2)私人场合:诉求充满热情,有舞蹈、音乐和绚烂色彩的西班牙情调,设定主题为"异域风情·冒险之旅"。

(3)社交场合:在不经意中流露出女性的精致浪漫、如水风韵,设定主题为"魅力诱惑·诡异精灵"。

3. **春季长销品促销主题**

(1)公事场合:体现职业女性的高雅端庄,融智慧与优雅于无形,设定主题为"春日与奥菲斯的牵手"。

(2)私人场合:营造春天焕然一新的休闲氛围,设定主题为"绿园赭栅·清新宜人"。

(3)社交场合:雕琢一个温柔妩媚的绝代佳人,设定主题为"让我做你的小伴娘"。

(三)初夏促销主题策划

1. **初夏新潮品促销主题**

新潮的休闲风貌,宽松、淳朴的设计流露出随意,设定主题为"闲散随意·休闲无限"。

2. **初夏畅销品促销主题**

(1)公事场合:轻快的步伐、大度的风姿、漫射的活力,设定主题为"活力与生机——晋升的秘密"。

(2)私人场合:纤巧的设计透露出女人特有的诡异魅力,设定主题为"仲夏激情夜"。

(3)社交场合:在大都市炫目彩霓的派对中,心随着跃动的激光狂跳不已,设定主题为"与狼共舞"。

3. **初夏长销品促销主题**

(1)公事场合:植物、岩石、海洋带来的纯天然的简洁,蕴涵着高雅,设定主题为"吾心无忧"。

(2)私人场合:表现简洁的休闲情调,带有美国17世纪的殖民地风貌,设定主题为"夏风伴泥香"。

(四)夏季促销主题策划

1. **夏季新潮品促销主题**

五彩斑斓的装饰手法,与骄阳似火的夏季齐争艳,设定主题为"调色板上的季节"。

2. 夏季畅销品促销主题

(1) 公事场合：男装风格的直线型设计，展现自然的简洁朴实，设定主题为"自然淳朴·真我风采"。

(2) 私人场合：仿佛置身于美丽的南国海岛上，设定主题为"富有魅力的盛夏小岛"。

(3) 社交场合：表现非洲的热带风情和异国情怀，设定主题为"逍遥之乐·非洲之旅"。

3. 夏季长销品促销主题

(1) 公事场合：传统的奥菲斯形象，强调高品质的材料，设定主题为"激情满荡·夏麻爽爽"。

(2) 私人场合：借助大海边生动鲜艳的色彩，营造一个青春活力的形象，设定主题为"跳动节奏·多彩盛夏"。

(五) 展示计划

在立体空间里将设计理念、时尚特征、背景形象、器具风格融为一体，是获得展示成功的关键。以春季畅销品（公事场合）（风格主题为"轻松节奏Ⅰ"）为例，做一个VP（视觉展示）计划（图5-1）。

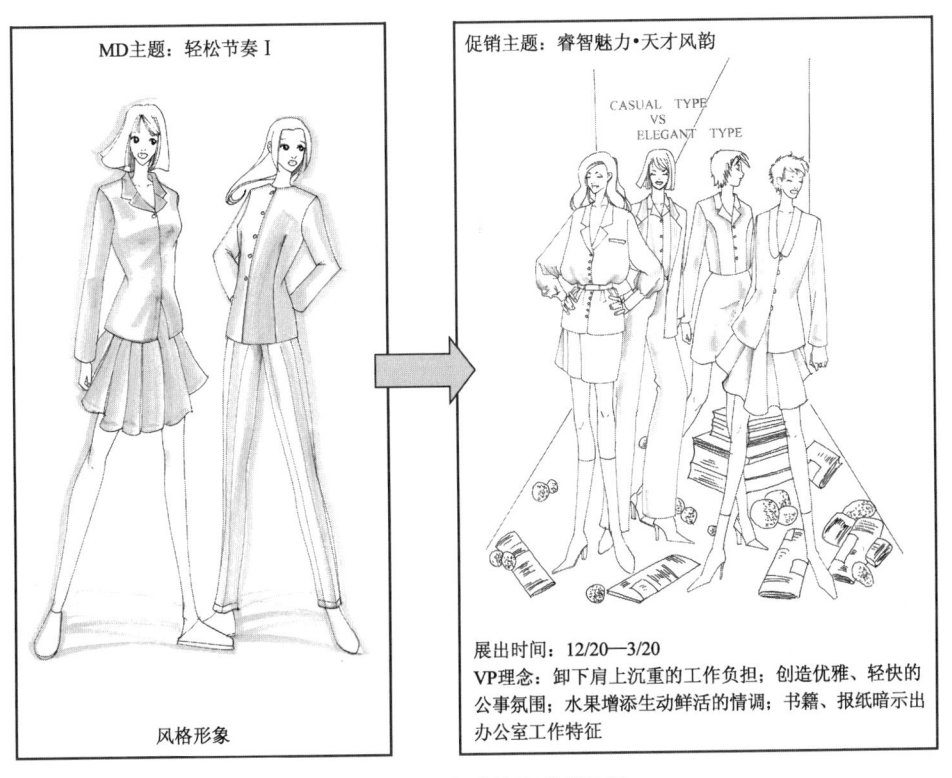

图5-1　VP（视觉展示）计划示例

为了将活力、动感、快节奏的奥菲斯形象特征充分表现出来,背景衬板上有两块大面积的色块,产生轻快简洁的效果,前面放置四个神采奕奕的模特,表现主题的指向。为进一步增强效果,随意放上几本外文书籍、报纸,再添几个橘黄色的水果。

第四节　品牌"Z+"企划案

本节介绍一个新品牌的商品企划方案。在该品牌企划中,引入并借鉴国际服饰先进企业服装品牌创意开发的机制,基于上海服饰市场进行国际服饰品牌的比较研究,完成从市场现状及流行趋势、消费需求的调研到新品牌开发和商品企划的全过程实践演习,体验服装品牌创意企划及商品开发的全过程。

一、竞争品牌的市场调研

新品牌以年轻时尚的女装市场为切入点,选取 W.DoubleDot 品牌作为竞争品牌,对其位于上海地区的两家专卖店进行市场调查。

1. 竞争品牌简介

W.DoubleDot 为韩国服可利行销商贸有限公司下属品牌之一,创立于2004年,并于同年同时登陆韩国和中国市场(图5-2)。

图5-2　W.DoubleDot 标志

(1)品牌理念:感知时尚、品质上乘;
(2)目标顾客:对时尚流行极其敏感、中心年龄为23岁的年轻女性;
(3)产品特色:更多华贵,更多个性,更多别致。

2. W.DoubleDot 顾客特征

W.DoubleDot 在上海市场的实际消费者特征是具有较高收入的18~30岁的时尚女性;其在淮海路巴黎春天、梅龙镇伊势丹的品牌专卖店客流量不大。

3. W.DoubleDot 店面形象表现手法

在店面设计方面,卖场采用百货店敞开箱式结构,门口配以小型宣传海报和人体模特进行品牌形象宣传。内部墙面以白色和苹果绿进行粉饰,小茶几上放有品牌宣传册，方便顾客取阅，服装展示以龙门架为主，在隔板上陈列展示鞋子、包袋等配饰。店内采用明亮、柔和的白色灯光。如图5-3所示，洁净的白色墙面饰以草绿色W. DoubleDot品牌标志，显示出品牌年轻自由的随意气息。

图5-3　W. DoubleDot店面场景1

4. W. DoubleDot 顾客服务

在淮海路巴黎春天、梅龙镇伊势丹的品牌专卖店的顾客服务特征总结于表5-48，店员外表形象较好。

表5-48　W. DoubleDot顾客服务特征

商店	店员数	店员着装	服务态度	顾客行为(%)		
				触摸率	试衣率	购买率
淮海路巴黎春天	2	蓝白色上衣，黑色长裤	为顾客换衣时催促	100	20	0
梅龙镇伊势丹		深蓝薄毛衣，黑色长裤	询问意愿，介绍商品，有服务意识	50	100	0

5. W. DoubleDot 宣传及促销

W. DoubleDot品牌网站信息完整全面，韩国市场方面建立了完善的网上销售体系。积极参与公益活动，提高品牌形象。邀请韩国歌星BoA代言，体现青春时尚的气息。

从卖场实际调研情况可以看出,广告、店铺陈列、宣传等都能较好地切合品牌定位。

6. W. DoubleDot 的商品政策

W. DoubleDot 的商品以服装为主,腰带、鞋、包等配饰品种丰富,品质良好,有较好的设计感,充分体现了其"更多华贵,更多个性,更多别致"的产品特点。但商品陈列过于拥挤。商品价位偏高,中心价位为1400~1600元。

7. W. DoubleDot 品牌 SWOT 分析

(1)优势(Strength):服装品质较好,设计独特,在韩国的宣传和网购较好。

(2)劣势(Weakness):价格过高,店铺过小,在中国宣传力度不够。

(3)机会(Opportunity):如何在中国市场更好地发展。

(4)威胁(Threat):受到同类型低价品牌的威胁。

二、新创品牌的商品企划

根据对 W.DoubleDot 品牌的调查和分析,针对相似的消费者市场,新创推出 Z+ 品牌。

(一)品牌概况

1. 品牌名称 Z+(ZEPHYR)

ZEPHYR 是古希腊神话中的"西风之神",象征着柔和、典雅和自由,给人轻柔、舒心、容易接近的感觉。用符号"+"简写单词,让人容易记住品牌,又可理解为超越自我,不断突破。在形象上,选择飘扬的蒲公英将西风具象化。

品牌 Z+ 的文字标志如图 5-4 所示。

图 5-4 品牌 Z+ 的文字及标志

2. 品牌理念

时尚但不繁复,自由又不失格调。提倡有品质、有格调的休闲生活,崇尚自由与时尚。

关键词:时尚,格调,自由。

3. 品牌标志形象

品牌 Z+的标志形象如图 5-5、图 5-6 所示。

图 5-5　Z+春夏采用的标志形象

图 5-6　Z+秋冬采用的标志形象

4. 品牌定位

(1)品牌总体定位：品牌 Z+的总体定位如图 5-7 所示。

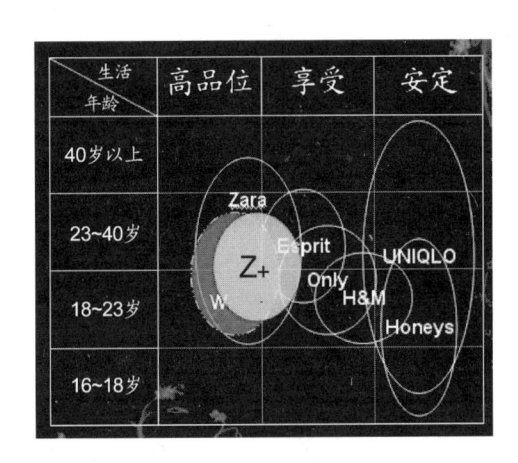

图 5-7　品牌 Z+的总体定位

(2)消费者定位：有一定经济基础，注重生活品质的 20~30 岁女性，她们在穿着打扮上有较大花费，注重时尚感，有自主想法。愿意为自己和家人购置服饰。竞争品牌如 Zara，W.DoubleDot。品牌 Z+的消费者定位如图 5-8 所示。

(3)产品定位：以休闲服装为主，在娱乐、约会、休闲等多种场合穿着。

产品品类：女装，配饰。

(4)商圈/商场定位：综合考量各商圈/商场的定位，选择港汇广场、正大广场、淮海路街边店等地点设置品牌 Z+的专卖店(图 5-9)。

图 5-8　品牌 Z+的消费者定位

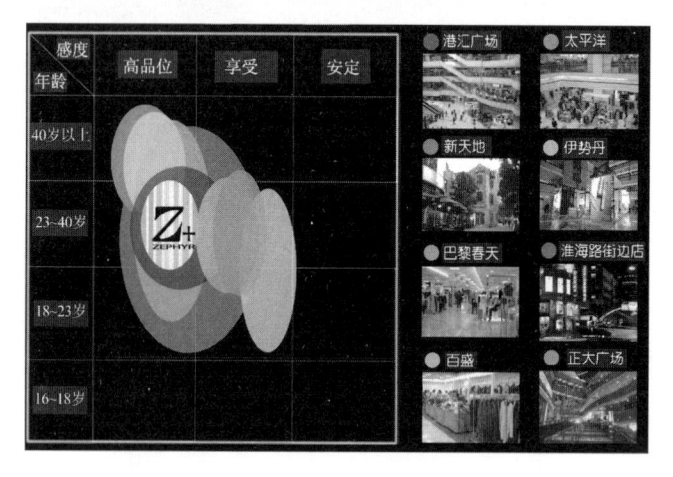

图 5-9　品牌 Z+的商圈/商场定位

(5)推广定位:根据图 5-10,可以选择《时尚芭莎》、《虹》等杂志进行宣传推广。

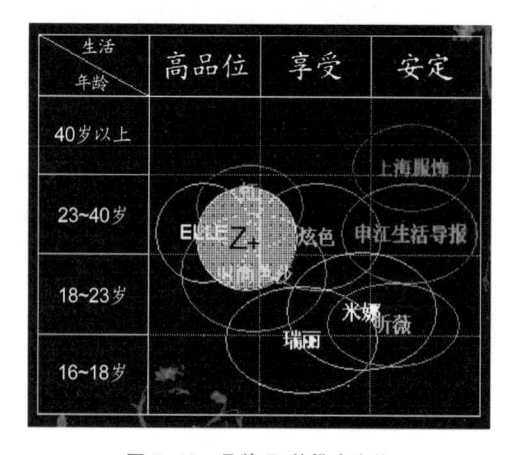

图 5-10　品牌 Z+的推广定位

(6)生活感性定位：整体介于享受型和高品位型之间。重点在于时尚、审美、休闲方面的感性（图5-11）。

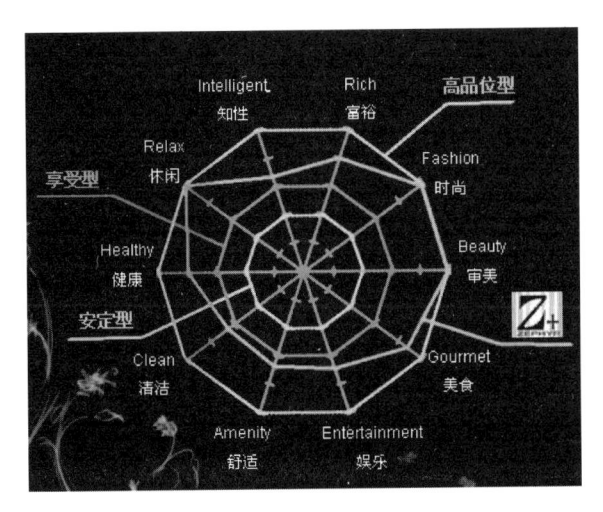

图5-11　品牌Z+的生活感性定位

(7)风格主题定位：Z+品牌风格主题定位为"摩登、优雅"。强调以简约的手法表现时尚而富有格调的效果（图5-12）。

5. 风格主题形象

(1)主题一：浪漫约会。

面料：机织物/针织物，棉/麻织物。

廓型：A型，X型。

设计意象：优雅，格调，浪漫（图5-13）。

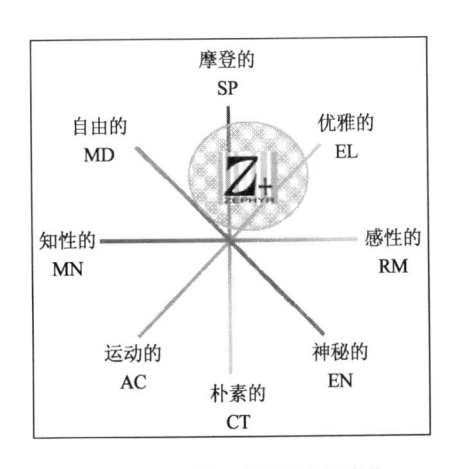

图5-12　品牌Z+的风格主题定位

图5-13　主题一的设计意象

(2)主题二：运动休闲。

面料：针织物，斜纹布，棉织物。

廓型:H 型。

设计意象:户外,自由(图 5-14)。

(3)主题三:城市生活。

面料:机织物,棉、麻、化纤混纺织物。

轮廓:H 型,A 型。

设计意象:时尚,简约(图 5-15)。

图 5-14 主题二的设计意象

图 5-15 主题三的设计意象

(二)产品企划

1.年度商品构成

年度商品构成如表 5-49 所示。

表 5-49 年度商品构成

月份	畅销品							长销品	合计款数
	外套	连衣裙	裙装	裤装	衬衫	针织品	流行款	针织品	
2月	3	3	4	2	2	4		4	22
3月	2	1	1		2	4			10
4月	1	3	3	2	3	4		4	20
5月		1	1		2	4			8
6月		3	4	2	3	4		4	20
7月	1	1	1	1			5		9
8月		2	1	1	2		5	4	15
9月	2	2	3	1	3	4			15
10月	4	1	1		1			4	11
11月	2		1	2	1	4		4	14
12月	2	1	2	2		4	6		18
1月	2		2	1	2		6	4	17
合计款数	20	18	24	13	24	32	22	28	179

2.面料确定

主要选用棉、麻、丝、羊毛等天然纤维,以保证服装的品质感与舒适性,辅以涤纶、氨纶等化纤材料,增强服装的易保养性和合体性(图5-16)。机织品和针织品比例大约为1:1。

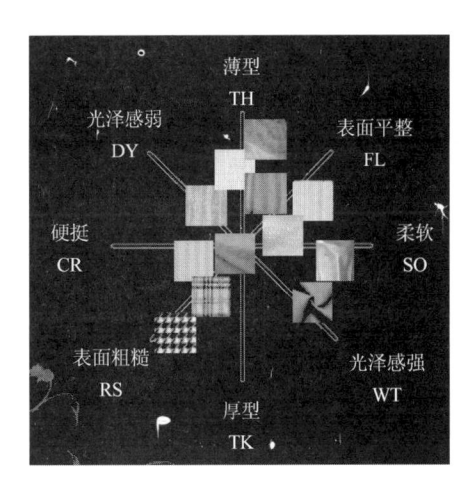

图5-16 面料确定

3.商品品类构成

商品品类构成见表5-50。

表5-50 商品品类构成

商品构成	服装:80% 配饰:20%	对象年龄	20~23岁:30% 23~28岁:45% 28~30岁:25%
穿用场合	浪漫约会:40% 运动休闲:40% 城市生活:20% 整体特征: 注重设计感和品质感	服装价位	高价位、高品质 1000~2000元:30% 中价位、高性价比 600~1000元:60% 低价位、大众品 400~600元:10% 中心价格:1000~1200元
服装号型	(S)155/80:25% (M)160/84:50% (L)165/88:25%	服装品类	风衣:5%　吊带衫:2% 大衣:3%　牛仔裤:2% 毛衣:28%　休闲裤:4% 衬衫:13%　裙装:28% T恤:5%　其他:10%
配饰品类	首饰:30% 帽子:10% 腰带:20% 鞋类:10% 提包/背包:20% 手袋:10%	配饰价位	高价位、高品质 1000~1500元:20% 中价位、高性价比 200~1000元:70% 低价位、大众品 50~200元:10%

4. 价格定位

Z+品牌价格定位见表5-51。

表5-51 价格定位

品 类	名 称	价格范围(元)	组成
上装30%	吊带上衣	398	2%
	无袖与短袖上衣	450~800	5%
	长袖上衣,衬衫	500~1200	13%
	小西装	600~1500	10%
大衣8%	风衣	1000~1600	5%
	大衣	1000~1800	3%
针织衫28%	针织衫	650~1000	28%
裙装18%	半身裙	500~1000	8%
	连衣裙	800~1500	10%
裤装6%	休闲裤	800~1500	4%
	牛仔裤	800~1500	2%
配饰6%	披肩围巾	600	10%
	手套	300	
	首饰(腰带、项链、耳环、胸针、戒指、发饰)	200~800	
	小饰物	50~800	
包袋4%	钱包	500~1000	
	包	800~1500	

5. 单品组合设计

"Cassette"是商品组合单元,是由总部指示卖场将商品放进哪个柜台、哪个格子里面时的管理系统。过去以款式为单位,当商品到了店铺之后才考虑摆放和陈列。因此产品并不一定能够得到最佳展示。而采用"Cassette"为单位,从设计、物流到销售终端陈列,实现材料、色彩以及产品之间的最佳搭配。在销售时,搭配得好的产品是比较畅销的,而且能够使整个Cassette受到瞩目。

Z+品牌的单品组合设计见图5-17。

(三)销售终端策划

1. 卖场设置

根据品牌商场/商圈定位,选择入驻客流量比较大且感度比较高的商场/商圈。最终选择港汇广场、正大广场、淮海路街边店三地设置专卖店(图5-18)。

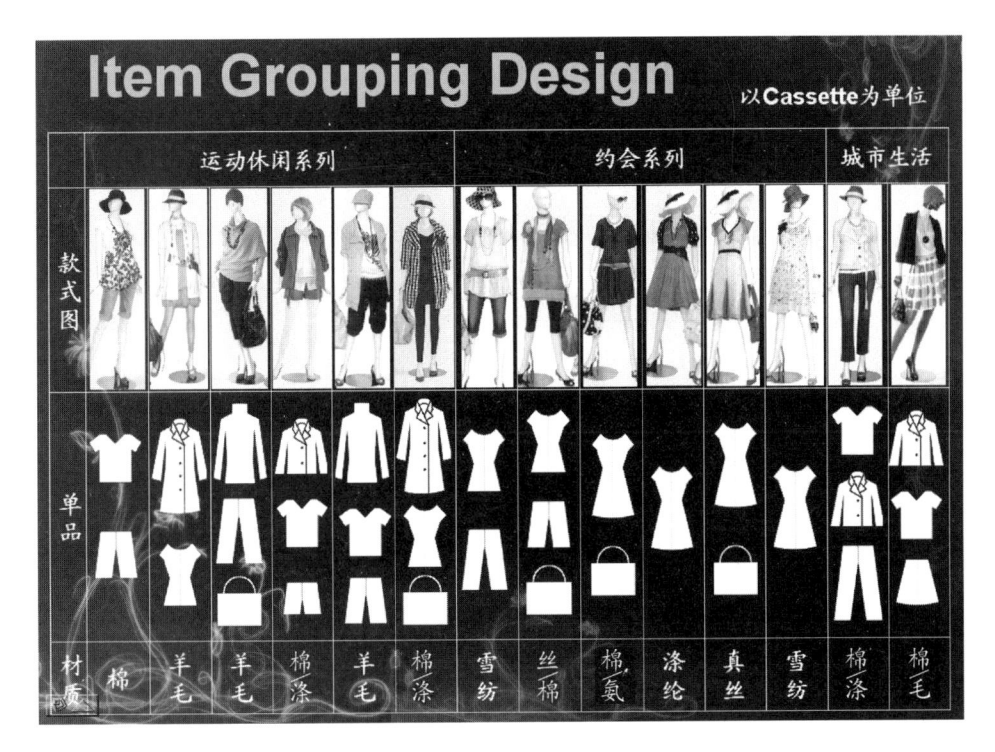

图 5-17　Z+品牌的单品组合设计

图 5-18　Z+品牌的品牌商场/商圈定位

2. **店铺空间设计策略**

店铺全部为直营店,以保证品牌形象和管理等方面的统一。为顾客提供具有品牌特色的购物环境,店铺面积在60~100m²内部装潢采用定做的家具,店铺视觉效果统一,店铺装潢采用品牌的代表颜色。以Cassette为单位进行库存管理和商场货品陈列。图 5-19 为店铺空间设计示意图。

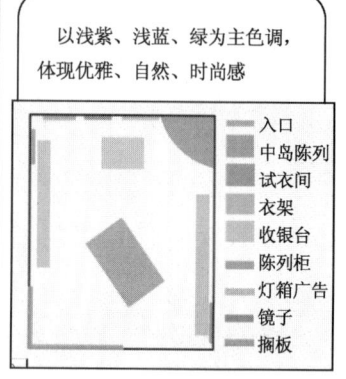

图 5-19　店铺空间设计示意图

3. 包装设计

将蒲公英形象和 Z+ 品牌的 Logo 形象融入包装、吊牌以及衣架、裤架设计中,使品牌形象无处不在,力求令消费者印象深刻,形成鲜明的品牌特色形象风格(图 5-20)。

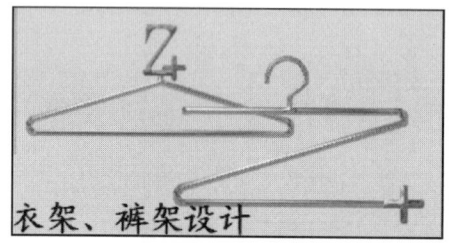

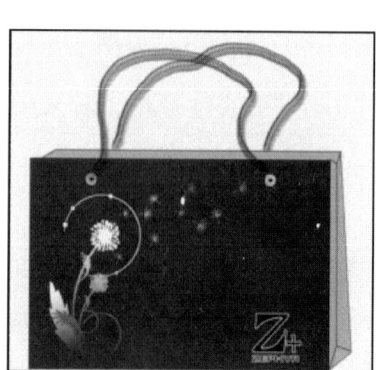

图 5-20　包装设计

第五章　服装商品企划的案例分析

4. 店员服务及培训

要求店铺视觉陈列统一,店员服务水准统一,最终做到店铺定位与品牌定位统一。

进行定期店员培训,包括顾客心理、顾客服务、产品知识等方面的内容。

服务顾客的要求:主动而自然地接触顾客,与顾客建立良好关系;配合身体动作向顾客介绍商品,提供周到的服务;在服务过程中给顾客留下专业的印象。

店员仪态要求:服饰整洁,仪态大方,妆容自然而有活力。

店员态度要求:仔细聆听顾客需求;有亲和力,礼貌对待每一位顾客。

团队精神要求:店员间应有良好的配合和互动。

5. 品牌宣传推广策略

(1)店铺海报设计:店铺海报设计如图5-21所示。

图5-21　店铺海报设计

(2)报纸广告企划:在发行量大的时尚类报纸,如《外滩画报》上刊登广告,此类广告致力于突出品牌个性、扩大品牌知名度(图5-22)。

(3)杂志广告企划:在专业时尚杂志,如《时尚芭莎》、《虹》等的内页刊登广告,并提供一定的搭配方式(图5-23)。此种广告致力于将具体的每一季的产品形象推广到目标消费者中,促使潜在消费者产生购买欲望。

(4)网站设计:在网站上体现完备的品牌、产品、销售网点信息(图5-24),并且开设网上购物服务。要在网络上充分展现企业文化、品牌风采。定期给予注册会员一些优惠促销政策或组织一些促销活动。

图 5-22　报纸广告设计　　　　　　　　图 5-23　杂志广告设计

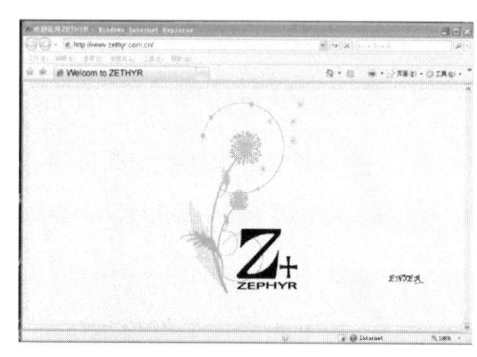

图 5-24　网站设计示意

(四)年度产品设计

以 2009/2010 秋冬、2010 春夏两季为例,进行具体的服装产品设计开发。

1. 2009/2010 秋冬"印象の寒季"

(1)季节主题。秋冬季推出以"印象の寒季"为主题的系列服装。

(2)宣传推广形象策划如图 5-25 所示。

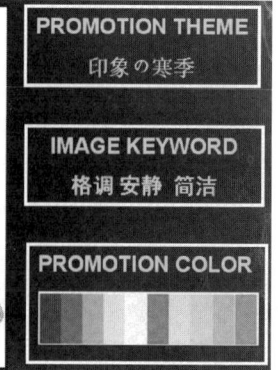

图 5-25　宣传推广形象策划

(3)面料素材设计如图5-26所示。

图5-26　面料素材设计

(4)2009/2010秋冬服装系列(Collection)。图5-27为2009/2010秋冬少量产品的设计效果图。

图5-27　2009/2010秋冬少量产品设计效果图

2. 2010春夏"静逸の夏花"

(1)季节主题。春夏季推出以"静逸の夏花"为主题的系列服装。

(2)宣传推广形象策划如图5-28所示。

图5-28　宣传推广形象策划

(3)面料素材设计如图5-29所示。

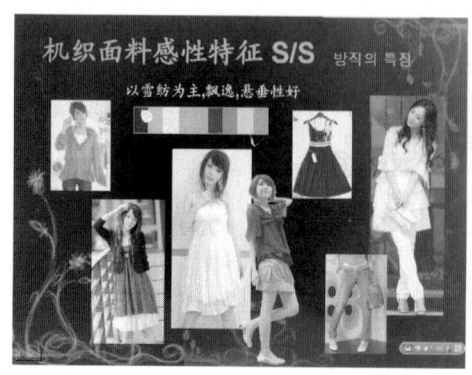

图5-29 面料素材设计

(4)2010春夏服装系列(Collection)。图5-30为2010春夏少量产品的设计效果图；图5-31为实际样品服装及配饰。

(五)财务分析

为使有限的资本利润最大化，并为公司今后的资金运作提供有效依据，实现成本有效控制，将对2009年秋~2010年夏全年公司的财务状况进行预算，并对今后四年

图5-30 2010春夏少量产品效果图

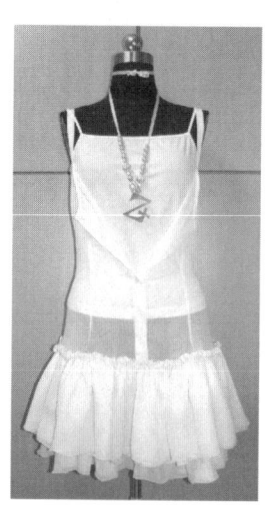

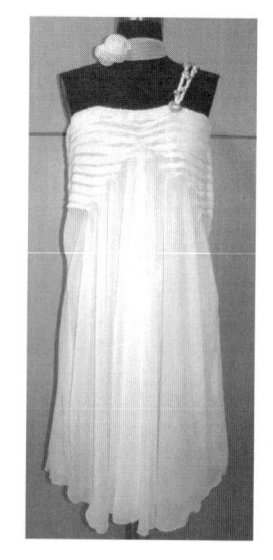

图5-31 2010春夏样品服装及配饰图

的公司资本运作进行整体预测,为公司发展战略制订提供依据。

公司运营初期资本有限,规模较小。在经营初期,主要以上海地区为我们的主要市场,生产采取外包的形式,销售方式为直营。

1. 销售预算

(1)商品加权单价见表5-52。

表5-52 商品加权单价

商品类别	上装	大衣	针织衫	裙装	裤装	配饰	合计
组合比例(%)	30	8	28	18	6	10	100
平均单价(元)	950	1400	825	1000	1150	750	1013
加权单价(元)	758	1338	825	972	1150	655	874

(2)销售预算见表5-53。

表5-53 销售预算

季度	平均销售量 [件/(天·店)]	天数 (天)	销售量 (件)	加权单价 (元)	销售收入 (万元)
第一季度	20	90	1800	874	157.32
第二季度	25	90	2250	874	196.65
第三季度	25	90	2250	874	196.65
第四季度	20	90	1800	874	157.32
合计	85	360	8100	874	607.94

2. 店铺租金(表5-54)

在对上海主要商业区进行考察之后,选择淮海路街边店作为我们第一家直营店的选址。共80平方米,一年租金预估为183万元。

表5-54 店铺租金

选址	租金[元/(m²·天)]	面积(m²)	年租金(万元/年)
淮海路	50	80	182.9
港汇广场	30	60	65.7
正大广场	30	80	87.6
合计	110	220	336.2

3. 生产成本预算

生产成本预算是在销售预算的基础上编制的。由于公司生产采取外包方式,因此首先预算加工成本,加工成本也是根据品类构成比例,采用加权法,计算加权加工成本(表5-55、表5-56)。

表5-55 加工单价预算

商品类别	上装	大衣	针织衫	裙装	裤装	配饰	合计
组合比例(%)	30	8	28	18	6	10	100
平均加工单价(元)	40	80	100	60	70	50	67
加权加工单价(元)	30	65	85	50	60	40	63

表5-56 生产成本预算

季度	预计销售量(件)	预计生产量(件)	预计加工成本(万元)	单位用料成本(元)	预计用料成本(万元)	总生产成本(万元)
第一季度	1800	2160	13.6	120	25.9	46
第二季度	2250	2700	17.0	120	32.4	57.5
第三季度	2250	2700	17.0	120	32.4	57.5
第四季度	1800	2160	13.6	120	25.9	46
合计	8100	9720	61.2	120	116.6	177.8

4. 销售费用及管理费用(表5-57)

表5-57 销售费用及管理费用

项　　目		金额(万元)
销售费用	销售人员工资	9.6
	店面装修费	20.0
	广告费	60.8
	运输物流费	1.0
	小计	91.4
管理费用	办公楼租金	30
	管理人员工资	48
	福利费	4.8
	保险费	1.0
	办公费	4.0
	小计	87.8
合计		179.2

说明：
① 10%的销售收入用于广告宣传，即60.8万元；
② 销售人员总工资 = 4 × 12 × 2000 = 9.6(万元)；
③ 管理人员工资 = 10 × 12 × 4000 = 48(万元)；
④ 福利费 = 工资 × 10% = 4.8(万元)。

产品成本构成

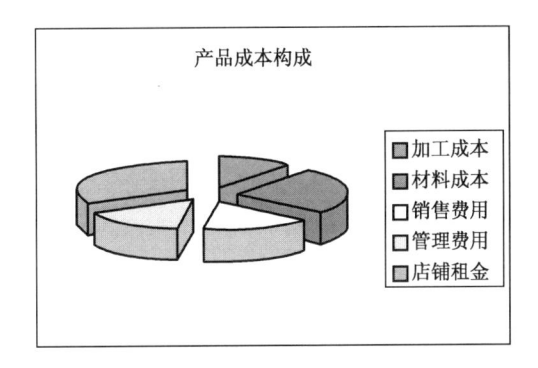

图 5-32 产品成本构成

5. 财务报表——利润表（表5-58）

表5-58 利润表

项　　目	金额（万元）
销售收入	607.9
销售成本	177.8
毛利	430.1
销售及管理费用	179.2
存货成本	18.4
专卖店租金	183
偿还短期贷款	50
偿还长期贷款	15
利息（10%）	20
税前利润总额	-35.5
所得税（33%）	0
税后利润总额	-35.5

说明：
①销售收入的数据来自销售预算；
②销售成本的数据来自产品成本预算；
③毛利是前两项的差额；
④销售及管理费用数据来自销售及管理费用预算；
⑤专卖店租金来自专卖店租金预算；
⑥利息数据，计划公司的负债率保持在公司总资产的50%左右，因此，利息=负债×10%（利率为10%）；
⑦所得税为税前利润的33%，但第一年盈利为负，故所得税为0。

6. 今后四年预计运营计划

第一年销售量较少，并因专卖店装修、偿还短期贷款等一次性支出加大，导致盈利为负。随着知名度的扩大,销售额也将稳步提高,预计两年后在港汇广场开设第二家专卖店,三年后在正大广场开设第三家专卖店(表5-59、图5-33)。

表5-59 未来4年的销售额预测

年度＼项目	销售量(件)	销售额(万元)
第一年[平均20件/(天·店)]	8100	607.9
第二年[平均23件/(天·店)]	8280	723.7
第三年[平均26件/(天·店)]	18720	1636.1
第四年[平均30件/(天·店)]	32400	2831.8

表5-60 未来4年的生产成本预测

年度＼项目	平均用料成本(元)	平均加工成本(元)	单位产品成本(元)	预计生产量(件)	生产成本(万元)
第一年	120	63	183	9720	177.9
第二年	120	63	183	9936	181.8
第三年	120	65	185	22464	415.6
第四年	120	65	185	38880	719.3

表5-61 未来4年的利润预测　　　　　　　　　　　　　　　单位:万元

项目＼年份	第一年	第二年	第三年	第四年
销售收入	607.9	723.7	1636.1	2831.8
生产成本	177.9	181.8	415.6	719.3
毛利	430	541.9	1220.5	2112.5
销售及管理费用	179.2	170.7	292.6	422.8
存货成本	18.4	18.4	36.8	55.2
专卖店租金	183	183	249	336
偿还短期贷款	50			
偿还长期贷款	15	15	15	15
利息(10%)	20	20	20	20
税前利润总额	-35.6	134.8	607.1	1263.5
所得税(33%)	0	44.5	200.3	417.0
税后利润总额	-35.6	90.3	406.7	846.5

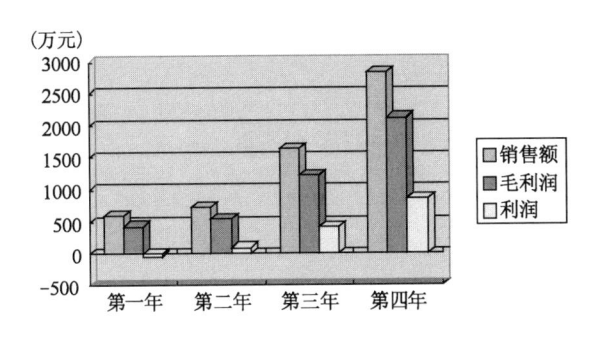

图5-33 四年利润比较图

若本公司预计想要在两年里保本,则两年中固定成本约计为800万元(包含销售及管理费用、专卖店租金、利息及其他可能的费用)。

单位变动成本约计为65元(每件服装的材料费及其他可能的费用)。

可得计算公式:

总收入函数 $Y_1=874 \times Q$

总成本函数 $Y_2=65 \times Q+8000000$

做出盈亏分析图5-34。计算得出:

$$Q=9888.75（件）$$

根据目前销售量的预计,两年中本公司的销售量约为16380件,可在两年内保本。

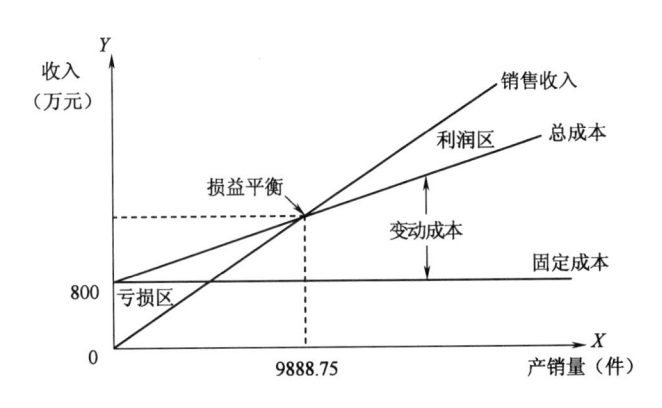

图5-34 盈亏分析图

参考文献

[1] 李俊.服装商品企划学——服装品牌策划[M].上海:中国纺织大学出版社,2001.

[2] 李俊.服装商品企划学[M].北京:中国纺织出版社,2005.

[3] Sebastien Thomassey. A global forecasting support system adapted to textile distribution [J]. J. Production Economics, 2005.

[4] Traci May-Plumlee, Trevor J Little. No-interval coherently phased product development model for apparel[J]. International Journal of Clothing Science and Technology, 1998.

[5] Bette K. Tepper. Mathematics for Retail Buying [M].New York:Fairchild Publication, Inc,2006.

[6] Sebastien Thomassey. A neural clustering and classification system for sales forecasting of new apparel items[J].Applied Soft Computing, 2007,7(4):1177-1187.

[7] Jeannette Jarnow. Inside the Fashion Business [M].New York: Macmill an Publishing Company,1987.

[8] Elaine Stone.Fashion Merchandising [M].New York:Mcgraw-Hill Book Company,1985.

[9] Gini Stephens Frings.Fashion-from concept to consumer [M]. London:Prentice-Hall International(UK) Limited,1999.

[10] 纤维产业构造改善事业协会.アパレルマーチャダイジング[M].东京:蓼科印刷,1995.

[11] 曾根美智江.ファッション・マーチャダイジング[M].东京:文化出版局,1996.

[12] 河合玲.グローバルフアッションと商品企画[M].东京:株式会社ビジネス社,1997.

[13] 管原正博.アパレルマーチャダイジング[M].东京:株式会社ファッション教育社,1993.

[14] 崎田喜美枝.Fashion Branding[M].大阪:宝塚造型艺术大学出版局,1993.

[15] 杨以雄.服装市场营销[M].上海:中国纺织大学出版社,1998.

[16] 卞向阳.国际服装名牌备忘录[M].上海:中国纺织大学出版社,1997.

[17] 潘飞.管理会计[M].上海:上海财经大学出版社,2009.

书目：**服装类**

书　名	作　者	定价(元)

【普通高等教育"十一五"国家级规划教材】

书名	作者	定价(元)
中国服饰文化(第2版)	张志春	39.00
服装材料学·基础篇(附盘)	吴薇薇	35.00
服饰配件艺术(第3版)(附盘)	许星	36.00
服装概论	华梅等	36.00
服装展示设计	张立等	38.00
服装面料艺术再造	梁惠娥	36.00
服饰搭配艺术	王渊	32.00
服装纸样设计原理与应用　女装编(附盘)	刘瑞璞	48.00
服装纸样设计原理与应用　男装编(附盘)	刘瑞璞	39.80
成衣工艺学(第三版)	张文斌等	39.80
服装表演组织与编导	关洁	26.00
西方服装史(第二版)	华梅　要彬	39.80
服装CAD应用教程(附盘)	陈建伟	39.80
服装美学教程(附盘)	徐宏力等	42.00
中国服装史(附盘)	华梅	32.00
服装美学(第二版)(附盘)	华梅	38.00
中西服装发展史(第二版)	冯泽民等	39.80
针织服装设计	谭磊	39.80

【服装高等教育"十一五"部委级规划教材】

书名	作者	定价(元)
服装设计师训练教程	王家馨　赵旭琨	38.00
针织服装结构CAD设计(附盘)	赵俐等	39.80
服装流行趋势调查与预测	吴晓菁	36.00
服装表演策划与编导	朱焕良	35.00
服装号型标准及其应用(第3版)	戴鸿	29.80
服饰图案设计(第4版)	孙世圃	38.00
服装英语(第三版)(附盘)	郭平建等	34.00
中国近现代服装史	华梅	39.80
服装生产管理(第三版)(附盘)	万志琴等	42.00
服装电子商务(附盘)	张晓倩等	32.00
成衣立体构成(附盘)	朱秀丽等	29.80
服装市场营销(第三版)(附盘)	刘小红等	36.00
服装厂设计(第二版)(附盘)	许树文等	36.00
服装商品企划实务	马大力	36.00
服装人体美术基础	罗莹	32.00
服装生产管理与质量控制(第三版)	冯翼　冯以玫	33.00
服装生产工艺与设备(第二版)	姜蕾	38.00
内衣设计	孙恩乐	34.00

【服装高等教育"十五"部委级规划教材】

书名	作者	定价(元)
服装工效学	张辉　周永凯	39.80

书目：服装类

书 名	作 者	定价（元）
服装商品企划学	李俊	28.00
针织服装设计与工艺	沈雷	28.00
服装整理学	滑钧凯	29.80
服装舒适性与功能	张渭源	22.00
服装设计表达——时装画艺术	陈闻	39.80
服装营销学	赵平	39.80
服饰配件艺术	许星	32.00
展示设计	张立	38.00
服饰图案设计与应用	陈建辉	36.00

【普通高等教育"十五"国家级规划教材】

书 名	作 者	定价（元）
服装 CAD 原理与应用	张鸿志	40.00
服装色彩学	王蕴强	32.00
服装艺术设计	刘元风等	40.00
中国服装史	袁仄	28.00
服装结构设计	张文斌	36.00
服装材料学	王革辉	24.00
数字化服装设计与管理	徐青青	34.00

【服装高等教育教材】

书 名	作 者	定价（元）
服装学概论	李正	36.00
服饰零售学	王晓云等	36.00
服装大批量定制	杨青海等	26.00
服装纸样放缩	李晓久等	22.00

注　若本书目中的价格与成书价格不同，则以成书价格为准。中国纺织出版社图书营销中心门市函购电话：(010)64168231。或登陆我们的网站查询最新书目：
中国纺织出版社网址：www.c-textilep.com